CW01018872

MUSTAPHA KÉMAL

ou

LA MORT D'UN EMPIRE

BENOIST-MÉCHIN

LE LOUP ET LE LÉOPARD

MUSTAPHA KÉMAL

ou

LA MORT
D'UN EMPIRE

ÉDITIONS ALBIN MICHEL
22, rue Huyghens
PARIS

Il a été tiré de cet ouvrage :
35 exemplaires sur vélin de Lana,
dont 30 numérotés de 1 à 30,
et 5 hors commerce numérotés de I à V.

INTRODUCTION
LE LOUP ET LE LÉOPARD

Mustapha Kémal, ou la mort d'un empire, Ibn Séoud, ou la naissance d'un royaume — *les ouvrages que nous présentons aujourd'hui au public ne sont pas les premiers qui aient été consacrés à ces deux grandes figures. Le Loup Gris d'Angora et le Léopard de Ryhad sont des personnages de trop d'envergure pour ne pas avoir déjà attiré l'attention des historiens. Et pourtant, mieux on connaît leur vie et plus il semble manquer quelque chose aux descriptions qu'on en a faites.*

Longtemps, l'auteur de ces lignes s'est demandé en quoi consistait cette lacune. A force de la chercher, il a fini par la découvrir. Il s'est aperçu que la personnalité du premier président de la Turquie kémalienne et celle du premier souverain de l'Arabie séoudite ne prenaient toute leur signification que lorsqu'on les rapprochait l'une de l'autre. Car ces deux hommes incarnent les deux aspects fondamentaux — l'aspect turc et l'aspect arabe — d'un des phénomènes historiques les plus importants de notre temps : le réveil des peuples du Proche et du Moyen-Orient.

Sitôt qu'on en a pris conscience, bien des choses, passées jusque-là inaperçues s'éclairent et s'ordonnent. Ces deux destinées, déjà si surprenantes quand on les étudie isolément, prennent une intensité et un relief insoupçonnés, dès qu'on les considère comme un tout. On aperçoit alors en eux une foule de contrastes et de similitudes qui n'attendaient que cette confrontation pour apparaître au grand jour. D'où la tentation de leur consacrer un travail où ils seraient étudiés en fonction l'un de l'autre.

Deux vies parallèles, en somme ? demandera-t-on. Oh non ! Gardons-nous de vouloir ressusciter ce genre acadé-

*mique et désuet. Disons plutôt : deux destinées complé-
mentaires, ce qui n'est pas la même chose. Car les rapports
qui existent entre ces deux chefs d'Etat ne sont pas une construction de l'esprit. Ils résultent de facteurs à la fois simples
et dramatiques. Songeons qu'ils sont nés à la même époque
et dans la même région du monde ; qu'ils ont grandi dans
le même cadre et au sein de la même religion ; qu'ils ont
eu les mêmes adversaires à combattre, les mêmes problèmes
à résoudre et les mêmes difficultés à surmonter ; qu'ils se
sont assigné très jeunes les mêmes objectifs et qu'ils les
ont poursuivis toute leur vie avec la même obstination pas-
sionnée. N'est-ce pas assez pour nous convaincre que tout
invite à les traiter comme les deux volets d'un diptyque,
les deux thèmes conducteurs d'une même symphonie ?*

*Exactement contemporains, puisque quelques semaines
séparent leurs dates de naissance, Mustapha Kémal et Ibn
Séoud ont vécu très proches l'un de l'autre dans l'espace
et dans le temps. Pourtant, une sorte de rideau invisible
les a séparés toute leur vie. C'étaient tous deux des hommes
de guerre. Tous deux ont commandé les forces armées de
leur pays. Leurs deux peuples étaient en état de conflit permanent depuis des siècles. Tout les prédestinait donc à s'affronter sur le champ de bataille. Pourtant jamais le destin
ne les a mis face à face. Lorsque Ibn Séoud a eu à lutter
contre les Turcs, Mustapha Kémal était occupé à batailler
ailleurs ; et quand Mustapha Kémal a eu maille à partir
avec les Arabes, ce fut avec les Bédouins de l'Émir Fayçal,
non avec ceux du roi du Nedjd. S'ils s'étaient heurtés l'un
à l'autre, le choc eût été terrible. On rêve à ce qu'eût été
un corps à corps entre le Loup d'Angora et le Léopard de
Ryhad... Mais il ne s'est jamais produit, et cela vaut mieux
ainsi. Ils se seraient sans doute tués, ce qui eût été un grand
malheur. Pour leurs peuples, d'abord ; pour les historiens
ensuite. Car Turcs et Arabes seraient retombés dans le chaos.
Et nous n'aurions connu ni l'épopée kémalienne, ni l'épopée
séoudite.*

Non seulement leurs vies ne se sont jamais croisées, mais

10

elles dessinent deux trajectoires inverses l'une de l'autre. Celle de Mustapha Kémal se poursuit à travers une série d'effondrements tragiques. Il grandit au sein d'un Empire vétuste qui se lézarde et craque de toutes parts. Année après année, le territoire de son pays se rétrécit, amputé des provinces que ses ennemis lui arrachent : la Grèce, la Bulgarie, la Thrace, l'Albanie, la Mésopotamie, la Syrie, la Palestine. Jusqu'au jour où, enragé de voir réduire son pays à quelques kilomètres carrés qui ne lui offrent même plus l'espace nécessaire pour respirer, traqué, mis hors-la-loi et condamné à mort, il oppose un « non » catégorique à la débâcle, fait reculer les grandes Puissances et fonde un État nouveau sur les débris héroïquement sauvés du désastre.

Ibn Séoud, lui, part d'une province en partie occupée par les Turcs. Sa jeunesse consiste à errer de désert en désert et d'exil en exil. Pourtant il finira par fonder un royaume à la pointe de son épée en rassemblant autour du Nedjd, toutes les tribus et les terres progressivement libérées de la tutelle ottomane : le Haïl, le Hasa, le Djebel-Shammar, le Hedjaz, l'Asir...

La vie du premier est une lutte quotidienne contre l'adversité, une succession ininterrompue de revers et de désastres, une descente atroce, brusquement arrêtée par un raidissement surhumain. La vie du second est l'exploitation audacieuse d'une série de coups de chance, une ascension continue qui semble ne jamais devoir s'arrêter. Mais ne nous y trompons pas. Si ces deux hommes arrivent malgré tout à faire prévaloir leur volonté, si une réussite éclatante finit par couronner leurs efforts, c'est qu'ils sont l'un et l'autre des monstres d'énergie, d'endurance et de courage. Aucune défaite ne les abat, aucune épreuve ne les rebute. Doués d'une vitalité presque anormale, ils dépassent de cent coudées tous les personnages qui les entourent, comparses éphémères tôt emportés par le vent. Dans la guerre comme dans la paix, ils s'imposent sans discussion par ce trait qui leur est commun : la force de caractère. Détracteurs et admirateurs emploient les mêmes termes pour les juger :

« Ce chef de brigands », *dit Lord Balfour de Mustapha Kémal*. « Cet aventurier sans scrupules », *dit T. E. Lawrence d'Ibn Séoud*. « Je n'ai jamais rencontré un homme qui ait une vue aussi claire de ses objectifs, et qui soit aussi décidé à les réaliser », *dit Sir Charles Harington du chef de l'Etat turc*. « Je n'ai jamais rencontré un homme dont j'aie pu moins tirer, que ce monarque arabe à la volonté de fer », *dit Franklin Roosevelt du chef de l'Etat séoudite. Il y a là autre chose qu'une simple coïncidence.*

Un second trait de ressemblance est l'identité de leurs objectifs, car ils sont hantés, l'un et l'autre, par la même préoccupation : faire de leurs pays respectifs des nations modernes. Ils cherchent à labourer leurs peuples en profondeur, à les remodeler selon des normes nouvelles, bref, à leur faire rattraper en quelques années, les siècles de retard que leur ont valu l'incapacité de leurs chefs ou leur indolence naturelle. Les dernières années de Kémal Ataturk sont consacrées à l'exécution du « programme d'industrialisation » de la Turquie. Celles d'Ibn Séoud sont remplies par la réalisation du « programme de modernisation » de l'Arabie.

Mais à peine a-t-on marqué ces similitudes, voici que les contrastes apparaissent aussitôt. Pour rénover la Turquie, Mustapha Kémal procède à grands coups de réformes et de sécularisations. Il veut l'arracher à sa torpeur morbide, pour en faire un pays neuf, peuplé d'âmes neuves. Il veut la détourner des mirages de l'Orient, pour lui permettre de prendre rang parmi les Puissances occidentales. Pour cela, aucun moyen ne lui paraît trop violent. C'est à coups de hache qu'il tranchera, l'un après l'autre, tous les liens qui rattachent le peuple turc au passé.

Ibn Séoud, au contraire, prend appui sur ce que le peuple arabe possède de plus ancien : ses traditions islamiques. Protecteur des villes saintes, nous le verrons, tout au long de sa vie, exalter le zèle religieux de ses guerriers, renforcer partout les règles de l'observance wahabite et restituer leur austérité primitive aux sanctuaires de La Mecque.

12

L'un est un déiste nourri de Voltaire et des Encyclopédistes ; l'autre est un croyant, élevé dans le respect des enseignements du Prophète.

Aux prises avec le problème épineux que posent les rapports du temporel et du spirituel, le Ghazi tranche la question en proclamant le caractère laïc de son régime et en procédant à une séparation rigoureuse de la religion et de l'Etat. Il détruirait volontiers, s'il le pouvait, l'Islam aux mains moites. *Aucun terme ne lui paraît assez virulent pour stigmatiser les tares du clergé mahométan. Lorsqu'on lui dit qu'il devrait puiser son inspiration dans les sourates du Coran, il laisse éclater sa colère :*

— « L'homme politique qui a besoin des secours de la religion pour gouverner n'est qu'un lâche ! *s'écrie-t-il.* Or, jamais un lâche ne devrait être investi des fonctions de chef de l'État. »

Placé devant le même problème, Ibn Séoud réagit en absorbant le pouvoir religieux. En tant qu'Iman des Wahabites, il se sent le représentant de l'Islam au cœur pur. *Il veut unir en lui les deux pouvoirs spirituel et temporel parce qu'il lui paraît inconcevable qu'on puisse les séparer. Le souverain n'a pas seulement à assurer la prospérité du royaume. Il doit veiller aussi au salut de ses sujets. C'est leur destinée tout entière qui repose entre ses mains. Rien ne doit échapper à son autorité, parce que celle-ci émane de Dieu, et que rien ne doit être soustrait à l'autorité divine.*

— « Je suis, *dit-il un jour,* d'abord un musulman, ensuite un Arabe, mais toujours un serviteur de Dieu. »

On ne saurait imaginer deux positions plus contraires. Et pourtant, quand on y regarde de près, on s'aperçoit qu'elles découlent d'une préoccupation identique. Mustapha Kémal veut faire du peuple turc un peuple fort, capable de résister aux tourmentes de l'histoire. Pour cela, il s'agit de le rendre aussi purement et aussi intensément turc que possible. Or, l'Islam n'est pas pour lui un facteur de force, mais de faiblesse. Les conceptions d'un Bédouin médié-

13

val, figées et déformées par ses successeurs, entravent sa résurrection, parce qu'elles lui infusent les virus mortels de l'apathie, de l'ignorance et de la stagnation. L'Islam est, pour le peuple turc, une religion étrangère, une greffe hétérogène, « la revanche sournoise d'un clergé vaincu sur une caste de guerriers vainqueurs ». Il faut en extirper jusqu'aux derniers vestiges, pour que le peuple turc puisse retrouver les sources de son propre génie.

Ibn Séoud, lui aussi, veut faire des Arabes un peuple fort, uni et authentiquement arabe, capable de résister à la mainmise étrangère. Lui aussi veut le ramener aux sources de son génie. Et parce qu'il poursuit, justement, le même but que son émule d'Angora, il sera nécessairement poussé à adopter la solution inverse. C'est que pour le Bédouin, la religion coranique n'est nullement une greffe étrangère : elle est l'expression de ce qu'il y a de plus intime dans son être. S'y abreuver, c'est y puiser un surcroît de force, une conscience toujours accrue de sa personnalité. Née dans le Hedjaz, cette religion répond exactement aux exigences de son âme, avide d'éternité, de dépouillement et d'absolu. D'où la volonté d'Ibn Séoud de débarrasser l'Islam de ses impuretés, pour le restituer à ses sujets dans sa simplicité primitive.

Ainsi les œuvres de ces deux réformateurs finissent-elles par se rejoindre, à travers leurs contradictions mêmes...

— « Mais, objectera-t-on, que nous importe, à nous autres Occidentaux, à nous autres Français, ces histoires survenues dans des pays lointains et arriérés, que nous connaissons mal ? Nous avons, nous aussi, nos difficultés et elles sont écrasantes. Que peuvent nous apprendre les démêlés du Loup et du Léopard ? En quoi peuvent-ils nous aider à résoudre nos propres problèmes ? »

Le lecteur qui aura lu attentivement ces pages, ne parlera plus ainsi, tant sont proches de nous et riches d'enseigne-

ments les œuvres et les vies d'Ataturk et d'Ibn Séoud. Les difficultés qu'ils ont eu à vaincre, les combats qu'ils ont eu à livrer sont aussi un peu les nôtres, et les solutions qu'ils ont adoptées ne peuvent manquer d'avoir des répercussions directes sur les pays occidentaux dont nous faisons partie. N'a-t-on pas écrit que « le sort du monde de demain se jouait, dès aujourd'hui, dans cette partie du globe » ? N'oublions pas non plus que le gouvernement des hommes est un art difficile et qu'il y a toujours profit à savoir comment ont procédé ceux qui y ont réussi d'une façon magistrale.

Mais ce ne sont là que les petits côtés de la question. Il existe un angle plus large, sous lequel l'évolution récente de la Turquie et des pays arabes nous ouvre un champ d'observation du plus haut intérêt, par la lumière qu'elle projette sur les notions trop souvent confondues d'Empire, de peuple et d'État.

Un Empire est une mosaïque de peuples, conquis par la force des armes et soumis à l'administration d'un État unique. Cet État impose aux populations qu'il régit un ensemble de lois uniformes qui ne tiennent aucun compte de leur originalité. L'État impérial n'est pas une création de la nature, mais une construction des hommes. C'est une superstructure parfois brillante, mais toujours arbitraire, qui ne peut trouver aucun écho dans la conscience des peuples qui lui sont assujettis. N'ayant sa raison d'être ni dans le consentement des personnes, ni dans la nature des choses, un Empire ne peut se maintenir, à la longue, que par la cœrcition. Celle-ci s'accroît toujours davantage avec le temps et pèse de plus en plus lourdement sur les populations conquises.

Les peuples, au contraire, sont des entités organiques. Comme tous les êtres vivants, ils tendent à s'épanouir, c'est-à-dire à atteindre la plénitude de leur forme. La contrainte à laquelle ils se heurtent a justement pour objet de les en empêcher. Elle les écrase, mais elle les exaspère. Un instinct irrésistible les pousse alors à s'insurger pour reconquérir leur indépendance. Celle-ci se pare à leurs yeux de

15

toutes les vertus et de tous les prestiges, parce qu'elle s'identifie à la poursuite de leur ascension vitale. Dès que la force de l'Etat impérial décline, les mouvements d'émancipation s'affirment et précipitent sa dislocation. Une lutte à mort s'engage entre ces deux forces antagonistes, qui se termine, tôt ou tard, par l'effondrement de l'Etat impérial. C'est le sort inéluctable de tous les empires de s'écrouler en cédant la place à un essaim de nations en formation.

On assiste alors à un spectacle étrange. Les peuples, refoulés jusque-là dans la pénombre de la « sub-histoire », émergent au grand jour. Mais ils ont profité des leçons de leurs maîtres et ont acquis, durant leur servitude, des caractères nouveaux. Ils sont entrés quasi inconscients dans l'orbite de l'empire et en sortent éveillés. Le joug qu'ils ont subi a suscité, puis exacerbé chez eux un sentiment de différenciation nationale. Ayant brisé la superstructure étrangère sous laquelle ils étouffaient, ils aspirent à leur tour à se doter d'un Etat. Mais chacun de ces peuples exige désormais que cet Etat lui soit propre et qu'étant jailli de sa nature intime, il soit capable de protéger son indépendance et sa personnalité.

La désintégration et la chute de l'Empire ottoman illustrent ce processus historique avec un éclat particulier. Au début du XIIIᵉ siècle une horde de cavaliers touraniens, partis des monts Altaï, traverse le Moyen-Orient et s'installe dans le massif montagneux de l'Anatolie. Trois cents ans plus tard, les descendants de cette horde ont conquis un empire immense. La domination du Sultan s'étend sur trois continents ; son pouvoir s'exerce du Danube à l'Euphrate et de l'Atlas au Caucase. Mais ce domaine n'est doué d'aucune unité. Le magma de peuples, de races, de langues et de religions qui le compose n'est maintenu ensemble que par une bureaucratie appuyée sur un formidable appareil militaire et policier.

Mais voici que peu à peu, le pouvoir du Sultan décline. La violence et la corruption dont son administration a abusé à l'égard des populations soumises s'instillent dans ses

*propres veines et se retournent contre lui. L'heure du reflux
a sonné. L'Empire abandonne l'une après l'autre ses
conquêtes. Un à un, les peuples asservis relèvent la tête
et proclament leur indépendance. Aidés par les grandes
Puissances, la Grèce, la Roumanie, la Bulgarie, la Serbie,
l'Albanie, naissent successivement à la vie nationale. Puis
c'est le tour des pays arabes : un pas encore et la Turquie
n'existera plus.*

*C'est au moment où la chute atteint son point le plus
profond, lorsque le dernier vestige de l'empire ottoman va
être rayé de la carte du monde, qu'apparaît Mustapha
Kémal. L'œuvre qu'il accomplit alors est sans précédent
dans l'histoire. Imaginez qu'au moment le plus critique
du règne de Justinien, au v° siècle de notre ère, un homme
se soit dressé pour faire surgir, armée de pied en cap, une
nation italienne des décombres de l'Empire romain ; eh
bien, c'est exactement ce que le vainqueur de la Sakharya
a fait pour la Turquie.*

*Au début de sa carrière, ce rude soldat s'est employé
de toutes ses forces à conjurer la débâcle de l'Empire. A
l'ouest, à l'est, au sud, puis de nouveau à l'est, il s'est
acharné à briser les armées anglaises, françaises et russes
dont le cercle se resserrait de jour en jour autour de son
pays. Mais lorsqu'il a compris que c'était inutile, que rien
n'écarterait l'issue fatale, alors, au lieu de se cramponner
à des forces périmées, il a éventré lui-même l'Empire ottoman et, plongeant sa main dans ses entrailles, il en a arraché, sanglant mais encore vivant, le jeune peuple turc qui
ne demandait qu'à survivre. Il a traité le sultanat comme
une puissance ennemie et, dans les possessions trop amples
de son domaine, il a découpé à l'emporte-pièce un quadrilatère massif pour qu'il serve de socle à un Etat nouveau.
Lorsque cet Etat a été reforgé, il n'a eu de cesse qu'il n'en
ait extirpé tout ce qui pouvait porter atteinte à son homogénéité. Toutes les tentations, tous les rêves, toutes les
fumées qui risquaient de compromettre l'avenir de la république, il les a balayés. Œuvre harassante, à laquelle il*

se consacra jusqu'à son dernier jour et qui lui permit de léguer à ses successeurs une jeune nation, pantelante et exsangue, mais transformée de fond en comble, et déjà tressaillante d'une vitalité nouvelle.

L'activité d'Ibn Séoud se déploie en sens inverse, et pourtant son résultat final sera à peu près pareil. Pour lui aussi, il s'agit de forger une nation. Mais au lieu de tailler dans les vestiges d'un Empire écroulé, le fils d'Abdur Rahman ne part que de lui-même. Le peuple dont il rêve n'existe pas encore. Il n'y a qu'une poussière de tribus qui se combattent et s'entre-déchirent pour la possession des oasis et des points d'eau. Voilà des siècles que leur carrousel meurtrier ensanglante l'Arabie centrale. Seulement, malgré leurs haines et leurs querelles héréditaires, malgré l'état d'anarchie où elles sont encore plongées, ces tribus sont faites d'une même substance. Elles appartiennent à la même race, parlent la même langue, s'enivrent des mêmes poètes et récitent les mêmes prières. Mieux encore : elles se réclament du même passé légendaire. Elles peuvent donc participer à un même avenir, pourvu qu'une poigne assez vigoureuse les y contraigne. C'est à quoi Ibn Séoud va se consacrer, dans l'espace laissé vacant par le reflux de la puissance turque. Point n'est besoin pour lui, d'amputer et d'exclure, mais d'agréger et d'unir. Ce contre quoi il lutte, ce n'est pas l'hétérogénéité d'un domaine trop vaste : c'est le particularisme d'entités humaines trop petites. Patiemment, impatiemment, par la force et par la ruse, faisant alterner des attaques fulgurantes avec de longues périodes d'attente, jamais il ne cessera d'élargir son domaine, jusqu'au jour où, à l'est et à l'ouest, il atteindra la mer. Au bout d'un demi-siècle, il se trouvera à la tête d'un royaume splendide, trois fois et demie grand comme la France, surgi comme par miracle des sables du désert.

Ainsi, chacun de ces deux hommes a forgé une commu-

nauté nouvelle, l'un en partant d'un Empire, l'autre en partant d'une petite poignée de fidèles, et c'est un spectacle passionnant de suivre les étapes de leur carrière. Car ce passage de l'hétérogène à l'homogène (en ce qui concerne Mustapha Kémal) et de la dispersion à la cohésion (en ce qui concerne Ibn Séoud) ne s'est pas fait tout seul, loin de là ! On reste stupéfait devant la somme d'énergie, de souplesse, d'audace et d'intelligence, qu'il a exigé. Aussi ne faut-il pas s'étonner si les fondateurs de la Turquie kémalienne et de l'Arabie séoudite ont voulu, au moment de couronner leur œuvre, que leurs Etats soient liés à leurs peuples respectifs, non par des rapports fragiles et superficiels, mais par ces liens profonds et organiques qui seuls permettent aux nations de se perpétuer à travers les siècles.

Ecoutez Mustapha Kemal s'écrier devant la Grande Assemblée Nationale d'Angora :

« J'ai conquis l'armée ; j'ai conquis le pouvoir ; j'ai conquis le pays. Ne me sera-t-il pas permis de conquérir mon peuple ? Les révolutions doivent être fondées dans le sang. Une révolution qui n'est pas fondée dans le sang ne sera jamais permanente... Tout grand mouvement doit prendre naissance dans les profondeurs de l'âme du peuple : c'est la source originale de toute force et de toute grandeur. En dehors de cela, il n'y a que ruines et poussière [1]... »

Voyez Ibn Séoud déclarer à l'Assemblée générale des Etats arabes, à Ryhad :

« Vous êtes à la fois la source et la racine de ma force, et je ne veux avoir d'autre pouvoir que celui que je tiens de Dieu et de vous... Lorsque je suis venu vers vous, je vous ai trouvés divisés contre vous-mêmes, vous tuant et vous pillant sans cesse les uns les autres. Ceux qui traitaient vos affaires intriguaient contre vous ; ils entretenaient vos discordes pour vous désunir et vous empêcher d'accéder à

1. Discours du 8 août 1926.

19

la puissance. Quand je suis venu vers vous, j'étais faible. Je n'avais aucune force, hormis Dieu, car je n'avais avec moi que quarante hommes, comme vous le savez tous. Pourtant, j'ai fait de vous un peuple, et un grand peuple... S'il en est parmi vous qui aient des reproches à m'adresser, qu'ils le disent. Qu'ils décident tout de suite s'ils veulent que je continue à les mener, ou s'ils préfèrent mettre quelqu'un d'autre à ma place. Je ne remettrai jamais mon pouvoir à quiconque voudrait m'en dépouiller par l'intimidation ou par la force. Mais je le déposerai sans hésiter entre vos mains, car je n'ai aucun désir de gouverner un peuple qui ne souhaite pas que je sois son chef[1]. »

Peut-on ne pas percevoir, malgré la différence des mots, l'identité des convictions qui inspirent ces deux discours ?

Passion de l'indépendance, passion de l'unité, tels ont été les moteurs permanents de leur action. Chasser les Anglais et les Grecs de Turquie, chasser les Turcs et les Anglais d'Arabie, longtemps Mustapha Kémal et Ibn Séoud ont cru que cela réglerait tout et qu'ils n'auraient plus ensuite qu'à résoudre des problèmes d'administration intérieure. Mais si leurs pays s'étaient beaucoup transformés au cours de ce dernier demi-siècle, le monde lui non plus n'était pas resté stationnaire. Parvenus au faîte du pouvoir, Mustapha Kémal et Ibn Séoud s'aperçurent qu'à une époque où la puissance était, de plus en plus, fonction de l'étendue et du nombre, où l'avenir n'appartenait plus aux nations isolées mais aux blocs de plus de cent millions d'habitants, la Turquie et l'Arabie étaient trop exiguës et surtout trop peu peuplées pour pouvoir résister à la pression de collectivités géantes comme les U.S.A. et l'U.R.S.S. Rester confiné à l'intérieur des frontières, c'était reperdre le bénéfice de tant d'années de luttes. Le péril n'était plus l'ingérence des

1. Discours du 15 novembre 1928.

20

nations européennes, c'était l'isolement et l'asphyxie. Pour y échapper, les deux hommes d'Etat comprirent qu'il fallait écarter les risques d'étiolement dont ils étaient menacés en intégrant leurs pays à des ensembles plus vastes. Ni « la Turquie seule », ni « l'Arabie seule » n'étaient des programmes d'avenir. Y rester attaché, c'était ouvrir la voie à de nouvelles mainmises étrangères. Mais par quoi les remplacer ? Ressusciter la vieille politique annexionniste des Sultans eût été, pour Ataturk, se renier lui-même et détruire de ses propres mains ce qu'il avait édifié...

Il s'est mis alors à regarder par delà ses frontières et il a vu se dessiner ce qui pourrait être pour son pays, une zone de rayonnement et d'épanouissement possible. Déjà, dans son programme de « Turquisation de la Turquie » il s'était efforcé de ranimer chez ses compatriotes le sentiment de leur antique appartenance touranienne. Voulant donner des lettres de noblesse au peuple anatolien, il l'avait rattaché aux civilisations des Hittites et des Sumériens et, derrière elles à cette humanité ouralo-altaïque qui dans les ténèbres de la préhistoire « avait fait jaillir la flamme prométhéenne de l'esprit ». Depuis des temps immémoriaux, des hordes de conquérants avaient déferlé sur l'Asie antérieure, venant des hauts-plateaux herbeux du Turkestan. Celles d'Ertogrul et de Tamerlan n'étaient que les dernières en date. Or, partout où avaient passé ces vagues victorieuses dans leur marche vers l'Occident, n'avaient-elles pas laissé derrière elles, comme un sillage vivant, une traînée de populations de même origine, susceptibles par conséquent de s'amalgamer à celles de l'Anatolie ?

Durant les dernières années de sa vie, retiré dans sa maison de Chan-Kaya, le Loup gris songeait à ce que pourrait être une sorte de confédération englobant l'ensemble de ces territoires. De là, dans un premier temps, sa politique de rapprochement avec la Perse et l'Afghanistan. Dira-t-on que les liens d'amitié qu'il noua avec Téhéran et Caboul préludaient à l'édification d'un nouvel empire ? Nullement. Il envisageait, ce qui est tout différent, d'unir les membres disjoints et pourtant apparentés, d'un même monde pan-turc, plus vaste et plus peuplé que la seule Anatolie, puisqu'il contiendrait 80 à 100 millions d'habitants et s'étendrait des rives du Bosphore aux contreforts du Pamir.

Ibn Séoud a connu les mêmes préoccupations. Nous verrons au cours de cet ouvrage, qu'un des secrets de sa réussite réside dans le fait que, pour recruter les administrateurs nécessaires à son royaume, il a puisé dans le réservoir immense que représente l'ensemble du monde islamique. Il a souvent pris comme ministres des « étrangers » — c'est-à-dire des Syriens, des Irakiens, des Egyptiens ou des Libanais — pourvu que ce soient des Arabes de pure souche et des Mahométans convaincus. C'est qu'en réalité ces hommes n'étaient nullement des « étrangers » à ses yeux, mais, comme ses sujets eux-mêmes, les membres d'une grande famille qui s'étend du Maroc au golfe Persique, et chez qui s'éveille peu à peu, le sentiment d'une commune destinée.

Lui aussi, de la terrasse de son palais de Ryhad, il regardait au delà des frontières de son royaume et voyait se déployer sous ses yeux ce qui fut autrefois le domaine d'Abou-Bekr et d'Omar. N'était-il pas déjà, en tant que Chérif de La Mecque le suzerain spirituel de plus de 100 millions de Musulmans ? N'était-ce pas une ambition légitime, pour le Protecteur des villes saintes, de vouloir assumer aussi le rôle d'un guide politique auprès de ses coreligionnaires ? D'où sa politique d'accords avec l'Egypte et la Syrie...

Si Mustapha Kemal et Ibn Séoud ont exprimé l'un et l'autre, à diverses reprises, la certitude que les mondes pan-turc et pan-arabe accéderaient un jour à l'unité politique, ce n'est pas parce qu'ils s'abandonnaient à des rêveries utopiques, ce qui n'était guère dans leur nature. C'est parce qu'ils plaçaient leur confiance dans le réveil d'instincts ataviques dont l'origine remonte à la nuit des temps, à un passé si reculé qu'ils n'en ont peut-être pas eux-mêmes mesuré toute la profondeur.

Et le plus étrange c'est que, bien après la mort de ces

22

deux grands chefs d'Etat, l'Islam tout entier, du Maroc au Pakistan, continue à être travaillé par les deux courants contraires dont ils ont été les initiateurs. Au fur et à mesure que les peuples du Maghreb, du Proche et du Moyen-Orient accèdent à l'indépendance, ils se demandent quelle figure doit prendre leur liberté. Pour les uns, elle ne saurait être qu'une émancipation du passé, une libération des superstitions ancestrales, un effort progressif vers « l'occidentalisation » de leur pays. Pour les autres elle ne peut signifier qu'une reviviscence des traditions séculaires, un retour aux sources mystiques de leur religion et de leur histoire. Côte à côte, mais distincts, ces deux courants — l'un rationaliste et l'autre mystique — se partagent la conscience de millions d'individus, sans qu'il soit possible de prévoir lequel l'emportera sur l'autre, ni comment s'effectuera leur synthèse.

Leur grondement remplit les esprits et les cœurs de la jeunesse islamique, y suscitant bien des perplexités, bien des déchirements et peut-être demain des convulsions terribles, car les idées sont toujours les plus sanglantes des armes. Confirmation supplémentaire s'il en était besoin — de la nécessité d'unir le Loup et le Léopard dans une même fresque historique, qui s'efforce de décrire un des phénomènes les plus caractéristiques de notre temps.

Avant de terminer, je voudrais remercier Son Excellence M. Rayfik Saïdam, ancien Président du Conseil de Turquie et M. Soubhi J. Khanachet, de la Légation royale d'Arabie séoudite à Paris, pour les précieuses informations qu'ils ont bien voulu me communiquer. Je tiens aussi à exprimer ma gratitude à M. Gaston Gallimard, qui a mis aimablement à ma disposition le dernier exemplaire du livre de Robert Graves sur Lawrence et les Arabes, *actuellement épuisé.*

Je voudrais aussi signaler tout ce que je dois à H. C. Arms-

23

trong dont les deux beaux ouvrages Grey Wolf *et* Lord of Arabia, *m'ont été des guides précieux tout au long de ce travail. J'y ai puisé le bronze avec lequel j'ai coulé mes statues. Que leur auteur trouve ici l'expression de ma reconnaissance. Si j'ai cité si libéralement certains passages de ses écrits, c'est qu'ils rendent, mieux que tous les autres, la physionomie des acteurs et l'ambiance des événements. Cela tient aussi au fait que j'étais limité dans mon choix par les conditions un peu particulières dans lesquelles j'ai rédigé ces pages. En dehors d'une petite provision de souvenirs personnels, je n'avais sous la main que le livre, fort remarquable lui aussi, de Norbert de Bischoff, ancien Conseiller à la Légation d'Autriche à Ankara, sur* La Turquie dans le Monde, *celui du professeur Stephan Ronart sur* La Turquie d'aujourd'hui, Les Sept Piliers de la Sagesse *de T. E.* Lawrence, *l'ouvrage magistral de René Grousset sur* L'Empire des Steppes, *l'*Histoire de la Turquie *du colonel Lamouche,* L'Histoire de la République turque, *rédigé par la Société pour l'étude de l'Histoire turque, d'Istanbul, cinq ou six manuels d'Histoire générale, les* Institutions Musulmanes, *de M. Gaudefroy-Demombynes, et un nombre relativement restreint de revues et de journaux, (on en trouvera la liste complète à la fin de chaque volume).*

Peu de chose, en vérité, quand je le compare à la documentation dont je me suis servi pour certains autres de mes ouvrages. Mais bien que limités en nombre, ces textes ont apporté un tel mouvement, une telle couleur dans la monotonie de mon existence, ils ont déployé sous mon regard des horizons si vastes et fait pénétrer un souffle de vie si puissant dans l'étroitesse de mon confinement, que j'en suis resté ébloui.

Puisse quelque chose de cet éblouissement subsister dans ces pages et apporter au lecteur un enchantement comparable au mien.

J. B. M.

Clairvaux, 1949-1953.

PREMIÈRE PARTIE

ESSOR ET DÉCADENCE
DE L'EMPIRE OTTOMAN
(6.000 av. J.-C. - 1880)

I

U NE plaine immense, d'une désolation monotone, dont
l'espace s'étire bien au delà de l'horizon ; un océan d'herbes
basses ondulant sous le vent, desséchées par l'été, mais que
chaque printemps gorge d'une sève nouvelle et qui répandent
sous le sabot des chevaux sauvages, une senteur pénétrante
qui est l'odeur même de la vie ; un ciel profond, inson-
dable, trop vaste pour la terre, auquel semblent suspendus
les destins d'un continent, tel est le visage de la steppe
qui s'étend sur plus de trois mille kilomètres au centre de
l'Asie.

Situé au sud de la forêt sibérienne et au nord de la Chine,
partant à l'occident de l'Oural pour venir buter à l'orient
contre les monts Altaï, le Pamir et les montagnes de Mand-
chourie, ce grand plateau ovale, gris-vert ou fauve selon
les saisons, monte insensiblement d'ouest en est, et finit par
atteindre mille mètres d'altitude. Là, la steppe fait place à
des montagnes déchiquetées où mugit un vent glacial, où
les torrents bondissent dans des gorges ravinées avant d'atteindre les grands fleuves sibériens, l'Yénisséï, l'Yrtitch,
l'Amour, le Selenga qui se jette dans le lac Baïkal, « si
grand qu'il le prend pour une mer ». Là, les herbages
sont parsemés de déserts pierreux et de dunes de sable que
ratissent les tempêtes, ou encore de savanes qui ne surgissent des glaces de l'hiver que pour être calcinées en
quelques semaines par un soleil dévorant.

27

Cette contrée au climat hostile est pourtant riche en vestiges d'animaux et de végétaux de la préhistoire. On y a découvert des cimetières d'aurochs et de mammouths, ensevelis par quelque catastrophe du début des temps glaciaires. Elle a vu courir à sa surface des rhinocéros laineux de la taille d'un marcassin, et ces petits chevaux rapides, pas plus grands que des lévriers, qui furent les ancêtres de tous nos étalons actuels. L'homme y est apparu très tôt — si tôt que les tribus qui l'habitent, s'enorgueillissent d'être nées au berceau même du genre humain. Car dans ce décor impressionnant, dont les légendes assurent « qu'il sert de contrefort au monde », et où l'on s'étonne que la race humaine ait jamais pu prendre pied, tournent depuis la nuit des temps, comme une nébuleuse en gestation, une foule de peuplades qui comptent parmi les plus combatives de la terre.

Rien n'est plus tumultueux que l'histoire de cette partie du globe. Nulle part ailleurs, l'homme n'a dû autant combattre l'homme pour survivre. Ne pouvant cultiver le sol, les peuples de la steppe furent contraints, dès l'origine, de pratiquer l'élevage. Ils domestiquèrent des moutons, des chevaux et des bœufs qu'ils menèrent selon les saisons vers les plus riches pâturages. L'herbe était de tout temps la seule richesse de ces espaces désolés. C'était une herbe dense, robuste et savoureuse. Elle ne servait pas seulement à nourrir les bêtes. On en tirait aussi une boisson fermentée qui rendait les femmes fécondes et les hommes invincibles. Celui qui en buvait, nous dit-on, se sentait envahi d'une telle joie que « toute la poussière du monde lui tombait du cœur ». Ces prairies merveilleuses, qui dispensaient de tels biens, ne pouvaient manquer de susciter des convoitises passionnées. Elles devinrent l'enjeu de luttes d'autant plus violentes que quiconque détenait les meilleurs herbages pouvait espérer devenir le maître des Hauts-Plateaux. Pour leur possession, les tribus de l'Asie Cenrale s'unirent ou se massacrèrent pendant des générations. Quiconque ne voulait pas périr de faim, devait être pasteur. Mais pour être pasteur, il fallait être guerrier, — et guerrier à cheval, les distances à parcourir et le relief du terrain ne se prêtant guère à la marche. L'âpreté du climat et la violence des combats éliminaient les moins résistants, et conféraient aux survivants une endurance extraordinaire. Leur vitalité et leur courage ne cessaient de croître sous l'effet de cette sélection. La dureté de leurs conditions de vie les obligeait à demeurer constamment sur le pied de guerre. Tout, de clan à clan, était prétexte à bataille : un vol de chevaux, le rapt d'une fille, l'humeur belliqueuse d'un chef, un regard jeté de travers... Et comme les fils héritaient les querelles de leurs pères, « chaque rivière, chaque piste, chaque taillis des montagnes étaient tout frémissants de haines et de vengeance à assouvir [1]. »

Jamais la force de la steppe ne restait immuable ; jamais elle ne se laissait contenir dans des cadres rigides. Comme la steppe elle-même elle semblait ne vouloir connaître ni formes, ni limites. De là une sorte de brassage humain qui mélangeait sans cesse les groupes et les clans. De familles éparses elle faisait des tribus ; des tribus, elle faisait des peuples et des peuples elle formait de puissantes nations. Mais presque aussitôt, comme par un pur caprice, elle dispersait ce qu'elle avait réuni, et dressait les unes contre les autres les tribus, alliées la veille, en des combats poussés jusqu'à leur anéantissement mutuel. Au cours de ces mouvements de fusion et de dispersion, « les appellations des peuples passaient des uns aux autres, leurs mythes et leurs légendes se confondaient, leurs héros s'interchangeaient, comme se mélangeaient leurs pâturages et leurs troupeaux [2] ».

Aussi l'historien éprouve-t-il une sorte de vertige devant la multitude de noms qui apparaissent et disparaissent dans cette mêlée de races, luttant pour établir leur hégémonie sur les Hauts-Plateaux :. Saces, Tokariens, Scythes, Ouïgours, Keraïtes, Naïmans, Huns, Avares, Kiptchaks,

1. Maurice Percheron : *Les Conquérants d'Asie,* p. 111.
2. Stephan Ronart : *La Turquie d'Aujourd'hui,* p. 18.

29

Hioung-Nous, Tatars, Khirghizes, pour n'en citer que quelques-uns. Comment distinguer leurs traits, dans ce tourbillon de sable et de neige, de flammes et de fumée, d'où elles émergent tour à tour pour disparaître aussitôt ?

Pourtant nous savons aujourd'hui que cette diversité n'est qu'une apparence et que ce bouillonnement recouvre une unité profonde. Sous les appellations changeantes que prennent la foule des clans, l'on est toujours en présence des mêmes groupes humains, plus ou moins importants mais d'origine identique. Toutes ces tribus se rattachent aux trois grandes souches Mongole, Turque et Toungouze, si étroitement apparentées qu'il est souvent impossible de les séparer l'une de l'autre [1]. Nous savons enfin que ces trois souches ne sont que les rameaux d'une seule et même race dite Ouralo-Altaïque ou Touranienne [2].

Ces hommes de la steppe vivaient dans la terreur des forces de la nature et dans le culte des morts. Ce que l'on connaît de plus ancien sur eux nous est rapporté par des chroniqueurs chinois, qui durent repousser leurs incursions dès le IV° siècle avant notre ère [3]. C'est sous leur plume qu'apparaît pour la première fois une allusion directe aux Turcs sous le nom de *Tou-Kious,* formé sans doute sur le pluriel mongol : *Turk-ut* [4].

« Leurs mœurs, nous disent-ils, étaient caractérisées par une grande simplicité de vie, l'absence de tout besoin personnel, et une indifférence métaphysique qui n'a jamais été égalée. » Ils avaient un grand dédain du luxe, un

1. En ce qui concerne les Huns, par exemple, il est impossible aujourd'hui encore, d'affirmer qu'ils soient plus des métis Mongolo-Toungouzes que Turco-Mongols, ou Turco-Toungouzes, (Maurice Percheron : *Les Conquérants d'Asie,* p. 45).

2. Le terme « Touranien » provient de la littérature persane, qui se sert du mot *Touran* pour désigner tous les peuples qui vivent au Nord de la Perse, par opposition avec *Iran,* qui désigne les peuples de la Perse proprement dite. (Lamouche : *Histoire de la Turquie,* p. 9).

3. C'est pour s'en protéger que fut édifiée la grande muraille de Chine. Elle opposa pendant des siècles un obstacle insurmontable à leur avance.

4. Colonel Lamouche : *Histoire de la Turquie,* p. 13.

mépris plus grand encore de la mort, et proclamaient volontiers « que l'herbe ne repoussait pas là où avaient passé leurs chevaux [1] ». Maîtres dans l'art du pillage et de la dévastation, ces cavaliers aux crânes gris et aux pommettes saillantes étaient des esprits pratiques et réalistes, obsédés par une seule idée : la possession de la terre.

Mais à côté des haines et des vindictes qui dressaient toutes ces peuplades les unes contre les autres, nombreuses étaient les dispositions susceptibles de les rapprocher. Toungouzes, Turcs et Mongols possédaient un fond commun de légendes et obéissaient aux mêmes lois vitales. Bien que parlant des idiomes différents, l'identité des coutumes créait entre eux des affinités instinctives, susceptibles de leur inspirer « le désir d'une vie ordonnée dans le cadre d'institutions nationales [2] ». Tous ces peuples étaient capables d'une action concertée, à condition de trouver un chef assez énergique pour leur imposer sa loi. Enfin — trait paradoxal, mais hautement significatif — ces nomades, instables par excellence, avaient des dispositions innées pour la création et l'administration des États [3].

Ces tribus qu'unissaient tant de traits communs, ne se distinguaient guère entre elles que par les totems qu'elles s'étaient choisis. L'une avait adopté l'aigle ; l'autre le vautour ; une troisième, le cheval ; une quatrième, l'éclair. Elles s'identifiaient volontiers à l'effigie qui ornait leurs emblèmes et prétendaient détenir d'elle la force qui les rendait victorieuses. Mais ce n'était pas à ces images qu'elles devaient leur pugnacité. C'était au façonnement implacable, poursuivi sur elles depuis des siècles par des conditions de vie terribles, la pauvreté du sol, l'ampleur des horizons et

---

1. Cette phrase, prêtée à Attila, était une expression courante parmi les guerriers Tou-Kious.
2. Maurice Percheron : *Les Conquérants d'Asie*, p. 113.
3. Ce n'est sans doute pas par hasard que le plus ancien texte de la littérature turque, écrit à Kashgar, dans le Turkestan occidental, s'intitule *Koudatkou Bilik*, ce qui signifie : « La Science de Gouvernement, ou le Chemin du Bonheur ». (Cf. Colonel Lamouche : *Histoire de la Turquie*, p. 14, et Stephan Ronart : *La Turquie d'Aujourd'hui*, p. 23).

surtout, la rigueur d'un climat oscillant toujours entre deux extrêmes. « Pour vivre dans ces immensités sans fin et profondes comme les nuits, nous dit Albert Champdor, il fallait être robuste, savoir souffrir de la chaleur qui brûle les yeux ou des vents du nord qui s'enfoncent dans la chair comme des aiguilles. Seuls les forts réussissaient à ne pas succomber dans ces régions terribles. » Pourtant, même les forts devaient subir l'assaut des éléments. « Le sable les chassait, ennemi sans pitié qui, peu à peu, recouvrait les pâturages de son impalpable et mobile poussière. Et quand ce n'était point le sable, c'étaient les ouragans de neige qui hurlent jusqu'au delà des horizons dont le blanc mat se confond avec le blanc du ciel. Alors il fallait aller planter sa yourte ailleurs, traîner les chars plus loin, fuir les démons invisibles du lac Baïkal, fuir toujours et toute la vie devant ces tempêtes de sables brûlants et de vents glacés contre lesquelles les hommes ne pouvaient se défendre. Quand on a tant lutté contre la furie des éléments, que peuvent représenter la résistance et le courage de ceux qui vivent dans de belles villes entourées de jardins, dans des palais dont les dômes légers s'irisent à l'approche des crépuscules ? C'étaient alors les grands départs, les lentes chevauchées à travers les déserts perdus et tristes. Et comme il fallait toujours se battre pour manger et pour faire manger ses chevaux, se battre pour la possession d'un pâturage ou d'une source d'eau claire, ces errants partaient à la conquête d'un monde où les nuits seraient plus douces et les terres plus riches [1]... »

Ainsi, de loin en loin, une vague de cavaliers se détachait de la nébuleuse et s'en allait à l'aventure, soit expulsée des bons herbages par des rivaux plus puissants, soit attirée par on ne sait quelle soif d'espace et d'inconnu.

Si la horde était bien conduite et si la chance lui souriait, il lui arrivait de fonder un empire éphémère. Si les dieux étaient contre elle, si le vent et la sécheresse faisaient

1. Albert Champdor : *Tamerlan*, p. 22.

périr ses chevaux, elle disparaissait pour toujours. Jamais ses montures ne revenaient paître l'herbe vivifiante des Hauts-Plateaux. Nul n'en parlait plus et son souvenir sombrait dans le néant de l'Histoire, dans ce royaume des ombres « où tournoyaient déjà tant de noms effacés [1] ».

II

Un des peuples qui habitait la région située entre la mer d'Aral et le désert de Gobi — l'Oetukaen, comme l'appelaient les chroniqueurs anciens [2] — avait pris pour emblème le Loup. A l'instar de cet animal, les tribus qui le composaient étaient réputées pour leur humeur agressive et leur sauvagerie. C'étaient les Turcs, c'est-à-dire « les Forts ». Contrairement à ce que l'on pourrait penser, ceux-ci étaient loin d'être incultes. Ils avaient découvert la manière de fondre le minerai de fer, d'en forger des armes et de les durcir en les trempant encore brûlantes dans l'eau glacée des torrents. Ils étaient répartis militairement en centuries, dont chacune possédait comme insigne un loup représenté dans une posture différente.

Resserrés entre les Kiptchaks à l'ouest, et les Chinois à l'est, les Turcs « Ouigours » — c'est-à-dire « groupés » [3] — descendirent des monts Altaï et prirent en main l'administration de la Kashgarie. Il semble qu'ils aient rêvé d'y instaurer un grand empire türk, aussi civilisé que la

1. Cf. Maurice Percheron, *op. cit.* p. 98.
2. On la désigne aujourd'hui sous le nom de Turkestan chinois. Elle se divise en deux parties : au nord, la Djoungarie ; au sud, la Kashgarie. (Cf. Lamouche : *Histoire de la Turquie,* p. 13 ; aussi Stephan Ronart : *La Turquie d'Aujourd'hui,* p. 14).
3. D'après Léon Cahen, le mot « Ouïgour » désignerait des hommes *groupés, soumis à une loi,* par opposition au mot « Kasak », qui signifierait *fuyard, homme séparé de sa tribu.*

Chine, mais plus puissant parce que plus ramassé et mieux organisé au point de vue militaire. Par malheur, ce beau rêve s'écroula avant même de prendre corps, sous les coups de nouvelles peuplades descendues du nord : les Khirghizes. Force fut donc au Türks d'aller « dresser leurs tentes » ailleurs. C'est sans doute pour cela qu'au début du xiiie siècle, une partie d'entre eux se mit en route vers l'Occident, sous la conduite de leur chef Ertogrul.

Ce n'était pas la première fois que les Türks s'en allaient ainsi vers les « terres du couchant ». Sans cesse, depuis la nuit des temps, des vagues de cavaliers s'étaient détachées de l'Asie Centrale pour déferler sur les régions périphériques. Qu'il plût sur les Hauts-Plateaux, que l'humidité fît pousser une herbe assez abondante pour nourrir tous les habitants, et le monde civilisé de l'Ouest et du Sud connaissait une période de calme. Mais que la pluie vînt à manquer : les pâturages se desséchaient. L'herbe se faisait rare. La steppe ne pouvait plus suffire aux besoins des tribus, et l'excédent de la population devait s'expatrier. Alors toute l'Asie centrale se mettait en branle. Le monde civilisé voyait surgir à l'horizon les « démons à cheval », et l'ouragan des migrations turques passait sur l'Occident.

Dès la plus haute antiquité, c'est-à-dire aux alentours de l'an 5.000 av. J.-C., les Sumériens, descendus des plateaux de l'Asie centrale et appartenant eux aussi à la race Ouralo-Altaïque, étaient venus s'installer dans la vallée du Tigre et de l'Euphrate. Les monuments récemment découverts à Ur, à Tello et à Lagash, nous ont révélé leur aspect physique — constitution vigoureuse, traits larges et pleins, nez droit et fin, cheveux et barbe rasés — et sa conformité avec un type que l'on rencontre encore assez fréquemment parmi les peuplades du Haut-Turkestan. De nombreuses inscriptions gravées dans la pierre ou des tablettes d'argile ont permis de reconstituer leur langue. « Ses traits caractéristiques, nous dit Stephan Ronart, peuvent encore se discerner dans la langue turque actuelle. Après des milliers d'années, deux cents vocables environ, attestent leur communauté d'origine [1]. »

Deux mille ans plus tard, c'est-à-dire vers l'an 3.000, étaient venus les Hittites, qui furent les premiers Turcs à cultiver la terre anatolienne. Près de la localité actuelle de Bogas-Keuï, non loin d'Ankara, dans la grande boucle du Kisil-Irmak, ils avaient érigé leur capitale : Hattous. C'était une citadelle puissante, défendue par sept châteaux forts, aux portes massives ornées de lions en pierre, riche en temples magnifiques et en palais resplendissants. La domination hittite s'étendit sur toute l'Anatolie, de Malatia à Ismir.

Jusqu'à la fin du deuxième millénaire, l'Empire hittite, gouverné par une suite de dix-neuf souverains habiles et énergiques, tint son rang parmi les grandes puissances de l'époque. Il avait étendu ses aspirations politiques jusqu'aux lisières du désert arabe, et s'était mesuré victorieusement avec l'Egypte et l'Assyrie. Durant toute cette période, l'art et la pensée hittites avaient fleuri en Anatolie, d'où ils avaient rayonné sur la mer Egée et la Crète Minoïenne. Les rites et les symboles sacrés hittites furent adoptés par les princes troyens ; les rois de Mycènes ornèrent les portes cyclopéennes de leur palais avec des lions de conception monumentale hittite ; de même, les artistes mycéniens prirent pour modèles les décors de céramique, les coupes et les rhytons d'argent, les armes de bronze hittites. La théogonie des Hittites se refléta dans la mythologie hellénique ; leurs idées religieuses pénétrèrent parmi les peuplades sémitiques de Chanaan.

Plus tard, au IV⁰ siècle de notre ère, les Tou-Kious des monts Kentaï avaient formé les cadres des hordes d'Attila (350-340). Celles-ci avaient poursuivi leur cavalcade à travers l'Europe, jusqu'au moment où elles étaient venues buter contre les légions d'Aétius.

Au XI⁰ siècle, les Turcs Seldjoukides, détachés à leur tour

---

1. Stephan Ronart : *La Turquie d'Aujourd'hui*, p. 17.

35

de la grande nébuleuse, s'étaient emparés successivement du Khorassan, de l'Arménie, de la Cappadoce, du Pont, et un de leurs chefs, Suleiman, avait fondé autour de Koniah, le sultanat de Roum [1]. Au xii° siècle, enfin, d'importants contingents Türks avaient pris part à la chevauchée mémorable de Gengis-Khan [2]. Ainsi, d'âge en âge, l'Occident avait subi le contrecoup des soubresauts qui agitaient cet immense « champ de forces » que constituaient les peuples nomades du centre de l'Asie.

Mais cette fois-ci, l'incursion des cavaliers nomades d'Ertogrul revêtait une autre importance que celles de leurs prédécesseurs. Ce n'était plus au service de seigneurs étrangers — Huns ou Mongols, — c'était pour leur propre compte que les tribus du Loup partaient à la conquête de terres nouvelles.

Sans regarder en arrière, Ertogrul s'avança à travers le Khorassan, suivi par plusieurs dizaines de milliers de guerriers à la peau grise, aux visages plats, aux pommettes saillantes et aux yeux bridés [3]. Progressant toujours vers l'Ouest, la colonne armée franchit par petites étapes la Perse et l'Arménie, et déboucha à l'orée du bassin méditerranéen. Accélérant alors sa marche, Ertogrul se fraya un chemin à travers l'Anatolie, et mena ses hommes jusqu'aux bords du fleuve Sakharya — le Sangarios des Anciens, — après

1. Appelé ainsi parce que l'Empire grec d'Orient était toujours considéré comme étant l'Empire romain. C'est pourquoi les Turcs appelaient les Grecs : *Roumi.*

2. Dans l'Empire mongol de Gengis-Khan, les premiers instituteurs et les premiers officiers de l'Etat furent les Ouïgours, de race turque. Par la suite, ces Ouïgours entrèrent dans les pays civilisés des alentours, en compagnie des conquérants mongols. Par ailleurs, on nous dit que Djagataï, le fils de Gengis-Khan, était sinon tout à fait turquisé, du moins très familier avec la langue et les mœurs turques, puisqu'il a laissé son nom à la langue littéraire du Turkestan, le turc oriental, que l'on appelle aujourd'hui encore, le *Djagataï.*

3. Certains historiens confondent parfois Ertogrul (nom assez répandu chez les Turcs de cette époque) avec le prince Seldjoukide Togrul Beg, le fils du sultan Suleïman. Il ne semble pourtant pas que ce soit le même personnage. La confusion a dû être faite ultérieurement par des poètes de cour, désireux de donner des lettres de noblesse à la nouvelle dynastie ottomane.

avoir livré une succession de combats victorieux. Là, il s'arrêta, ordonna à ses cavaliers de mettre pied à terre et de faire boire leurs montures dans les eaux du fleuve. Puis, ayant exploré la région et ayant été frappé par sa richesse et sa variété, il revient vers les siens, leur dit : « Construisez ici vos foyers ! » — et mourut (1288).

L'arrivée des Turcs sur ces terres admirables, largement baignées par trois mers, sillonnées de cascades et de torrents écumants, où les forêts de pins et de hêtres alternent avec les vignobles et les files de peupliers, montant à la rencontre de vastes plateaux dont l'herbe ne le cède en rien à celle des pâturages de la steppe, revêtait une importance que nul, à cette époque, ne pouvait soupçonner.

Le premier campement dressé sur les rives de la Sakharya par les cavaliers d'Ertogrul marquait plus qu'une date historique, plus qu'un maillon supplémentaire ajouté à la chaîne des événements qui s'étaient déjà déroulés dans cette région du monde. Il inaugurait l'union d'un peuple avec une terre, la jonction de la force turque avec l'abondance anatolienne, l'alliance d'une nation en formation avec la patrie qui lui était destinée.

III

Osman (ou Othman) succéda à son père Ertogrul. Durant tout son règne, il ne cessa de guerroyer contre ses voisins, en particulier contre les gouverneurs des forteresses grecques qui se trouvaient sur ses frontières, ou même à l'intérieur de son territoire. Ses victoires le conduisirent jusqu'à Moudania, sur la mer de Marmara et jusqu'à Kilia, à l'entrée du Bosphore, dans la mer Noire. Par la prise de Brousse, il consolida fortement les conquêtes d'Ertogrul et devint ainsi le fondateur de l'Empire ottoman. Grand pourfendeur de chrétiens, il occupe la première place sur la liste des souverains de la Turquie, sous le nom de Ghazi Soultan Osman Khan, — c'est-à-dire le Sultan Osman le Victorieux (1288-1326) [1].

Orkhan (1326-1359) succéda à son père Osman. C'est lui qui transféra à Brousse la capitale de son royaume et légua à ses héritiers le sabre à double pointe qui figura dès lors sur le sceau impérial. Mû par le même instinct atavique qui avait poussé ses prédécesseurs à marcher vers l'Occident, il s'empara de Nicée et de Nicomédie, dont il transforma les noms en Izņik et Izmid [2]. Puis, faisant franchir pour la première fois à ses troupes la mer de Marmara — à la faveur d'un tremblement de terre qui en avait ravagé les côtes — il s'empara de Gallipoli, de Boulaïr, de Malgara, de Rhodosto, et poussa jusqu'à Tchorlou, à 140 kilomètres de Constantinople. L'occupation de Gallipoli (1354 ou 1356) marque la date la plus importante de l'histoire ottomane avant la prise de Byzance, car cet événement permit la marche ultérieure des Turcs vers le nord et l'ouest et détermina le caractère futur de leur Empire. Orkhan mourut peu après (1359) laissant à ses héritiers un domaine considérable.

Ces premiers souverains turcs étaient des hommes énergiques, d'une grande résistance physique et se contentant de peu. Mais c'étaient aussi de bons administrateurs, des entraîneurs d'hommes et d'excellents généraux. Non seulement ils savaient se faire obéir de leurs troupes, mais ils avaient eu la chance de déboucher dans cette région du globe, au moment où elle était occupée par une mosaïque d'empires décadents et vermoulus : le sultanat des Seldjoukides, l'Empire arabe des Califes de Bagdad et l'Empire grec de Byzance. Ils les avaient fracassés tour à tour sans

1. Voir l'Annuaire Officiel (*Salnamé*) de l'Empire ottoman.
2. Nicomédie s'appela d'abord *Izniķmid*, puis, par contraction, *Izmıd.* Ces noms proviennent de ce que les Turcs entendant les gens du pays dire *is Niķaia, is Niķomidia,* à Nicée, à Nicomédie, prirent la préposition *is* (εἴσ) pour une partie intégrante du nom de la ville. Le même fait se reproduit plus tard avec Istanboul — Istam Polis (Constantinople).

grand effort, rasant leurs villes, pillant leurs richesses et forçant les populations à se soumettre à leur loi [1].

Mourad Ier (1359-1389) succéda à son père Orkhan. Il commença par réorganiser l'armée, créant les Sipahis, ou hommes d'armes et les Yeni-Tchéri ou « nouvelles troupes », que les chroniqueurs occidentaux appelèrent les Janissaires et qui devinrent les artisans les plus redoutables de la puissance ottomane. Poussé lui aussi par le désir d'aller à l'ouest, toujours plus à l'ouest, il réussit à conquérir presque complètement la Péninsule balkanique. Ses campagnes furent grandement facilitées par les dissensions qui régnaient entre Grecs, Serbes et Bulgares. Les armées turques, commandées par Lala Chahin, Evrénos et Timourtach s'emparèrent d'abord de la Thrace. Andrinople, occupée en 1361, devint en 1365 la seconde capitale de l'Empire. Puis, grâce à la victoire de la Maritza (1363) remportée sur une coalition de princes chrétiens, les Turcs annexèrent Monastir, Kavala, Drama, Serrès et Nich (1375). Sofia succomba à son tour en 1382.

S'attaquant ensuite aux Serbes, Mourad remporta la bataille de Kossovo (1389) qui décida, pour cinq siècles et demi, du sort de l'Europe orientale. Les chefs des deux armées ennemies périrent au cours du combat. Mourad, « après avoir livré trente-sept batailles sans en perdre une seule, expira sous sa tente, léguant son Empire à son fils Bayézid, non point parce qu'il était l'aîné de sa famille mais parce qu'il lui avait donné maintes preuves de son tempérament intraitable. » Le corps de Mourad fut ramené à Brousse où il repose à côté des dépouilles mortelles d'Orkhan et d'Osman. On lui décerna à son tour le titre de Ghazi, « le Victorieux ».

Bayézid (1389-1403), que les historiens occidentaux appelèrent Bajazet, mérita, par l'audace et la rapidité de ses opérations militaires, le surnom de Yîldîrîm, ce qui veut dire l'Eclair, la Foudre. Ce fut, en effet, un des plus grands

---

1. H. C. Armstrong : *Grey Wolf*, p. 7.

capitaines de l'Histoire, et la première partie de son règne fut particulièrement brillante pour ses armées.

Après la Serbie, Bajazet s'attaqua à la Hongrie. Manuel Paléologue, empereur de Byzance et Sigismond, roi de Hongrie, alarmés par la montée rapide de la puissance turque, cherchèrent des alliés à l'Occident. Un grand nombre de nobles français répondirent à son appel, notamment Philippe d'Artois, connétable de France, le comte d'Eu, le comte de Nevers, l'amiral Jean de Vienne, le maréchal Boucicault, le Sire de Coucy, Philibert de Naillac, grand maître des chevaliers de Rhodes, et Jean Sans Peur, futur duc de Bourgogne. Des chevaliers teutoniques, sous le commandement de Frédéric, comte de Hohenzollern, grand prieur de l'ordre des chevaliers de Saint-Jean de Jérusalem, des chevaliers bavarois et des troupes valaques commandées par Mircea, prince de Valachie, vinrent se ranger aux côtés des chevaliers français. La rencontre avec les armées ottomanes eut lieu sur les bords du Danube, près de Nicopolis [1] (22 septembre 1396).

Incorrigiblement individualistes, les chevaliers français furent, « par leur bravoure téméraire et peu disciplinée, la cause de la défaite finale [2]. » Malgré les avis du roi Sigismond et du prince Mircea qui connaissaient la tactique et l'endurance des Turcs, les nobles français voulurent combattre en première ligne et, après avoir enfoncé les avant-gardes, au lieu de s'arrêter pour se remettre en ordre et laisser à l'infanterie hongroise et valaque le temps d'arriver, ils continuèrent d'avancer et se trouvèrent brusquement devant un bloc compact de 40.000 Janissaires. L'assaut se changea rapidement en déroute. Comme les Allemands, une partie des Hongrois et ceux des Français qui avaient pu battre en retraite résistaient vigoureusement, l'issue du combat parut un moment devoir être favorable aux Chrétiens. Mais l'intervention d'un contingent serbe, qui combattait dans l'armée turque, décida du sort de la bataille et donna

1. La ville actuelle de Nikopol.
2. Colonel Lamouche : *Histoire de la Turquie*, p. 32.

la victoire aux troupes de Bajazet. Sigismond et un certain nombre de seigneurs hongrois et allemands purent s'échapper sur les vaisseaux de Venise et de Rhodes qui se trouvaient mouillés à l'embouchure du Danube.

Les pertes des deux armées étaient énormes et le Sultan, voulant venger la mort de ses sujets, ordonna de passer tous les prisonniers par les armes. Le massacre dura, dit-on, toute la journée et ne cessa que sur la demande des grands seigneurs turcs, émus eux-mêmes d'une telle cruauté. Un certain nombre de nobles français, parmi lesquels le comte de Nevers, le maréchal Boucicault et Guy de la Tremoille, eurent la vie sauve et purent être libérés, plus tard, contre rançon. A la suite de cette victoire retentissante, les Turcs s'avancèrent au delà du Danube et de la Save, et ravagèrent la Styrie.

En dehors de Constantinople, de Salonique et d'Athènes, Bayézid était maître ou suzerain de toute la péninsule balkanique, de la Bosnie, de l'Albanie, et de la Grèce continentale. L'Empire ottoman était en plein essor. Pour mettre la clé de voûte à cet ensemble de conquêtes, il ne restait plus qu'à s'emparer de Constantinople. Dès 1391, Bajazet avait soumis cette ville à un blocus sévère. Pour empêcher tout ravitaillement de passer par le Bosphore, il avait fait construire à l'un des endroits les plus resserrés du détroit, la forteresse de Guzel-Hissar (le beau château), appelée depuis Anadolou-Hissar (le château d'Anatolie). Ce n'est pas sans inquiétude que Manuel Paléologue, l'empereur de Byzance, voyait avancer les préparatifs de ses ennemis, et il exhortait les soldats grecs de la garnison à se défendre jusqu'au dernier, dans des proclamations fiévreuses qui cachaient mal son angoisse.

En 1400, Bajazet s'apprêtait enfin à ordonner l'assaut final, lorsqu'il dut lever précipitamment le siège de Constantinople et ramener toutes ses troupes en Anatolie. Un orage s'amoncelait à l'Est, qui menaçait de détruire de fond en comble l'œuvre entreprise par Ertogrul et ses successeurs. Des messagers accourus ventre à terre d'Arménie,

41

avaient appris au Sultan qu'une nouvelle vague de cavaliers, descendue à son tour des hauts-plateaux asiatiques, venait d'apparaître aux confins orientaux de l'Empire. C'était l'armée mongole de Tamerlan.

IV

« Sachez, disait Tamerlan, que trois fléaux précèdent mes armées lorsque je vais combattre : la désolation, la stérilité et la peste. » Aussi le seul nom de « Mongols » suffisait-il à remplir les populations d'une terreur panique. « Ce sont plutôt des monstres assoiffés de sang que des hommes, écrit le chroniqueur arabe Ibn Athir. Ils sont vêtus de peaux de bœufs, petits, vigoureux, trapus, infatigables. Ils viennent avec la rapidité de l'éclair et frappent le monde d'épouvante. Leur arrivée est un malheur immense, comme les jours et les nuits n'en produisent jamais de pareils, car ils menacent de détruire la création entière. Ils ne font grâce à personne. Ils éventrent les femmes enceintes et tuent jusqu'aux fœtus. » Pour les uns, les Mongols venaient « de la terre des longs jours et des hautes montagnes blanches ». Pour les autres, « ils sortaient de terre en bouillonnant », et étaient engendrés par les flammes mêmes de l'enfer, « ces flammes qui dessèchent à la fois la vie et la mort ».

Ce n'était pas non plus un homme comme les autres, ce Timour-Leng qui les commandait, que l'on disait jailli du ventre de sa mère « avec du sang plein les mains [1] », ce qui signifiait qu'il ferait couler le sang de ses ennemis comme aucun être humain ne l'avait fait avant lui. Aussi comprend-on la frayeur des populations du Proche-Orient, lorsqu'elles apprirent subitement, le 30 octobre 1400, que Tamerlan venait d'arriver sous les murs d'Alep, à la tête de 500.000 hommes.

1. A Kesh, dans le désert d'Asie centrale, le 7 mai 1336.

Les forces du conquérant mongol n'étaient pas une horde, mais une armée impressionnante, avec ses fantassins, ses cavaliers, ses chars, ses éléphants et ses engins de guerre. « Ses innombrables guerriers n'avaient jamais connu le mauvais sort des armes, nous dit un historien persan qui les accompagnait. On était stupéfait de la rapidité de leur action offensive. Les escadrons se précipitaient en avant, en poussant des hurlements ; ils disparaissaient dans un tourbillon de poussière et l'on ne voyait plus que les feux étincelants de l'acier de leurs épées, de leurs lances et de leurs poignards. Ils se couvraient d'un bouclier tendu de peau de crocodile et leurs chevaux étaient protégés par un harnachement de peau de tigre. Leur seigneur suprême montait un coursier écumant, la tête recouverte d'une couronne de rubis et tenant à la main une massue en forme de tête de bœuf. » Le *Zafir Nameh* ajoute : « Un certain nombre d'escadrons avaient des étendards rouges ; leurs cuirasses, leurs selles, leurs housses, leurs carquois et leurs ceintures, leurs lances, leurs boucliers et leurs masses d'armes étaient également rouges. Un autre corps d'armée était jaune, un autre blanc. Il y avait un régiment avec des cottes de mailles et un autre avec des cuirasses [1]. » Aussi sommaires qu'elles soient, ces indications nous permettent de savoir que l'armée mongole était fortement articulée et qu'on y appliquait déjà la spécialisation des armes. Auprès d'elle, c'étaient plutôt les armées chrétiennes qui faisaient figure de hordes, avec leur tactique décousue, leur indiscipline et leur manque d'organisation.

Alep tomba après un siège en règle et le carnage dépassa en horreur tout ce qu'on peut imaginer. Sans prendre le temps de souffler, les assaillants exterminèrent une grande partie de la population. Le sang coula à flots dans tous les quartiers de la ville. Après quoi, ne laissant derrière eux que des ruines fumantes et la citadelle démantelée, les Mongols se retirèrent et marchèrent sur Damas.

---

1. René Grousset : *L'Empire des Steppes,* p. 531.

Alep était une ville puissamment fortifiée, dont la fondation remontait aux Hittites et dont la citadelle avait été considérée jusque-là comme imprenable. Mais pas Damas, ville raffinée et voluptueuse, paresseusement allongée entre ses mosquées et ses jardins. Aussi les soldats de Tamerlan n'eurent-ils aucune peine à s'en emparer. Ils se répandirent dans la ville et la saccagèrent de fond en comble (25 mars 1401). Les maisons, les souks, les mosquées furent pillées méthodiquement. Damas était à cette époque une des cités les plus riches du monde et les Mongols y ramassèrent un butin tel qu'ils n'en avaient encore jamais trouvé au cours de leurs précédentes rapines. La plupart des habitants valides furent réduits en esclavage et prirent le chemin de l'exil. « Les artisans damascènes, nous dit Albert Champdor, qui connaissaient l'art délicat de cuire les belles faïences, les armuriers, les tisserands, les verriers, furent envoyés à Samarkande, la capitale du vainqueur [1]. » Cette déportation massive porta un coup mortel à l'industrie et au commerce si prospères de la Syrie. Enfin, las de piller et de massacrer, les Mongols incendièrent la ville. Les chroniqueurs, épouvantés par cet acte barbare, racontent que, de l'immense brasier alimenté par des boiseries de cèdres et de cyprès vernies de sumac et de sandaraque, se dégageait un parfum exquis qui s'étendait à plusieurs lieues à la ronde. Les mosquées, construites avec les ruines des temples ou des palais de Troie, de Thèbes ou de Karnak, ne furent pas épargnées. La grande mosquée des Ommeyades, cet unique chef-d'œuvre d'architecture orientale, fut entièrement détruite. Des milliers de personnes qui étaient venues s'y réfugier, périrent dans les flammes.

Et tandis que la merveilleuse Damas brûlait sous un ciel de rêve, tandis que les Mongols déchaînés pillaient, violaient et massacraient, Tamerlan, installé sur les hauteurs voisines, se faisait servir des orangeades rafraîchies par les neiges du Liban et conviait l'historien arabe Ibn Khaldoun

1. Albert Champdor : *Tamerlan*, p. 188-190.

à contempler avec lui « son œuvre immortelle de destruction ». Il lui demanda de lui raconter l'histoire de ces Califes raffinés « dont il voyait disparaître en fumée la prestigieuse gloire ». Puis, à la lueur des incendies, parmi les râles et les hurlements qui s'élevaient des bas-quartiers de la ville, il pria Ibn Khaldoun de faire son panégyrique. Quelle dut être l'ivresse de ce Néron mongol, en entendant prôner ses vertus par cet érudit arabe, dont les moindres paroles faisaient autorité de l'Euphrate jusqu'au Guadalquivir !

Le 29 mars, Tamerlan quitta Damas et se dirigea sur Bagdad, « résolu de faire subir à cette ville un sort qui dépasserait en horreur celui qu'il venait d'infliger à Damas ».

Le 10 juillet 1401, après quarante jours de siège, « alors que la chaleur de la vallée du Tigre était si brûlante que les oiseaux tombaient morts du ciel », et que les défenseurs des remparts, accablés par la canicule avaient abandonné leurs postes, les Mongols, à moitié nus sous un soleil de feu, escaladèrent les murailles et prirent la ville d'assaut. De nouveau, ce fut le carnage. Tous les habitants au-dessus de huit ans furent égorgés. Tamerlan donna l'ordre d'élever cent vingt pyramides autour de la ville avec les 90.000 têtes des victimes de cette tuerie. Cet amoncellement de crânes desséchés devait témoigner que les Mongols étaient passés par là. Quant à la ville, Tamerlan écrivit lui-même dans ses *Institutes* : « ... et je fis raser les maisons de la cité. » Cette phrase laconique recouvre un désastre irréparable. La splendide métropole des Califes abassides, avec ses thermes, ses écoles, ses observatoires, ses mosquées miraculeusement belles et ses palais féeriques [1] fut réduite en cendres du jour au lendemain.

Au milieu de ce bain de sang, Tamerlan convoqua les poètes et les savants, leur octroya des rentes et leur fit distribuer des chevaux « afin qu'ils pussent gagner d'autres

1. Voir : *Ibn Séoud, ou la naissance d'un royaume*, chap. ix, « *Cette gloire que fut Bagdad.* »

45

villes pour y raconter les scènes auxquelles ils venaient d'assister ». Ceux-là, au moins, purent s'estimer heureux que le conquérant le plus sanguinaire du monde eût, malgré sa démesure et sa frénésie de destruction, une passion plus grande encore pour les beaux vers et qu'il connût par cœur les poèmes de Hafiz et de Saadi.

Au début de 1402, Tamerlan pénétra en Asie Mineure, en passant par Sébaste. En six jours de marche, il atteignit Césarée de Cappadoce. C'est alors que Bajazet décida de l'arrêter et se porta au-devant de lui avec toutes ses troupes.

V

Tamerlan marcha sur Angora — l'ancienne Ancyre des Grecs — où la présence de Bajazet lui avait été signalée. Par une manœuvre habile, le chef mongol réussit à tourner l'armée ottomane et vint se placer dans le dos de son ennemi, à l'endroit propice qu'il avait choisi pour lui livrer bataille : une vaste plaine traversée par un cours d'eau, dont il avait pris soin de s'assurer.

Tandis que Tamerlan et ses cavaliers prenaient un repos bien mérité, Bajazet accourut sur les lieux avec des troupes fatiguées, privées d'eau et mécontentes parce que cinq mille des leurs avaient péri de soif et d'insolation au cours de la marche forcée qu'ils venaient d'effectuer, en plein juillet, à travers l'Anatolie.

Tamerlan partagea son armée en trois corps. L'aile gauche, confiée à l'un de ses fils, était composée de contingents du Khorassan, de Bactriens, de Sogdiens, d'Hyrcaniens et de plusieurs peuples natifs des rivages de la mer Caspienne. L'aile droite, commandée par l'Emir Noureddin, comprenait 30.000 cavaliers persans, autant de Géorgiens et environ 40.000 hommes recrutés dans les deux Arménies, les montagnes du Caucase, le Kaboulistan, le Kandahar et les Indes. Enfin, les 100.000 hommes du corps principal, commandés par Tamerlan en personne, comprenaient les troupes d'élite de la Transoxiane et du Djagataï, les célèbres archers massagètes, des Circassiens, des Sibériens et des Samoyèdes. Cinquante éléphants de guerre, portant des tours remplies d'archers, devaient supporter le premier choc et se frayer un passage à travers les rangs serrés de l'ennemi. Les troupes de Tamerlan étaient mieux équipées qu'elles ne l'avaient jamais été. Ses cavaliers étaient montés sur des chevaux rapides, couverts de cuir laqué. Chaque homme possédait deux arcs et un carquois garanti contre l'humidité par une enveloppe de feutre. Les casques étaient légers et pratiques, pourvus d'une bande cloutée de fer pour protéger la nuque [1].

Bajazet disposa son armée en forme de croissant, suivant la tactique en usage chez les Ottomans. L'aile droite, forte de 40.000 cavaliers croates, habillés de noir et bardés de fer, et de 10.000 fantassins, était sous les ordres de son beau-frère. Il avait donné le commandement de l'aile gauche à son fils aîné, Suleïman, qui disposait également des troupes de la Pamphilie, de la Cappadoce et du Pont, au nombre d'environ 80.000 cavaliers et 100.000 hommes à pied. Bajazet, ayant auprès de lui son fils Mustapha, s'était réservé le centre, composé de la fameuse milice des Janissaires, qui s'était couverte de gloire à Kossovo et à Nicopolis. Cette troupe d'élite encadrait les contingents auxiliaires de Syrie et de Mésopotamie, confiés à ses trois autres fils : Moussa, Issa et Mehemed (Mahomet). Tel était l'état des deux armées qui se trouvaient en présence dans la plaine d'Angora, le 20 juillet 1402.

Dès que parurent les premiers feux de l'aurore, Bajazet et Tamerlan parcoururent à cheval le front de leurs troupes, les exhortant à combattre jusqu'au suprême sacrifice. Après une série d'escarmouches préliminaires, la bataille s'enga-

1. Albert Champdor : *Tamerlan*, p. 195 et s.

gea vers dix heures du matin, au nord-est d'Ancyre, à l'endroit précis où Pompée avait écrasé autrefois Mithridate. Très vite, la mêlée devint générale. « Également fanatisées par l'assurance d'obtenir la victoire, nous disent les chroniqueurs persans, les deux armées se ruèrent l'une sur l'autre avec une telle frénésie que la terre apparut comme une mer houleuse, que le soleil fut obscurci par des nuages de poussière, et que les tourbillons des cavaliers, hurlants, écumants, déchaînés dans cette tempête, pouvaient faire croire que la terre s'était entrouverte et que les fumées de l'enfer venaient lécher le ciel [1]. »

La bataille, croissant encore en intensité, fit rage pendant toute la journée, mettant aux prises environ un million d'hommes, selon les estimations des contemporains [2]. Vers le soir, elle tourna à l'avantage des Mongols, après une longue période d'incertitude, durant laquelle les Ottomans, bien qu'inférieurs en nombre se battirent avec leur acharnement habituel. Finalement, accablée par la chaleur, affaiblie et démoralisée par la défection subite des Turkmènes qui trahirent Bajazet, entraînant à leur suite les contingents auxiliaires de Mésopotamie, l'armée turque fut mise en déroute. Malgré sa vaillance, malgré les exploits de la cavalerie croate commandée par le roi Etienne, qui se surpassa au point de provoquer l'admiration de Tamerlan, elle dut céder pas à pas le terrain, laissant plus de 40.000 morts dans la plaine. Bajazet eut plusieurs chevaux tués sous lui. « Il demeura jusqu'à la nuit, seul au milieu de sa fidèle garde de Janissaires qui se faisaient tuer sur place, plutôt que de reculer. Quand il ne resta presque plus personne autour de lui, et qu'il comprit que sa gloire venait de sombrer sur ce champ de carnage, il se décida à prendre la fuite, avec sa suite et ses trésors [3]. » Poursuivi par les Mongols, il fut bientôt rattrapé, fait prisonnier, et amené devant son vainqueur, les mains liées derrière le dos.

1. *Zafir Nameh*. IV, 11-15. Arabchâh, 182.
2. *Id*.
3. Albert Champdor, *op. cit.*, pp. 200-201.

« L'entrevue entre les deux hommes fut dramatique. Après un moment de silence, pendant lequel ils semblèrent encore se défier, Bajazet, couvert de poussière et de sueur sous ses magnifiques habits fripés, l'œil mauvais, le cœur débordant de haine, ne put cacher le profond désarroi de son âme. Et Tamerlan ne put réprimer un sursaut de joie en voyant paraître l'illustre vaincu, traîné de force devant lui comme un voleur dont il venait de briser la puissance en moins d'une journée [1]. »

Tamerlan commença par traiter le captif avec courtoisie [2]. Toutefois, comme le Sultan cherchait sans cesse à s'enfuir, il le fit voyager dans une litière grillée, qui ressemblait fort à une cage de fer. Fou de rage et d'orgueil blessé Bajazet ne put supporter longtemps cette humiliation. Blasphémant contre la Providence, il mourut huit mois plus tard à Akchéhir, emporté par une attaque d'apoplexie (9 mars 1403).

VI

S'étant ainsi débarrassé de son adversaire le plus dangereux, Tamerlan traversa l'Asie Mineure en une cavalcade triomphale, mettant toute la contrée à feu et à sang. Le 1er décembre 1402, il arriva devant Smyrne, qu'il investit aussitôt.

La place était tenue par les chevaliers de Rhodes, sous le commandement de leur grand maître, frère Guillaume de Mune. Tamerlan les somma de lui payer tribut et de se convertir à l'Islam, sous peine de subir les horreurs de la guerre. Guillaume de Mune repoussa cet ultimatum avec mépris, alerta les chrétiens de Chypre et de Rhodes, supplia

1. *Id. Ibid.*
2. René Grousset : *L'Empire des Steppes,* p. 531. Un des fils de Bajazet, Moussa, était également parmi les prisonniers.

les puissances occidentales de venir rapidement à son secours et se prépara à repousser l'assaut.

La ville, protégée de trois côté par la mer paraissait inexpugnable. Le seul côté qui la rattachât au continent était coupé par un large fossé. Sa garnison, composée en majeure partie par des chevaliers de Saint-Jean de Jérusalem était forte et nombreuse. Tamerlan, ayant examiné attentivement la situation de la place, comprit que ses efforts seraient vains, aussi longtemps que les assiégés pourraient recevoir des renforts et des vivres par mer. Pour investir Smyrne complètement, il fallait couper ses voies d'accès maritimes. Mais comment faire ? L'armée mongole n'avait pas de bateaux...

Stimulé par la difficulté, Tamerlan conçut un projet dont l'audace remplit ses contemporains de stupeur. Il fit construire, tout autour des murailles baignées par les eaux du golfe, un gigantesque échafaudage soutenu par d'énormes pieux. A mesure que l'ouvrage avançait, ces galeries suspendues au-dessus de la mer étaient recouvertes de planches, sur lesquelles les Mongols clouaient des peaux de bêtes, afin de se protéger contre les feux des assiégés.

Guillaume de Mune et ses chevaliers commencèrent par observer ces travaux avec un sourire dédaigneux, convaincus que les Mongols ne parviendraient jamais à les mener à bonne fin. Mais ils commencèrent à déchanter quand ils s'aperçurent qu'en moins de quatre jours, la moitié de l'ouvrage était déjà terminée. Ils mirent alors tout en œuvre pour le détruire, mais les pionniers de Tamerlan achevèrent leur travail, malgré les quartiers de roc et les averses de feu et de plomb fondu que les assiégés déversaient sur eux.

On était à la mi-décembre. Des pluies diluviennes firent espérer à Guillaume de Mune que ses ennemis ne pourraient supporter les rigueurs de la saison. C'était mal connaître les Mongols ! Sous un ciel noir, dans la tempête, sous des rafales d'eau, bravant les feux liquides, les résines, l'huile bouillante, le soufre enflammé, ils attaquèrent du côté de la mer les fortifications, qu'ils firent sauter après les avoir sapées, et s'introduisirent dans la place. Ils envahirent tout, véritable foule hurlante, déchaînée, incendiant les maisons, pénétrant dans les églises pour égorger ceux qui s'y réfugiaient. « Pendant huit jours, Smyrne connut l'enfer. Partout passa la mort. Tout fut rasé et anéanti. Hommes, femmes, enfants morts, jonchèrent, plus nombreux que les pavés, le sol de la cité. Smyrne ne fut plus qu'un monceau de ruines fumantes, qu'un immense charnier d'où émergeaient, comme d'habitude, les sinistres pyramides faites de crânes entassés [1]. »

Durant toute la durée du siège, les puissances européennes avaient perdu un temps précieux en querelles de préséance et en disputes oiseuses. Huit jours après la chute de la ville, une flotte de vaisseaux chrétiens apparut enfin au large apportant à Guillaume de Mune des renforts désormais inutiles. En s'approchant des côtes les vigies s'étonnèrent de ne plus rien apercevoir des tours, des clochers, des murailles qui indiquaient jusque-là, l'emplacement de la ville.

Tamerlan envoya une carraque au-devant des navires chypriotes, et lorsqu'elle fut arrivée auprès d'eux, les Mongols, quittant leurs rames, jetèrent aux Roumis, en guise de boulets, les têtes des chevaliers chrétiens fraîchement décapités. Les vaisseaux de l'escadre occidentale firent aussitôt demi-tour et reprirent le chemin du large. Ce fut tout. En les regardant s'éloigner, Tamerlan répéta à ses Emirs la parole du Coran : « Ainsi, ils auront tous le sens de la mort ! »

La prise de Smyrne mettait le conquérant mongol en possession de toute l'Asie Mineure. Mais celui-ci, se désintéressant soudain de ses conquêtes anatoliennes, repartit pour la Mongolie et disparut à l'horizon avec toutes ses armées. Quelle raison motiva ce revirement subit ? Un caprice ? Une révolte intérieure des tribus asiatiques ? Le désir de tourner à présent sa force contre la Chine ? Les

1. Albert Champdor : *op. cit.*, pp. 206-208.

historiens en discutent encore et les causes de sa décision étrange demeurent inexpliquées. Toujours est-il qu'arrivé à Samarkand, Tamerlan leva une nouvelle armée, forte de 300.000 hommes, et se mit en marche vers l'est. « En plein hiver, par un froid abominable qui gelait les jambes des chevaux dès que les colonnes de cavalerie faisaient halte, il quitta Samarkand pour Pékin — douze cents lieues à franchir, avant d'atteindre seulement la Grande Muraille [1]. » Bien qu'âgé seulement de soixante-neuf ans, Tamerlan était usé par un demi-siècle de luttes ininterrompues. Il n'alla pas très loin. A Otrar, dernière ville du Khorassan, le 18 février 1405, tandis que la tempête mugissait autour de sa tente, l'empereur mongol, terrassé par la fièvre, convoqua ses généraux et leur fit part de ses dernières volontés. Puis il ferma les yeux et fit route vers un domaine « où ni les armées, ni les trésors, ni le trône ne sont plus d'aucun secours [2] ».

VII

Ce fut — comme bien l'on pense — avec un soupir de soulagement que les peuples du Proche-Orient apprirent la mort subite de Tamerlan. La Turquie était sauvée. Mais dans quel état pitoyable ne sortait-elle pas de la tourmente ! Tout était à refaire. Le pouvoir des Sultans n'existait plus. De l'œuvre entreprise par Ertogrul et ses successeurs il ne restait que des lambeaux.

Car Tamerlan après avoir anéanti l'empire de Bajazet, avait pris toutes les mesures pour l'empêcher de se relever: Il avait restauré solennellement tous les Emirats secondaires, détruits dix ans plus tôt par le vainqueur de Nicopolis. Tous ceux dont Bajazet s'était approprié les terres, avaient

1. Maurice Percheron : *Les Conquérants d'Asie*, pp. 189-190.
2. *Zafir Nameh*.

repris leurs biens. Le domaine ottoman en Asie se trouvait réduit à la Phrygie septentrionale, à la Bithynie et à la Mysie, maigre héritage que les fils de Bayézid se disputaient comme des loups [1].

Parmi les cinq héritiers possibles du trône, Mustapha avait disparu sur le champ de bataille ; Moussa était prisonnier de Tamerlan et ne devait être libéré qu'après la mort de ce dernier ; Suleïman s'était réfugié à Andrinople ; Issa était resté à Brousse, et Méhémet à Amassia.

Après une série de combats désordonnés, au cours desquels Issa, Suleïman et Moussa trouvèrent successivement la mort [2], Méhémet demeura seul maître de ce qui restait de la Turquie, et c'est lui que la nomenclature officielle des souverains ottomans enregistre comme le successeur de Bajazet, sous le nom de Méhémet Ier Tchelebi [3].

Le règne de Méhémet Ier, tout au moins à partir du moment où il eut réuni de nouveau entre ses mains les anciennes provinces ottomanes, fut assez court : une congestion cérébrale y mit fin en 1421. Son décès fut tenu secret pendant quarante jours, pour laisser à son fils Mourad, âgé de dix-huit ans, qui se trouvait à Amassia, le temps d'en être informé et de venir prendre possession du trône.

Les débuts du règne de Mourad II (1421-1451) furent marqués par une succession de revers. Voulant mener à bien l'entreprise que son grand-père avait dû abandonner, par suite de l'arrivée inopinée des Mongols, il tenta de donner l'assaut à Constantinople (24 août 1422). Mais cette opération était prématurée. Mourad II ne disposait pas des forces qu'exigeait une attaque de cette envergure. Il dut se replier devant les sorties vigoureuses des mercenaires de Manuel Paléologue, l'empereur de Byzance.

Battu l'année suivante à Nisch (novembre 1443) par une coalition chrétienne composée de Polonais, de Hongrois, d'Allemands et de Valaques, il dut évacuer Sofia, qui tomba

---

1. Albert Champdor : *Tamerlan*, p 210.
2. Issa en 1404, Suleïman en 1410 et Moussa en 1413.
3. C'est-à-dire «Le Seigneur ».

aux mains des vainqueurs. Enhardies par ce succès, les puissances chrétiennes mirent sur pied une nouvelle coalition, à laquelle les appels enflammés du pape Eugène IV donnèrent le caractère d'une croisade. Une puissante armée composée de Polonais conduits par le roi Vladislas, de Hongrois et de Transylvains commandés par Jean Hunyad et Stefan Bathori, et des croisés de diverses nations placés sous les ordres du cardinal Cesarini, légat pontifical, attaquèrent les troupes turques à Varna (10 novembre 1444). La bataille, qui débuta favorablement pour les occidentaux, se termina par leur déroute complète, par suite de la témérité folle du roi Vladislas de Pologne, qui craignait que toute la gloire de cette journée ne revînt à Jean Hunyad de Hongrie.

La bataille de Varna fut la dernière tentative sérieuse, faite par l'Occident, pour empêcher la résurrection de la puissance ottomane. Grâce à la paix qui suivit, Mourad II put agrandir considérablement son domaine. A sa mort, survenue à Andrinople en 1451, il léguait à son fils Méhémet la possession presque entière, directe ou indirecte, de l'Asie Mineure et de la péninsule balkanique. Les conséquences du désastre d'Angora étaient effacées. La Turquie se retrouvait au point où l'avait laissée Bajazet, lorsqu'il était parti à la rencontre des envahisseurs mongols.

VIII

Ce redressement spectaculaire, réalisé en moins d'un demi-siècle, inquiéta vivement l'Europe — mais il ne fit que l'inquiéter. Il ne lui donna pas le choc psychologique qui lui aurait permis de s'unir pour lutter contre l'ennemi commun. Vingt fois, la Chrétienté laissa passer l'occasion de briser la fortune ascendante des Sultans. Pourtant ce redressement était gros de menaces pour elle. Désormais, les armées turques allaient remporter une série de victoires qui porteraient l'Empire ottoman à un niveau de puissance inégalé. Lorsque les royaumes chrétiens s'en apercevraient, il serait trop tard. Il ne leur resterait plus qu'à composer avec lui.

Le nouveau Sultan Méhémet II (1451-1481) n'avait que vingt et un ans lorsqu'il succéda à son père. Plein de fougue et de jeunesse, il était remarquablement intelligent et devait se faire remarquer par sa culture, son libéralisme et son amour des arts. Excellent organisateur et doué d'un talent inné pour les questions militaires, il rêvait d'éclipser la gloire de ses ancêtres, en réalisant le projet qu'ils avaient si longtemps caressé : la prise de Constantinople.

Au printemps de 1453, le jeune souverain se sentit enfin assez fort pour tenter sa chance. L'armée qu'il amena sous les murs de Byzance était exceptionnellement nombreuse. Certains chroniqueurs évaluent ses effectifs à 400.000 hommes, recrutés dans toutes les provinces de l'Empire et dans les états vassaux. Le Vénitien Barbaro, témoin oculaire du siège, estime que le Sultan disposait de 160.000 combattants, sans compter la masse énorme de non combattants — aides, intendants, ouvriers, écuyers et fournisseurs — qui suivaient habituellement les armées de cette époque. A cela, il fallait ajouter un grand nombre de religieux musulmans, imans, ulémas et derviches, dont le rôle était d'entretenir le zèle fanatique des soldats, car la campagne contre Constantinople avait été déclarée « guerre sainte » par le chérif de La Mecque.

Mais l'armée de Méhémet II n'était pas seulement redoutable par l'ardeur religieuse de ses combattants. Elle possédait aussi — *ultima ratio regium* — un armement tel que le monde n'en avait encore jamais vu, notamment des fusées volantes et une artillerie formidable.

Les fusées volantes — ancêtres des actuels V[1] — étaient une combinaison ingénieuse du feu grégeois, — dont le secret avait été transmis par les Grecs d'Asie Mineure aux

POLO

FRANCE

Rhin

Danube

Linz

Vienne

AUTRICHE

Budé

Szeged

Gran Visegra

Pest

HONGI

Mókácz

Teme

B.

ESPAGNE

Venise

ITALIE

Save

Sér

Belgrade

SERB

M

E

R

ADRIATIQUE

Rome

Naples

ALBANIE

Salon

GR

Alger

Carthage

Syracuse

Spa

Tunis

M

É

D

I

T

E

R

AFRIQUE

Tripoli

TRIPOLITAINE

Territoires placés sous la domination du Sultan

Territoires d'influence ottomane

Turquie Kemalienne (1922)

Kilomètres

0   200   400   600   800   1000   1200

CARTE I. — L'EMPIRE O

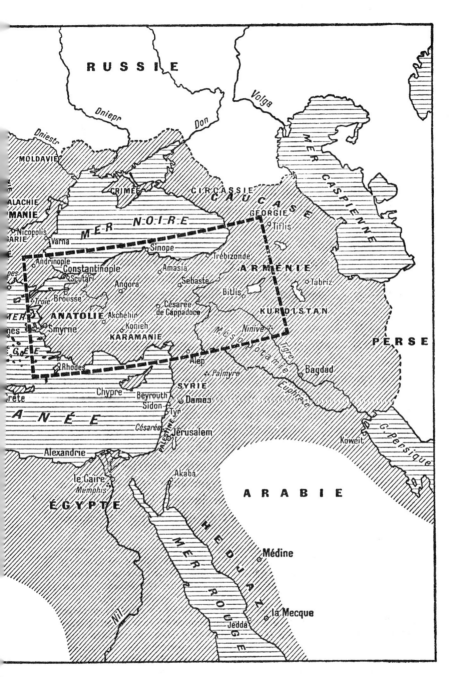

RUSSIE

Dniepr

Don

Volga

MOLDAVIE

ALACHIE

MANIE

Nicopolis
ARIE

Varna

CRIMÉE

CIRCASSIE

CAUCASE

MER CASPIENNE

GÉORGIE

Tiflis

MER NOIRE

Sinope

Trébizonde

Andrinople

Constantinople

Amasia

Scutari

Angora

Sébaste

ARMÉNIE

Tabriz

Brousse

Troie

Bitlis

Césarée
de Cappadoce

KURDISTAN

ANATOLIE

Akchéhir

Smyrne

Konieh

Ninive

PERSE

KARAMANIE

Mésopotamie

Rhodes

Alep

Palmyre

Bagdad

Chypre

SYRIE

Beyrouth

Damas

Crète

Sidon

Tyr

ANÉE

Césarée

Jérusalem

Koweit

G. Persique

Alexandrie

Akaba

le Caire

Memphis

ÉGYPTE

ARABIE

MER ROUGE

HEDJAZ

Médine

Nil

la Mecque

Jedda

artificiers arabes — et du principe de la « charge creuse »,
oublié depuis lors et repris par les ingénieurs du xxᵉ siècle.
« Le feu grégeois, nous dit Villehardouin, qui avait appris
à le connaître au cours de la quatrième croisade, arrivait
par devant, aussi gros qu'un tonneau de verger, et la queue
de feu qui en sortait était bien aussi grande qu'une grande
lance. Il faisait un tel bruit en venant qu'il semblait que
ce fût la foudre du ciel ; on eût dit un dragon qui volât
dans les nues. Il jetait si grande clarté que l'on voyait dans
le camp comme s'il eût été plein jour. »
Quant à l'artillerie, invention alors toute nouvelle [1], Méhémet y avait apporté un soin particulier. Tous les historiens
s'accordent à reconnaître qu'elle joua le rôle principal dans
ce siège et que ce fut la puissance des canons, plus que le
nombre et la bravoure des assaillants, qui amena la chute
de la place. Non seulement Méhémet avait réuni d'avance
un grand nombre de pièces, mais il en fit encore fondre
pendant la durée du siège et parmi elles, plusieurs de très
gros calibre [2].
Que pouvaient, contre de tels moyens, l'empereur Constantin XI et ses quelque huit ou neuf mille combattants,
dont le gros était formé par trois mille mercenaires vénitiens et gênois, commandés par le sénéchal Giustiniani ?
Même soutenus par les prières des milliers de prêtres et
de moines qui se relayaient sans cesse dans les églises et
les couvents de la ville, ils ne pouvaient que monter la
garde sur les remparts et réparer jusqu'à l'épuisement les
dégâts causés dans les ouvrages de défense par les canons

1. Mourad, le premier, avait utilisé ces engins, dont l'invention remontait alors à moins d'un siècle. L'arrivée au camp turc d'un transfuge
hongrois, peut-être d'origine roumaine, nommé Urban, permit au Sultan
Méhémet de développer d'une façon extraordinaire la puissance de son
artillerie. (Colonel Lamouche : *Histoire de la Turquie*, p. 55).
2. Le chroniqueur grec Critobule raconte en détail les procédés employés
pour la fonte de ces engins ainsi que la manière de les manœuvrer. Notons
que le canon monstre fondu près d'Andrinople, éclata au cours du siège,
causant la mort du fondeur Urban. (Colonel Lamouche : *id. ibid*). C'était
la première fois que des « ingénieurs » jouaient un rôle important dans
des opérations militaires.

ennemis « dont la gueule de bronze servait pour la première fois de porte-parole à l'Histoire ».

Le siège, commencé le 5 avril, dura près de deux mois. Le 30 mai, trois heures avant le lever du jour, Méhémet donna l'ordre de livrer l'assaut final. Après un bombardement intense, qui provoqua une brèche dans la poterne *Kerkoporta,* ou « Porte du cirque », le flot des troupes osmaniques s'engouffra dans la ville. L'empereur Constantin fut tué. Les Janissaires se répandirent partout et massacrèrent plus de 40.000 personnes. Alors que le sang coulait encore à flots dans les rues de la cité, le jeune conquérant, monté sur un coursier arabe, se précipita au galop dans le sanctuaire de Justinien [1], renversa les ornements sacrés et, du haut de sa monture, proclama la déchéance des images chrétiennes et la victoire d'Allah : l'Empire ottoman venait de conquérir sa capitale.

« La prise de Constantinople par les Turcs, écrit Gustave Schlumberger dans un livre désormais classique sur la chute de Byzance, fut un des plus grands faits de l'histoire du monde. Son influence sur les destinées de l'Europe fut prodigieuse. Il donna la suprématie aux Turcs en Orient pour des siècles. Il fut, pour la race hellénique la catastrophe suprême, jusqu'à la résurrection inaugurée dans la première moitié du siècle dernier. Cet événement faillit changer définitivement le cours de l'Histoire. Il fut à tel point extraordinaire... que l'érudition a fait, de ces journées fatales des mois d'avril et de mai 1453, la date auguste qui clôt le moyen âge et marque le début des temps modernes [2]. »

Méhémet II « le Conquérant », gouverna encore vingt-huit ans après la prise de la ville. Son règne fut suivi par ceux de Bajazet II (1481-1512) et de Sélim Iᵉʳ (1512-1520) au cours desquels les royaumes chrétiens et musulmans tombèrent, par pans entiers, sous la domination des Sultans

1. Aujourd'hui, la mosquée de Sainte-Sophie.
2. Gustave Schlumberger : *Le Siège, la Prise et le Sac de Constantinople par les Turcs,* en 1453, Paris, 1922. L'introduction, citée ici, est de 1914.

et de leurs Vizirs. La Serbie (en 1459), la Bosnie (en 1463), la Moldavie, la Valachie, la Bessarabie, le Khanat de Crimée (en 1474), l'Albanie, la Morée, l'Empire de Trébizonde, la principauté de Karamanie et les îles de la mer Egée, le Kurdistan, la Mésopotamie (en 1515), la Perse, la Syrie (en 1516), la Palestine et l'Egypte (en 1517) furent annexés successivement au domaine impérial.

La conquête de l'Egypte fut particulièrement importante, car Sélim se fit céder, au terme de sa campagne, par le fantôme de Calife qu'il avait trouvé au Caire, le Califat et le titre de « Commandeur des Croyants » (*Emir al Mouminin*) ainsi que la protection des villes saintes, La Mecque et Médine, exercée jusque-là par le Sultan d'Egypte [1].

Lorsque Soliman II, dit « le Magnifique » (1520-1566) succéda à Sélim sous la double dignité de Sultan et de Calife, l'Empire turc avait atteint son apogée.

IX

Situé au carrefour de trois continents, cet édifice immense couvrait une superficie de près de trois millions de kilomètres carrés. Il allait du Danube à l'Euphrate et de l'Atlas au Caucase. Vingt races différentes et une quinzaine de religions y vivaient côte à côte. Carthage, Memphis, Tyr, Sidon, Ninive, Palmyre, Alexandrie, Jérusalem, Smyrne, Damas, Athènes, Sparte, Philippes, Andrinople, Troie, Césarée, Médine et La Mecque y étaient incluses. De toutes les grandes villes de l'Antiquité, seules Rome et Syracuse demeuraient en dehors de son orbite.

En Asie, le Sultan étendait son pouvoir sur la Mésopotamie, l'Arménie, le Caucase, une partie de la Perse, la

---

1. Sélim prit alors le titre de « *Khadem al heremein*, Serviteur des deux villes saintes ». Cette « protection » était assurée par l'entremise du chérif de La Mecque.

Syrie, la Palestine et le Hedjaz. En Afrique, il était le maître de l'Egypte et de Tripoli ; le bey de Tunis et le dey d'Alger reconnaissaient sa suzeraineté. En Europe, son domaine englobait la Crimée, la Roumanie, la Bulgarie, la Grèce, l'Albanie, la Serbie, en attendant d'y adjoindre le Banat et la Hongrie. Bientôt ses étendards flotteraient aux portes de Vienne. La chrétienté entière tremblait devant ses armes. « Il faut parler avec respect des canons du Grand Turc », disait Maximilien d'Autriche. Sa flotte était maîtresse de Rhodes, de Chypre et des îles de la mer Egée.

Soliman le Magnifique, — le Louis XIV de la Turquie — qui gouvernait toutes ces terres de son palais de Top Kapi, à Istanbul, était révéré à l'égal d'un être surnaturel. N'était-il pas « le Sultan des Ottomans, l'envoyé d'Allah sur terre, le Législateur infaillible, le Seigneur des Seigneurs de ce monde, le Possesseur des Têtes humaines, le Commandeur des Croyants et des Incroyants, le César Majestueux, le Refuge de tous les Peuples de l'Univers, l'Ombre du Tout-Puissant et le Dispensateur de la Quiétude sur Terre », pour ne citer qu'une partie des titres que lui décernait la nomenclature officielle [1] ?

Mais plus que cette énumération, qui reflète l'amour des Orientaux pour l'hyperbole, ce qui nous permet de nous faire une image exacte de sa puissance, c'est le défilé militaire qu'il organisa, au printemps de 1526, à la veille de sa première campagne contre la Hongrie.

« Ce fut, nous dit l'ambassadeur de Charles Quint, Augier Ghiselin de Busbecq, une parade assourdissante [2]. » Les fantassins aux chaussures cloutées de bronze martelaient pesamment le sol, les escadrons de cavalerie faisaient sonner les sabots de leurs chevaux, les affûts des canons et les chariots d'approvisionnement roulaient sourdement, les cris de guerre de milliers d'hommes retentissaient, se mêlant aux clameurs des trompettes, à l'éclat des cymbales et au roulement des tambours. Les éclairs de l'acier brillaient tout

1. Fairfax Downay : *Soliman le Magnifique*, p. 10.
2. *Id. Ibid.*

61

le long des colonnes de soldats. Les uniformes étaient superbes : or et argent, soie et velours, avec des turbans blancs qui se détachaient sur les bannières flamboyantes et sur les vêtements verts, jaunes, bleus ou cramoisis.

Entouré de ses gardes du corps aux chapeaux empanachés et armés de hallebardes dorées, Soliman, coiffé d'un grand turban orné de trois plumes de héron de Candie, regardait s'écouler le flot ininterrompu de ses soldats, assis sur un trône de vermeil dressé face au Bosphore.

Tout d'abord venaient les troupes « sacrifiées », celles dont la mission consistait « à courir au-devant de leurs blessures » : les « Akindjis », ou Ecorcheurs, aux casques surmontés d'ailes de vautour. Puis venaient les « Azabs », dont les corps étaient destinés à combler les fossés et les brèches, pour permettre aux Janissaires de monter à l'assaut des places-fortes. Enfin venaient les « Delis », ou Cerveaux-brûlés, chargés d'apporter « de la fantaisie dans les massacres », leurs chevelures hirsutes s'échappant de bonnets en poils de léopard, des peaux de lion ou d'ours jetées en dolmans sur leurs épaules.

Sur les flancs des troupes en marche couraient des derviches aux énormes coiffures persanes faites en poils de chameau, n'ayant pour tout vêtement qu'un tablier vert, hurlant des versets du Coran et tirant des sons rauques de trompes de corne, pour exciter l'ardeur des combattants. Derrière eux, sombres et silencieux, marchaient en carrés compacts les solides bataillons de fantassins d'Anatolie, ces paysans guerriers, race fondamentale de l'Empire.

Derrière un étendard rouge, venait la cavalerie des « Sipahis ». Leurs armes, ainsi que les harnachements de leurs purs-sangs arabes étaient incrustés de pierres précieuses qui scintillaient au soleil. Puis s'avançaient, de leur pas balancé, des milliers de chameaux chargés de vivres, de poudre et de plomb. Ils précédaient de peu le défilé de l'artillerie — énormes canons de siège et pièces plus légères — que tous les souverains d'Europe enviaient à Soliman.

Après l'artillerie venaient les Janissaires. Au-dessus de

leurs rangs impeccables flottait une bannière blanche bro-
dée d'or, portant d'un côté un verset du Coran, de l'autre,
un sabre à double pointe. Leur « Agha » ou sénéchal, qui
occupait le troisième rang dans la hiérarchie impériale, après
le Sultan et le grand Vizir, était précédé de son étendard
à triple queue de cheval. Les Janissaires portaient leurs mar-
mites à soupe qu'ils défendaient jalousement, car elles
étaient à leurs yeux le symbole d'un privilège : la nourriture
due par le Sultan, qui était, avec le pillage le seul plaisir de
leur existence quasi monastique. Leurs cuisiniers, revêtus
de tabliers de cuir noir, marchaient aux places d'honneur et
les porteurs d'eau montaient des coursiers enguirlandés de
fleurs. Les Janissaires avançaient par rangs de six, en
colonnes serrées, portant sur leur épaule un mousquet à
mèche. Leurs vastes manteaux bleu foncé se soulevaient à
chaque pas. Des plumes d'oiseau de Paradis, d'une longueur
extraordinaire, ornaient leurs hautes coiffures coniques et
se balançaient dans le vent, au rythme de leur marche.

Ensuite chevauchait le cortège des grands dignitaires de
l'Empire. Le vent faisait claquer leurs fanions faits de
blanches queues de cheval, fixées au sommet de hampes
multicolores. Les juges de Constantinople et de l'armée, au
maintien imposant et sévère, caracolaient aux côtés des
dignitaires du clergé et descendants du Prophète, coiffés
de turbans couleur d'émeraude.

Puis venaient les Vizirs du Divan [1] revêtus de longues
robes de satin bleu, bordées de zibeline, tout resplendissants d'or et de pierreries. Leur expression hautaine exprimait la conscience qu'ils avaient de leur pouvoir. Pour
clôturer ce défilé, la foule des spectateurs vit s'avancer les
chameaux sacrés, portant le Coran et un fragment de la
pierre sainte de la Kaaba, l'étendard de l'Islam faisant
flotter au-dessus d'eux ses plis d'un vert éclatant [2].

Au même instant, les trois cents galères de la flotte, commandées par le Kapoudan Pacha Kaïr-ed-Din Barberousse,

1. Ou ministres du cabinet.
2. Fairfax Downay : *op. cit* pp. 27-32.

prirent le large et se mirent en disposition de combat, au milieu du claquement des oriflammes, du fracas des bombardes et du hurlement rauque des trompettes barbaresques. « C'était spectacle plaisant à voir, dit Busbecq, pour ceux qui n'étaient pas destinés à en recevoir les coups. » Toute la puissance militaire et navale de la Turquie était rassemblée, ce jour-là, aux pieds de son souverain, illuminée par les rayons du soleil couchant qui noyait tout dans une apothéose de pourpre et d'or.

Alors un cri immense s'éleva des multitudes massées de part et d'autre du Bosphore et se répercuta longuement de la rive d'Europe à la rive d'Asie :

— « Qu'Allah donne longue vie et la victoire à notre seigneur, le Roi des Rois ! »

Trois cents ans, seulement, s'étaient écoulés entre l'arrivée des premiers cavaliers d'Ertogrul sur le sol de l'Anatolie et ce défilé qui remplit l'Europe d'admiration et de stupeur. Trois cents ans au cours desquels les guerriers osmanlis, galopant de victoire en victoire, avaient échangé l'emblème du Loup gris pour la bannière du Croissant, leurs tentes de feutre noir pour des palais de marbre blanc, et l'horizon désertique de leur steppe ancestrale pour le décor raffiné et fastueux de la Corne d'Or.

X

Ce qui avait permis aux cavaliers d'Ertogrul de triompher si rapidement de leurs adversaires, et de surmonter le désastre qu'avait représenté pour eux la défaite d'Ankara, ç'avait été leur vitalité, l'énergie indomptable de leurs chefs, et l'excellence de leurs administrateurs.

« Malgré sa bigarrure extérieure, nous dit Stephan Ronart, cet Empire était, par sa constitution intellectuelle et culturelle, un Etat essentiellement turc, expression de la puis-

sance anatolienne. L'armée, l'administration, les tribunaux
et les finances étaient turcs. Le turc était la langue officielle
des affaires, de l'instruction et des milieux dirigeants. Tous
ceux qui figuraient parmi le monde intellectuel, depuis les
maîtres des académies de Bagdad jusqu'aux membres de la
cour du Khan de Crimée, composaient et s'exprimaient en
turc. Les œuvres arabes, persanes et hindoues étaient tra-
duites et commentées en cette langue [1]. »

Nous savons, par les lettres qu'Augier Ghiselin de Busbecq adressa à l'empereur Rodolphe II, que les poètes et les
chroniqueurs, les grammairiens et les encyclopédistes avaient
fait du parler turc anatolien la langue écrite et savante :
c'était la langue des Fuzuli et des Baki, ainsi que celle de
la foule des poètes de cour d'Istamboul, de Dyarbekir et de
Konya, de Kastamonou, de Brousse et d'Edirné ; c'était
celle des écrits de Soliman le Magnifique et de Sélim II.
Cette langue qui empruntait au parler du peuple anatolien
ses tournures et ses vocables, ses images et ses paraboles,
devint le turc de la littérature classique, celui des poètes de
cour dans leurs « Turkis » ou mélopées qu'ils composaient
pour le peuple et qui étaient chantées par les bardes et les
soldats avec les vieilles chansons d'amour et les antiques
épopées.

Dans ce vaste empire, si divers quant aux peuples, aux
races et aux religions, c'était donc le « turquisme » qui infor-
mait le sentiment, la pensée et l'action. « De là lui vinrent
sa grandeur et sa puissance. Les Turcs anatoliens menaient
la guerre, légiféraient et dirigeaient l'Etat : de leur sein
émergeaient ses poètes, ses artistes et ses savants. La force
anatolienne se manifestait dans les murs de ses forteresses
et de ses villes, à La Mecque, à Bagdad, à Bude, à Belgrade
et à Jérusalem ; elle brillait dans les couleurs éclatantes des
faïences, des soieries et des tapis ; elle se posait dans la quiétude des lignes des mosquées, des médressés et des fontaines.
L'impérissable force anatolienne supportait les voûtes tri-

1. Stephan Ronart : *op. cit.*, p. 65.

65

lobées des coupoles et enfermait dans la majesté de leurs dômes la vie éternelle des steppes, des rochers, des forêts et des mers [1]. » Mais plus encore peut-être que dans les œuvres d'art, elle s'incarnait dans un appareil militaire et naval d'une puissance inégalée.

Grâce aux efforts de ses prédécesseurs, Soliman disposait d'une armée qui, par sa structure et son armement était en avance de quatre siècles sur toutes les autres armées du monde. Au moment où les nations occidentales — France, Espagne, Italie, Saint-Empire — se dégageaient péniblement des formes de combat individuelles et commençaient à constituer des formations permanentes de lansquenets et de « gens d'armes », l'Empire turc disposait déjà d'un instrument de guerre comparable, par bien des côtés, aux armées de Napoléon.

L'infanterie, répartie en régiments et en bataillons marchait en rang, au pas cadencé, accompagnée de ses serre-files et de ses officiers. L'artillerie hippomobile avait une puissance de feu et une mobilité inconnue partout ailleurs. Les pièces, fondues dans les ateliers de Constantinople et de Damas, comprenaient toute la gamme des calibres, depuis les énormes bombardes de siège jusqu'aux couleuvrines légères. Groupées en batteries de quatre ou de six, elles étaient servies par des artificiers sarrazins, qui maniaient aussi avec habileté divers types de fusées volantes. Les services du ravitaillement, de l'intendance et des camps, encore inexistants dans les armées européennes, étaient déjà très perfectionnés. Les arsenaux de Galata et de Smyrne étaient considérés comme les plus modernes. Mais ce qui faisait l'originalité, et en même temps la supériorité des forces militaires turques, c'était la véritable armée de métier qui en formait le cœur : le corps d'élite des Janissaires.

Contrairement à ce que l'on pourrait penser, les Janissaires n'étaient pas Turcs. Ils étaient Bulgares, Hongrois, Transylvaniens, Polonais, Bohémiens, Allemands, Italiens,

1. Stephan Ronart : *op. cit.*, p. 65.

Espagnols et même Français. Beaucoup d'entre eux venaient d'Albanie, de Slavonie, de Grèce, de Circassie, de Georgie et d'Ukraine. Nés en dehors de l'Islam, ces hommes avaient été capturés tout enfants au cours des guerres, séparés de leurs parents (quand ils vivaient encore) et groupés en bataillons. « Que les Chrétiens contribuent à la guerre, avait décrété le Grand Vizir Etta Eddine qui rédigea les règlements de cette véritable Légion étrangère, qu'ils nous fournissent les soldats qui seront les instruments de leur propre défaite. » Incorporés avant l'âge de douze ans, soumis au rite de la circoncision comme les Musulmans de naissance, dotés d'une instruction militaire très poussée, cantonnés, pour les empêcher de s'amollir, dans des baraquements volants qui étaient leur seule demeure, ils étaient en outre voués au célibat « afin que rien ne vînt les distraire du métier militaire et les empêcher d'appartenir, corps et âme, à leurs camarades de combat et à leurs officiers ». Ils devaient vraiment faire contraste, au milieu d'une armée asiatique, ces géants imberbes, souvent blonds, et dont les traits accusaient nettement leur origine européenne. « Que leur visage soit blanc, disait le cheik Hadji-Bertach, leurs bras musclés, leur sabre tranchant, leurs flèches mortelles, et eux-mêmes toujours victorieux. »

Victorieux, ils l'étaient souvent, car la discipline de fer qui leur était imposée en avait fait une troupe d'une dureté et d'une combativité sans égales. Après la phalange macédonienne, et la légion romaine, le corps des Janissaires était une des créations les plus réussies de l'art militaire. « Infanterie plus ferme que le roc, écrit l'historien turc Ahmed Hafiz, chaque homme valait à lui seul un bataillon d'élite. »

Ce fut cette armée que permit à Soliman le Magnifique de conquérir la Hongrie, et de rattacher cette province nouvelle à son empire. Après avoir conquis Bude, Temesvar, Gran et Visegrad, le Sultan voulut compléter l'occupation du royaume par la prise de la forteresse de Szigetvar où s'était retranché le magnat croate Nicolas Zrinski.

Soliman avait toujours dit qu'il souhaitait mourir au

cours d'une guerre, à la tête de ses troupes. Son vœu fut exaucé. Trois jours avant la chute de Szeged, le 6 septembre 1566, il mourut au moment où ses Janissaires s'apprêtaient à donner l'assaut final.

Son décès fut soigneusement caché, pour ne pas affaiblir l'ardeur des assaillants, et aussi pour permettre à son fils Sélim d'arriver de Constantinople. Le cortège funèbre qui ramenait dans la capitale le corps du Sultan défunt, croisa sur le Danube l'escorte qui accompagnait le nouveau souverain.

XI

Aucun de ceux qui furent témoins de la rencontre de ces deux cortèges n'aurait pu supposer qu'il assistait à un tournant décisif dans le destin de la Turquie, ni que la relève nocturne qui s'effectua le 11 septembre 1566 sur la rive droite du Danube, entre les troupes victorieuses redescendant de Hongrie, ramenant avec elles la dépouille mortelle de leur chef, et la colonne montante des porteurs de torche, formant l'escorte du jeune prince héritier, marquait une heure fatidique au cadran de l'histoire ottomane. Avec la mort de Soliman la gloire de l'empire turc avait dépassé son zénith. Imperceptiblement commençait le déclin.

Car le fils de Soliman, Sélim II (1566-1574), surnommé « l'Ivrogne » (ce qui n'est guère flatteur pour le « Seigneur des Seigneurs de ce monde ») ne sut pas maintenir l'héritage prestigieux qui lui avait été légué. Entre ses mains débiles, la Turquie connut une série de revers, dont l'un des plus connus fut l'écrasement de sa flotte dans la baie de Lépante, à l'entrée du golfe de Patras, le 6 septembre 1571.

Ce jour-là, une flotte chrétienne, composée de 208 galères et près de 70 autres bâtiments placés sous le commandement de don Juan d'Autriche, frère naturel du roi Philippe II d'Espagne [1], détruisit presque complètement la flotte ottomane, forte de 260 unités, que commandait le Kapoudan-Pacha Muezzin-Zadé Ali Pacha. En moins de trois heures, les neuf dixièmes des vaisseaux turc furent détruits et coulés. Seuls trente d'entre eux purent regagner leurs ports d'attache. Douze à quinze mille esclaves chrétiens, employés comme rameurs sur les galères du Sultan, furent délivrés. Des *Te Deum* furent chantés dans toutes les capitales d'Europe pour célébrer cette victoire.

Il semble cependant que les effets de la bataille de Lépante, aient été considérablement grossis par les chroniqueurs chrétiens. « Il n'apparaît même pas, écrit le colonel Lamouche, que, après une émotion momentanée, cette défaite navale ait eu un grand retentissement dans l'Empire ottoman. Sous l'impulsion énergique du grand vizir Sokoli des mesures furent prises aussitôt pour reconstituer la flotte turque, et en 1574, Ouloudj-Ali, devenu à son tour Kapoudan-Pacha, établit définitivement la domination ottomane à Tunis, en en chassant les Espagnols qui occupaient cette place depuis 1572 [2]. »

Beaucoup plus grave que le revers de Lépante, fut le fait que Sélim II inaugura la série des Sultans débauchés et voluptueux qui laissèrent le favoritisme et la corruption pénétrer dans l'administration civile et dans l'armée.

Irrégulièrement payés et commandés par des chefs nommés à la faveur et non plus pour leur mérite, les Janissaires commencèrent à s'impatienter et manifestèrent les premiers signes d'insubordination. Ce fâcheux état d'esprit alla en s'aggravant et fut poussé jusqu'à l'insurrection, le jour où le gouvernement de la Sublime Porte remplit moins copieusement leurs gamelles symboliques. Toute forme de patriotisme leur était inconnue. Comment aurait-il pu en être autrement, puisque ces soldats formaient une armée dans l'armée, un corps étranger au sein de l'Empire ? Leur seul métier était

1. On sait que Cervantès combattait sur l'une des galères espagnoles.
2. Colonel Lamouche : *Histoire de la Turquie*, p. 131.

la guerre ; leur seule patrie, leurs unités. Plus l'Etat devenait faible, et plus ils devenaient forts. Plus ils devenaient forts, et plus le Sultan les flattait. L'encens des louanges leur montant à la tête, ils n'eurent bientôt plus d'autre ambition que d'imposer leur bon plaisir au souverain et à ses Vizirs. Bientôt, ils n'acceptèrent que les chefs qu'ils se choisissaient eux-mêmes, et ces chefs, forts de cette popularité, s'en servaient comme d'un tremplin pour se hisser au pouvoir.

Cette évolution déplorable fut aggravée par l'apathie croissante des Sultans. Jusqu'en 1566, il était de règle que le souverain exerçât personnellement le commandement de l'armée. Soliman, le plus grand homme de guerre de son siècle, était mort, comme il l'avait désiré, sur le champ de bataille de Szeged. Après lui, les Sultans ne se mirent qu'exceptionnellement à la tête de leurs troupes. Enfermés par leurs pères, leurs oncles ou leurs frères aînés dans la prison dorée du Sérail, isolés du monde extérieur, étroitement surveillés par une nuée d'espions qui pouvaient à tout moment se transformer en assassins à gages, confinés dans un milieu amollissant et efféminé, les Sultans ottomans étaient déjà moralement émasculés avant de monter sur le trône. La vie des camps leur paraissait grossière et fastidieuse. Ils prirent donc l'habitude de déléguer leur commandement aux Vizirs. Du même coup « l'impulsion guerrière qui avait assuré la grandeur de l'Empire et fait de l'armée ottomane la terreur de l'Europe, diminua rapidement [1]. »

Dans cette atmosphère malsaine, les vertus militaires des Janissaires ne pouvaient que se corrompre. Leur discipline se relâcha de plus en plus, et à partir de 1600, il fallut renoncer à leur imposer le célibat. Condamnés à une oisiveté grandissante, ils dissipèrent dans la débauche et dans les intrigues politiques toutes les forces qu'ils ne pouvaient plus dépenser à la guerre.

Le xviie et le xviiie siècles furent ponctués par leurs

1. Norbert de Bischoff : *op. cit.*, p. 92.

révoltes sanglantes. Jadis artisan de la grandeur de l'Empire, le corps des Yéni-Tchéri était devenu l'instrument de son déclin.

Mahmoud II (1809-1839) dut recourir aux moyens extrêmes pour s'en débarrasser. Il fit procéder, en 1826, à leur extermination massive. Sur son ordre, sept mille hommes périrent en une après-midi. Ce carnage, qui révolta les contemporains, donna au Sultan une réputation de barbarie et de férocité, qui ne contribua pas peu à discréditer son régime. Mais les conséquences de cette hécatombe ne s'arrêtèrent pas là. En anéantissant le corps des Janissaires, — au lieu de le réformer — Mahmoud II avait brisé l'épine dorsale de l'armée ottomane. Celle-ci ne se releva jamais du coup qui lui avait été porté. Elle ne fut plus qu'une caricature impuissante et pitoyable d'elle-même. Ni Abdul Medjid (1839-1861), ni Abdul Hamid (1876-1909) n'eurent la force morale, ni les moyens matériels de forger une armée nouvelle. La Turquie était pourtant arrivée à un moment de son histoire où elle en aurait eu le plus pressant besoin.

XII

« La Prusse, a dit Mirabeau, est une armée qui a conquis une nation. » La Turquie était une armée qui avait conquis un empire, sans passer par le stade intermédiaire de la nation. Les descendants de la horde avaient édifié, pourrait-on dire, un empire « à l'état pur ». Leur pouvoir reposait exclusivement sur l'armée et la bureaucratie. Tout comme les Janissaires, les fonctionnaires impériaux — que l'on cessa bientôt de recruter parmi la caste anatolienne, — n'avaient pas de patrie. Fait symptomatique, la langue turque ne possédait même aucun mot pour exprimer ce concept.

L'autorité des Sultans acquit de ce fait un caractère de plus en plus arbitraire. Dépourvue de racines, elle ne s'appuyait sur rien, en dehors de sa propre force. Les conquêtes des descendants d'Osman n'étaient même pas dues au désir de faire progresser la foi islamique dans le monde ce genre de prosélytique leur était inconnu. L'Islam était là avant eux, et c'était au contraire leur conversion à la religion de Mahomet qui leur avait permis de s'infiltrer dans les royaumes arabes et de se les annexer.

Jamais les nomades enrichis, qui campaient à présent dans les palais du Bosphore, n'avaient réussi à passer du stade de la juxtaposition quantitative, à celui de l'organisation qualitative et articulée. Les Sultans s'étaient bornés à conquérir des territoires et à ajouter des « provinces » nouvelles à celles qu'ils possédaient déjà. Mais pas plus qu'ils n'avaient triomphé du particularisme des populations soumises, ils n'avaient tenu compte de leurs aspirations nationales. C'était là un ordre de sentiment qui leur échappait complètement. Puisque la caste dominante n'appartenait à aucune nation, comment aurait-elle pu comprendre — et admettre — que les peuples dominés tinssent à en avoir une ?

Véritable Tour de Babel que ne cimentait aucun lien racial, historique ou religieux, l'empire ottoman était condamné à disparaître le jour où sa puissance militaire déclinerait et où le monde proclamerait « qu'il n'y avait que l'idée de nation pour faire vivre un Etat [1] ». Le malheur voulut pour lui, que les deux phénomènes coïncidassent dans le temps. Le XIXe siècle qui assista presque simultanément au massacre des Janissaires et au réveil des nationalités dans cette partie du monde, devait inévitablement précipiter sa chute.

Le soulèvement des Grecs, en 1822, donna le premier signal du démembrement. Roumains, Serbes, Bulgares et Albanais suivirent le mouvement. Quatre-vingt-dix ans après l'insurrection hellénique, l'émancipation des peuples chrétiens des Balkans était un fait accompli. Durant cette même période, l'Angleterre, la France et finalement l'Italie s'emparaient de toutes les possessions africaines du Sultan, ainsi

1. Norbert de Bischoff : *op. cit.*, p. 82.

que des îles les plus importantes de la Méditerranée orientale. L'Algérie, la Tunisie, l'Egypte, Malte, la Crète furent perdues tour à tour. La superficie de l'empire ne cessait de se rétrécir.

Le bacille du nationalisme s'avéra un ferment de décomposition particulièrement actif dans l'organisme débilité de la Turquie. Mais il n'aurait jamais atteint un pareil degré de virulence, ni d'efficacité, s'il n'avait été propagé et soutenu par les Puissances européennes. Penchées comme des médecins au chevet de « l'Homme malade », celles-ci avaient tout intérêt à aggraver son mal. Au lieu de calmer les rebellions nationales, elles les enfiévrèrent en leur fournissant des encouragements et des armes. Ainsi, chaque nation, chaque minorité, trouva des patrons et des protecteurs. Derrière les Slaves des Balkans, il y avait l'Autriche et la Russie ; derrière les Grecs, il y avait la Russie, la France et l'Angleterre ; derrière les Arméniens, il y avait la Russie et l'Angleterre, qui patronnait en outre dans ces régions, les Kurdes et les Arabes. Toutes ces influences s'entrecroisaient, tissant autour de l'édifice vermoulu de l'Empire ottoman une toile d'araignée de plus en plus serrée. « Ce ne furent pas les puissances européennes qui éveillèrent l'idée nationale au sein des minorités, écrit Norbert de Bischoff, mais ce furent elles qui la nourrirent et donnèrent aux mouvements d'indépendance nationale, la force et la cohésion sans lesquelles elles n'auraient jamais pu, en moins d'un siècle, briser le joug du Sultan et morceler son domaine en ses parties constitutives [1]. »

XIII

Ce n'était d'ailleurs pas par philantropie que les puissances européennes soutenaient les mouvements d'indépen-

1. Norbert de Bischoff : op. cit., p. 83.

dance nationale. C'était parce que ce levier commode leur permettait d'affaiblir la Turquie et facilitait leur propre pénétration économique.

Depuis 1840, les finances de l'empire étaient dans un état de délabrement navrant. Le déficit était chronique et augmentait d'année en année. Pour y remédier, le Sultan recourait sans cesse à l'emprunt et faisait appel, pour cela, aux banques étrangères. Il avait obtenu ainsi 4 millions de livres turques en 1892, 3 millions en 1896, 5 millions en 1897. En 1898, les seuls capitaux français engagés dans les fonds d'Etat ottomans atteignaient 1 milliard et demi de francs-or ; 2 milliards et demi en 1913. Il en allait de même en ce qui concernait la Russie, l'Autriche, l'Allemagne et l'Angleterre.

Chacun de ces emprunts n'était accordé qu'en échange de garanties et de gages, dont le total finissait par équivaloir à une conquête. Chaque pays avait ses concessions, ses monopoles et ses contrôleurs. Banques, chemins de fer, exploitations minières et forestières, compagnies du gaz et des eaux, tout était créé par des étrangers, possédé par des étrangers, exploité par des étrangers. La France s'était fait concéder la Régie des Tabacs (1883) ; les quais, docks et entrepôts de Beyrouth, de Constantinople (1890), de Smyrne (1892) et de Salonique (1896) ; l'exploitation des mines d'Héraclée et de Sélénitza ; les lignes ferroviaires Jaffa-Jérusalem (1890), Damas-Hama (1891), Moudania-Brousse (1891), Salonique-Constantinople (1892), Smyrne-Kassaba (1893). Les Anglais s'étaient fait octroyer une part importante dans la Banque ottomane et, par l'entremise d'un Arménien, Calouste Gulbenkian, le monopole de l'exploitation des pétroles de Mossoul (1905). Les Russes détenaient des privilèges divers et des droits de douane à Constantinople et dans les ports de la mer Noire. Les Allemands avaient obtenu en franchise des quais à Haïdar-Pacha (1899), des parts dans les entreprises ferroviaires, le monopole des transports routiers, les quais, docks et entrepôts d'Alexandrette (1906). A travers ces diverses sociétés, les puissances étrangères pompaient avidement les richesses du pays. De sorte que toute la partie du revenu national qui n'allait pas directement dans les caisses du Sultan, était transférée dans les caves des banques de Londres, de Paris, de Vienne et de Berlin.

De ce fait, la part du Sultan diminuait de jour en jour. Submergés par les importations étrangères, contre lesquelles le gouvernement ottoman n'avait pas le droit d'élever de barrières douanières, aucune industrie autochtone, aucun artisanat local ne pouvaient se développer. Ce que l'étranger daignait permettre au souverain de prélever sur le travail de ses sujets, était insignifiant au regard des besoins de l'Etat. Les ministères de la guerre et de la marine ne pouvaient pas obtenir le minimum de crédits indispensable à l'entretien de l'armée et de la flotte. Le corps des fonctionnaires, à quelques exceptions près, était corrompu, du haut en bas de l'échelle, car les traitements restaient souvent impayés pendant des mois. Les revenus du Sultan ne suffisaient plus à couvrir l'intérêt usuraire de ses dettes, ni à satisfaire la cupidité de son entourage. Aussi de nouvelles dettes s'ajoutaient-elles aux anciennes et les sources de revenus les plus sûres et les plus productives étaient mises à l'encan. Cela finissait par creuser un gouffre que rien ne pouvait combler.

L'administration des gages et même l'administration de la dette publique étaient gérées par des étrangers. Et tous ces imposants conseils de banquiers et de dignitaires étrangers, installés dans de superbes palais et qui étaient plus puissants que le Sultan et le grand Vizir, mais le plus souvent en proie à des luttes intestines acharnées, n'étaient unis que dans la conviction « que l'Empire et ses millions de sujets n'avaient qu'une seule raison d'exister : produire de quoi verser ponctuellement, chaque semestre, leurs intérêts aux innombrables porteurs de titres de la dette ottomane, dont le montant s'accroissait avec une rapidité vertigineuse [1] ».

1. Norbert de Bischoff : *op. cit.*, p. 89.

75

Ainsi, le cercle était bien fermé et ne présentait aucune fissure. Le capitalisme européen, alors à son apogée, se gorgeait sans arrêt du sang de sa victime. Toutes les positions-clés et une foule de positions secondaires dans la politique, l'administration, la justice, les finances, le commerce, l'industrie, les travaux publics et les communications étaient accaparées par les étrangers ou par ces astucieux Levantins qui, bien que sujets du Sultan, ne se faisaient que trop volontiers les courtiers et les démarcheurs des banquiers occidentaux. « Avec une organisation aussi parfaite, le peuple était frustré de tout le fruit de son travail. Rien ne restait pour les villes laissées à l'abandon, pour les forêts mises au pillage, pour les champs brûlés par la sécheresse, pour les humains eux-mêmes, privés de médecins et de maîtres d'école [1]. »

XIV

Ce n'était pas seulement le territoire qui se rétrécissait et l'économie qui se volatilisait entre les mains des étrangers. La substance même du pays fondait à vue d'œil, rongée par la putréfaction croissante de l'Etat. Malgré ses ressources diminuées, celui-ci se cramponnait encore à ses anciennes conquêtes. Pour les maintenir sous sa coupe, il imposait aux éléments demeurés sains et notamment à la pauvre paysannerie anatolienne, un effort vraiment disproportionné à ses moyens.

Les races étrangères, sujettes de l'Empire, représentaient les sept-dixièmes de la population du pays. Plus elles se développaient, grâce à leur intelligence plus vive et plus déliée, plus elles cherchaient à s'émanciper, et plus augmentaient les charges qui pesaient sur les trois autres dixièmes. Il en résultait une rupture d'équilibre chaque

1. Norbert de Bischoff : *op. cit.*, p. 89.

jour plus tragique. Pour faire tenir tranquilles les éléments les plus turbulents, il fallait multiplier et renforcer partout les garnisons, ce qui entraînait des dépenses supplémentaires. La Tripolitaine, l'Albanie, la Thrace, l'Yémen, le Hedjaz, la Syrie, la Mésopotamie, l'Arménie, devenaient ainsi autant de fardeaux, que les paysans d'Anatolie devaient porter sur leurs épaules. Chaque année, une part plus considérable de leurs revenus, un nombre plus élevé de leurs fils servaient à soutenir cet effort désespéré. Et la charge la plus lourde pesait naturellement sur les villages les plus déshérités.

« Les soldats turcs, résignés à la manière paysanne, écrit T. E. Lawrence, acceptaient leur sort sans protester. Ils étaient comme des moutons, neutres, sans vices ni vertus. Quand on les abandonnait à eux-mêmes, ils ne faisaient rien, ou s'asseyaient par terre. Commandés, ils obéissaient. Qu'on leur ordonnât la bonté : sans hâte, ils devenaient des amis excellents et des ennemis généreux. Ce manque d'initiative, parfaitement désespérant, faisait d'eux les soldats les plus sûrs, les plus infatigables, et les plus dociles du monde. » Pour être plus exacts, disons que ces qualités de loyauté et de dévouement leur faisaient du tort : elles étaient un encouragement à ceux qui voulaient abuser d'eux.

Ce peuple enfant, avait tiré jadis toute sa force de sa simplicité, de sa patience et de sa capacité de sacrifice. Il avait fait trembler la chrétienté par son endurance et son courage, et possédait, dans ce domaine, des ressources presque illimitées. Mais la vie moderne était devenue trop rapide et trop complexe pour son âme dévouée, travailleuse, honnête, mais un peu lourde. Il ne formait même plus qu'un faible pourcentage des cadres de l'armée dans laquelle il était appelé à servir. Lui qui était pourtant le soldat par excellence, il ne constituait plus que la piétaille, grise et indistincte, que l'on mène se faire tuer ici ou là, au gré des événements.

« De tels hommes, poursuit Lawrence, étaient les victimes naturelles de leurs officiers albanais ou levantins, vicieux et tapageurs, qui les conduisaient à la mort ou bien les rejetaient après usage, sans la moindre considération. Sous les passions de ses chefs, une troupe turque jouait le rôle de planche à hacher. Le commandement faisait si peu de cas de ses hommes, qu'aucune des précautions ordinaires n'étaient prises. Un examen médical de prisonniers turcs, choisis au hasard durant la guerre de 1914-18, montra que près de 50 % d'entre eux souffraient de maladies vénériennes anormalement acquises. On ne savait pas, dans la campagne, comment se prémunir contre la variole et les maladies analogues. L'infection courait donc d'un homme à l'autre à travers les bataillons, et comme le service durait six ou sept ans, les survivants, s'ils provenaient de familles honorables, avaient honte, à la fin, de retourner chez eux. Ils s'en allaient alors à la dérive, se faisaient gendarmes ou hommes de peine dans les villes. Le taux des naissances baissait. La paysannerie turque, en Anatolie, mourait du service militaire [1]. »

C'est cet état de choses navrant qu'avait si bien senti André Gide, lors de son passage à Eski-Shehir et à Koniah, et qui lui avait dicté ces réflexions amères : « La terre est cultivée, mais où sont les cultivateurs ? Aussi loin qu'on peut voir, et depuis assez longtemps, plus un être, plus un village, plus même une tente isolée... Le pays, le peuple tout entier dépasse en infirmité, en informité, l'appréhension ou l'espérance... Tout est sali, gauchi, terni, adultéré. Tout ce que l'on trouve en Turquie, de propre, de solide et de beau, vient d'ailleurs [2]. »

Tapis au fond du Sérail, toujours animés du désir de dominer, mais incapables de commander dignement leur peuple, les Sultans sentaient monter vers eux la colère de leurs sujets. Ils s'effrayaient à l'idée que la vieille force anatolienne pût se révolter contre eux, pour les chasser du trône. Leur pire ennemi n'était pas à l'étranger, mais à l'intérieur du pays.

1. T. E. Lawrence : *op cit.*, p. 71.
2. André Gide : *Journal*, pp. 403, 411-412.

Pour lutter contre ce danger, tout ce qui n'était pas turc devint leur allié naturel. « Devant l'étranger, ils pouvaient s'incliner, accepter toutes les humiliations et faire toutes les concessions ; les étrangers pouvaient amoindrir l'empire, y commander en maîtres, diriger le commerce et gérer les finances, jamais ils ne deviendraient une menace sérieuse pour le trône ou la dynastie, jamais ils ne porteraient atteinte à sa puissance apparente. La maison d'Osman n'avait rien à craindre d'eux. Ce que le Sultan redoutait, c'était son propre peuple. Contre lui, tout ce qui était étranger était bon. Et les Sultans firent largement appel à cet élément [1]. »

Ils nommèrent des Égyptiens et des Syriens aux postes importants de la Cour et de l'Armée ; ils conférèrent les plus hautes fonctions, jusqu'à celles de Grand Vizir, à des Albanais, à des Serbes, à des Bulgares ou à des Croates convertis ; des Grecs devinrent conseillers intimes, gouverneurs de provinces et princes de territoires tributaires. Ils favorisèrent les commerçants français, gênois, vénitiens. En somme, tout ce qui n'était pas proprement turc fut mis en valeur et favorisé. Dans leur pensée, le Turc devait servir, travailler, produire, mais non pas vouloir ni agir de sa propre initiative. « L'Anatolie devait fournir soldats et impôts, conduire les caravanes et procurer des équipages aux vaisseaux ; elle devait donner son blé et son bétail avec sa laine et son cuir ; porter sur ses fortes épaules l'empire, la cour et la dynastie. Mais ses besoins, ses sentiments, ses aspirations ne pouvaient et ne devaient pas entrer en ligne de compte [2]. »

Amputé à l'extérieur, gangrené à l'intérieur, submergé par des éléments allogènes et croulant sous le poids de ses dettes, l'Empire ottoman n'était plus que l'ombre de lui-même. Aucun ressort interne ne le soutenait plus. Les Chancelleries européennes l'appelaient « l'Homme malade », et ce n'était que trop vrai. Ce cadavre vivant, abandonné à lui-même, se serait sans doute effondré depuis longtemps,

1. Stephan Ronart : *op. cit.,* p. 68.
2. Id. *ibid.*

79

si la rivalité des grandes Puissances, qui se faisaient contre-poids, ne l'avaient maintenu artificiellement debout.

XV

L'Empire turc agonisait. Mais il ne devait pas mourir. Ainsi en avaient décrété les chefs d'Etat européens. La proie était trop tentante, les intérêts engagés trop considérables, et les appétits trop aiguisés pour que la curée n'entraînât pas une querelle générale. Surtout, il ne fallait à aucun prix qu'*une* des Puissances, profitant d'un moment de faiblesse ou d'inattention des autres, s'adjugeât à elle seule toutes les dépouilles du moribond.

Car le butin ne comportait pas que des richesses écono-miques. Il y avait aussi un certain nombre de positions stratégiques, dont la répartition ne se ferait pas sans grin-cements de dents. La Russie rêvait depuis longtemps de s'annexer Constantinople et les Détroits, mais l'Angleterre était décidée à s'y opposer par tous les moyens. Londres voulait mettre la main sur la route terrestre des Indes, qui passait par Damas, Bagdad et Téhéran, mais Saint-Péters-bourg et Berlin y étaient résolument hostiles. L'Italie convoi-tait le Dodécanèse et la Cilicie, mais la France, qui avait des visées sur la Syrie, ne pouvait admettre cette « préten-tion injustifiée ». L'Arménie, le Kurdistan, le Vilayet de Mossoul, l'Emirat de Koweït, autant de provinces, autant de litiges en perspective. A condition qu'il ne conservât que l'apparence de la vie, mieux valait, à tout prendre, que l'Empire turc restât vivant. Cela permettrait aux grandes nations de demeurer « amies », tout en cultivant leurs res-sentiments et en fourbissant leurs armes.

« Affamés comme des vautours, écrit H. C. Armstrong, les puissances chrétiennes, assises en cercle autour du malade plongé dans le coma, attendaient patiemment la fin. Se redoutant les unes et les autres et s'apprêtant à s'entre-déchirer, elles s'épiaient jalousement. Aucune n'osait faire le premier pas. Et ainsi l'Empire ottoman continuait à se survivre, tandis que le Sultan Rouge Abdul Hamid, de son palais du Bosphore, cherchait à gagner du temps en divisant ses adversaires et en les dressant astucieusement les uns contre les autres [1]. »

En avril 1877, les Russes crurent le moment venu de mettre un terme à cette comédie. Ils déclarèrent la guerre à la Turquie et remportèrent une série de victoires rapides qui les amenèrent à dix kilomètres de Constantinople. Là, ils signèrent avec le Sultan le traité de San-Stefano (3 mars 1878) qui semblait régler la Question d'Orient à leur profit exclusif.

Aussitôt les puissances occidentales montrèrent les dents. Pour intimider les armées tsaristes qui campaient à proximité du Bosphore, Disraeli fit venir des troupes de Malte et de Bombay, et ordonna à la flotte britannique d'aller mouiller à l'île des Princes [2]. Puis il réclama la revision totale du traité de San-Stefano et affirma qu'il maintiendrait intégralement les droits et intérêts anglais (1er avril).

La Russie comprit qu'elle avait agi trop tôt. Elle capitula sur toute la ligne et renonça à ses avantages. Invitées par Bismarck, les Puissances se réunirent en conférence à Berlin (juillet 1878), et constatèrent avec satisfaction, qu'elles étaient « entièrement d'accord ». Pour bien marquer aux yeux du monde, leur unité de vues et leur désintéressement, elles affirmèrent, dans une déclaration commune, « la nécessité de maintenir l'intégrité de l'Empire ottoman ».

La France, l'Italie, l'Autriche, l'Allemagne, l'Angleterre, tout le monde — sauf les Russes — fut enchanté de ce résultat. Les puissances occidentales n'étaient pas fâchées d'avoir donné cette leçon à leur concurrent trop pressé. Bismarck avait fait entrer l'Allemagne dans le cercle des « nations garantes », ce qui lui ouvrait la perspective de

1. H. C. Armstrong : *Grey Wolf*, p. 9.
2. En face de Constantinople.

participer au *rush* final. Disraeli en avait profité pour rafler Chypre au passage et se faire octroyer par le Sultan quelques « garanties » supplémentaires. Quant au Sultan, pour remercier les Puissances « de la protection qu'elles venaient si gracieusement de lui accorder », il dut reconnaître, par une « déclaration spontanée », leur protectorat sur les minorités religieuses et les Lieux Saints.

L'alerte avait été chaude. Rassurées pour un temps, les grandes Puissances se rassirent en cercle autour de « l'Homme malade ». Ce n'était pas encore l'heure où il devait mourir. Une fois de plus, on l'avait maintenu en vie. Mais ce répit n'avait pas pour but de lui rendre la santé. Ce n'était qu'un dernier sursis avant le dépècement final.

DEUXIÈME PARTIE

L'AGONIE DE L'EMPIRE OTTOMAN
(1881-1918)

XVI

Telle était, en mars 1881, la situation où était parvenu l'Empire ottoman lorsqu'un modeste ménage de petits fonctionnaires turcs habitant Salonique, donna le jour à un garçon, qui reçut le nom de Mustapha. Son père s'appelait Ali Rhiza Efendi, et sa mère Zobeïda Hanim. C'était un nourrisson vigoureux et remuant, à la peau claire, aux cheveux cendrés et aux yeux gris.

Dès qu'il fut sevré, son tempérament coléreux commença à se manifester par des trépignements de rage, suivis de crises de larmes et de crampes qui le tenaient parfois éveillé pendant des nuits entières. Son père ne savait que faire pour l'empêcher de hurler. C'était un homme rangé et méticuleux, qui détestait le bruit, et qui se plaignait de ce que les cris de son fils l'empêchaient de travailler. Alors Zobeïda se penchait sur le berceau de Mustapha pour essayer de le calmer, lui chantait de vieilles chansons anatoliennes et lui disait, très tendrement :

— « Dors, mon enfant ; dors, mon petit loup gris... »

Se rendait-elle compte de ce qu'elle disait, cette pauvre paysanne absorbée par les travaux du ménage et bien ignorante du passé de son pays ? Savait-elle que le Loup avait été l'emblème des nomades de la steppe qui, bien avant Abdul Hamid, avaient conquis le haut-plateau d'Anatolie ? Se doutait-elle que la vitalité surprenante de son enfant

85

n'était, par delà six siècles d'Histoire, qu'une reviviscence de celle qui animait les cavaliers d'Ertogrul ? Assurément non. Pas plus qu'elle ne pouvait soupçonner le combat de tous les instants que livrerait son fils pour rendre à ses compatriotes une cohésion et une fierté puisées au souvenir de ces grands ancêtres...

Le milieu où était né cet enfant turbulent était pauvre, mais digne. Ali Rhiza et sa femme avaient gardé de leurs origines terriennes un esprit ordonné, traditionaliste et conservateur. Représentants attardés — et combien diminués, hélas ! — de cette caste anatolienne qui avait fait autrefois la grandeur de la Turquie, et qui avait donné ses meilleurs fonctionnaires à Soliman et à ses successeurs, ils s'acquittaient scrupuleusement de leurs devoirs de citoyens et de croyants. Ils parlaient, peut-être sans s'en rendre compte, une langue dont la pureté tranchait sur le jargon abâtardi et le mélange de dialectes qui retentissaient dans les rues et sur les marchés de Salonique. Leurs voisins les accusaient d'être fiers. Et ils l'étaient sans doute, malgré leur aspect effacé. Car ils souffraient en silence du délabrement de leur pays, et du peu de débouchés qu'il offrait à ses serviteurs.

Les jours se succédaient, tristes et monotones, et nul n'aurait pu prévoir que le petit Mustapha, qui regardait tomber la pluie à travers les vitres de la cuisine, serait appelé à jouer un rôle de premier plan. La vie semblait lui réserver, au contraire, un avenir des plus médiocres. Si rien de fâcheux ne survenait d'ici là, et s'il se montrait, comme son père, méticuleux et ponctuel, peut-être aurait-il la chance de devenir, lui aussi, comptable de troisième classe dans un des innombrables services de la Dette ottomane...

Zobeïda avait déjà une fille, Makboula. Mais, comme toutes les femmes turques, ses préférences allaient à son fils, qu'elle gâtait outre mesure. Pourtant, Mustapha ne lui rendait guère son affection. Certes, il aimait sa mère, mais c'était un garçon bizarre, silencieux et renfermé, qui ne se liait avec personne. Il était, en outre, d'une susceptibilité maladive, et une lueur mauvaise passait dans ses yeux, quand on le punissait.

Lorsqu'il eut sept ans, son père Ali Rhiza quitta l'administration des finances, pour se lancer — fort imprudemment — dans le commerce des bois. Il s'était mis en tête que Mustapha deviendrait négociant. Zobeïda, qui était ambitieuse, aurait préféré qu'il fût prêtre. D'un commun accord, ils l'envoyèrent à l'école de la Mosquée, où on lui fit réciter machinalement les versets du Coran ; puis, chez un certain Chemsi Effendi, qui lui apprit à lire et à écrire.

En 1890, Ali mourut, laissant sa famille dans une situation très précaire, car son commerce de bois avait périclité, ruiné par la concurrence des sociétés étrangères. Courageusement, Zobeïda ferma la petite maison familiale et alla s'installer chez son frère, qui était fermier à Lazasan, un petit village situé à quelques kilomètres de Salonique. Là, Mustapha fut chargé de nettoyer les étables et de nourrir les bêtes. Cette vie de plein air, fruste mais fatigante, semblait lui convenir mieux que celle de la ville. Elle hâta son développement physique. A force de panser les chevaux et de mener paître les moutons, il devint un garçon robuste et endurant. Mais plus il grandissait, plus il devenait intraitable. Jamais il ne se lia avec les autres gamins du voisinage.

Quand Mustapha eut onze ans, Zobeïda persuada sa sœur de lui payer des études. A force de vivre seul au milieu des champs, l'enfant était devenu insociable et brutal. Il ne tenait aucun compte des observations de sa mère. Elle, de son côté, avait des ambitions pour son fils : elle ne voulait pas qu'il demeurât toute sa vie berger ou ouvrier agricole.

Mustapha retourna donc à Salonique, où on le mit à l'école Semsi-Efendi. Son mauvais caractère le fit bientôt haïr de tout le monde. Un jour, il déchaîna dans sa classe une bagarre générale. Son maître le tira de la mêlée, hurlant et ruant, et lui administra une bonne correction. Pâle de rage, les traits crispés, Mustapha s'enfuit de l'école et courut d'une traite jusqu'à Lazasan. Malgré les semonces de son oncle, il refusa catégoriquement de retourner à Salonique. Ni les larmes, ni les supplications de sa mère ne purent le faire céder.

Une fois de plus Zobeïda avait son fils sur les bras. Que faire de ce garnement, sur lequel n'avaient prise ni les coups, ni les menaces ? Son oncle suggéra d'en faire un soldat.

— « Tu vois bien que c'est un enfant dont il n'y a rien à tirer, dit-il à sa sœur. Il a tous les défauts. Il ne veut écouter personne. Il est coléreux et entêté. Jamais il ne réussira dans une carrière commerciale. Il faut une poigne de fer pour le mater. Envoyons-le à l'école des cadets. Les cours y sont gratuits. S'il fait preuve d'un peu d'application, il pourra devenir officier. Sinon, — tant pis pour lui. Il restera simple soldat. Mais dans un cas comme dans l'autre, sa vie sera assurée. »

Zobeïda ne voulait pas entendre parler de ce projet. Rien que d'y penser lui faisait venir les larmes aux yeux.

— « Te rends-tu compte : soldat ! répondit-elle indignée. C'est un métier décrié, l'école de tous les vices ! Mustapha y traînera de garnison en garnison, jusqu'à ce qu'on l'envoie se faire tuer dans quelque pays perdu. Puisqu'il n'est pas assez intelligent pour faire un commerçant, tâchons au moins d'en faire un prêtre ! »

Mais Mustapha ne voulait être ni prêtre, ni commerçant. Les simagrées des « hodjas », qu'il avait observées à la Mosquée, le dégoûtaient profondément. Quant à être boutiquier, c'était bon pour un Grec, un Arménien ou un Juif — mais pas pour un Turc. Il voulait être officier, c'est-à-dire commander à des hommes et porter un bel uniforme chamarré comme ceux qu'il avait vus sur une estampe qui ornait la chambre de son oncle. Sans en avertir personne, il se rendit à l'école militaire, se présenta aux examens d'entrée, les passa d'une façon honorable, et fut admis comme cadet avant même que sa mère ait eu le temps d'aller le rechercher.

Mustapha était soldat ! Il lui sembla tout à coup que sa vie prenait un sens. La discipline était très dure à l'école des cadets de Salonique. Beaucoup de jeunes gens n'étaient pas physiquement assez forts pour la supporter. Mustapha, quant à lui, s'y sentait comme dans son élément. Très doué pour les mathématiques et les langues — notamment le français qu'il apprenait durant ses heures de loisir avec un jeune Frère des Ecoles chrétiennes — son nom figurait souvent au tableau d'honneur. Mais il était, comme toujours, mal vu de ses camarades. Irascible et hautain, il suffisait d'un mot pris de travers pour le mettre en fureur. Toujours seul aux récréations, il ne se liait avec personne. Lorsque d'autres cadets voulurent l'entraîner dans leurs jeux, il leur répondit :

— « Je n'ai pas l'intention de devenir un propre à rien, comme vous autres. Je n'ai pas de temps à perdre, moi. Je veux devenir quelqu'un... »

Comme on lui faisait remarquer que des réflexions de ce genre n'étaient guère faites pour lui attirer des amis, il répliqua, d'un ton rogue :

« Je ne tiens pas à en avoir. Je ne demande qu'une chose : qu'on me foute la paix. »

Durant sa seconde année de cours, son maître de mathématiques, Mustapha Efendi, le prit en affection et lui confia le poste de répétiteur. Pour distinguer l'élève du maître, on prit l'habitude d'ajouter le nom de « Kémal » — qui veut dire « perfection » — à celui du fils de Zobeïda. A dix-sept ans, Mustapha Kémal, car c'est ainsi qu'on l'appela à dater de cette époque, passa brillamment son examen de sortie et fut envoyé à l'Ecole militaire de Monastir, en Macédoine.

XVII

Monastir, la capitale de Macédoine occidentale, était à cette époque une grosse bourgade de 20.000 habitants, située à près de mille mètres d'altitude, dans une région parsemée de gorges et de ravins. Ses maisons de pierres grises ou badigeonnées d'ocre, s'étageaient à flanc de montagne dans un désordre pittoresque. Lorsque le jeune Mustapha Kémal y arriva, il trouva les rues animées par un véritable branle-bas de combat. Les colonnes en marche y soulevaient des nuages de poussière, et les canons de montagne traînés par des mulets rebondissaient sur les petits pavés de la ville, remplissant les rues étroites d'un fracas assourdissant.

La Grèce s'était emparée de la Crète (1897). La Turquie lui avait déclaré la guerre et les troupes s'y concentraient avant de se rendre au front.

La guerre ! mot magique et exaltant, dont la seule idée suffisait à électriser Mustapha. L'idée de pouvoir bientôt se battre le remplissait d'enthousiasme. Enfin il allait donner sa mesure et montrer au monde ce dont il était capable !

Mais il y avait loin de son rêve à la réalité. Si le dénuement des populations était grand, il l'était cependant bien moins que celui des troupes. Les régiments étaient en guenilles ; les armements désuets ; le commandement paraissait hésitant et pusillanime. Tout donnait une impression de misère et de vétusté.

Si l'armée était misérable, la police, en revanche, était pléthorique. Abdul Hamid avait couvert l'empire d'un réseau d'espions qui surveillaient tout le monde et envoyaient des monceaux de rapports à Constantinople. Chacun était à la merci d'une dénonciation. Il n'y avait de liberté ni de sécurité pour personne. Les prisons regorgeaient de détenus. Le mécontentement était général.

Le centre de l'agitation se trouvait dans les Balkans, et plus précisément dans la région de Monastir, où « le feu de la sédition couvait sous la cendre », comme l'écrivait de gouverneur de la Macédoine, dans les rapports qu'il adressait au ministre de l'Intérieur. Chaque jour, de nouveaux tracts étaient mis en circulation. Ils émanaient d'organisations secrètes, sur lesquelles les agents du Sultan n'arrivaient pas à mettre la main. Mustapha Kémal ramassait ces feuilles dans la cour des casernes et les lisait avec avidité. Il avait la tête bourrée de doctrines et de théories, souvent contradictoires, mais qui préconisaient toutes des solutions radicales et dont la phraséologie incendiaire l'impressionnait vivement. La Révolution ! Quel idéal magnifique ! Il était venu à Monastir avec l'espoir de se distinguer à la guerre et il découvrait tout à coup qu'il avait bien mieux à faire. Il se voyait déjà à la tête de foules délirantes, soulevées par la force de son verbe, marchant derrière lui sur Constantinople pour renverser le despote qui y régnait. Il se voyait, haranguant le peuple devant le palais du Sultan et balayant d'un geste large les administrateurs impériaux, dont la corruption et l'incurie étaient dénoncées en termes virulents dans les brochures qu'il lisait à la dérobée, durant les nuits où il n'était pas de garde.

Cet enthousiasme révolutionnaire était stimulé chez lui par une camarade de son âge, le jeune Fethi, un Macédonien d'Ochrida. Fethi parlait couramment le français. A eux deux, il dévorèrent en cachette toute la littérature clandestine qu'il purent se procurer : Montesquieu, Voltaire, Rousseau, les Encyclopédistes, les discours de Mirabeau, une biographie de Robespierre et l'économie politique de Stuart Mill. Ces livres étaient rigoureusement interdits par la censure impériale. Si la police les surprenait en train de les lire, elle les jetterait en prison. Cela ne donnait que plus d'attrait à leur lecture.

Voulant devenir orateur, Mustapha Kémal prit des leçons

de diction. Puis, pour mieux se préparer à son rôle de tribun, il monta sur la table du réfectoire de sa caserne et se mit à sermonner ses camarades d'école.

— « Allons, réveillez-vous ! Qu'attendez-vous pour agir ? s'écriait-il, ne voyez-vous pas que la Turquie est dans les fers ? Votre Turquie a besoin d'être délivrée des vampires étrangers et des fonctionnaires sans scrupules qui la mettent au pillage ! »

Il écrivit pour un journal clandestin, des articles échevelés sur la Liberté, et des poèmes non moins échevelés, où il comparait la Turquie aux Ecuries d'Augias et appelait à grands cris, la venue d'un « nouvel Hercule ».

Mais il ne négligeait pas pour autant ses études, où il réussissait d'ailleurs brillamment. Il fut noté par le directeur de l'école comme « un jeune homme de caractère difficile, très doué, mais avec lequel il est impossible de nouer des relations d'intimité ». Sur l'avis favorable de ses chefs, il fut désigné pour suivre les cours de l'Académie de Guerre de Constantinople — la *Harbia* — où étaient formés les cadres destinés à l'état-major. Il y fut envoyé en 1902, avec le grade de sous-lieutenant.

XVIII

« Lorsqu'en 1203, les Croisés, jetant l'ancre devant le couvent de Saint-Etienne, aperçurent pour la première fois Constantinople tout à plein, ceux qui jamais encore ne l'avaient vue, nous dit Villehardouin, ne pensaient point que si riche cité il pût y avoir en tout le monde. Quand ils virent ces hauts murs et ces riches tours dont elle était close, et ces riches palais et ces hautes églises dont il y avait tant que personne ne l'eût pu croire ; et quand ils virent le long et le large de la ville qui de toutes les autres était souveraine, sachez qu'il n'y eut homme à qui la chair ne frémit par tout le corps. »

Certes, beaucoup de temps s'était écoulé depuis lors, et cette merveille que fut Byzance avait subi bien des déprédations. Mais elle n'en demeurait pas moins une cité incomparable, mollement étendue le long du Bosphore comme une reine parée de bijoux resplendissants. Lorsque le jeune Mustapha Kémal, âgé de vingt et un ans, la parcourut à son tour pour la première fois, il en éprouva une sorte de saisissement. Les Croisés qui y arrivaient par mer, avaient déjà visité Venise, Syracuse et Chypre. Mais lui, qu'avait-il connu jusque-là du monde ? Rien, ou presque rien. Lazasan n'était qu'un modeste village, comme beaucoup d'autres ; Monastir, une petite sous-préfecture de montagne ; Salonique un port sans caractère, sale et bruyant.

Aussi le charme de Constantinople, auquel tant d'hommes avaient déjà succombé dans le passé, lui monta-t-il à la tête comme un breuvage trop capiteux. A lui aussi, « la chair lui frémit par tout le corps ». L'ambiance voluptueuse de cette cité deux fois millénaire le prit tout entier et faillit l'engloutir. Enivré par tant de spectacles inattendus, il en oublia ses cours et se mit à flâner pendant des journées entières dans les ruelles tortueuses de Péra et de Galata, et sur les quais de la Corne d'or, à regarder évoluer la nuée de petites barques qui allaient et venaient entre la rive d'Europe et la rive d'Asie, ou encore à contempler les gros bâtiments de commerce qui arrivaient d'Odessa ou de Smyrne, du Pirée ou de Beyrouth. Ainsi, c'était cela, la capitale de l'Empire ! Il en avait souvent entendu vanter les mérites, et pourtant jamais il ne l'aurait crue aussi belle...

Mustapha était encore à cette époque un adolescent violent et sensuel, doué d'une vitalité presque anormale. Il arriva ce qui ne pouvait manquer d'arriver : très vite, il plongea dans les bas-quartiers de la ville où il passa ses nuits à boire et à jouer aux cartes avec les débardeurs et les filles du port. Exténué par cette existence frénétique, il faillit y laisser sa santé, qui était pourtant son seul capital

Et puis, du jour au lendemain, il renonça à cette vie. Il

cessa de fréquenter les bouges de Stamboul, et concentra de nouveau toute son énergie sur ses études. Son orgueil et son ambition avaient vaincu sa sensualité. Il commença même à ressentir une sorte d'aversion pour cette ville dont les sortilèges trop puissants avaient failli le perdre. Il avait appris à ses dépens que sa beauté n'était qu'un masque, sous lequel se dissimulait un immense pouvoir de corruption. C'était là une leçon qu'il ne devait jamais oublier...

Une période d'austérité succéda à ces semaines d'incontinence, car Mustapha passait toujours d'un extrême à l'autre. Il voulait réussir, — réussir à tout prix, — et savait que le succès ne dépendait que de lui-même. En Turquie, il n'y avait pas d'autre atout que la fortune ou le talent, pour un jeune homme qui voulait accéder aux postes les plus élevés. Le régime, si décrié à tant d'égards, offrait au moins un avantage : il n'existait, dans l'empire ottoman, ni aristocratie de naissance, ni oligarchie dirigeante, ni écoles exclusivement réservées aux riches ou aux fils de famille. Les plus hautes fonctions étaient ouvertes à tous. Que Mustapha Kémal fût d'extraction modeste et qu'un robuste sang paysan coulât dans ses veines, n'étaient nullement un obstacle à son avancement. A condition qu'il fît preuve de souplesse et de ténacité.

Le lieutenant Kémal se mit donc au travail, résolu à gravir le plus vite possible les échelons de la hiérarchie militaire. Il passa ses examens de sortie dans les premiers, et fut envoyé à l'Ecole supérieure de guerre, pour y suivre les cours réservés aux officiers que l'on destinait au grand état-major. Il parcourut avec succès ce nouveau cycle d'études et sortit de l'Ecole de guerre en 1905, avec le grade de capitaine. Il avait vingt-quatre ans.

Mais malgré cet avancement rapide, Mustapha Kémal n'avait pas pu se libérer de ses préoccupations politiques. A Monastir, au temps où il prononçait des harangues enflammées devant les aspirants de son régiment, il n'était encore qu'un adolescent, entouré de garçons insouciants, souvent plus jeunes que lui. Tandis qu'à l'Ecole de guerre de Stamboul, il était au milieu de jeunes officiers de son âge, qui avaient déjà été soumis à une sélection sévère. A sa plus grande surprise, il s'aperçut que la plupart de ses camarades partageaient ses opinions à l'égard du gouvernement. Chaque sous-lieutenant, capable de réfléchir sur les affaires du pays, nourrissait un sentiment d'hostilité à l'égard du régime et se sentait humilié par l'ingérence hautaine des puissances étrangères. Ces hommes se considéraient comme les héritiers de l'empire et l'on était en train de dilapider leur héritage ! Appartenir au pays de Bajazet et de Soliman, et devoir vivre sous le règne d'Abdul Hamid, était une véritable déchéance. A quoi bon embrasser la carrière militaire et s'imposer ces études fastidieuses, s'il ne devait y avoir bientôt plus d'empire, ni d'armée ? Ils avaient beau scruter l'avenir, ils n'y trouvaient que des motifs d'inquiétude ou de tristesse. Leurs maîtres, et même un certain nombre d'officiers plus âgés qu'eux, éprouvaient les mêmes angoisses et ne se gênaient pas pour le dire quand on leur parlait en privé. Mais, en public, ils n'osaient pas se solidariser avec les porte-parole des promotions plus jeunes, ni, à plus forte raison, se mettre à leur tête. Ils se bornaient à fermer les yeux sur leurs agissements.

Il existait déjà, à l'Ecole de guerre, une sorte de club révolutionnaire, camouflé en cercle d'études. Ses fondateurs avaient voulu le nommer « Patrie », mais comme il n'existait pas de mot turc pour exprimer cette notion, ils s'étaient contentés du terme arabe « *Vatan* ». En plus de ces activités officielles, ce club tenait des réunions clandestines et publiait un bulletin bi-mensuel, qui s'appelait lui aussi le *Vatan*. Celui-ci s'attaquait avec virulence à tous les aspects traditionnels de la vie turque. Il était hostile au régime, aux fonctionnaires prévaricateurs qui entouraient le Sultan, et à la tyrannie intellectuelle qu'ils faisaient régner sur le pays. Il haïssait les prêtres et maudissait l'Islam pour son esprit rétrograde, hostile à tout progrès. Il vitupérait contre les mosquées et les couvents de derviches qui suçaient le sang du peuple. Il abominait par-dessus tout le système juridique basé sur le Coran, qui maintenait en vigueur tout un système de lois ridicules et iniques. Ses membres s'engageaient, sous la foi du serment, à renverser l'absolutisme du Sultan et à le remplacer par un gouvernement constitutionnel, issu d'un parlement élu au suffrage universel ; à délivrer le peuple de l'emprise du clergé ; enfin, à émanciper les femmes, en abolissant la loi qui leur interdisait de paraître en public autrement que voilées. « Le Sultan et ses sicaires », disaient-ils dans un langage qui n'était pas exempt d'une certaine grandiloquence, « sont en train de saigner notre pays à blanc ! La Turquie ne tardera pas à mourir, si l'on n'infuse pas dans ses veines le sang généreux des idées nouvelles. »

Mustapha Kémal et les membres du *Vatan* étaient faits pour s'entendre. Leur profession de foi n'avait rien pour lui déplaire. Ne proclamait-elle pas ce qu'il ne cessait de répéter depuis sa dix-huitième année ? Il adhéra donc au cercle d'études, écrivit des articles pour le bulletin clandestin et y publia plusieurs poèmes composés à Monastir. Il participa également aux débats du groupe et s'y fit remarquer par la violence de ses attaques contre le gouvernement.

Le gouverneur de l'Ecole de guerre n'ignorait rien de cette activité, tout en feignant de ne pas s'en apercevoir. Mais les espions du Sultan eurent vent de la chose et adressèrent un rapport au Palais impérial. Abdul Hamid en fut alarmé. Qu'était-ce au juste que ce *Vatan* ? Un club de jeunes gens turbulents et irréfléchis ? Sans doute. Mais ces mêmes jeunes gens seraient appelés un jour à exercer le commandement suprême de l'armée. Il y avait là un danger qu'il ne fallait pas sous-estimer. Il fit venir Ismaïl Haki Pacha, le directeur général de l'Instruction militaire, et lui ordonna de faire cesser immédiatement ce scandale. Haki Pacha infligea un blâme sévère au gouverneur de l'Ecole de guerre. Celui-ci veilla strictement, dès lors, à ce qu'aucune réunion ne se tînt à l'intérieur de l'Ecole. Le résultat fut celui que l'on pouvait attendre : les jeunes officiers se réunirent en dehors de la caserne et le *Vatan* cessa d'être un cercle d'études, pour devenir une des innombrables associations secrètes qui pullulaient à Constantinople.

Lorsqu'il eut passé ses examens, Mustapha Kémal disposa de quelques semaines de loisirs, avant de recevoir son affectation dans une unité d'infanterie. Il en profita pour assumer la direction du *Vatan*. Il loua une pièce dans une ruelle solitaire, pour lui servir de bureau, et un sous-sol où l'on pût ronéotyper le bulletin. C'était lui qui organisait les réunions du groupement et convoquait les adhérents. Ceux-ci étaient étroitements surveillés par la police, qui cherchait à les prendre en flagrant délit. Ce n'était d'ailleurs qu'un jeu d'enfant, car les membres de l'organisation étaient des novices, qui ignoraient toutes les règles de l'agitation clandestine. Un agent provocateur s'infiltra dans leurs rangs, et capta la confiance de quelques-uns d'entre eux. Un soir, à l'heure où ils étaient tous réunis, les policiers firent irruption dans la cave et arrêtèrent tous les assistants (29 décembre 1904).

Après un interrogatoire sommaire, Mustapha Kémal et ses amis furent incarcérés à la Prison Rouge de Stamboul — de sinistre réputation. Son cas était considéré comme grave. La police avait recueilli beaucoup de dépositions défavorables sur lui. On l'y dépeignait comme un individu sans scrupule et foncièrement immoral. Cela pouvait mener loin. Si le Sultan le considérait comme un factieux, il risquait d'être étranglé dans sa cellule sans autre forme de procès. Beaucoup d'autres prisonniers avaient disparu de la Prison Rouge, sans laisser aucune trace : il ne serait pas le premier à qui cela arriverait...

Affolées par la nouvelle de son arrestation, Zobeïda et sa fille Makboula accoururent à Constantinople et demandèrent à le voir. Non seulement elles se heurtèrent à un refus, mais Mustapha Kémal fut séparé de ses camarades et mis au secret. L'affaire, décidément, prenait mauvaise tournure.

Il resta enfermé pendant plusieurs semaines dans une cellule exiguë, d'une saleté repoussante. La lumière n'y pénétrait que par un étroit soupirail. N'ayant rien à fumer ni à lire, Mustapha Kémal passa ses journées à arpenter sa cellule de long en large, comme une bête en cage. L'étroitesse de son cachot le rendait enragé.

Un jour, sans avertissement préalable, deux factionnaires en armes vinrent l'extraire de sa cellule et le conduisirent devant Ismaïl Haki Pacha. Celui-ci occupait un bureau au ministère de la Guerre, à cent cinquante mètres de la prison, Ismaïl dévisagea longuement le capitaine Kémal par-dessus ses lunettes cerclées d'or. C'était le type même du vieux fonctionnaire impérial, barbu, fourbe et cérémonieux. Immobile, au garde-à-vous entre les deux gendarmes, Mustapha Kémal se demandait qu'elle allait être la sentence. Enfin, Ismaïl Haki parla.

— « Vous avez montré de grandes aptitudes, dit-il d'une voix mielleuse. Vous aviez un bel avenir devant vous, au service de Sa Majesté Impériale. Mais vous vous êtes déshonoré, vous et l'uniforme que vous portez. Vous avez fréquenté des gens sans aveu, vous vous êtes adonné sans réserve au jeu, à la boisson et à la débauche dans des lieux inavouables. Pis encore : vous vous êtes livré à une activité politique répréhensible ; vous avez propagé, ainsi que certains traîtres, des doctrines subversives, hostiles au Souverain. Vous avez incité vos camarades à l'indiscipline et à la rébellion.

« Malgré tous ces griefs, dont la gravité ne vous échappe certainement pas, Sa Majesté a décidé d'user de clémence à votre égard. Vous êtes jeune et impulsif. Vous êtes probablement plus écervelé que méchant.

« Vous serez affecté à un régiment de cavalerie, à Damas. Votre avenir dépend des rapports que votre chef de corps nous fournira sur votre conduite. Mais il faut renoncer définitivement à ces sottises et vous consacrer exclusivement à vos devoirs militaires. Prenez garde : nous vous donnons une chance de vous réhabiliter. Nous ne vous la donnerons pas deux fois ! »

Mustapha Kémal claqua les talons, salua, fit demi-tour et retourna dans sa cellule. On lui donna une demi-heure pour rassembler ses affaires. La même nuit, il fut embarqué sur un bateau en partance pour Beyrouth. Avant son départ, on ne l'autorisa ni à revoir ses amis, ni à embrasser sa mère. Il comprit ce jour-là pour la première fois, que la politique n'était pas un jeu, mais une affaire sérieuse.

XIX

Après quatre-vingts jours de traversée — car le bateau avait été retardé par une tempête terrible — Mustapha Kémal débarqua enfin à Beyrouth. Un petit peloton de cavaliers l'y attendait, avec un cheval. Il traversa sous escorte les montagnes du Liban et rejoignit son régiment, qui se trouvait à Damas.

Lorsqu'il arriva à la caserne, son unité s'apprêtait à partir en campagne. Les Druses, qui habitaient les montagnes situées au sud de la ville, s'étaient révoltés une fois de plus, et le régiment avait reçu l'ordre d'écraser l'insurrection. Cette expédition punitive initia Mustapha Kémal au service actif ; mais ce fut, à tout prendre, une expérience qui le déçut. Comme les régiments qu'il avait vus à Monastir, son unité manquait de tout. Elle était mal équipée, mal armée et mal commandée. De leur côté, les Druses se livraient à une guérilla harassante, mais se refusaient systématiquement au combat. Tout ce que les Turcs purent faire, pour les tenir en respect, fut de brûler leurs villages et de saccager leurs récoltes. Ceci fait, ils retournèrent à leur cantonnement pour y passer la mauvaise saison.

A Damas, les soirées d'hiver étaient longues. Mustapha Kémal ne savait comment tuer le temps. Incapable de rester inactif, il se mit à organiser une section damascène du *Vatan*. Ni les semaines passées en prison, ni les semonces de Haki Pacha n'avaient eu la moindre prise sur lui : sa volonté demeurait inébranlable. La Syrie offrait un terrain particulièrement propice à l'agitation révolutionnaire. Comme à Constantinople, tous les jeunes officiers étaient hostiles au régime et les officiers plus âgés les approuvaient ouvertement. L'organisation grandit rapidement et eut bientôt des ramifications dans toutes les garnisons syriennes. Mustapha Kémal devint un personnage influent. Il alla jusqu'à échafauder un plan de coup d'Etat selon lequel tous les régiments de Syrie se concentreraient à Damas, se placeraient sous son commandement et marcheraient sur Constantinople pour y détrôner le Sultan. Mais en examinant la chose de plus près, il s'aperçut que l'exécution de ce projet se heurtait à des difficultés insurmontables. Sans doute, les officiers des petites garnisons turques étaient-ils prêts à se soulever. Mais les populations locales, en grande majorité arabes, étaient indifférentes, sinon hostiles à toute action de ce genre. Pourquoi soutiendraient-elles une révolte qui leur apparaissait comme un simple règlement de comptes entre étrangers ? Qu'ils fussent Impériaux ou Républicains, les officiers de l'armée turque n'étaient pour elles que des ennemis, qui avaient conquis leur pays et s'y maintenaient par la force. Elles n'avaient aucun intérêt à prendre parti dans cette bagarre.

De plus, un second obstacle s'opposait à la réussite de cette entreprise : la trop grande distance qui séparait Damas de Constantinople. Quel que fût l'enthousiasme des troupes au départ, celles-ci se débanderaient avant d'avoir atteint la capitale, et le gouvernement impérial aurait le temps de réagir. Le capitaine Kémal renonça donc à son projet. Les journées recommencèrent à s'écouler, vides et monotones. Les revues de détail et les maniements d'armes ne suffisaient pas à les remplir.

Réduit à l'inaction, le fils d'Ali Rhiza se morfondait dans la petite chambre de sa caserne, meublée d'un lit de camp, d'une table et d'une étagère, où il passait ses nuits à lire fiévreusement les journaux et à réfléchir sur la situation. Il rongeait son frein en pensant à tout le temps perdu, alors que le pays était comme un navire en détresse, et que tant de problèmes réclamaient des solutions urgentes. Combien de mois, combien d'années faudrait-il attendre avant de pouvoir intervenir ? Et le jour où ce serait enfin possible, ne serait-il pas trop tard ?

Il semblait y avoir deux êtres en Mustapha Kémal : le soldat et l'homme politique. Lorsqu'il agissait, la tension de son énergie suffisait à les mettre d'accord. Mais dans les périodes de désœuvrement, quand sa volonté ne trouvait plus d'obstacle avec lequel se mesurer, ces deux aspects de sa nature entraient en conflit l'un avec l'autre, et il devenait le siège d'un antagonisme douloureux. Nietzsche a parlé quelque part de ces êtres privilégiés qui portent en eux « un chaos que conduit une étoile dansante ». Mustapha Kémal était de ceux-là.

Lorsque l'étoile scintillait, il savait quelle route suivre. Mais lorsqu'elle s'éteignait, il se sentait alors perdu dans les ténèbres, et son cœur était étreint par une angoisse si intolérable qu'elle lui arrachait parfois des cris de souffrance. Le soldat et le politique se dressaient alors l'un contre l'autre et s'entre-déchiraient. Le politique poursuivait un but — le renversement du régime — que le soldat ne pouvait tolérer, car sa réalisation présupposait la révolte, peut-être même la trahison. Le soldat, en revanche, se devait de servir loyalement son souverain, ce que le politique considérait comme inadmissible, puisque ce souverain et ses auxiliaires conduisaient le pays à sa ruine...

Que faire pour concilier ces exigences contradictoires ? Renoncer à la politique ? Mustapha Kémal y avait bien songé. Mais ses efforts — peu poussés d'ailleurs — n'avaient guère été couronnés de succès. Tout l'y ramenait invinciblement. Ne pas regarder en face les problèmes qui assaillaient l'empire, ne pas chercher à leur trouver des solutions concrètes, et une fois ces solutions trouvées, ne pas vouloir les appliquer avec une rigueur chirurgicale, n'était-ce pas faire preuve d'une pitoyable lâcheté ?

Alors — quitter l'armée ? Mais Mustapha Kémal n'aurait

plus été lui-même, s'il n'avait été soldat. Il lui fallait une discipline sévère, des hommes à commander, l'euphorie des ordres brefs, le calme merveilleux qui s'empare de l'âme à l'heure où l'on mène ses troupes au combat. Et puis, un secret instinct l'avertissait que, quels que fussent les événements que l'avenir tenait en réserve, l'armée y jouerait un rôle de premier plan. Malgré son délabrement actuel — qui n'était pas sans remède — c'était un instrument de puissance qu'il fallait tenir en main. C'était par elle, et avec elle, que se ferait la révolution...

Mustapha Kémal avait beau se torturer l'esprit, il n'arrivait à trouver aucune issue à cette impasse. Sa perplexité était si grande qu'elle le rendait amer. Il en perdit l'appétit, maigrit, et recommença à boire d'une façon immodérée. Ses camarades, qui ne comprenaient rien à ses brusques sautes d'humeur, cessèrent de l'inviter à leurs soirées. Ils étaient excédés par les caprices de ce mauvais coucheur.

Sur ces entrefaites, Mustapha reçut une lettre de Fethi, le Macédonien. « Tu as tort de rester à Damas, lui écrivait son ami, car tu y perds ton temps. Le point de départ de la révolution ne peut être que dans les Balkans. Tâche donc de te faire transférer à Salonique. La Syrie n'est qu'une dépendance de l'Empire, une région d'où ne partira jamais aucun mouvement sérieux. La partie décisive ne se jouera qu'au siège du gouvernement, c'est-à-dire à Constantinople. » Il avait raison.

Du coup, Mustapha Kémal n'eut plus qu'une idée : se faire transférer dans une garnison européenne. Il s'y employa pendant un an, mettant à contribution toutes les relations qu'il possédait au ministère de la Guerre. A force de multiplier les démarches, ses efforts finirent par être couronnés de succès. A l'automne de 1907, il fut affecté à l'état-major de la IIIᵉ armée à Salonique, et partit immédiatement rejoindre son nouveau poste.

XX

En arrivant à Salonique, Mustapha Kémal trouva la situation bien changée, depuis l'époque où il avait quitté l'Ecole des cadets, pour se rendre à Monastir. Sa mère Zobeïda, chez qui il s'installa, vivait à présent dans l'aisance. Elle s'était remariée en 1903. Son second mari était mort quelque temps après, lui laissant un peu d'argent et un bel immeuble neuf au centre de la ville.

A peine arrivé, Mustapha Kémal reprit contact avec beaucoup d'officiers qu'il avait connus à l'Ecole de guerre. Il tenta de les regrouper et leur proposa — comme toujours — de fonder une section du *Vatan*. Mais le recrutement ne fit aucun progrès. Lorsqu'il parlait à ses amis, ceux-ci l'écoutaient avec une indifférence polie, sans jamais le contredire ni exprimer d'opinion personnelle. Parfois, lorsqu'il les rencontrait en groupe, en train de discuter entre eux, ils s'arrêtaient brusquement de parler ou changeaient de sujet de conversation. Cette attitude bizarre intrigua Mustapha Kémal. Se méfiaient-ils de lui ? Et si oui, pour quelle raison ? Avait-il été l'objet de dénonciations anonymes ? Le considérait-on comme un agent provocateur ? Ou bien, se tramait-il quelque chose dont on voulait le tenir écarté ?

Un beau jour, un de ses anciens camarades lui révéla la vérité. Le *Vatan* ne pouvait pas prospérer à Salonique parce qu'il y existait déjà une puissante organisation révolutionnaire : le comité « Union et Progrès ». La population de la ville comprenait beaucoup de Juifs. La plupart d'entre eux étaient à la fois sujets italiens et francs-maçons En tant que francs-maçons ils finançaient le mouvement. En tant que sujets italiens, ils hébergeaient ses membres. Cette hospitalité les mettait à l'abri d'une arrestation, car ils se trouvaient protégés par le régime des Capitulations, datant de François Ier, en vertu duquel les policiers du Sultan n'avaient pas le droit de perquisitionner chez les ressortissants étrangers. Ceux-ci ne pouvaient être jugés que par leurs propres tribunaux consulaires.

Le groupe d'officiers que fréquentait Mustapha Kémal, parmi lequel se trouvait Fethi le Macédonien, avait adhéré à la maçonnerie. A l'abri des loges, ils avaient fondé l'association « Union et Progrès ». Ils tenaient leurs réunions dans les maisons des Juifs, et recevaient d'eux de gros subsides, dont on ignorait l'origine. En outre, ils entretenaient des contacts étroits avec toutes les personnalités politiques condamnées ou exilées par le Sultan depuis une vingtaine d'années.

Sur leurs conseils, Mustapha Kémal adhéra à la loge « Vedata ». Mais l'atmosphère qu'il y trouva lui déplut souverainement. Cette loge était composée principalement d'apatrides qui parlaient de faire la révolution en Bulgarie, en Grèce, en Russie, en Allemagne, en Chine, ailleurs encore, mais qui semblaient n'attacher aucune importance particulière à la Turquie. Ils dénonçaient sans cesse les crimes de Nicolas II, qui persécutait les Juifs, et vantaient les vertus de François-Joseph, qui leur permettait de s'enrichir. C'étaient des intellectuels chevelus et agités, qui échangeaient à mi-voix des informations mystérieuses, et ne parlaient que par ellipses. Mustapha Kémal eut l'impression d'être tombé dans les rêts d'une organisation souterraine, de caractère international, dont il ne distinguait clairement ni les méthodes, ni les buts. Ce nationaliste turc se demandait ce qu'il faisait là.

A ses yeux, le mouvement « Union et Progrès » était voué à l'échec. Jamais il n'en sortirait rien de sérieux. On y discourait trop et l'on n'y agissait pas assez. Ses membres se saoulaient de déclarations sonores et d'idéologies creuses. Quant à ses chefs, il n'avait aucune confiance en eux et les jugeait sévèrement. Il y avait là un certain Enver, qui n'était qu'un matamore et un cabotin. Djemal ne valait guère mieux. C'était un oriental retors et pervers. Djavid : un Juif renégat, converti à l'Islamisme ; Niazi : un butor d'Albanais, qui ne ferait jamais que des bêtises ; Talat : un petit postier borné, sans aucune envergure. On en avait vite fait le tour. Il suffisait de les avoir entendu parler deux ou trois fois, pour être fixé sur leur compte. Leur devise était « *Yeni-Turan* », — « aux nouveaux Turcs, la Turquie nouvelle ». Comprenaient-ils seulement ce que cela voulait dire, eux qui descendaient tous d'ancêtres grecs, albanais, circassiens, bulgares ou juifs, mais dont aucun n'appartenait authentiquement à la race touranienne ?

Par malheur, Mustapha Kémal ne se contentait pas d'avoir une piètre opinion d'eux : il ne la leur cachait pas. Un jour, plusieurs dirigeants du mouvement étaient attablés dans l'arrière-salle du café Gnogno, et vantaient le patriotisme de Djemal. Mustapha Kémal les interrompit avec un rire sarcastique et leur fit un sermon de deux heures sur « la vraie grandeur ». Le matin suivant, comme il se rendait à Janitza, pour y inspecter un régiment, il rencontra Djemal dans le train et lui dit carrément ce qu'il pensait de lui. Il le traita d'imposteur et de démagogue, et lui répéta son homélie sur la grandeur, sans lui faire grâce d'un seul mot.

Ses collègues de l'armée commencèrent à le trouver fatigant, avec ses critiques perpétuelles et ses coups de boutoir brutaux, que ne tempérait même pas le moindre grain d'humour. Personne ne trouvait grâce devant lui. Cette attitude hautaine, qui lui avait déjà fait tant de tort dans sa jeunesse, lui valut des inimitiés nouvelles. Les Juifs se méfiaient de lui. On ne l'initia pas aux degrés supérieurs de la maçonnerie. Cela revenait à dire qu'on le considérait comme un personnage subalterne. Le Comité directeur d' « Union et Progrès » refusa même de l'associer à ses délibérations.

Il y avait, à côté du Comité « Union et Progrès », une autre organisation qui faisait beaucoup parler d'elle : celle des « Türks Odchagis ». Elle avait fondé des « Foyers », avec conférences et cours populaires du soir. Toujours avide de s'instruire, Mustapha Kémal y alla, pour voir ce qui s'y passait.

Il vit défiler à tribune cinq ou six professeurs grisonnants qui cherchaient à endoctriner la jeunesse et l'invitaient à se grouper en vue de la création d'une « plus grande Turquie ». Après quoi, quelques poètes vinrent proclamer d'un air inspiré, les vertus de la race et du sang touraniens. Ils parlaient comme dans un rêve, des époques héroïques de « l'éternel Touran », de la patrie commune, mystérieuse et mystique des différents peuples turcs.

Mustapha Kémal se demanda ce qu'il était venu faire là. Si les membres du Comité Union et Progrès le rebutaient par leur démagogie, les vaticinateurs des Foyers turcs le dégoûtaient par leur manque de réalisme. Ce n'était pas de là que sortiraient les forces susceptibles de régénérer la nation. Faire une « plus grande Turquie » ? Qu'est-ce que cela signifiait quand le régime se montrait incapable de conserver ce qu'il possédait déjà ? C'était dans une toute autre direction qu'il fallait orienter les regards de la jeunesse. Il en voulait à ceux qui l'aiguillaient vers des aventures chimériques, au lieu de lui répéter que le salut du pays ne pouvait venir que de réformes intérieures, et d'une concentration farouche des énergies sur quelques problèmes essentiels.

Un jour, n'y tenant plus, il apostropha violemment un des conférenciers. C'était un homme glabre et squelettique, qui parlait avec des trémolos dans la voix, en agitant convulsivement les mains. De plus, il ressemblait vaguement à Ismaïl Haki Pacha, le directeur général de l'Instruction militaire, qui l'avait fait jeter en prison. Il le traita de vieux radoteur et lui demanda s'il avait appris sa leçon chez les derviches. A son grand étonnement, tous les auditeurs prirent parti contre lui. Il dut quitter la salle, sous les huées de l'assistance.

Ulcéré, Mustapha Kémal retourna au comité « Union et Progrès », où il raconta sa mésaventure. On sourit de sa naïveté. Comme il commençait à se fâcher, on lui fit comprendre que l'on n'aimait pas les gens qui mangeaient à tous les râteliers, et que l'on pouvait fort bien se passer de ses services. Rien n'aurait pu blesser davantage son amour-propre.

Toutes ces rebuffades — dont il était seul responsable — accrurent encore l'aigreur de son caractère. Il se querella avec sa mère, quitta son domicile et loua une chambre en ville. Il ne pouvait plus supporter la moindre contradiction. Il croyait toujours qu'on voulait attenter à sa liberté. Tout en continuant à assister aux réunions du mouvement « Union et Progrès » Mustapha Kémal s'éloigna de ses collègues et de désintéressa peu à peu de l'activité du mouvement. Le Comité directeur ne voulait pas l'admettre parmi ses membres ? Lui, ne tolérerait jamais d'être un subordonné. Ou il commanderait, ou il s'en irait. Il n'y avait pas d'autre alternative. Son orgueil maladif lui interdisait tout compromis.

Poser le problème dans ces termes était, de sa part, une suprême maladresse. L'épreuve de force tourna à son désavantage. Le comité « Union et Progrès » le mit définitivement au rancart.

Il devint plus solitaire et plus taciturne que jamais.

XXI

Soudain, au printemps de 1908, au moment où personne ne s'y attendait, la révolution éclata. Sans crier gare, Niazi, violent et impulsif, avait quitté Resne à la tête d'un petit groupe de partisans et s'était retranché dans les montagnes de la Macédoine méridionale, d'où il avait lancé un défi au gouvernement. Pour ne pas être de reste, Enver s'était empressé de publier un manifeste annonçant que la révolution était commencée, et s'était soulevé à son tour en

Macédoine orientale. Rien n'était organisé en vue de cette action. Le mouvement « Union et Progrès » comptait à peine trois cents membres. Les chefs n'avaient pas de plan ; les troupes, pas de consignes. On ne savait même pas quelle serait la réaction de l'armée.

Mustapha Kémal ne broncha pas et se cantonna dans ses occupations militaires.

— « Cette aventure est folle, dit-il en haussant les épaules. Dans quarante-huit heures, on n'en parlera plus. »

Mais contre toute attente, la « folle aventure » réussit. Le gouvernement dépêcha un régiment pour combattre les rebelles qui avaient pris le maquis : les soldats fraternisèrent avec les insurgés. Il donna l'ordre d'envoyer en Macédoine une division d'élite : elle refusa de marcher. Il appela des unités spéciales de l'intérieur de la Turquie : elles se solidarisèrent avec les révolutionnaires. A la stupéfaction de tous, — même des membres du comité — l'autorité du Sultan fut balayée en quelques jours.

Mais ce n'était pas pour rien qu'on donnait à Abdul Hamid le surnom de « Renard rouge ». Le vieux souverain réagit avec une promptitude remarquable. Il annonça la création d'un gouvernement constitutionnel, rejeta toutes les fautes du régime sur ses conseillers et salua les révolutionnaires comme les sauveurs du pays. Niazi et Enver rentrèrent à Salonique au milieu des acclamations. Mustapha Kémal et les autres membres du comité qui n'avaient pas participé à l'insurrection, allèrent en cortège à leur rencontre. Enver promulgua la nouvelle constitution du haut d'un balcon de l'Olympia Palace, à Salonique (19 juillet 1908). Ignoré de tous, Mustapha Kémal se tenait à l'arrière-plan, au milieu d'un groupe d'officiers.

C'était à présent aux « Jeunes Turcs » de gouverner et de se montrer à la hauteur de leurs promesses. L'annonce des réformes projetées avait soulevé dans le pays une grande vague d'enthousiasme et d'espérance. Après une longue période de ténèbres, les gens crurent voir se lever « le soleil d'un nouveau jour de justice et de liberté ». Tous les peuples et toutes les religions de l'empire s'apprêtaient à se tendre la main. L'arrivée des « Jeunes Turcs » au pouvoir prouvait que la Turquie n'était pas encore morte et qu'il y avait toujours des forces vives dans ce grand corps moribond.

Les chefs du mouvement « Union et Progrès », s'étaient donné pour tâche de régénérer l'empire ottoman en lui appliquant des institutions calquées sur celles des États occidentaux. Si grande était leur confiance dans l'efficacité de ce remède, qu'ils ne se laissèrent pas arrêter un instant par le fait que la structure ethnique, économique et sociale de l'empire n'avait aucun rapport avec celle des nations européennes. Parmi tous les problèmes qui se posaient à eux, le plus redoutable était celui des minorités nationales. C'était même le problème crucial de l'empire ottoman. Ils crurent pouvoir le résoudre par la simple instauration du régime parlementaire. Agir ainsi c'était prouver qu'ils n'y comprenaient rien. Comment cette question si complexe aurait-elle pu être résolue par un parlement où le marchand grec de Janina siégerait à côté du cheik de Tripolitaine, le paysan bulgare de Macédoine, à côté de l'avocat arménien de Péra et du bey turc d'Anatolie ? « Chacun de ces hommes appartenait à un monde physique et spirituel différent de celui de ses voisins et n'avait, avec ses collègues, aucune idée commune sur la forme et la mission de l'Etat à créer [1]. »

Les « Jeunes Turcs » n'eurent d'ailleurs guère le temps d'appliquer leur programme. Une nuée de vieux politiciens, exilés par Abdul Hamid, accourut de l'étranger. Il y avait parmi eux des Princes, d'anciens Grands Vizirs, des ministres et des fonctionnaires de tout grade et de tout acabit. Beaucoup plus retors que les nouveaux arrivants, ils profitèrent des élections pour évincer à coups de coude les officiers révolutionnaires. Ils s'introduisirent dans le comité directeur d' « Union et Progrès », le prirent en tutelle, et se ruèrent vers Constantinople pour y accaparer toutes les

1. Norbert de Bischoff : *op. cit.*, p. 100

places. Avant de s'être rendu compte de ce qui se passait, les artisans de la révolution furent désarçonnés. Niazi retourna en Albanie, où il fut assassiné. Enver fut nommé attaché militaire à Berlin. Mustapha Kémal fut envoyé en Tripolitaine pour y inspecter les garnisons. Une foule d'intrigants s'installa dans les antichambres du pouvoir, accroissant le désordre et pillant les finances publiques. Des mutineries éclatèrent en Albanie et en Arabie. Chrétiens et Musulmans commencèrent à s'entr'égorger. Six mois après la promulgation de la nouvelle Constitution, la situation était pire qu'elle ne l'avait jamais été.

Constatant que l'anarchie grandissait de jour en jour, les partisans du Sultan retrouvèrent leur assurance. Ils dépêchèrent partout des prêtres et des « hodjas » pour prévenir les Croyants que les nouveaux ministres étaient d'abominables athées, c'est-à-dire des ennemis de Dieu et de la religion, et que leur intention secrète était de détruire l'Islam et le Califat. Ces déclarations, faites pour enflammer le fanatisme religieux des troupes, atteignirent pleinement leur but. Les régiments de la garnison de Constantinople se mutinèrent, égorgèrent une partie de leurs officiers et séquestrèrent les autres. Puis ils proclamèrent leur attachement inébranlable à l'Islam, en la personne du Sultan-Calife, se rendirent maîtres de la capitale et en expulsèrent le comité « Union et Progrès » (13 avril 1909).

La situation était grave pour les représentants des partis avancés. S'ils ne réagissaient pas rapidement, Abdul Hamid et les Pachas réactionnaires seraient de nouveau les maîtres du pays. Les membres du gouvernement firent appel à l'armée de Macédoine. Celle-ci était commandée par un certain Mahmoud Shevket, un Arabe qui avait été jadis le favori du Sultan. C'était un géant chauve et voûté, d'une maigreur squelettique. Excellent officier d'état-major, il était indécis et timoré ; il n'avait aucune des qualités requises pour faire un commandant en chef.

Mahmoud Shevket hésita. Devait-il écouter l'appel du comité « Union et Progrès » ou celui de son souverain légitime ? Il y avait dans son état-major un certain nombre d'officiers révolutionnaires, parmi lesquels se trouvait Mustapha Kémal, tout récemment rentré de son inspection en Tripolitaine. Celui-ci, accompagné d'un groupe d'officiers, se rendit chez le Pacha et le somma de se déclarer en faveur de la révolution. Se laissant faire violence, le commandant en chef des forces de Macédoine donna l'ordre à la 2ᵉ et à la 3ᵉ armée de marcher sur Constantinople. Enver, revenu en toute hâte de Berlin, commandait le détachement de cavalerie de la 1ʳᵉ division mixte, qui en constituait l'avant-garde. Mustapha Kémal y occupait les fonctions de chef d'état-major.

Ces unités écrasèrent la contre-révolution, déposèrent Abdul Hamid et l'internèrent dans la villa Allatini, à Salonique, sous la garde de Fethi le Macédonien. Elles placèrent son frère sur le trône, qui prit le nom de Méhémet V (avril 1909). Ceci fait, le comité reprit le pouvoir, et chassa les Pachas réactionnaires de Constantinople.

Du jour au lendemain, Enver redevint populaire. Il avait levé l'étendard de la révolte en Macédoine ; il avait proclamé la Constitution libérale du balcon de l'Olympia Palace ; il venait de conduire l'avant-garde de la révolution à la victoire, pour qu'elle menât à bien l'œuvre entreprise l'année précédente et que des politiciens tarés avaient tenté de saboter. « La forte personnalité d'Enver, nous dit Armstrong, dégageait un éclat rayonnant. Il y avait en lui une verve, une audace étincelante, et un sens inné du geste spectaculaire qui le mettaient partout en évidence, tandis que Mustapha Kémal, amer, caustique et sombre, passait toujours inaperçu [1]. »

La foule, en effet, l'ignorait totalement. Les chefs politiques, eux, ne le connaissaient que trop. Pour se débarrasser de lui, ils le renvoyèrent à l'armée.

1. H. C. Armstrong : *Grey Wolf*, p. 32.

XXII

Mustapha Kémal retourna donc à l'état-major et se remit au travail, de la façon bourrue et silencieuse qui lui était coutumière. C'était une époque où les talents étaient rares et les promotions rapides. Avant l'âge de trente ans, le capitaine Kémal était chef d'état-major de la 3ᵉ armée. En 1910, il fut attaché à la suite du général Ali Riza, qui se rendait en mission en France. Là, il visita Paris, assista aux grandes manœuvres de Picardie, et sabla le champagne à Montmartre. A son retour, il fut nommé commandant et chargé de réorganiser l'Ecole d'officiers de Salonique. Il s'acquitta de cette tâche d'une façon remarquable. Mais il avait beau se cantonner dans le métier militaire, il était toujours mordu par le démon de la politique et ne pouvait se consoler d'être écarté du pouvoir.

Enver, Talat et Djemal, étaient à présent au gouvernement. Ce n'étaient pas des inconnus pour lui. Il les avait vus de près et les avait jugés, une fois pour toutes, comme des ambitieux et des incapables. Quant à Djavid c'était une autre affaire. Ce Juif renégat était devenu ministre des Finances. Il venait de contracter à Londres et à Paris un nouvel emprunt de 500 millions de livres et l'on assurait à mi-voix qu'il ne s'y était pas appauvri. En quoi cela différait-il de l'ancienne politique financière pratiquée par le Sultan ? Pourquoi annoncer à son de trompe que l'on allait tout changer, si c'était pour faire exactement la même chose que ses prédécesseurs ?

Quant à Enver, c'était pis encore. Loin de chasser les étrangers, comme il avait promis de le faire, il avait ouvert les portes toutes grandes à la pénétration allemande. Fort intelligemment, il avait compris que le pays ne pourrait

112

jamais résister aux pressions étrangères, tant qu'il n'aurait pas reconstitué son appareil militaire. Mais par une sorte d'inconséquence, qui apparaissait à Mustapha Kémal comme une aberration criminelle, il avait demandé aux Allemands de réorganiser l'armée. Il était revenu de son séjour à Berlin littéralement subjugué par la puissance de l'armée prussienne. Le gouvernement du Reich, trop heureux de l'aubaine, avait répondu à l'invite du gouvernement ottoman, en envoyant à Constantinople le général von der Goltz. Celui-ci avait été nommé conseiller militaire du Sultan, avec le titre de Pacha. Adroitement cultivée par le baron von Marschall, ambassadeur d'Allemagne, l'amitié germano-turque se resserrait de jour en jour.

Or, cette « amitié » n'était pas plus désintéressée que les autres. Depuis 1878, date à laquelle Bismarck avait élevé l'Allemagne au rang de « puissance protectrice », les dirigeants de la Wilhelmstrasse avaient pris un intérêt croissant au Proche-Orient. La ligue pangermaniste avait publié en 1898, un manifeste intitulé *Les droits de l'Allemagne à l'héritage turc,* qui exposait sans ambages les revendications du Reich. Ce seul titre aurait dû suffire pour alerter Enver. La même année, Guillaume II avait fait un pèlerinage à Damas et aux Lieux Saints, et s'était déclaré spontanément « l'ami du Calife et protecteur de l'Islam ». Des professeurs d'université et des publicistes de renom — Hasse, Tannenberg, Naumann, Rohrbach, Jaeck — prônaient la construction du chemin de fer Berlin-Byzance et réclamaient pour leur pays la direction politique et économique de l'axe Hambourg-Bagdad. Pour faciliter l'exécution de ce projet, l'Allemagne et la Russie venaient de signer un accord qui partageait le Proche-Orient en deux zones d'influence : la Perse et l'Arménie étaient incluses dans la zone russe, tandis que l'Allemagne se réservait l'Anatolie et la Mésopotamie (19 août 1911). Deux ans plus tard, Guillaume II allait tenter de séduire son cousin Nicolas II en faisant miroiter devant ses yeux tous les avantages qu'il retirerait de la possession du Bosphore et des Détroits, tandis qu'il se contenterait, pour sa part, de la Syrie et de Suez. C'étaient toujours les mêmes convoitises, les mêmes maquignonnages...

Enver ignorait-il tout cela ? Ou bien trahissait-il ? Mustapha Kémal se refusait à admettre cette dernière hypothèse. Mais il ressentait un mépris grandissant pour tous les hommes qui juraient d'accomplir des réformes audacieuses quand ils étaient dans l'opposition, et se montraient incapables de les réaliser quand ils étaient au pouvoir. En quoi la révolution de 1908 avait-elle amélioré la situation ? Ni la politique extérieure, ni la politique financière n'avaient subi de changements notables. Même en politique intérieure, la gestion des « Jeunes Turcs » n'avait donné aucun des résultats espérés. La misère était générale, le désordre à son comble, et le mécontentement n'avait jamais été aussi vif.

Mustapha Kémal, loin de faire mystère de ses opinions, ne laissait passer aucune occasion de les afficher en public.

— « Les grandes Puissances, disait-il à qui voulait l'entendre, sont plus rapaces que jamais. L'Allemagne a saisi la Turquie à la gorge. Ses financiers accumulent les monopoles et les concessions. Ils contrôlent déjà une partie de nos chemins de fer. Djavid, le renégat, vient de leur céder les droits d'exploitation du port d'Alexandrette, ce qui complète leur mainmise sur l'Anatolie. La Turquie est livrée sans défense aux chacals et aux vautours. Combien de temps tolérerez-vous cet état de choses ? Il faut balayer l'engeance qui nous gouverne. Les Turcs doivent apprendre à se conduire eux-mêmes, sans aide économique, ni immixtion étrangères. Il faut réagir immédiatement, si l'on veut empêcher le pays de courir à la catastrophe. *Yeni-Touran ?* Sans doute. Il faut rendre la Turquie aux Turcs. Mais pas à des Turcs de bazar, ni à des soldats de pacotille... »

XXIII

De pareils propos, tenus devant les jeunes officiers de l'Ecole des Cadres de Salonique, ne pouvaient manquer d'échauffer leurs esprits. Mustapha Kémal était breveté d'état-major. Il avait la réputation d'être un homme taciturne, qui ne parlait qu'à bon escient. Dans sa bouche des discours semblables sonnaient comme un appel aux armes. Des officiers de plus en plus nombreux vinrent se mettre à sa disposition et se déclarèrent prêts à le suivre, s'il déclenchait un coup d'Etat.

Peu à peu ses manières se transformèrent. Il était heureux de se sentir enfin écouté et respecté. Sans doute était-il toujours aussi entier dans ses jugements ; mais il se montrait expansif et même affable avec ceux qui lui accordaient leur confiance.

Mahmoud Shevket Pacha fut informé de la propagande subversive à laquelle se livrait son ancien chef d'état-major. Il n'en fut pas étonné. Il savait de quoi Mustapha Kémal était capable et n'avait pas oublié la façon brutale avec laquelle il l'avait sommé de prendre parti pour le comité révolutionnaire, contre son souverain. De plus, une recrudescence de troubles dans les Balkans était toujours à redouter. Les discours incendiaires de Mustapha Kémal risquaient de provoquer une nouvelle levée de boucliers. Pour le priver de tout contact avec les jeunes officiers, il lui enleva la direction de l'Ecole et lui donna le commandement du 38ᵉ régiment d'infanterie.

Kémal s'acquitta de ses nouvelles fonctions d'une façon irréprochable. Mais cette mutation le mit en rapport avec d'autres officiers. Ceux-ci n'étaient plus des jeunes gens sans commandement, mais des hommes mûrs, qui disposaient de troupes. Le nombre de ceux qui vinrent lui offrir leur concours augmenta. Et ce concours, cette fois-ci, pouvait être efficace.

Sentant qu'il commençait à avoir un instrument en main, Mustapha Kémal se remit à conspirer. Comme à Monastir, comme à Damas, il consacra ses soirées à des réunions clandestines. Mais à présent, il avait acquis de l'expérience et de l'autorité. C'était lui qui présidait les débats. Nul ne lui contestait plus le rôle de chef. Et, par un retournement curieux, les hommes qu'il projetait d'exclure du pouvoir étaient ses anciens collègues de Salonique, les pseudo-révolutionnaires d' « Union et Progrès ».

Le Comité l'apprit et exigea des sanctions. Mahmoud Shevket Pacha le convoqua à Constantinople et l'accusa d'inciter les troupes à la rébellion. Mustapha Kémal nia les faits avec véhémence. Nullement convaincu par ses dénégations, mais n'ayant pas de preuves suffisantes pour le traduire en conseil de guerre, Mahmoud Shevket lui retira son commandement et lui donna un poste au Seraskierat, c'est-à-dire au ministère de la Guerre. Là, au moins, il n'aurait plus aucun contact avec le foyer d'intrigues balkanique et son activité serait plus facile à contrôler. A titre d'avertissement, il lui attribua un bureau dont la fenêtre donnait sur la Prison Rouge.

Mais une fois installé au Seraskierat, Mustapha Kémal ne tarda pas à s'apercevoir qu'il existait des divergences d'opinion très graves au sein du Comité, dont une partie était hostile à l'ingérence allemande. A la tête de cette fraction se trouvait Djemal Pacha. Il pensa que leur communauté de vues rendrait un accord possible. Sans hésiter, il alla voir Djemal et lui offrit son appui. Mais celui-ci n'avait pas oublié la scène du chemin de fer, où Mustapha Kémal l'avait traité d'imposteur et de démagogue. Il s'excusa poliment, et lui dit qu'il ne pouvait rien entreprendre sans consulter ses collègues.

Mustapha Kémal s'entêta et fit une tournée de visites chez les membres de la fraction anti-allemande du Comité. Ceux-ci occupaient tous des postes de premier plan. Mais il n'avait ni les manières, ni l'expérience de ces milieux. Il avait l'impression de s'abaisser en faisant ces démarches, ce qui augmentait encore sa raideur. Les hommes auxquels il demanda audience crurent qu'il venait solliciter de l'avancement et le traitèrent en conséquence. Ils lui firent faire antichambre pendant des heures, et lorsqu'ils le reçurent enfin, ce fut pour l'écouter distraitement, en signant leur courrier. Les uns lui parlèrent avec condescendance, les autres avec une familiarité déplacée. Mais tous le congédièrent au bout de quelques instants, en prétextant des occupations plus sérieuses.

Mustapha Kémal sortait de ces visites ulcéré et abattu. La fréquentation des hommes au pouvoir, la proximité du pouvoir lui-même, stimulaient sa passion pour les affaires publiques. Mais elles lui donnaient, en même temps, le sentiment cruel de sa propre impuissance Il s'éloignait des ministères en mâchant sa colère. Décidément, ces politiciens n'étaient pas de la même trempe que lui et c'est pourquoi tout accord entre eux était impossible. Le jour où il le pourrait, il les balayerait jusqu'au dernier. Il les ferait pendre s'il le fallait, aux lampadaires de bronze du pont de Galata! Jusque-là, il fallait patienter et attendre son heure. Mais il commençait à se demander si cette heure sonnerait jamais.

Rien n'est plus accablant, pour une âme qui se sent appelée à un grand destin, que ces moments où tout s'enlise dans la grisaille quotidienne. On croirait patauger dans un marécage bourbeux, où aucune pente ne se dessine, où la vie elle-même cherche en vain sa direction...

XXIV

Profitant de la révolution de 1908, et de la période d'instabilité qui l'avait suivie, les grandes Puissances avaient fait un nouveau bond en avant. Encouragée par l'Angleterre, la Grèce avait ressuscité l'affaire de Crète endormie depuis 1898. Poussée par la Russie, la Bulgarie avait proclamé son indépendance. Pour ne pas être de reste, l'Autriche avait annexé la Bosnie-Herzégovine [1]. Avant que la tension provoquée par ces événements se fût dissipée, l'Italie bondit sur la Tripolitaine. Elle y débarqua sans préavis un corps expéditionnaire qui s'empara de Tripoli et d'une partie de la côte (octobre 1911).

Du coup, Mustapha Kémal cessa toute activité politique. L'heure n'était plus aux discours, ni aux projets de coups d'État. L'empire était attaqué. Désormais tout soldat turc bien né ne pouvait avoir qu'un désir : se rendre coûte que coûte en Afrique du Nord, pour en chasser les Italiens.

Ce n'était pas facile, car la Turquie était pratiquement coupée de la Tripolitaine. Les Italiens, qui détenaient la maîtrise de la mer, avaient bloqué les Dardanelles. Précaution bien superflue du reste, car la marine ottomane — cette flotte orgueilleuse qui avait dominé la Méditerranée au temps de Soliman — était réduite à trois croiseurs et à deux cuirassés. Encore leurs chaudières étaient-elles rouillées. Leurs équipages avaient disparu. Par mesure de prudence, les culasses des canons avaient été démontées. Les coques des navires étaient embourbées dans la Corne d'Or. Impossible d'envoyer des renforts en Tripolitaine par la voie des mers.

Quant à la voie de terre, la seule route existante passait par la Syrie et l'Egypte. Or les Anglais quoique n'ayant pas encore proclamé leur protectorat sur ce pays y interdisaient le passage des troupes, grâce à la pression très forte

---

1. A vrai dire, ces deux derniers événements ne modifiaient pas beaucoup l'état de choses existant. La Bosnie-Herzégovine se trouvait, depuis quarante ans déjà, sous l'administration austro-hongroise et, depuis même temps, la souveraineté du Sultan sur la Bulgarie ne subsistait plus que sur le papier. Néanmoins, ces initiatives bulgare et autrichienne eurent une grande importance, car elles déclenchèrent le mécanisme qui, en l'espace de dix années, allait broyer l'Empire ottoman. (Cf. Norbert de Bischoff : *op. cit.*, p. 102).

qu'ils exerçaient sur les dirigeants du Caire. Les officiers turcs qui voulaient rejoindre le front, devaient donc le faire individuellement et par leurs propres moyens. Ils étaient d'ailleurs nombreux à vouloir partir. Enver était déjà sur place, prêt à récolter de nouveaux lauriers. Fethi, qui était attaché militaire à Paris, avait rejoint Tunis, sur une barque frétée à un pêcheur de Marseille.

Accompagné de deux amis, Mustapha Kémal prit la route de terre. Ils traversèrent l'Asie Mineure, la Syrie et la Palestine, empruntant le train là où il en existait, et faisant le reste du trajet à cheval ou en voiture. Arrivés à Alexandrie, ils apprirent avec stupeur que les Anglais avaient proclamé la neutralité de l'Egypte et fermé ses frontières. Mustapha Kémal frémit en apprenant cette décision, comme s'il se fut agi d'un affront personnel. L'Egypte faisait partie intégrante de l'empire ottoman. De quel droit les Anglais se permettaient-ils d'y édicter de pareilles mesures ? De quel droit prétendaient-ils interdire à des officiers turcs de se porter au secours d'autres officiers turcs, qui venaient d'être attaqués sur un territoire, qui était turc lui aussi ? Mustapha Kémal haïssait déjà les Allemands. Il se mit à haïr non moins vivement les Anglais, en attendant de haïr les Italiens et les Grecs...

Pourtant, il fallut s'incliner : les ordres étaient formels. Les trois amis se séparèrent donc, résolus à tenter leur chance chacun de leur côté. Mustapha Kémal s'habilla en Bédouin et prit le train qui longeait la côte, en direction de l'ouest. On l'arrêta au poste frontière, où l'on avait son signalement. Ses yeux gris, ses cheveux blonds cendrés et son ignorance totale de la langue arabe, le trahirent. Heureusement pour lui, l'officier chargé du contrôle était un Egyptien qui détestait les Anglais autant que les Italiens. Mais malgré sa turcophilie il ne pouvait ignorer totalement ses consignes. Il commença donc par s'assurer de l'identité de Mustapha Kémal. Puis il arrêta à sa place un autre voyageur aux yeux gris, et le laissa poursuivre tranquillement sa route.

119

Ayant franchi sans encombre la frontière qui sépare l'Egypte de la Tripolitaine, Mustapha se rendit immédiatement au quartier général turc, où on le reçut à bras ouverts. L'armée manquait de cadres. De plus, sa connaissance approfondie du pays, due à la tournée d'inspection qu'il y avait faite deux ans auparavant, faisait de lui un homme précieux.

On lui confia le commandement du secteur de Derna. Son P.C. était à Aïn-al-Mansour, où se trouvait également le Quartier Général d'Enver, qui commandait l'ensemble du front. Les Italiens, protégés par leur flotte s'étaient emparés des villes côtières, mais n'arrivaient pas à progresser vers l'intérieur du pays. Les Turcs leur faisaient face, adossés au désert. Derrière eux s'étendait l'Afrique, dont toute une partie avait pris les armes en leur faveur. La guerre sainte, la *Jihad* avait été proclamée. De tous les coins de la Lybie et de la Cyrénaïque, du fond du Sahara et de l'oasis de Koufra, les chefs de tribus et leurs hommes étaient venus prêter main-forte à leurs frères musulmans pour les aider à repousser les envahisseurs chrétiens. Brûlants de fanatisme religieux, ils affluaient par milliers à la tente d'Enver.

Celui-ci était le point de mire de tous les regards. Il était venu en Tripolitaine comme représentant personnel du Calife de tous les Croyants, le Sultan d'Istamboul. Le chef des Senoussis l'appelait « mon frère », et avait mis à sa disposition l'élite de ses guerriers. Les Touaregs et les nomades du Fezzan lui avaient dépêché des volontaires. Enver avait toutes les qualités requises pour séduire les Arabes. Il avait dressé une vaste tente dans le désert, parée de coussins de soie et de tapis d'Orient. Il recevait leurs chefs dans ce décor luxueux, leur donnant des audiences et discutant avec eux pendant des heures. En grand seigneur dédaigneux du prix des choses, Enver se montrait d'une prodigalité folle, et employait tous les moyens susceptibles d'accroître sa popularité : il rétribua royalement les volontaires arabes, les nourrit abondamment, et envoya de riches présents aux veuves des guerriers tués. Avec une patience inlassable, il les ramena au combat chaque fois que fléchissait leur ardeur combative, et parvint ainsi à clouer les Italiens à la côte.

Mustapha Kémal était en contact quotidien avec lui. Il avait un an de plus qu'Enver. Pourtant, il était son subordonné. Cela ne facilitait pas leurs rapports. H. C. Armstrong nous a tracé un portrait de ces deux hommes, qui dépeint à merveille le contraste de leurs caractères :

« Enver et Mustapha Kémal, écrit-il, ne s'accordaient sur rien. Ils étaient constamment en conflit l'un avec l'autre. Tous deux étaient fiers, irascibles et autoritaires. Aucun des deux ne tolérait la moindre critique. Ignorant tous deux la peur physique ou intellectuelle, ils disaient toujours ouvertement ce qu'ils avaient sur le cœur. Ces traits mis à part, ils étaient aux antipodes l'un de l'autre.

« Enver était toujours mu par de vastes desseins et ne cessait d'échafauder des projets grandioses. Emporté par une imagination fougueuse, il ne voyait que les ensembles. Les détails, les faits, les chiffres ne l'intéressaient pas.

« Mustapha Kémal au contraire, était circonspect et éprouvait une méfiance instinctive pour tout ce qui était clinquant et facile. Les grandes idées vagues lui donnaient la nausée. Ses objectifs étaient toujours limités et il mûrissait longuement ses projets. Il lui fallait toujours des faits précis et des chiffres. Il n'avait aucune sympathie pour les Arabes ni pour les étrangers, et ne faisait aucun effort pour s'attirer leur amitié. Il était Turc, rien que Turc, et en tant que tel, il méprisait ouvertement tout le reste du monde.

« Enver lui avait été antipathique dès leur première rencontre. A présent, il le méprisait, et ne faisait aucun effort pour le dissimuler. Son mépris était envenimé d'une pointe de jalousie. Mustapha Kémal était convaincu qu'il était un meilleur soldat qu'Enver. Or, où qu'il allât, c'était toujours Enver qui commandait, et lui qui devait suivre.

« Aux yeux d'Enver, qui était brave, généreux, débordant d'enthousiasme, et qui menait une vie princière sous la tente où les caïds arabes venaient lui faire la cour, Mustapha

Kémal avec ses manières renfrognées et ses remarques désobligeantes, faisait figure de trouble-fête. On aurait dit qu'il prenait plaisir à démoraliser les chefs de tribu. Il critiquait tous les plans et battait tous les projets en brèche. Ses propos étaient toujours caustiques et blessants. Mais jamais il n'allait jusqu'à commettre un acte d'insubordination caractérisé [1]. »

Avec le temps, les rapports entre les deux hommes devinrent de plus en plus tendus. La lutte était monotone, le désert aride, la chaleur accablante. Cela seul eût suffi à énerver les tempéraments les plus calmes. Un beau jour, ils finirent par se quereller ouvertement. Fethi, désolé par ces froissements continuels, s'efforça de les réconcilier. Ses efforts furent inutiles. Aucun des deux ne voulut s'excuser, ni reconnaître ses torts. Buté, Mustapha Kémal retourna à son P.C. et n'en sortit plus. Il y vécut simplement, à la dure, partageant les soucis et les fatigues de ses hommes. Il refusa obstinément de se rendre aux invitations d'Enver et ne parut plus aux galas qu'il donnait en l'honneur des chefs arabes.

Au bout d'un an de campagne, les résultats obtenus par l'armée turque étaient maigres. Les fronts s'étaient stabilisés. Les Italiens avaient débarqué des renforts et avaient creusé des abris tout le long de la côte. Mais ils ne réussissaient pas à pénétrer plus loin. De leur côté, les Turcs et les Arabes ne parvenaient pas à les déloger de leurs retranchements, ni à les rejeter à la mer.

Soudain, en octobre 1912, le Monténégro déclara la guerre à la Turquie. La Serbie, la Bulgarie et la Grèce se joignirent à lui. Pour la première fois dans l'Histoire, tous les pays chrétiens des Balkans se trouvèrent ligués contre la Porte. En toute hâte, le gouvernement turc conclut la paix avec l'Italie et ordonna à ses troupes d'évacuer la Tripolitaine. Les régiments devaient se replier immédiatement sur l'Egypte. Quant aux officiers, ils reçurent un message secret

---

1. H. C. Armstrong : *Grey Wolf*, p. 39.

leur enjoignant de rejoindre leurs corps d'origine dans les plus brefs délais possibles.

Il ne s'agissait plus de défendre un lambeau de terre d'Afrique. L'ennemi était aux portes du pays : la Turquie elle-même risquait d'être écrasée.

XXV

Pour arriver plus vite à Constantinople, Mustapha Kémal traversa la France et voulut rejoindre la Turquie par l'Orient-Express. Mais à Vienne, il trouva les frontières fermées et dut faire un détour par la Roumanie et la mer Noire. Retardé à diverses reprises par le mauvais temps, il ne débarqua à Galata que dans la première semaine de décembre.

La situation qu'il y trouva était tragique. Les armées turques avaient été battues sur tous les fronts. Descendant du nord, les Serbes avaient progressé sans rencontrer de résistance sérieuse et s'étaient emparés de Durazzo et de Monastir. Remontant du sud, les Grecs avaient pris Salonique et fait vingt-cinq mille prisonniers. Quant aux Bulgares, ils avaient foncé droit sur Constantinople et martelaient la ligne fortifiée de Chataldja, située à une vingtaine de kilomètres de la capitale. A l'exception d'une bande de terrain autour de Stamboul et de la ville fortifiée d'Andrinople qui résistait encore aux assauts des Bulgares, les Turcs avaient été chassés de toutes leurs possessions d'Europe.

A Constantinople même, les hôpitaux, les églises, les mosquées et les habitations privées regorgeaient de malades et de blessés. Tout le territoire entourant la ville était couvert de camps de réfugiés. Le ravitaillement était défectueux, les soins médicaux inexistants. Des milliers de gens mouraient chaque jour du typhus et du choléra. Les politiciens se querellaient entre eux et se rejetaient mutuellement

123

la responsabilité du désastre. Il n'existait aucun pouvoir stable, capable de dominer la situation.

Dans cet amoncellement de malheurs, il n'y avait qu'un seul motif de réconfort. Un jeune capitaine de vaisseau, nommé Rauf, avait pris la mer avec le croiseur *Hamidiye* et avait réussi à forcer le blocus établi par les Grecs à l'embouchure des Dardanelles. Pris en chasse par les navires helléniques, il avait fait une guerre de corsaire dans la mer Egée, apparaissant brusquement là où on ne l'attendait pas pour bombarder un port ou couler un cargo. Il était devenu un héros national. Mais ses exploits, bien que spectaculaires, n'avaient exercé aucune influence sur le déroulement des opérations terrestres.

Dès son arrivée en Turquie, Mustapha Kémal se mit anxieusement à la recherche de sa mère. On racontait que les Grecs s'étaient emparés de Salonique grâce à la trahison du gouverneur grec de la ville et qu'ils avaient massacré tous les ressortissants turcs sur lesquels ils avaient pu mettre la main. De telles rumeurs n'étaient pas faites pour dissiper ses craintes. Après des recherches laborieuses il finit enfin par la découvrir ainsi que sa sœur Makboula, au fond d'un baraquement, dans un camp de réfugiés. Les deux femmes étaient dans un état pitoyable. Leurs amis et leurs parents avaient été assassinés par les Grecs. Leur maison avait été incendiée. Tout ce qu'elles possédaient était perdu.

Mustapha Kémal les fit transporter d'urgence à Constantinople et se présenta au ministère de la Guerre.

On l'affecta sur-le-champ, comme chef d'état-major, à une division chargée de défendre la ligne de fortifications située en travers de la presqu'île de Gallipoli, en face de Bulaïr. C'était une position de première importance. Si les Bulgares réussissaient à s'en emparer, ils seraient maîtres des Dardanelles, ce qui leur permettrait d'envahir la Turquie d'Asie et de prendre Constantinople à revers.

Le lendemain du jour où Mustapha Kémal arriva à Bulaïr, les Bulgares, placés sous le commandement du général Sava Savof, passèrent à l'attaque. Les positions otto-

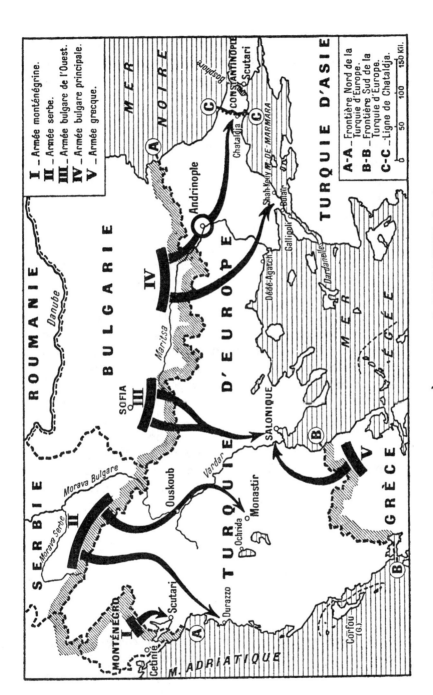

CARTE II. — LA PREMIÈRE GUERRE BALKANIQUE (1912).

I — Armée monténégrine.
II — Armée serbe.
III — Armée bulgare de l'Ouest.
IV — Armée bulgare principale.
V — Armée grecque.

A-A — Frontière Nord de la Turquie d'Europe.
B-B — Frontière Sud de la Turquie d'Europe.
C-C — Ligne de Chataldja.

0   50   100   150 Kil.

manes étaient constituées par les débris d'une ligne fortifiée construite cinquante ans auparavant par des ingénieurs
anglais, au temps de la guerre de Crimée. C'est dire qu'elle
n'offrait qu'une protection précaire. Sous le feu de l'ennemi,
les soldats turcs durent d'abord creuser des abris et les relier
entre eux par un réseau de tranchées. Pendant qu'ils effec-
tuaient ce travail difficile, les Bulgares montèrent à l'assaut
à plusieurs reprises. La lutte, qui se déroulait souvent à
l'arme blanche, ressemblait plus à un combat médiéval qu'à
une guerre moderne. Les engagements étaient terriblement
meurtriers. Mais les attaques bulgares, renouvelées huit fois
sur certains points, furent repoussées l'une après l'autre.
Les Turcs se cramponnaient désespérément au terrain, attendant des renforts promis, qui n'arrivaient jamais.

Mustapha Kémal, qui était presque toujours en première
ligne, pestait contre le ministère de la Guerre qui faisait
battre ses hommes dans d'aussi terribles conditions. Quand
cesserait-on de les abreuver de discours au lieu de leur
envoyer des canons et des munitions ? Partout où il allait
— que ce fût en Afrique, en Europe ou en Syrie, — il se
heurtait à la même impuissance, à la même incapacité de
penser les problèmes fondamentaux de la guerre. De quelle
tare effroyable n'était pas affligé ce régime !

Les Turcs maintenaient toujours leurs positions et
n'avaient pas cédé un seul pouce de terrain, lorsque les
clairons sonnèrent le « Cessez le feu ! » Un armistice
venait d'être conclu entre le Haut-Commandement turc et
les forces balkaniques.

XXVI

Les semaines qui suivirent, extrêment confuses, furent
marquées par une succession de coups de théâtre.

Une fois l'armistice ratifié par les gouvernements intéressés, les grandes Puissances invitèrent les belligérants à se réunir en conférence. Les pays vainqueurs exigèrent que la Turquie leur cédât toutes ses possessions d'Europe, à l'exception de Constantinople. La Bulgarie demanda en outre la reddition immédiate d'Andrinople, qui résistait toujours.

Lorsque ces exigences furent connues en Turquie, elles causèrent partout une consternation profonde. Mais l'opinion était divisée : fallait-il accepter ces conditions, ou les rejeter ? Il y avait d'un côté les partisans de la paix à tout prix, groupés autour du Grand Vizir Kiamil Pacha ; de l'autre, un certain nombre de jeunes officiers, qui trouvaient les clauses de l'armistice déshonorantes, et qui étaient résolus à poursuivre la lutte coûte que coûte. La troupe, qui n'en pouvait plus, ne souhaitait qu'une chose : la fin des hostilités. Des mutineries éclatèrent dans certaines unités. Personne ne gouvernait plus. L'empire ottoman était au bord du chaos.

Au milieu de toute cette anarchie, Enver rentra précipitamment de Tripoli. Sans perdre un instant, il convoqua le comité directeur d' « Union et Progrès » et groupa autour de lui les jeunes officiers bellicistes. Puis, marchant sur le palais impérial, il entra, l'arme au poing, dans la salle où siégeait le conseil des ministres, abattit de deux balles de revolver Nazim, le ministre de la Guerre qui cherchait à l'arrêter, et chassa Kiamil Pacha et les autres membres du cabinet.

Ayant ainsi liquidé l'ancien gouvernement, Enver constitua un triumvirat, avec Talat et Djemal tandis que Mahmoud Shevket devenait Grand Vizir. Le triumvirat se fit octroyer les pleins pouvoirs par une chambre terrorisée et mit le parlement en vacances. Un groupe de politiciens protesta contre le caractère arbitraire de ce procédé. Enver les fit pendre. Puis il écrasa les mutineries dans le sang, avant qu'elles aient eu le temps de s'étendre à toute l'armée, et repoussa hautainement les conditions de paix présentées par les Etats balkaniques.

Tandis que ces scènes dramatiques se déroulaient dans la capitale, Andrinople résistait toujours aux assauts des Bulgares. Il fallait empêcher à tout prix que la ville ne succombât. Enver dressa des plans pour la dégager à l'aide d'un vaste mouvement tournant. C'était un projet superbe, bien à l'image de celui qui l'avait conçu. La flotte sortirait de la Corne d'Or. Sous la protection de ses canons, le 10ᵉ corps d'armée turc débarquerait à Shah Keuy, un peu au nord de Bulaïr. Les troupes qui occupaient le secteur de Bulaïr attaqueraient les Bulgares de front, tandis que celles de Shah Keuy les prendraient de flanc. Les deux colonnes feraient ensuie leur jonction et marcheraient sur Andrinople par la voie la plus directe. Cette offensive inattendue déborderait l'assiégeant, l'obligerait à évacuer Chataldja et libérerait Andrinople.

Une conférence d'état-major eut lieu sur un vieux bateau de guerre. Mustapha Kémal y assistait en tant que commandant des troupes de Bulaïr. Il examina le plan et en fit l'analyse. Après un exposé d'une heure il conclut à son rejet, en le déclarant inexécutable, chimérique et même dangereux.

Enver fut exaspéré par les critiques acerbes de Mustapha Kémal. Il était à présent le maître de la Turquie et n'entendait pas que l'on discutât ses ordres.

— « Parlez moins, répliqua-t-il d'un ton cinglant à son contradicteur, et bornez-vous à faire ce qu'on vous commandera ! »

Au matin du 8 février 1913, le plan d'Enver fut exécuté, sans aucune modification. Son échec fut total. Comme l'avait prévu Mustapha Kémal, le corps de débarquement de Shah Keuy fut taillé en pièces par les Bulgares et laissa plus de 6.000 hommes sur le terrain. Sa propre division perdit cinquante pour cent de ses effectifs.

Un mois plus tard, Andrinople capitula et le gouvernement d'Enver dut accepter des conditions en tous points identiques à celles qui avaient été imposées précédemment à Kiamil Pacha.

XXVII

L'humiliation était atroce. Une fois de plus, la Turquie était vaincue. Quoi qu'elle fît, une sorte de malédiction semblait peser sur elle. Mais alors que son sort semblait définitivement scellé, on assista à un nouveau coup de théâtre, qui renversa complètement la situation.

Grecs, Bulgares et Serbes étaient déjà en train de se partager les dépouilles du vaincu, lorsque oubliant complètement son existence, les vainqueurs se mirent à se quereller entre eux. Ne pouvant se mettre d'accord sur l'attribution de certains territoires, les Alliés de la veille se sautèrent à la gorge. La Bulgarie attaqua la Serbie et la Grèce, inaugurant ainsi la deuxième guerre balkanique.

D'un coup d'œil, Enver vit l'occasion inespérée qui s'offrait à lui, et la saisit au vol avec une audace inouïe. Cet homme léger et improvisateur avait tout de même des qualités exceptionnelles : l'esprit de décision, le sens de l'opportunité et l'instinct des actes simples et éclatants qui frappent l'imagination des foules. Il regroupa immédiatement les troupes disponibles et marcha sur Andrinople, balayant devant lui tout ce qui subsistait des forces bulgares.

L'annonce de son arrivée se répandit à travers la Thrace comme une traînée de poudre. Andrinople, conquise par Mourad Ier en 1361, avait été, avant Byzance, la capitale de l'Empire, et ses habitants se souvenaient avec fierté de ce passé glorieux. Aussi ménagèrent-ils à Enver une réception enthousiaste. Toute la population turque de la ville et des villages environnants se rua au-devant de lui pour l'acclamer et joncha sa route de rameaux d'oliviers et de lauriers roses. A la tête de la division de cavalerie qui formait l'avant-garde de son armée, toutes bannières déployées, au milieu des fanfares jouant les vieilles marches militaires turques, Enver entra dans la forteresse en triomphateur. Au milieu des cris de joie d'une foule en liesse, le maire d'Andrinople lui baisa les mains, et lui remit l'offrande traditionnelle de pain et de sel.

Dans l'état-major de l'une des colonnes victorieuses, marchait le commandant Kémal, la mine renfrognée, écœuré de voir la façon dont Enver se livrait en spectacle à la foule et dissimulant son visage sombre derrière le col relevé de sa grande capote grise.

XXVIII

La libération d'Andrinople avait fait d'Enver Pacha la vedette du jour. « Napoleonik », comme l'appelaient ses intimes, avait épousé une princesse du sang, et habitait à présent un splendide palais sur le Bosphore. « Agé de trente ans, écrit Norbert de Bischoff, visionnaire, héros, et aventurier, maître du cœur des femmes et des hommes, idole du peuple et des chefs grisonnants du mouvement Jeune Turc, Enver, dans tout l'éclat de sa jeunesse rayonnante, était comme le symbole et le gage du rajeunissement de l'empire. Il avait cueilli ses premiers lauriers en Lybie et la reprise d'Andrinople, quoique n'ayant guère présenté de difficultés ni de risques au point de vue militaire était le premier grand fait d'armes de l'armée ottomane depuis de longues années. Elle avait suffi, dans cet Orient avide de mythes, pour donner à ce jeune officier la réputation d'être un grand capitaine, invincible et génial, mieux : un jeune dieu de la guerre. Son ambition était immense, comme l'était aussi, hélas, sa fatuité [1]. »

Au milieu de tout ce tumulte, le Grand Vizir Mahmoud Shevket avait été assassiné. Sa mort était passée presque

1. Norbert de Bischoff : *La Turquie dans le monde*, pp: 103-104.

130

inaperçue. Le triumvirat Talat-Djemal-Enver gouvernait le pays d'une main ferme, ce qui ne s'était pas vu depuis longtemps. L'opposition était muselée et n'osait pas relever la tête.

Le libérateur d'Andrinople assumait les fonctions de ministre de la guerre. Son arrivée au Seraskierat, en 1913, marqua un tournant décisif dans la politique turque. Comme il fallait s'y attendre, elle prit avec lui un caractère provocant et aventureux. Le monde étonné vit soudain la Turquie acheter à l'étranger des armes et des bateaux de guerre. Qui voulait-elle donc attaquer ? La Grèce, pour reprendre la Crète et les îles de la mer Egée ? La Bulgarie, pour reconquérir la Thrace occidentale ? L'Albanie, où venait de s'installer le prince de Wied ? Que signifiait surtout ce resserrement d'amitié entre Constantinople et Berlin ?

Si l'on avait posé ces questions au Sultan, il aurait été en peine d'y répondre. Et si l'on avait interrogé Enver ? Sans doute n'aurait-il pas divulgué ses arrière-pensées. Mais au fond de lui-même, il se disait que, dans l'état de fièvre où se trouvait le monde, il ne pouvait manquer d'y avoir tôt ou tard une guerre générale qui serait « sa » guerre à lui, une guerre où il se couvrirait d'une gloire impérissable [1].

Pour être prêt en temps voulu, Enver demanda aux Allemands d'accélérer la réorganisation de l'armée, qui n'allait pas assez vite à son gré et qui avait été gravement compromise par les guerres balkaniques Berlin remplaça le baron von Marschall par l'ambassadeur von Wangenheim, plus jeune et plus dynamique. De son côté, le grand état-major allemand envoya à Constantinople une importante mission militaire, commandée par le général Liman von Sanders. Celui-ci fut nommé inspecteur général de l'armée turque, tandis que von der Goltz Pacha recevait le commandement du corps d'armée de la mer Noire. Liman plaça le colonel Bronsart von Schellendorf auprès

---

1. Cf. Norbert de Bischoff : *op. cit.*, p. 104.

d'Enver, comme conseiller technique et le colonel Kress von Kressenstein auprès de Djemal, comme chef d'état-major, tandis que le général Kannengiesser s'occupait de la remise en état de l'artillerie et des forts. A la fin de 1913, la mainmise allemande sur la Turquie était totale.

En apprenant ces diverses nominations, Mustapha Kémal crut de son devoir de protester publiquement. Il rassembla ses collègues de l'état-major et les supplia de joindre leurs efforts aux siens, pour écarter les périls que la politique germanophile d'Enver faisait courir à la Turquie.

— « C'est une folie, leur dit-il, de permettre aux Allemands de contrôler l'armée, la base même de notre existence nationale et, en cas de malheur, le seul gage de notre survie ! Les Turcs ne sont-ils pas capables de réorganiser leur armée eux-mêmes ? Le recours à ces Prussiens est un affront pour chacun de nous ! »

Il submergea les membres du triumvirat de notes et de rapports. Mais le triumvirat avait défini sa politique et n'entendait pas en changer. Seul Djemal — devenu violemment anti-allemand — reçut Mustapha Kémal et écouta attentivement ses doléances. Enver, quant à lui, refusa de lui accorder audience et s'attira une lettre pleine de reproches véhéments. Décidément, ce Mustapha Kémal était odieux, avec son opposition systématique. Le gouvernement n'aurait jamais la paix, aussi longtemps qu'il resterait en Turquie.

Fethi était maintenant ministre plénipotentiaire à Sofia. Kémal et lui s'étaient toujours bien entendus. Pour se débarrasser de l'importun, le gouvernement le nomma lieutenant-colonel et l'expédia comme attaché militaire dans la capitale bulgare. Mustapha Kémal considéra cette promotion comme une disgrâce. C'en était une, en effet. Cet exil légal n'avait pas d'autre but que de l'écarter de la scène.

Pourtant, les arguments mis en avant par Mustapha Kémal pour justifier sa position anti-allemande n'étaient pas dénués de fondement. Aux yeux de l'Allemagne, la Turquie ne pouvait être qu'une « alliée pourrie ». Le gouvernement ottoman lui demandait de réorganiser son armée ? Fort bien ! Mais alors, il lui fallait contrôler aussi sa politique étrangère. Elle n'allait tout de même pas fournir à la Turquie des mitrailleuses et des instructeurs pour lui permettre ensuite de passer avec armes et bagages dans le camp de ses ennemis !

La faute historique des Jeunes Turcs, et d'Enver Pacha en particulier, fut de se ranger aux côtés des Puissances centrales d'une façon prématurée et irréfléchie. Quel avantage la Turquie pouvait-elle avoir à se mêler à une guerre mondiale, dont on voyait apparaître partout les symptômes menaçants ? Si l'Allemagne gagnait la guerre, elle resserrerait considérablement sa mainmise sur le Proche-Orient. Si l'Entente était victorieuse, la Turquie trouverait en face d'elle une Angleterre et une Russie plus puissantes et plus hostiles qu'auparavant. Ne valait-il pas mieux rester neutre, pour voir dans quel sens évolueraient les événements ? Cela permettrait à la Turquie de se ranger dans le camp du vainqueur au moment opportun. Mais une telle politique ne cadrait nullement avec les ambitions d'Enver Pacha : elle lui paraissait mesquine et indigne de lui. Elle risquait surtout de le frustrer de « sa » guerre. La Turquie aligna donc sa politique sur celle de Vienne et de Berlin.

Il n'y avait pas six mois que les missions militaires allemandes étaient arrivées à Constantinople, lorsque l'archiduc François-Ferdinand fut assassiné à Sarajevo. L'Autriche mobilisa et adressa un ultimatum à la Serbie. La Russie massa ses troupes le long de ses frontières. L'atmosphère était chargée d'électricité. Tout le monde s'attendait à voir l'ouragan éclater, d'un moment à l'autre...

Pendant ce temps, le Loup gris, qui traversait une crise de neurasthénie, se désintéressait complètement des affaires européennes. Dégoûté de tout, et exaspéré de voir son pays se précipiter tête baissée dans une catastrophe irrémédiable, il avait cessé d'envoyer au Séraskierat, ces rapports mordants — mais prophétiques — qu'Enver Pacha zébrait de crayon rouge avant de les jeter au panier. Il consacrait ses journées à apprendre la danse, et à se faire initier aux règles du « bon ton » par un professeur que lui avait recommandé, avec une pointe d'ironie, la femme de l'ambassadeur d'Angleterre.

XXIX

2 août 1914. La guerre était déclarée. Quelques semaines plus tard, les ambassadeurs de l'Entente quittaient Constantinople. Le 2 novembre, les relations diplomatiques étaient rompues entre la Sublime Porte et les Alliés. La Turquie à son tour était entraînée dans la guerre.

La Bulgarie avait proclamé sa neutralité. Mustapha Kémal, toujours à Sofia, rongeait son frein en voyant passer les semaines. Comme la plupart des gens à cette époque, il pensait que la guerre serait de courte durée. Etait-ce sa destinée de demeurer toujours sans emploi, alors que d'autres accédaient à des postes de plus en plus enviables ? Il télégraphia au Séraskierat pour obtenir un commandement. Enver lui répondit par un ordre poli, mais sec, l'invitant à rester sur place. Il câbla une deuxième fois. Ce fut le silence complet. Il écrivit à tous ses amis, les suppliant d'intervenir en sa faveur au ministère de la guerre. Ce fut peine perdue.

On était arrivé au mois de février 1915. N'y tenant plus, Mustapha Kémal décida de rejoindre la Turquie de sa propre initiative, et de s'engager dans l'armée comme simple soldat. Tout valait mieux que cette inaction terrible. Il boucla ses valises et se préparait à quitter Sofia, lorsqu'il reçut un télégramme le rappelant à Constantinople.

Lorsqu'il arriva dans la capitale, Enver n'y était plus. Il était parti pour le Caucase à la tête d'une armée comprenant l'élite de tous les régiments turcs. Il avait accueilli le premier coup de canon de la guerre avec un grand éclat de rire. L'heure qu'il attendait depuis si longtemps avait enfin sonné ! Il savait contre qui et dans quel but il entrait en campagne. « Son enjeu n'était pas la conquête de quelques îles rocailleuses, ni même de quelques centaines de kilomètres carrés en Thrace. Il s'agissait de conquérir un immense empire, qui s'étendrait de la mer Egée à la Chine. Oui, l'empire pan-turc, qui n'avait existé jusque-là que dans l'imagination de quelques rêveurs, Enver allait en faire une réalité en abattant l'ennemi mortel de la Turquie, le colosse aux pieds d'argile : la Russie ! Peut-être la Turquie y perdrait-elle ses provinces occidentales. Mais ne serait-ce pas pour elle une compensation merveilleuse, que la création d'un vaste empire pan-turc d'Orient ? [1] »

Pendant l'absence d'Enver, parti sans crier gare à la poursuite de son grand dessein, Haki Pacha, devenu Grand Quartier-Maître général, assurait l'intérim du ministère de la Guerre. Il avait besoin d'officiers sérieux et se moquait des exclusives de « Napoleonik ». Laissant à son ministre le soin du front de l'est, il tendait son regard vers l'ouest, où la situation lui causait de graves appréhensions. Par deux fois [2], de puissantes forces navales ennemies avaient tenté de forcer les Dardanelles. N'ayant pu franchir les passes, que dominaient les forts de Chanak et de Seddul-Bahr, les escadres s'étaient retirées, non sans avoir subi des pertes sévères. Mais tout laissait à prévoir que les Alliés renouvelleraient bientôt leur tentative, en l'appuyant cette fois-ci par des opérations terrestres. En prévision de cette nouvelle attaque, le général Liman von Sanders constituait en toute hâte une armée, tandis que le général Kannengieser s'empressait de remettre les forts en état.

Ce que Haki Pacha appréciait avant tout chez Mustapha Kémal, c'était le côté solide et réaliste de son caractère. Les esprits méthodiques étaient rares en Turquie. Aussi le recommanda-t-il à Liman von Sanders, qui avait installé, depuis le 26 mars, son quartier général à Gallipoli, convaincu que c'était dans ce secteur qu'aurait lieu l'offensive franco-britannique.

1. Norbert de Bischoff : *op. cit.*, p. 105.
2. Le 26 février 1915, sous le commandement de l'amiral Carden, et le 18 mars, sous le commandement de l'amiral de Robeck.

Von Sanders tenait les officiers turcs en assez piètre estime. Mais il ne mit pas longtemps à s'apercevoir que Mustapha Kémal sortait de l'ordinaire. Il connaissait son métier à fond. Il avait la tête froide, l'œil clair, et beaucoup d'esprit d'initiative. Surtout, il faisait preuve d'une énergie exceptionnelle.

Ces deux hommes étaient aussi orgueilleux l'un que l'autre et ne s'entendaient guère. Le contraire eût été étonnant. Avec qui Mustapha Kémal s'entendrait-il jamais ? Cependant Liman éprouvait une sympathie réelle pour ce Turc aux cheveux blonds et aux yeux gris, qui avait l'aspect physique et les réflexes d'un Prussien. « C'est un homme dur, hautain et combatif », devait-il dire de lui dans ses Mémoires. « Je le considère comme un officier splendide, un conducteur d'hommes, dans toute l'acception du terme. »

Mustapha Kémal, de son côté, respectait von Sanders, malgré sa xénophobie maladive et sa haine des Allemands. Il avait une réelle admiration pour son courage et ses capacités professionnelles. « Liman von Sanders, dit-il un jour, a toutes les qualités requises pour faire un excellent général. Nous sommes souvent en désaccord, mais une fois qu'il a donné ses ordres, il me laisse toute latitude de les exécuter à ma guise. » Ces mots avaient leur poids dans la bouche de Mustapha Kémal qui, durant toute sa vie, ne fit jamais l'éloge de personne.

Du Caire et d'Athènes arrivaient des nouvelles, affirmant que l'attaque anglaise était imminente. De gros contingents se massaient en Egypte, et une flotte puissante était concentrée à Alexandrie. Liman von Sanders avait 60.000 hommes à leur opposer. Mais comment répartir ses troupes ? C'était là le point délicat. Les Anglais pouvaient débarquer en masse à n'importe quel endroit de la côte, longue de 80 kilomètres. Aussi décida-t-il de diviser ses forces en trois groupes de 20.000 hommes, échelonnés le long de la péninsule. Celui des trois qui serait attaqué le premier devrait faire front pendant plusieurs jours, sans esprit de recul. On ne pourrait lui envoyer des renforts que lorsque l'on saurait sur quel point portait l'attaque principale de l'ennemi. Mustapha Kémal reçut le commandement du groupe situé devant le cap Hellès, au sud de la péninsule.

Enver, rentré sur ces entrefaites du front oriental, apprit que Mustapha Kémal avait reçu le commandement d'un des trois groupes chargés de défendre la presqu'île de Gallipoli. Il ordonna immédiatement qu'on l'en retirât, sous prétexte qu'il ne fallait pas le charger de responsabilités aussi lourdes, et demanda à Liman von Sanders de lui confier un poste moins important. Cet ordre était inspiré par une malveillance évidente. Pourtant, Liman von Sanders fut obligé de l'exécuter. Tout en présentant ses excuses à Mustapha Kémal, il lui confia le commandement de la 19ᵉ division, qui se trouvait en réserve à Maïdos, à l'arrière des zones de débarquement.

— « Je vous recommande la plus extrême prudence dans l'emploi de vos troupes, lui dit-il. Il ne faut les engager à aucun prix, avant que nous ayons localisé l'effort principal de l'ennemi. »

Mustapha Kémal fut pétrifié en apprenant la décision d'Enver. Il comprit néanmoins que Liman von Sanders ne lui avait pas retiré sa confiance : il suffisait de jeter un coup d'œil sur la carte pour comprendre que la 19ᵉ division jouerait un rôle décisif dans la bataille. Elle était composée d'un bon régiment turc et de deux régiments arabes, de qualité médiocre. Se mettant aussitôt au travail, il remania ses cadres et procéda à une redistribution de ses effectifs. Trois semaines plus tard il avait considérablement accru leur valeur combative.

XXX

Pendant ce temps, les Alliés intensifiaient leurs préparatifs. D'importantes forces franco-anglaises se concentraient à Moudros [1] et en Egypte, sous le commandement du général Sir Ian Hamilton [2]. Certains membres du cabinet de Londres étaient opposés à cette entreprise qu'ils trouvaient trop hasardeuse. Mais Winston Churchill, initiateur du projet, avait fini par triompher des résistances de ses collègues. Pour lui, il ne s'agissait pas d'une manœuvre de diversion, mais d'une des opérations les plus importantes de la guerre. « Il faut, disait-il, couper l'empire turc en deux et changer la face de l'Histoire du monde. » A force de revenir à la charge, il avait réussi à faire partager son point de vue à Lord Kitchener, qui avait dit à Sir Ian Hamilton, en lui remettant son commandement : « Si Constantinople tombe, vous n'aurez pas gagné une bataille : vous aurez gagné la guerre. »

L'enjeu de la bataille approchante était donc considérable, et Sir Ian Hamilton ne l'ignorait pas. Son plan consistait à débarquer les forces britanniques sur la côte occidentale de la presqu'île de Gallipoli, tandis que le corps expéditionnaire français effectuerait une manœuvre de diversion sur la rive asiatique.

La terre où allaient se battre ces hommes était chargée de souvenirs historiques. Et quels souvenirs ! Sur la rive d'Asie, les opérations se dérouleraient sur les bords du Scamandre, que dominait encore la grande ombre d'Ilion. C'est sur ces rivages fameux qu'Agamemnon avait tiré ses trirèmes, que les rois achéens avaient dressé leurs tentes, et qu'Achille avait pleuré la mort de Patrocle. En face, Gallipoli, c'était l'ancienne Chersonèse de Thrace, défendue par Miltiade, cinq siècles avant J.-C. Entre les deux se déployait l'Helles-

1. Port principal de l'île de Lemnos.
2. L'effectif total des forces alliées s'élevait à 80.000 hommes. Le corps de débarquement anglais comprenait les A.N.Z.A.C. (*Australia and New Zealand army corps*), quelques régiments hindous, la 29e division et la *Royal Naval Division*, composée de marins d'élite.
Les forces françaises, commandées d'abord par le général d'Amade, puis par le général Gouraud, s'élevaient à 20.000 hommes. Elles comprenaient le 175e R.I. et le 1er régiment de marche d'Afrique, une brigade coloniale à deux régiments, un régiment de chasseurs d'Afrique, trois groupes d'artillerie de 75 mm, et deux batteries de montagne.

pont chanté par Homère, et où, beaucoup plus tard, Byron
avait déclamé les derniers chants de Child Harold, avant
d'aller mourir à Missolonghi...

Mais le commandant en chef britannique, qui avait croisé
au large de la presqu'île sur un torpilleur rapide, pour
reconnaître les lieux, était revenu inquiet et désenchanté de
son voyage. Il avait vu, à travers ses lorgnettes un des
paysages les plus abrupts d'Europe, déchiqueté et coupé de
rochers encombrés d'éboulis, qui dévalaient de trois cents
mètres dans la mer. A l'intérieur, des hauteurs chauves,
coupées de failles profondes, se dressaient, droites comme
des murailles, ou en forme de cônes. Les plaines de Suvla et
d'Anafarta étaient enserrées dans des cirques de forts naturels, qui les surplombaient de leurs puissants bastions. Y
faire prendre pied à ses hommes ne serait pas une tâche
facile...

« Jamais responsabilité plus lourde et entreprise plus ris-
quée n'avaient pesé sur les épaules d'un chef », écrit
Edmond Delage, et Hamilton le sentait bien. Au moment de
jeter ses troupes sur les positions turques, il leur lança cette
éloquente proclamation :

> « *Soldats de France, soldats du Roi, nous avons à
> accomplir une entreprise sans précédent dans la guerre
> moderne. De concert avec nos camarades de la flotte,
> nous allons opérer un débarquement de vive force sur
> une plage ouverte, en face de positions que l'orgueil de
> nos ennemis présente comme inexpugnables.*
>
> « *Souvenez-vous qu'une fois que vous aurez mis le
> pied sur la presqu'île de Gallipoli, vous devez combattre
> jusqu'au triomphe définitif...* »

Mais en son for intérieur, le commandant en chef se sentait étreint par une affreuse angoisse. Lorsqu'il vit les premières vagues de combattants s'élancer vers les plages, il
s'écria :

— « Dieu tout-puissant, gardien de la voie lactée, berger
des étoiles d'or, ayez pitié de nous... [1] »

1. Edmond Delage : *op. cit.*, pp. 125-126.

Car Sir Ian Hamilton n'était pas qu'un soldat. C'était aussi un fin lettré, qui connaissait ses classiques.

XXXI

L'offensive franco-anglaise se déclencha à l'aube du 25 avril 1915. Une brume légère voilait l'horizon. Soudain, on en vit émerger une première vague d'acier constituée de cuirassés, de torpilleurs et de transports de troupes. Ceux-ci déversèrent rapidement leurs hommes sur les plages. Une partie des forces britanniques fut débarquée à Bulaïr, au nord de la péninsule [1]. Une autre prit pied au sud, à la pointe du cap Hellès. Mais ce n'étaient que des opérations secondaires.

L'attaque principale eut lieu au centre. Elle était exécutée par 12.000 Australiens, une brigade de Néo-Zélandais et plusieurs batteries d'artillerie. Le plan anglais consistait à débarquer sur la plage basse de Gaba-Tépé ; à foncer sur Maïdos ; puis, par un mouvement tournant, à s'emparer de la crête de collines connue sous le nom de Chonuk-Baïr, qui était une des positions-clé de toute la presqu'île.

Un fort courant déporta les bateaux. Par erreur, les Australiens débarquèrent trop au nord, à Ari-Burnu et, se trouvant au pied des collines, se mirent à les escalader pour atteindre la crête de Chonuk Baïr.

Mustapha Kémal ignorait tout des intentions anglaises. Mais dès qu'il sut que les Australiens avaient débarqué à Ari-Burnu et montaient à l'assaut des collines, le commandant de la 19ᵉ division prit ses dispositions. En l'espace d'une seconde, il comprit qu'il se trouvait en présence de l'attaque principale et qu'il lui fallait sauver à tout prix la crête de Chonuk-Baïr. Un croquis des lieux dans une main,

---

1. Là même où Mustapha Kémal avait tenu tête aux Bulgares en 1912.

140

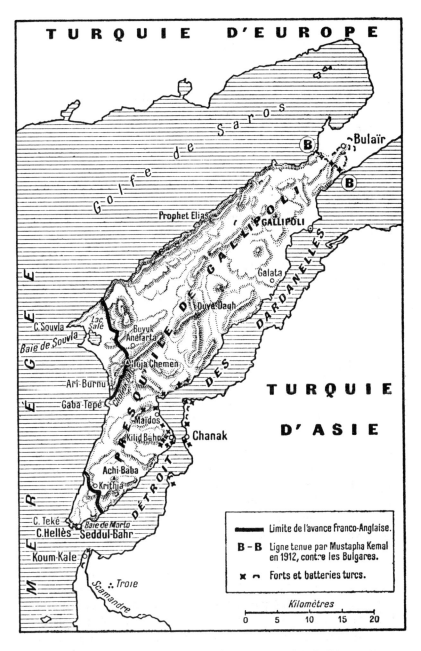

TURQUIE D'EUROPE

Golfe de Saros

B

B Bulaïr

Prophet Elias

GALLIPOLI

PRESQU'ILE DE GALLIPOLI

Galata

Düva-Dagh

C. Souvla

Lac Salé

Buyuk Anafarta

DES DARDANELLES

MER ÉGÉE

Baie de Souvla

Anja Chemen

Ari-Burnu

Gaba-Tepé

TURQUIE

D'ASIE

Maïdos

Kilid-Bahr

Chanak

Achi-Baba

Krithia

DÉTROIT

C. Teké

Baie de Morto

C. Hellès   Seddul-Bahr

Koum-Kale

∴ Troie

Scamandre

━━━	Limite de l'avance Franco-Anglaise.
B - B	Ligne tenue par Mustapha Kemal en 1912, contre les Bulgares.
✕ ⌐	Forts et batteries turcs.

Kilomètres

0   5   10   15   20

CARTE III. — LA CAMPAGNE DES DARDANELLES (1915).

et une boussole dans l'autre, il se rua en avant, à la tête de deux cents hommes. Le terrain était escarpé et couvert d'éboulis. Il montait si rapidement que ses hommes avaient peine à le suivre. Lorsqu'il arriva au sommet, il n'y avait plus qu'une poignée de soldats autour de lui. Sur l'autre versant, à quelques centaines de mètres plus bas, il vit la tête d'une colonne australienne qui montait dans sa direction. Appelant un officier, il lui cria d'un ton bref :

— « Rassemblez tous vos hommes, lancez-vous en avant, et attaquez l'ennemi ! »

Au fur et à mesure que les bataillons du 57° régiment d'infanterie turc parvenaient, haletants, au sommet de la crête, il les engagea sans hésiter. Une batterie de canons arriva. Empoignant leurs roues, il aida les servants à mettre leurs pièces en position. Sans demander de nouvelles instructions, il fit monter son second régiment et le lança à son tour dans la mêlée.

— « Plus vite ! Encore plus vite ! » hurlait-il d'une voix rauque.

Considérant que ce n'était pas encore suffisant, il appela son troisième et dernier régiment, et l'engagea lui aussi.

Où étaient les recommandations de Liman von Sanders lui enjoignant d'employer ses forces avec la plus extrême parcimonie ? Elles avaient été balayées par le vent de l'action. De sa propre initiative, Mustapha Kémal avait jeté dans la bataille la totalité de ses effectifs. Il ne lui restait plus un seul homme en réserve. Il était convaincu de se trouver en face de l'attaque principale. Si celle-ci se déclenchait ailleurs, son erreur se solderait par un désastre. Mais il avait vu juste. Il s'était fié à son instinct, et son instinct ne l'avait pas trompé.

Toute la journée, la bataille fit rage sur la pente des collines. Les Australiens étaient aux deux tiers de la montée, mais ne parvenaient pas à progresser davantage. La riposte fulgurante de Mustapha Kémal les avait cloués sur place. Vers le soir, les Turcs commencèrent à donner des signes de fatigue. Le 57° régiment était décimé. Les deux régiments arabes, où régnait un certain désordre, étaient sur le point de flancher. Mais les Australiens, eux aussi, étaient à bout de souffle. Cinq cents hommes de renfort, arrivant de part ou d'autre, auraient décidé ce soir-là du sort de la bataille.

A la nuit tombante, la crête était toujours entre les mains des Turcs et, quelques dizaines de mètres au-dessous d'eux, les Australiens se cramponnaient désespérément au terrain. Etablissant son P.C. derrière un piton rocheux, Mustapha Kémal passa toute la nuit et la journée du lendemain à lancer attaque sur attaque pour déloger les Australiens avant qu'ils aient eu le temps de consolider leurs positions. Sitôt qu'une vague refluait, il préparait la suivante. Mais malgré ses efforts, il ne parvint pas à les refouler vers la côte.

La crête de Chonuk-Baïr était la clé des Dardanelles ; les Dardanelles étaient la clé de Constantinople. Churchill avait raison : si les Dardanelles étaient prises, si Constantinople tombait, la Turquie serait coupée de l'Allemagne et obligée de conclure la paix. La Grèce, la Roumanie, la Bulgarie se rangeraient alors aux côtés des Alliés. Cette décision aurait un retentissement mondial. La route de la Russie serait de nouveau ouverte ; les Alliés pourraient lui faire parvenir du ravitaillement et des armes.

« Entre les Australiens qui attaquaient et ces perspectives immenses, il n'y avait qu'un seul obstacle : c'était Mustapha Kémal. Le visage gris et tendu, le regard empreint d'une résolution farouche, il maintenait les Turcs épuisés sur l'étroite crête de Chonuk-Baïr, et tenait en échec les forces de l'Entente par le seul rayonnement de sa personnalité [1]. »

XXXII

Turcs et Australiens commencèrent à creuser des tranchées et à s'enterrer sur la pente des collines. La ligne du

1. H. C. Armstrong : *Grey Wolf*, p. 55.

front se modifia peu au cours des semaines qui suivirent. « Telles deux lutteurs enserrés dans la même étreinte, les deux armées restaient collées l'une à l'autre, sans pouvoir bouger [1] »

L'été arriva. L'eau devint rare. Le terrain était calciné par le soleil. Drieu la Rochelle, qui participa à ces combats, comme agent de liaison français auprès des Australiens, avait gardé un souvenir atroce de ces plages étroites où les unités fourbues s'entassaient les unes sur les autres dans une chaleur de fournaise, pêle-mêle avec des monceaux de cadavres en putréfaction. Chez les Anglais comme chez les Turcs, la résistance humaine semblait toucher à ses limites.

Au milieu de cet enfer, Mustapha Kémal, toujours en première ligne, n'avait l'air de souffrir ni des privations, ni de la chaleur. Partageant les épreuves de ses hommes, soutenant leur moral et organisant sans cesse des coups de main locaux, il s'exposait souvent aux projectiles ennemis avec une témérité calculée, faite pour impressionner ses troupes. Pour sa part il était intimement convaincu qu'aucune balle ne pouvait l'atteindre, et cette certitude le rendait inaccessible à la peur.

Vers le début de juin, il découvrit un point faible dans les lignes ennemies et décida d'y effectuer une percée. Si l'opération réussissait, il pourrait tourner les tranchées adverses et obliger les Australiens à évacuer la colline. L'attaque était préparée pour le 28 juin. Elle devait être exécutée par un régiment turc d'élite, nouvellement arrivé à Gallipoli, le 18e d'infanterie, soutenu par tout l'ensemble de la division.

Le 26, Enver, qui venait d'être nommé vice-commandant en chef, vint faire une tournée d'inspection à Gallipoli. Lorsqu'on l'informa de l'attaque projetée pour le surlendemain, il la décommanda aussitôt.

— « Avant de prendre une pareille décision, déclara-t-il d'un ton sec, le colonel Kémal aurait dû obtenir l'appro-

1. H. C. Armstrong : *Grey Wolf*, p. 55.

144

bation du Haut-Commandement. Il a une propension fâcheuse à gaspiller les vies humaines en opérations inutiles. Il prétend avoir capturé quelques Australiens et deux mitrailleuses ? Pour ma part, je le croirai quand je les aurai vus. »

Mustapha Kémal explosa de colère. Enver, encore et toujours Enver ! Etait-il ménager, lui, du sang de ses hommes ? Sans doute avait-il oublié l'attaque de Bulaïr, où plus de 6.000 fantassins turcs avaient été tués par sa faute ! Cette fois-ci, c'en était trop. Il ne tolérerait plus ses interventions.

Le Loup gris envoya sur-le-champ sa démission à Liman von Sanders. Celui-ci lui demanda instamment de la reprendre. Il ne voulait pas se priver, en pleine bataille, des services d'un officier aussi capable. D'ailleurs, il comprenait parfaitement sa réaction. Il aurait eu la même à sa place. Pour finir, ce fut Enver qui retira son veto.

L'attaque fut lancée à l'endroit convenu. Elle se solda par un échec. Le 18e régiment d'infanterie fut décimé en pure perte. L'opération avait été mal préparée. Mustapha Kémal en accusa Enver, dont le veto avait provoqué un flottement regrettable dans le commandement subalterne. Enver passa en revue la 19e division, félicita les hommes de leur bravoure, mais laissa entendre que la responsabilité de l'échec incombait exclusivement à Mustapha Kémal.

Une seconde fois, le Loup gris envoya sa démission. De nouveau, Liman von Sanders essaya de le calmer, mais sans réussir à le faire revenir sur sa décision. En désespoir de cause, il chargea Kiazim, son chef d'état-major, qui était en bons termes avec lui, de lui faire entendre raison. Kiazim appela Mustapha Kemal au téléphone.

— « Comment allez-vous ? lui demanda-t-il d'un ton cordial. Que pensez-vous de la situation ? De quoi avez vous besoin ?

— « Je vous ai déjà dit vingt fois ce que je pense de la situation, répondit Mustapha Kémal d'un ton rogue. Maintenant, il ne vous reste plus qu'une seule chose à faire.

— « Laquelle ? demanda Kiazim, intrigué.

145

— « Placez toutes les troupes dont vous disposez sous mon commandement.

— « C'est tout ? répliqua Kiazim d'un ton ironique. Ne craignez-vous pas que ce soit une responsabilité trop lourde pour vous ?

— « Trop légère ! » répondit sèchement Mustapha Kémal, en raccrochant.

Il finit cependant par retirer sa démission, car, dès le début de juillet, on vit que les Anglais préparaient une nouvelle offensive. Celle-ci se déclencha dans la nuit du 6 août. Elle avait pour objectif le sommet du Hoja Chemen, une montagne qui se trouvait au nord de Chonuk-Baïr. Cet assaut devait être combiné avec un débarquement dans la baie de Suvla, située à l'extrême droite des positions turques.

Chaque nuit, durant la semaine qui précéda l'attaque, une escadre anglaise avait débarqué des troupes fraîches, qui s'étaient dissimulées dans des tranchées couvertes. L'état-major britannique comptait sur un effet de surprise.

La nuit du 6 août fut sans lune. Se frayant un chemin à travers les éboulis, une colonne de 16.000 Australiens se mit en route pour atteindre avant l'aube le sommet du Hoja Chemen. Dès que Liman von Sanders apprit cette nouvelle, il envoya le général Kannengiesser en reconnaissance. Celui-ci atteignit le sommet de la montagne à 4 h. 30 du matin. Dans la clarté indécise du petit jour, il aperçut la colonne ennemie, qui gravissait péniblement l'autre versant de la colline. Il n'avait que vingt hommes avec lui. Il leur ordonna d'ouvrir le feu, et de tirer jusqu'à épuisement de leurs munitions. Les Australiens surpris, crurent se trouver devant une défense organisée. Ils firent halte, déposèrent leurs bagages et se reposèrent ainsi pendant toute la journée du 6. Le général Kannengiesser en profita pour demander des renforts à Mustapha Kémal. Ce dernier lui envoya toutes ses unités disponibles.

Entre temps, un second corps australien, fort de 25.000 hommes, avait débarqué à Suvla. En face de lui se

146

trouvaient, en tout et pour tout, les 800 hommes d'un bataillon de gendarmerie turque. Au lieu d'aller de l'avant et de tout balayer devant elles, les troupes australiennes perdirent la journée du 6 à se regrouper sur la plage. Puis elles se reposèrent durant toute la journée du 7.

A l'aube du 8 août, les Australiens passèrent enfin à l'attaque, à la fois sur les pentes du Hoja Chemen et sur celles de Chonuk-Baïr. Le combat fut très dur. Pour la première fois depuis le début des opérations, les Néo-Zélandais réussirent à prendre pied sur la crête de la colline. Mustapha Kémal ordonna une contre-attaque, qui fut repoussée. La situation commençait à devenir critique. Son état-major, démoralisé, déclarait déjà que la position était perdue et qu'il fallait songer à battre en retraite.

Tard dans la soirée, Liman von Sanders fit appeler Mustapha Kémal. Le commandant de la 19ᵉ division trouva le général allemand en train d'arpenter fiévreusement la route située derrière le village d'Anafarta, près du centre du front. Il était en proie à une vive colère. Le général Kannengiesser venait d'être grièvement blessé. Les renforts, réclamés d'urgence la veille à Bulaïr, n'arrivaient toujours pas. Certains indices donnaient à penser que les Anglais n'allaient pas tarder à attaquer devant Suvla. Peut-être n'était-ce qu'une question d'heures. Or, il n'y avait toujours en face d'eux que les 800 gendarmes. La situation était critique. S'ils avaient un peu d'audace, rien n'empêcherait les Australiens de pousser droit devant eux jusqu'à Constantinople...

— « J'ai décidé de fondre toutes les troupes de ce front en un seul corps d'armée, dit Liman. Je vous demande d'en prendre le commandement. »

Mustapha Kémal accepta sans hésiter. Les responsabilités les plus lourdes ne lui faisaient jamais peur. On eût dit plutôt qu'elles stimulaient son énergie. D'ailleurs le commandement que lui offrait Liman, était celui-là même qu'il avait demandé à Kiazim, six semaines auparavant. Il ne pouvait le refuser sans se déjuger. Pourtant, il assumait là une tâche écrasante, périlleuse, quasi désespérée...

Il ne savait pas lui-même comment il s'en tirerait, lorsqu'on vit arriver les renforts tant attendus. Ceux-ci avaient couvert d'une traite les 60 kilomètres qui séparaient Bulaïr d'Anafarta ; il leur avait été matériellement impossible d'accourir plus vite. Vraiment, Mustapha Kémal était servi par la chance ! Après leur avoir accordé deux heures de repos, il leur fit prendre immédiatement leurs positions de combat. Son plan consistait à attaquer dès l'aube, afin de devancer l'offensive ennemie.

XXXIII

Tandis que Mustapha Kémal mettait la dernière main à ses préparatifs, les Anglais en faisaient autant sur l'autre versant de la montagne. Sir Jan Hamilton, surpris par la lenteur des opérations, était arrivé la veille sur le front, pour se rendre compte lui-même de la situation A peine descendu de son torpilleur, il avait été frappé par le désordre qui régnait à terre : l'armée entière mourait de soif. Quatre grandes citernes d'eau potable avaient été installées sur les principaux points de la baie. Les hommes s'y étaient précipités de tous les côtés à la fois. Mais comme il n'y avait qu'un seul tuyau de distribution, les soldats affolés par la soif, l'avaient crevé pour boire plus vite. L'eau douce s'était répandue sur le sable et maintenant, les Australiens découragés s'étaient égaillés le long de la côte, afin de remplir leurs gourdes avec de l'eau de mer.

— « Où sont vos troupes ? demanda Hamilton au général Stopford, qui commandait à Suvla.

— « Au pied des collines, répondit Stopford, gêné.

— « Mais elles y étaient déjà hier ? s'étonna le commandant en chef.

— « Les hommes sont fourbus, répondit Stopford. Ils n'ont pas pu avoir d'eau, ni débarquer les canons...

— « Mais c'est tout de suite qu'il faut occuper les sommets ! s'écria Hamilton. Il n'y a pas une minute à perdre ! C'est maintenant ou jamais ! »

Sir Jan donna aussitôt l'ordre aux unités de se regrouper et de prendre leurs dispositions pour monter à l'assaut, le lendemain 9 août.

A l'aube, les deux attaques se déclenchèrent simultanément. Le choc fut d'une violence terrible. Turcs et Australiens luttèrent corps à corps jusqu'à épuisement. Les obus de marine anglais incendièrent les broussailles desséchées qui couvraient la colline. Le feu, attisé par le vent, se propagea avec rapidité. Les flammes et la fumée enveloppèrent les combattants, qui continuèrent à s'étreindre dans une atmosphère infernale. Les blessés anglais et turcs se traînaient en hurlant à ras du sol et mouraient suffoqués ou brûlés, sans que personne pût leur porter secours. Mais les Turcs finirent par rester maîtres du terrain. Les Anglais furent cloués sur leurs lignes de départ. Les positions devant Suvla étaient sauvées.

Plus au sud, la bataille pour la crête de Chonuk-Baïr continuait à faire rage. Les Néo-Zélandais avaient élargi le créneau conquis la veille. Ils occupaient le Lone Pène, un éperon rocheux qui dominait les lignes turques et les prenait en enfilade. Toutes les tentatives faites pour les en déloger étaient restées vaines.

A 20 heures, Mustapha Kémal quitta le front de Suvla, qui s'était stabilisé, et accourut à Chonuk-Baïr. Bravant le danger, il alla reconnaître lui-même le terrain entre les lignes ennemies et constata que la bataille risquait d'être perdue, si l'on n'arrivait pas à expulser les Néo-Zélandais de leur position dominante.

Toute la nuit s'écoula en préparatifs fiévreux. Le corps expéditionnaire français avait été retiré de la rive d'Asie, et ramené à la pointe du cap Hellès [1]. Ce mouvement de

1. Dès le 27 avril son commandant, le général d'Amade, avait été remplacé par le général Gouraud. Très grièvement blessé le 30 juin, celui-ci avait été remplacé à son tour par le général Bailloud.

retrait avait permis de dégager un certain nombre de troupes turques, entre autres la 8ᵉ division, que Liman von Sanders envoya en renfort à Mustapha Kémal. La 19ᵉ avait été recomplétée par trois nouveaux bataillons. Les combattants furent massés dans les tranchées, au coude à coude. Ce contact étroit redonnait courage aux hommes. Pourtant, ils étaient nerveux. Ils se demandaient avec angoisse comment se passerait la journée du lendemain. Mustapha Kémal les rassura par son calme.

— « Ne nous énervons pas, mes enfants, leur dit-il. Prenons tout notre temps. Nous choisirons pour attaquer la minute qui nous conviendra. Je sortirai le premier de la tranchée. Quand vous me verrez lever le bras droit, alors veillez à ce que vos baïonnettes soient solidement fixées aux canons de vos fusils, et suivez-moi ! »

En face, dans les positions anglaises, deux bataillons qui n'avaient pas encore reçu le baptême du feu, le 6ᵉ North Lancashire et le 5ᵉ Wiltshire procédaient à la relève des Néo-Zélandais.

Un peu avant l'aube, les canons turcs ouvrirent un feu roulant sur les lignes ennemies. A 3 h. 30 du matin, Mustapha Kémal enjamba le parapet de sa tranchée. Les Anglais l'accueillirent par des rafales de mitrailleuses. Un balle fracassa son bracelet-montre, sans cependant le toucher. S'il avait été blessé à cet instant précis, l'attaque n'aurait pas eu lieu, car les hommes auraient refusé de sortir de leurs abris.

Brusquement, l'artillerie turque cessa de tirer. Mustapha Kémal fit quelques pas en avant. Un silence de mort plana sur les lignes. Pendant une minute entière, le commandant de la 19ᵉ division se tint debout, immobile entre les deux armées. Puis il leva lentement le bras droit et marcha vers les positions ennemies.

Avec un hurlement sauvage, l'infanterie turque se précipita à sa suite. Elle balaya les deux bataillons britanniques. Le North Lancashire se débanda et perdit pied. Le Wiltshire fut massacré à coups de baïonnette. En une ruée irrésistible, les Turcs dévalèrent la pente de la colline, culbutant les arrière-gardes néo-zélandaises et les refoulant vers la mer. Pour stopper leur avance, l'escadre britannique les prit sous le feu de ses gros canons de marine. Comme les obus de 305 ouvraient des brèches sanglantes dans leurs rangs, ils durent se mettre à l'abri dans les tranchées que les Anglais venaient d'évacuer. Mais toute la crête de Chonuk-Baïr était reconquise.

Les Néo-Zélandais avaient laissé 2.000 morts sur le seul piton du Lone Pène. Après plusieurs heures de lutte à l'arme blanche, à l'intérieur des boyaux et des réduits fortifiés, les Turcs en retirèrent encore un millier de cadavres. Sur tout le reste du front, les Anglais avaient perdu 375 officiers et 10.000 hommes.

Effondré, Sir Jan Hamilton demanda à Kitchener de lui envoyer d'urgence 50.000 hommes de renforts et d'autres généraux. Ne recevant pas de réponse, il renouvela sa demande le 18 août, dans une forme presque ultimative. « Si le gouvernement de Sa Majesté ne veut pas que je sois rejeté à la mer, disait-il, il me faut tout de suite 95.000 hommes ; 45.000 pour reconstituer les anciennes unités, et 50.000 de troupes fraîches. » Kitchener lui répondit : « Une grande offensive se prépare en France ; aucun renfort important ne peut être distrait du théâtre d'opérations principal. »

Bien que se sachant limité aux seules forces dont il disposait, Hamilton renouvela par deux fois ses attaques avec une obstination tragique. Le 21 et le 22 août, la 29ᵉ division britannique reçut l'ordre de reconquérir coûte que coûte la crête de Chonuk-Baïr. C'était la vouer à la destruction. Les Turcs la repoussèrent par deux fois, après un carnage inutile. Dans le secteur sud, à la pointe du cap Hellès, les Français piétinaient toujours, à proximité de leurs plages de débarquement. Malgré leurs efforts acharnés, eux non plus n'avaient pas réussi à enfoncer les lignes turques, ni à franchir les quelques kilomètres qui les séparaient du village de Krithia, qui était leur objectif le plus proche.

Durant les trois mois qui suivirent, Mustapha Kémal,

promu au rang de Pacha, c'est-à-dire de général, commanda l'ensemble du front d'Anafarta. En septembre et en octobre, les Anglais renouvelèrent encore leurs tentatives. Les combats furent très durs, et le nombre de victimes très élevé, de part et d'autre. Chaque fois Mustapha Kémal dut jeter ses dernières réserves dans la mêlée, y compris la formation de gendarmes et un escadron de cavalerie démontée. Chaque fois, ce furent l'ultime poignée d'hommes et l'énergie du général qui donnèrent la victoire aux Turcs et sauvèrent Constantinople.

Les Anglais, toujours cloués sur leurs positions de départ, finirent par se lasser. Au début de décembre, ils commencèrent à évacuer la presqu'île. Du 31 décembre au 8 janvier 1916, 30.000 hommes, 85 canons et des quantités énormes de matériel, de munitions et de vivres furent enlevés subrepticement. Le 9 au matin, par temps voilé, le cuirassé *Prince George* emporta les derniers 2.000 hommes et le Quartier général de la 29ᵉ division. L'opération, admirablement exécutée, se fit à l'insu des Turcs. Lorsqu'ils s'en aperçurent, il était trop tard. Masquée par un voile de brume l'arrière-garde de Sir Jan Hamilton prit le large et disparut à l'horizon.

Après le départ des Anglais, le silence retomba sur la presqu'île de Gallipoli. Les troupes turques furent réduites au strict minimum : quelques pelotons de gendarmes, chargés de monter la garde et d'assurer les patrouilles dans la péninsule. La campagne des Dardanelles était terminée.

XXXIV

N'ayant plus rien à faire à Anafarta, Mustapha Kémal retourna à Constantinople. Mais il n'y revenait pas dans les mêmes dispositions qu'auparavant. Il était, à présent, un homme avec lequel il fallait compter. Ses combats récents l'avaient rendu célèbre. Il avait été promu Pacha ; les journaux l'avaient appelé « le Sauveur des Dardanelles et de la capitale ». Un rapport, devenu fameux depuis lors, déclarait qu'il avait écarté le péril « deux minutes avant la victoire anglaise ». Il rentrait, décidé à se faire écouter des membres du gouvernement.

De tout temps, il avait répété que c'était aux Turcs de gouverner la Turquie ; que les Allemands devaient être traités comme de simples auxiliaires ; qu'Enver, avec ses plans grandioses et son incompétence notoire, finirait par conduire le pays à la ruine.

Le public commençait à être de son avis. Les Allemands avaient réussi à se rendre partout antipathiques. La Turquie n'était plus qu'un rouage dans l'énorme machine de guerre germanique. Quel que fût le gagnant, une chose était certaine : c'était la Turquie qui supporterait les frais de l'opération.

Avec l'aide des Allemands, Enver s'était érigé en dictateur absolu. Lui aussi commençait à devenir impopulaire. Son offensive du Caucase avait échoué lamentablement. Il était en conflit ouvert avec les autres membres du Comité et vivait dans la crainte perpétuelle d'un attentat. Il ne sortait plus de chez lui qu'entouré de forces de police imposantes, et déplorait que Mahmoud II eût supprimé les Janissaires, car il aurait eu grand besoin d'une garde prétorienne à sa dévotion.

Dès son retour à Constantinople, Mustapha Kémal se mit à faire le siège des ministères. Djemal étant en Syrie, il demanda audience à Talat, devenu Grand Vizir.

—« Il faut que je devienne ministre de la Guerre, lui dit-il à brûle-pourpoint. Nommez-moi à ce poste, et conférez-moi les pleins pouvoirs ! »

Les pleins pouvoirs ? Talat éclata de rire devant cette proposition saugrenue. Vraiment ce Mustapha Kémal était d'un comique irrésistible ! Tant qu'il y était, pourquoi ne demandait-il pas à devenir Sultan ?

Le vainqueur d'Anafarta essaya alors de circonvenir

Halil, le sous-secrétaire d'Etat aux Affaires étrangères. Halil qu'il avait connu autrefois à Sofia, lui ménagea une entrevue avec Nessim, le ministre.

— « Les rapports optimistes de notre Haut-Commandement sont totalement erronés, lui dit Kémal Pacha. Nos affaires vont très mal. La Turquie court au désastre. Elle doit rompre son alliance avec l'Allemagne et conclure au plus vite une paix séparée. Enver Pacha est une nullité prétentieuse, un pourfendeur de nuées. N'endossez pas la responsabilité de la catastrophe qui va s'abattre sur notre pays !

— « Si telle est votre opinion, vous vous trompez d'adresse, lui répondit froidement Nessim. Vous êtes officier, n'est-ce pas ? C'est donc au ministre de la Guerre qu'il faut adresser vos rapports.

— « Autant s'adresser aux Allemands ! rétorqua Mustapha Kémal, exaspéré. Ils tiennent tous les leviers de commande du Séraskierat ! Ce sont eux qui contrôlent tout ! » Et il quitta le bureau du ministre en claquant la porte.

Mustapha Kémal était de nouveau sans emploi. Personne ne voulait le recevoir. En quelques jours, son caractère intraitable et sa maladresse avaient irrité tous les ministres, et avaient effacé l'impression favorable créée par sa conduite héroïque à Gallipoli. Personne ne voulait écouter ses conseils ni recourir à ses bons offices. « Sont-ils donc tous aveugles ? se disait-il. Ne voient-ils pas l'abîme où ils se précipitent comme des insensés ? Ne feront-ils vraiment appel à moi que lorsqu'il sera trop tard ? »

Bouillonnant d'indignation, il se remit à boire. N'ayant rien d'autre à faire, il passa ses nuits dans des cafés et des tripots. Il y fit la connaissance d'un groupe de conspirateurs, qui se proposaient de renverser le gouvernement. A sa tête se trouvait un certain Jacob. Celui-ci bavarda imprudemment devant un indicateur de police, annonçant « qu'Enver serait bientôt remplacé par Kémal, et qu'on verrait alors des choses extraordinaires ».

Enver attendit d'avoir accumulé assez de pièces dans son dossier. Puis il arrêta Jacob et ses amis et les fit pendre. C'était un avertissement indirect au vainqueur des Dardanelles. Il aurait bien voulu le faire pendre lui aussi, mais il n'avait pas la preuve formelle de sa participation au complot.

Le ministre de la Guerre trouva néanmoins plus prudent de mettre le plus de distance possible entre Mustapha Kémal et lui. Il lui donna le commandement du 16ᵉ corps d'armée au Caucase, puis celui de la 2ᵉ armée, dont le quartier général était à Diarbekir. Il n'était guère possible de l'éloigner davantage de la capitale.

XXXV

Dans l'esprit d'Enver, le front du Caucase était le théâtre d'opérations principal de la guerre. Pour lui, les champs de bataille de Thrace et de Macédoine, le désert d'Arabie, les montagnes de Syrie et de Palestine, même les crêtes ravinées de Gallipoli, n'avaient qu'une importance secondaire. Ils étaient simplement destinés à protéger ses arrières, tandis qu'il accomplissait la grande entreprise qui immortaliserait son nom.

Aussi y avait-il emmené avec lui tous les régiments d'élite de l'armée ottomane, convaincu qu'il les conduisait vers un destin éblouissant. Son plan consistait à déborder les Russes par un vaste mouvement tournant, à couper leur ligne de retraite et à les rejeter au delà du Caucase, par une série de batailles qui évoqueraient les campagnes de Cyrus et d'Alexandre le Grand.

Malheureusement, il avait oublié dans ses calculs, deux facteurs primordiaux : les distances et les saisons. Ayant eu la légèreté incompréhensible de déclencher son offensive à la fin de novembre, les colonnes turques avaient été sur-

155

prises par l'hiver dans les hauts cols des montagnes. Le mois de janvier 1915 avait été particulièrement rigoureux. Cernés par le brouillard et les tempêtes de neige, les régiments ottomans avaient été décimés par les intempéries. Parti à la tête de 100.000 soldats bien équipés, Enver était revenu, trois mois plus tard, avec 12.000 hommes en guenilles. Dans un seul district, les patrouilles russes trouvèrent, répartis par petits paquets et pelotonnés les uns contre les autres pour tenter d'échapper au froid, les cadavres de 30.000 fantassins saisis par les glaces. Ainsi avaient péri les merveilleux régiments anatoliens, la fleur de l'armée turque ! Perte effroyable, que la Turquie ne devait jamais compenser et qui allait peser lourdement sur toute la suite de la guerre.

Les Russes avaient profité de cette débâcle pour prendre l'offensive. Ils avaient progressé lentement, mais méthodiquement, construisant des routes et des chemins de fer, au fur et à mesure de leur avance. Ils avaient pris successivement Van, Bitlis, Mush et la puissante forteresse d'Erzeroum. A présent, ils s'apprêtaient à lancer une offensive de grand style qui les mènerait jusqu'au cœur de la Turquie. Ils voulaient être les premiers à entrer à Constantinople, pour mettre les Alliés devant le fait accompli. Le grand-duc Nicolas, commandant en chef des armées tsaristes, était venu lui-même à Erzeroum pour activer les préparatifs.

Lorsque Mustapha Kémal arriva à Diarbekir, il trouva les troupes turques dans un état de misère morale et physiologique indescriptible. Depuis l'offensive d'Enver le front du Caucase avait été laissé à l'abandon. On en avait retiré peu à peu tous les canons et toutes les unités disponibles pour les envoyer en Syrie et aux Dardanelles. Les soldats manquaient de tout. Ils n'avaient pas de fusils, pas de munitions et leurs uniformes étaient en loques. Tous les dépôts de vivres étaient livrés au pillage. Les services sanitaires étaient inexistants. Les hommes mouraient par milliers de la dysenterie, du typhus, et de la faim. Mustapha Kémal maudit Enver de l'avoir envoyé là. C'était Enver qui était

156

responsable de ce désastre, mais c'était lui qui devait réparer les conséquences de son effroyable incurie...

Il n'y avait d'ailleurs pas une minute à perdre, si l'on voulait empêcher les Russes de pénétrer en Turquie centrale. Mustapha Kémal adressa plusieurs télégrammes au ministère de la Guerre pour lui dépeindre la situation, et lui demander de lui envoyer des vivres, des médicaments, des renforts et des armes. Ne recevant aucune réponse, il se mit à l'ouvrage avec l'énergie du désespoir, décidé à utiliser au mieux les moyens qu'il trouverait sur place.

Il fut activement secondé dans sa tâche par deux hommes, dont il fit la connaissance à Diarbekir, et qui devaient jouer un rôle important au cours des années ultérieures : son adjoint, le général Kiazim Kara Békir, et son chef d'état-major, le colonel Ismet.

Ismet était un petit homme silencieux et un peu sourd, sec comme une trique, avec une tête ronde, des yeux mobiles et un grand nez busqué. C'était un esprit précis et méthodique, un « bûcheur » d'une intelligence remarquable, qui abattait à lui seul la besogne de trois officiers. Kiazim Kara Békir, « l'ours du Caucase », offrait avec lui le contraste le plus frappant. C'était un géant jovial et expansif, à l'esprit un peu lourd et aux réflexes lents, mais solide comme un roc et adoré de ses hommes. Tous deux étaient foncièrement intègres. Leurs sentiments dominants étaient une grande colère à l'égard d'Enver, et une pitié émue devant les souffrances de leurs soldats.

Avec eux, Kémal Pacha s'employa à regrouper les unités disloquées, à reformer les cadres et surtout à réprimer les vols commis quotidiennement par les services de l'Intendance. Ils commencèrent par améliorer l'état matériel et sanitaire de la troupe. Puis ils s'efforcèrent de rétablir la discipline, qui n'existait plus. Au prix d'un labeur écrasant, ils arrivèrent à reconstituer un certain nombre de régiments. Tout l'hiver de 1916 fut consacré à cette tâche. Cependant, quand vint le printemps de 1917, Mustapha Kémal dut reconnaître que, malgré ses efforts et ceux de son état-major, il ne serait pas en mesure de tenir tête aux Russes, lorsque ceux-ci passeraient à l'attaque. La disparité des forces était vraiment trop grande.

Mais, comme à Anafarta, il fut servi par la chance. En Russie, les ferments de la révolution commençaient à faire leur œuvre. La discipline des armées tsaristes se relâchait. Les officiers avaient de plus en plus de peine à tenir leurs hommes en main. Travaillés par la propagande des Socialistes-révolutionnaires, les soldats désertaient, par groupes toujours plus nombreux. Ceux qui ne désertaient pas réclamaient la démobilisation immédiate et le partage des terres. Bien avant que la révolution proprement dite eût éclaté, le ressort militaire de la Russie était brisé.

Le grand-duc Nicolas fut rappelé d'urgence à Pétrograd pour y rétablir l'ordre, compromis par la révolte de la garnison. L'offensive projetée fut remise à des jours meilleurs...

Durant tout le printemps et l'été de 1917, la situation des armées russes ne cessa d'empirer. Les régiments les plus sûrs se désagrégeaient les uns après les autres. Leurs effectifs fondaient à vue d'œil et devenaient squelettiques. A l'automne, les forces tsaristes avaient disparu, balayées comme un monceau de feuilles mortes par le vent de la révolution.

Sans attendre l'hiver, Mustapha Kémal décida de prendre l'offensive. Il ne pouvait avancer que par petites étapes, car ses troupes étaient encore fatiguées et n'étaient capables que d'un effort limité. De plus, les populations chrétiennes locales, que les Russes avaient armées en partant défendaient passionnément l'accès de leur territoire. L'Entente avait inscrit parmi ses buts de guerre « le libre droit des peuples à disposer d'eux-mêmes ». Les Arméniens, longtemps soutenus par l'Angleterre, pensaient que la victoire des Alliés leur apporterait l'indépendance. Ils n'en luttaient qu'avec plus d'âpreté, pour protéger leurs familles, leurs champs et leurs foyers.

Après une succession de combats extrêmement meurtriers car, dans ce pays raviné, les Turcs tombaient sans cesse dans de nouvelles embuscades, Mustapha Kémal reconquit Van, Tiflis et Mush. Il se préparait à marcher sur Batoum, lorsqu'il reçut un télégramme urgent de Constantinople, lui enjoignant de se rendre immédiatement en Syrie, avec toutes les troupes et les armes dont il pouvait disposer.

Le jour même, il passa son commandement à Kiazim Kara Békir, en lui donnant comme instructions de liquider les Arméniens et d'établir dans cette région une frontière solide. Puis, il se mit en route pour son nouveau front de combat.

XXXVI

C'était à présent en Syrie et en Mésopotamie que le danger était le plus pressant. Les Anglais avaient débarqué à Bassorah, au fond du golfe Persique une armée venue des Indes. Celle-ci avait remonté le cours de l'Euphrate, pris Bagdad et se rapprochait de Mossoul. Une autre armée, sous le commandement du général Allenby, se concentrait en Égypte. Elle devait marcher sur la Syrie, à travers la presqu'île de Sinaï et la Palestine. Au même moment, l'émir Hussein, gouverneur du Hedjaz, avait proclamé son indépendance. Toute l'Arabie commençait à prendre feu. Il fallait absolument reprendre Bagdad et empêcher les deux armées britanniques — celle d'Egypte et celle de Mésopotamie — d'opérer leur jonction.

A la demande d'Enver, le Haut-Commandement allemand avait envoyé en Turquie le général von Falkenhayn et son état-major. Celui-ci s'était installé à Alep, où il constituait une nouvelle force, le « Yîldîrîm », ou « coup de foudre », dont les unités devaient être encadrées par un fort pourcentage d'officiers allemands. Mustapha Kémal reçut le commandement de la 7e armée, qui faisait partie de « l'Asia Korps ».

Malgré quelques accrochages sérieux, Kémal avait fini par

s'entendre avec Liman von Sanders. Avec von Falkenhayn, plus cassant et plus autoritaire encore que son prédécesseur, tout laissait prévoir que les rapports seraient orageux. Dès la première conférence d'état-major, qui se tint à Alep, les deux hommes se heurtèrent d'une façon brutale. Enver et Djemal, qui commandait la 4ᵉ armée, assistaient à la réunion, ainsi qu'un certain nombre d'officiers prussiens. Mustapha Kémal, plus hargneux que jamais, écouta en silence l'exposé de Falkenhayn. Le plan du général allemand consistait en une attaque sur Bagdad, combinée avec un raid éclair sur Suez. Lorsque Falkenhayn se rassit, Kémal demanda la parole. Il critiqua violemment ces projets, comme il le faisait toujours, et conclut en les déclarant « stupides et inexécutables » Von Falkenhayn qui n'avait jamais assisté à une scène pareille, le prit de haut, et exigea que Mustapha Kémal lui fît des excuses. Djemal, qui détestait les Allemands, prit fait et cause pour Kémal.

Durant les jours qui suivirent, les querelles suscitées entre Falkenhayn et Kémal Pacha par la mise en application du plan, devinrent si violentes que ce dernier, exaspéré, donna sa démission. Falkenhayn effrayé, s'efforça de le faire revenir sur sa décision. Il lui dépêcha un jeune officier attaché à son état-major en tant que chef des opérations, le capitaine Franz von Papen. « Lorsque je rencontrai Mustapha Kémal, écrit-il dans ses Mémoires, il se dirigeait vers le sud, à la tête de la 7ᵉ armée. Il était dans une colère épouvantable, car il s'était querellé avec Falkenhayn sur les mesures adoptées. » Malgré ses éminents talents de diplomate, von Papen ne put le ramener à de meilleurs sentiments. « Ce fut cette regrettable situation, ajoute le futur chancelier du Reich, qui motiva son rappel et son remplacement à la tête de la 7ᵉ armée par le général Fevzi Pacha [1]. » Avant de remettre son commandement à son successeur, Mustapha Kémal adressa une proclamation à ses

---

1. Franz von Papen : *Mémoires*. Edition anglaise, Londres 1952, p.74. Le général Fevzi devait s'illustrer plus tard, comme commandant en chef de l'armée kémaliste, sous le nom de maréchal Çakmak.

troupes, qui était un véritable camouflet aux Allemands.

Le général von Falkenhayn demanda à Enver Pacha de le faire arrêter pour insubordination. Enver n'aurait pas demandé mieux, mais n'osa pas. La position de Mustapha Kémal était trop forte. Prendre des sanctions contre lui, à ce moment précis, sous prétexte qu'il avait refusé d'exécuter les ordres des Allemands, lui aurait valu une popularité immédiate. Or Enver n'avait aucune envie de grandir son ennemi.

Pour couper court, il lui ordonna de retourner à Diarbekir. Mustapha Kémal refusa péremptoirement Le Loup gris cherchait manifestement un éclat, car il sentait que l'opinion lui était favorable. Ne sachant plus que faire, Enver le mit en congé de longue durée pour raisons de santé.

Mustapha Kémal était en effet malade. Il était épuisé par l'effort surhumain qu'il venait de fournir depuis deux ans. Ses nerfs étaient à bout. Une crise de paludisme qu'il avait contractée dans sa jeunesse venait saper ses dernières forces. Il avait besoin de repos.

Mustapha Kémal retourna donc à Constantinople. Il y passa trois mois sans décolérer, d'abord chez sa mère, puis au Péra Palace. Le pire c'est qu'il n'avait rien à faire, et l'oisiveté c'était, comme toujours pour lui, les longues ruminations intérieures, les crises de rage — et l'intrigue. Sa chambre devint bientôt le lieu de rendez-vous de tous les officiers frondeurs, qui supportaient la tutelle allemande avec une impatience grandissante. A Constantinople, à deux pas du siège du gouvernement, Mustapha Kémal était bien plus gênant qu'aux confins de l'Empire...

Au printemps de 1918, le gouvernement ottoman décida d'envoyer l'héritier de la couronne, le prince Vaheddine, en voyage officiel à Berlin. Enver décida d'attacher Mustapha Kémal à la suite du prince. Décision surprenante, au premier abord. Mais c'était un moyen comme un autre de l'éloigner de la capitale. Et puis, on était en droit de se demander si des contacts directs avec les dirigeants du Reich ne l'amèneraient pas à réviser son jugement sur l'Allemagne. Enver se souvenait du rôle capital joué dans sa vie par son séjour à Berlin. Peut-être un voyage au bord de la Sprée aurait-il un effet semblable sur son contradicteur ? Lorsque celui-ci aurait vu fonctionner sur place les rouages de cette puissante machine de guerre, peut-être serait-il moins convaincu de sa défaite inévitable ? C'était en tout cas une expérience qui valait d'être tentée...

XXXVII

Mustapha Kémal accepta cette mission à contre-cœur. Il cherchait à percer les arrière-pensées d'Enver et se demandait pourquoi il l'avait choisi, lui, l'homme le moins fait pour une corvée de ce genre. Aussi fut-ce en maugréant qu'il se rendit, deux jours avant le départ, au Palais de Yldiz, où on l'avait convoqué pour être présenté officiellement au prince.

On l'introduisit dans un salon orné de tentures poussiéreuses et de bibelots surannés. Un cercle de courtisans y échangeaient à voix basse des propos insignifiants. Soudain, les chuchotements se turent et le prince Vaheddine fit son entrée. C'était un sexagénaire osseux et dégingandé, avec un long cou d'échassier surmonté d'une figure molle et inexpressive. Il se laissa choir sur un sofa, reçut d'un air las les « salaams » des assistants, et ferma les yeux, comme accablé de fatigue. Il les rouvrit par deux fois, prononça avec difficulté une ou deux remarques banales et retomba aussitôt dans une sorte de léthargie. Mustapha Kémal, stupéfait de cet accueil si peu royal, en conclut qu'il était à moitié idiot.

A la gare, Vaheddine arriva en complet veston et salua le détachement qui lui rendait les honneurs en portant les deux mains à son front, selon la coutume orientale. Mustapha Kémal, choqué par cette attitude si peu martiale, s'en ouvrit au chef du protocole, qui lui répondit poliment de se mêler de ses affaires. On l'avait ramené du grade de général de division à titre temporaire, à celui de général de brigade. Comme tel, il avait été relégué dans le wagon de queue, avec les membres subalternes de la suite et les bagages. Indigné de ce traitement, il s'en plaignit de nouveau au chef du protocole, qui l'éconduisit sèchement.

Le train démarra. Lorsqu'il vit le prince, accoudé à la fenêtre de son wagon recevoir d'un air excédé les acclamations de la foule, il se demanda pourquoi il avait accepté de faire partie de ce voyage. Que diable était-il venu faire, au milieu de ce caravansérail de laquais et d'eunuques ? Il se sentait humilié au delà de toute expression. Il avait honte de voir la Turquie représentée à l'étranger par un homme qui portait si visiblement tous les stigmates de la dégénérescence.

A peine le train eut-il franchi la frontière, qu'un officier d'ordonnance se présenta à son compartiment et l'informa que le prince désirait lui parler. Mustapha Kémal se rendit en grommelant au wagon-salon impérial. A sa grande stupeur, il ne reconnut plus Vaheddine. L'homme qu'il avait devant lui n'avait rien de commun avec celui qu'il avait vu, affalé sur le sofa du Sérail. Son regard était vif, son geste prompt, son élocution aisée et même élégante. Bref, la transformation était totale.

Durant soixante ans, Vaheddine avait vécu confiné dans une aile du palais, surveillé nuit et jour par des espions à la solde de son oncle Abdul Hamid. Pendant un demi-siècle, il avait vécu dans la crainte de révéler sa pensée : un seul faux pas, une seule manifestation d'ambition, une seule marque d'intérêt pour les événements extérieurs auraient suffi pour le faire assassiner, ou reléguer à perpétuité dans le cachot d'une forteresse. Par mesure de défense, il avait adopté le comportement d'un faible d'esprit. Mais ce masque recouvrait une intelligence déliée et une sorte de ruse entêtée dans la poursuite de ses desseins.

Or, sa grande, sa constante, son unique ambition était d'être Sultan. Enver, Talat et le Comité, auraient préféré qu'il passât la main à son cousin Abdul Medjid Mais il *voulait* régner. Il avait voué une haine secrète, mais tenace à Enver et à Talat, et jouait avec eux un jeu serré, pour dérouter les innombrables mouchards qu'ils avaient placés autour de lui, à l'instar d'Abdul Hamid. S'il avait traité Mustapha Kémal avec tant d'indifférence lors de leur première rencontre, ç'avait été pour ne pas éveiller la suspicion de ses ennemis.

Avec beaucoup de bonne grâce, Vaheddine s'excusa de l'avoir volontairement tenu à l'écart. Il lui en expliqua les raisons, le félicita de ses succès militaires et exprima le plaisir très vif qu'il aurait à s'entretenir avec lui.

Mustapha Kémal ne se faisait guère d'illusions sur le Sultanat. C'était, à ses yeux, une institution périmée, qu'il rendait responsable de tous les malheurs de la Turquie. Mais, en un clin d'œil, il aperçut l'occasion qui s'offrait à lui. Pour pouvoir dissimuler sa pensée pendant un demi-siècle et tromper tout le monde aussi magistralement que l'avait fait Vaheddine, il fallait être doué de qualités peu communes. Si le prince héritier allait être un Sultan différent des autres ? Le souverain actuel, Méhémet V, se faisait vieux, et ne vivrait plus longtemps. Vaheddine ne tarderait pas à lui succéder sur le trône. Si Mustapha Kémal savait gagner sa confiance et devenait son confident, peut-être pourraient-ils accomplir ensemble de grandes choses ? Peut-être parviendraient-ils à sauver la Turquie ?

Ces perspectives inattendues et les affabilités du prince détendirent Mustapha Kémal. Elles dissipèrent sa mauvaise humeur. Les deux hommes découvrirent qu'ils avaient beaucoup de points communs : ils avaient la même passion inavouée pour le pouvoir, la même aversion profonde pour Enver et Talat, et les mêmes inquiétudes en ce qui concernait l'avenir de leur pays. Ils passèrent la plus grande partie du voyage à converser, tête à tête, dans le wagon du prince. Mustapha Kémal, qui n'avait jamais su cacher ses opinions et auquel son franc-parler avait causé tant de préjudice, était littéralement fasciné par Vaheddine, ce génie de la dissimulation. Aucun autre trait de caractère — sauf peut-être la bravoure — n'aurait pu l'impressionner davantage.

Le premier souci de Mustapha Kémal, fut de persuader son auguste interlocuteur que la défaite de l'Allemagne était inévitable, que l'alliance germano-turque était une folie, et qu'il fallait débarquer Enver et tous ses collaborateurs allemands. Aussi adopta-t-il, durant tout son séjour en Allemagne, une attitude résolument critique.

Le prince héritier et lui furent reçus par le Maréchal von Hindenburg au Grand Quartier général. Celui-ci leur brossa un tableau optimiste de la situation, y compris des événements qui se déroulaient sur le front de Syrie. A l'issue de cette réception, Mustapha Kémal déclara à Vaheddine :

— « Il ne faut pas croire un traître mot de ce que vous venez d'entendre. Tout cela n'est que du bluff. En réalité, ils sont perdus. Les renseignements relatifs au front de Syrie sont faux. Je le sais mieux que quiconque puisque j'en viens. Tout le reste est à l'avenant. »

Ils rendirent ensuite visite au général Ludendorff qui leur fit un large exposé sur les préparatifs de sa prochaine offensive de printemps. Mustapha Kémal, lui coupa brutalement la parole :

— « Dites-moi, général, quelle ligne pensez-vous atteindre, si votre offensive est couronnée de succès ? » lui demanda-t-il à brûle-pourpoint.

Ludendorff, décontenancé par cette question inattendue, et vexé par le ton cavalier sur lequel elle lui avait été faite, répondit en termes vagues :

— « Vous savez, nous cherchons toujours, au cours d'une offensive, à atteindre un objectif d'importance vitale. La suite des opérations dépend des circonstances...

— « Vous avez entendu ? dit Mustapha Kémal à Vaheddine, d'un ton triomphant lorsqu'ils eurent quitté le G.Q.G., même le Grand Quartier Maître général des armées allemandes n'a pas d'objectif précis et s'en remet au hasard.

Il ignore les règles élémentaires de la stratégie. Il y a là quelque chose qui ne tourne pas rond... »

A un dîner offert par le Kaiser, il but trop de champagne. Après le repas, voyant Hindenburg à l'écart des autres convives, il le prit à partie d'un air sarcastique :

— « Excellence, dit-il, les faits que vous avez exposés au prince, l'autre jour, concernant le front de Syrie, étaient complètement erronés ! Je le sais, car j'y étais. La division de cavalerie dont vous avez fait mention, n'existe que sur le papier. Mais ce ne sont là que des peccadilles. Par contre, me feriez-vous la faveur de me révéler, confidentiellement, l'objectif de votre prochaine grande offensive, car le général Ludendorff, pour sa part, n'a pas été capable de le faire ? »

Massif comme un burg médiéval, Hindenburg toisa d'un air hautain le jeune brigadier général turc qui osait lui parler d'une façon aussi désinvolte. Puis, feignant de n'avoir pas entendu sa question, il lui tendit dédaigneusement une cigarette et passa dans la pièce à côté.

Mustapha Kémal ne manquait pas une occasion de pousser Vaheddine à poser des questions embarrassantes à ses hôtes. Son but était d'obliger le prince à affirmer sa personnalité et le convaincre que les Allemands étaient acculés à la défaite. Il voulait l'inciter à renvoyer Enver, alors qu'il en était encore temps, et à le prendre lui, Mustapha Kémal, comme conseiller intime.

Plus le voyage approchait de sa fin, et plus Mustapha Kémal harcelait Vaheddine. Il voulait lui arracher une décision avant son retour à Constantinople, où il serait soumis à d'autres influences que la sienne.

La veille de leur départ de Berlin, il lui demanda la faveur d'un entretien, seul à seul, dans son salon de l'Hôtel Adlon.

— « Je voudrais vous parler à cœur ouvert, lui dit-il. J'ai une proposition à vous faire qui, si vous l'acceptez, liera indissolublement ma vie à la vôtre. »

Vaheddine, vivement intéressé, lui fit signe de poursuivre.

— « Demandez le commandement d'une armée. Tous les princes héritiers en ont un. Pourquoi le fils du Sultan ferait-il exception à la règle ? Il est inadmissible qu'Enver ne vous l'ait pas encore proposé. Puis, une fois nommé, que Votre Altesse Impériale me prenne comme chef d'état-major.

— « Le commandement de quelle armée ? demanda Vaheddine.

— « De la 5ᵉ », répondit Mustapha Kémal. C'était celle dont dépendait Constantinople et toute la région avoisinante. Il savait qu'elle jouerait, de ce fait, un rôle décisif dans toutes les crises politiques qui pourraient survenir.

— « Ils Nous le refuseront... objecta Vaheddine.

— « Qu'importe ! Montrez-leur que vous êtes décidé à faire prévaloir votre volonté. On ne peut pas continuer à ignorer ainsi Votre Altesse Impériale !

— « Nous y réfléchirons à notre retour », répondit évasivement Vaheddine.

A vrai dire, Mustapha Kémal avait trop forcé la note. Son insistance commençait à effrayer le Prince héritier. La qualité maîtresse de Vaheddine était la prudence. Le dynamisme fougueux du général et sa façon de revenir constamment à la charge, lui faisaient peur. Il commençait à se sentir prisonnier de ce tempérament autoritaire, incontestablement plus fort que le sien. Certes, il ne refusait pas de s'en servir comme d'un instrument. Peut-être pourrait-il lui être utile, le jour où il s'agirait de se débarrasser d'Enver ? Mais de là à se mettre entre ses mains, c'était une autre histoire. Savait-on où pouvait vous mener un homme aussi ambitieux ?

Tout au fond de lui-même, Vaheddine était un lâche. Cinquante ans de dissimulation avaient brisé sa volonté. Mustapha Kémal se croyait à la veille de gagner la partie. En réalité, il l'avait déjà perdue. Il n'y aurait jamais d'alliance entre le Sultan et le Loup gris...

XXXVIII

A son retour dans la capitale, Mustapha Kémal tomba malade. Ses reins étaient gravement atteints. Il dut aller faire une cure à Karlsbad. C'est là qu'il apprit, en juillet 1918, que le Sultan Méhémet V était mort, et que Vaheddine lui avait succédé sur le trône sous le nom de Méhémet VI.

Ses amis le supplièrent de rentrer au plus vite. Izzet Pacha, un adversaire déclaré du Comité « Union et Progrès » avait été nommé aide de camp du nouveau souverain. Le titre de vice-généralissime avait été retiré à Enver Pacha. Décidément, Vaheddine commençait à sortir ses griffes !

Mal guéri et encore très fatigué, Mustapha Kémal arriva à Constantinople à la fin du mois de juillet.

Il fut reçu par Méhémet VI avec les plus grands égards. Le Sultan alla jusqu'à allumer sa cigarette, ce qui est considéré, en Turquie, comme la suprême marque de déférence. Le général lui exposa, une fois de plus, ses idées sur la nécessité de renvoyer Enver Pacha et de rompre l'alliance allemande.

— « Aussi longtemps qu'Enver sera là, dit-il au Sultan, vous ne serez qu'une marionnette entre les mains des Allemands.

— « Y a-t-il d'autres officiers qui partagent votre manière de voir ?

— « Ils sont légion ! » répondit Kémal.

Mais cette fois-ci encore, Vaheddine évita de prendre aucun engagement.

Il le revit quelques jours plus tard, sans en obtenir davantage.

Au cours d'une troisième entrevue, Mustapha Kémal décida de jouer son va-tout, et de forcer le Sultan dans ses derniers retranchements. Il se croyait déjà à deux doigts du pouvoir. S'il réussissait à arracher son consentement à Vaheddine, il serait arrivé au sommet. Il serait alors en mesure de chasser Enver et toute sa clique...

Mustapha Kémal parla pendant près d'une heure, s'enivrant peu à peu de ses propres paroles. A un moment donné, Méhémet VI voulut émettre un avis. Au mépris de toute étiquette, le général, emporté par la passion, lui coupa la parole et poursuivit son discours. Lorsqu'il eut enfin terminé, Méhémet VI lui dit, en appuyant sur chaque mot :

— « Je vous remercie des idées si intéressantes que vous venez de m'exposer, mais j'ai déjà pris toutes mes dispositions avec Enver et Talat. Vous pouvez disposer. »

Mustapha Kémal sentit le sol se dérober sous lui. Il resta interdit pendant un long moment, ne sachant plus que dire. Il était comme assommé. Enver l'avait battu ! A la dernière minute Vaheddine avait tourné casaque ! D'un seul coup, tous ses espoirs s'étaient écroulés... Ceux qui le virent sortir du palais, affirment qu'il marchait comme un somnambule, et que son visage était devenu soudain gris comme de la cendre.

La vérité est que le Sultan, de plus en plus alarmé par l'insistance presque menaçante de Kémal Pacha, avait consulté son beau-frère Damad Ferid, qui était son conseiller secret. Celui-ci lui avait démontré qu'il n'était pas assez fort pour engager la lutte avec le Comité, et que Mustapha Kémal était un isolé qui n'avait personne derrière lui. Mehemet VI était bien trop pusillanime pour s'engager dans une affaire qui comportait tant d'aléas. Il avait horreur du risque. Mustapha Kémal était un personnage dangereux, une espèce d'aventurier qu'il fallait tenir à distance, si l'on voulait éviter les histoires.

Enver, lui aussi, voulait éviter les histoires. Il n'avait pas vu sans appréhension, l'influence grandissante que Mustapha Kémal avait prise sur le souverain, et avait été informé de ses visites réitérées au Sérail. Il avait décidé d'y mettre un terme, en l'éloignant le plus vite possible de la capitale.

169

Quinze jours plus tard, après la cérémonie du « Selam-lik», le Sultan envoya chercher Mustapha Kémal. Entouré de son état-major, qui comprenait un grand nombre d'officiers allemands, Méhémet VI le reçut avec amabilité.

— « Messieurs, dit-il aux Allemands, je vous présente Mustapha Kémal Pacha, un officier de la plus grande valeur, en qui j'ai placé toute ma confiance. »

Puis, se tournant vers le vainqueur des Dardanelles :

— « Je vous ai donné, Excellence, un commandement en Syrie, poursuivit-il. Ce front, comme vous le savez, est d'une importance capitale. Je désire que vous vous y rendiez sans délai. Je compte sur vous pour ne pas laisser ce pays tomber aux mains de nos ennemis. Je suis sûr que vous vous acquitterez brillamment de la mission que je vous ai confiée. »

Puis il lui donna congé.

L'antichambre était bondée. Parmi la foule se remarquaient de nombreux officiers allemands. En la traversant, Mustapha Kémal se heurta à Enver. Il savait que c'était lui qui avait inspiré la décision du Sultan. Il le dévisagea en silence, pendant un long moment. Les assistants crurent qu'il allait lui sauter à la gorge.

— « Bravo, Enver ! dit-il enfin. Je vous félicite. Vous avez gagné la partie. D'après ce que je sais, l'armée de Syrie dont on vient de me donner le commandement n'existe que dans les cartons de votre état-major. En me faisant envoyer là-bas, vous avez pris une belle revanche ! »

Les deux rivaux se trouvaient face à face : Enver, chamarré de décorations, mince, élégant, juvénile et désinvolte ; Mustapha Kémal, massif, sombre, le visage gris et les sourcils broussailleux, vêtu d'un simple dolman de campagne.

Au même instant, un général allemand qui se tenait dans l'embrasure d'une fenêtre, déclara d'une voix forte :

— « Décidément, on ne peut rien faire avec les soldats turcs. Ce bétail ne sait qu'une chose : se sauver devant l'ennemi ! Je n'envie pas ceux qui ont à les maintenir en ligne ! »

Mustapha Kémal blêmit, et se retourna vers l'Allemand.

— « Moi aussi, dit-il d'une voix frémissante de colère, je suis un soldat ! J'ai commandé cette armée dont vous traitez les combattants de bétail ! Le soldat turc ne se sauve jamais. Il ne connaît pas le mot de retraite. Vous, mon général, si vous avez vu le dos des soldats turcs, c'est que vous vous sauviez vous-même ! Comment osez-vous blâmer le soldat turc de votre propre couardise ? [1] »

Il y avait, dans la voix de Mustapha Kémal, un éclat métallique qui avait forcé tous les assistants à se mettre debout. Dans un silence glacial, il traversa lentement la pièce, passa devant Enver Pacha sans même le regarder, et sortit du palais.

Le libérateur d'Andrinople et le vainqueur des Dardanelles ne devaient plus jamais se revoir.

XXXIX

Mustapha Kémal, investi pour la deuxième fois du commandement de la 7e armée, arriva sur le front syropalestinien le 20 août 1918. Il y releva le général Fevzi, rappelé à Constantinople, où il venait d'être nommé Chef d'état-major général.

Depuis son précédent séjour à Alep, où il s'était querellé avec le général von Falkenhayn, la situation du front avait beaucoup changé. Djemal Pacha, gouverneur général de la Syrie, et qui commandait nominalement, en tant que tel, la 4e armée, avait auprès de lui le général Kress von Kressenstein, qui remplissait les fonctions de chef d'état-major. Kress avait fait venir d'Allemagne un jeune officier d'état-major remarquablement doué, le colonel von Seeckt, et lui avait confié l'organisation d'une offensive-éclair sur Suez.

1. Cf. H. C. Armstrong : *Grey Wolf*, p. 82.

171

Assisté du major Köstring, du capitaine Fisher et du capitaine Tchunke, — qui devaient tous jouer un grand rôle dans l'avenir [1], — il avait projeté de combiner l'attaque sur Suez, avec une offensive à travers la Perse septentrionale destinée à reconquérir la Mésopotamie. Simultanément, von der Goltz devait s'emparer des territoirs situés au sud du Caucase, avec, pour objectif final, une descente sur le golfe Persique, et une poussée vers les Indes, en partant de Bassorah [2]. Faute de moyens, ce projet trop ambitieux avait dû être abandonné. Quant à la marche sur Suez, les formations de l'Asia Korps s'étaient trouvées prises de revers par des forces anglo-arabes stationnées dans la presqu'île de Sinaï et avaient dû se replier, avec de lourdes pertes, sans avoir pu atteindre leur objectif.

A la suite de cet échec, un remaniement complet avait eu lieu dans le Haut-Commandement. Kress était resté auprès de Djemal Pacha. Mais le général von Falkenhayn était retourné en Allemagne, et Liman von Sanders avait repris sa place.

Dès son arrivée sur le front, Mustapha Kémal alla lui rendre visite à son quartier général de Nazareth. Malgré ses sentiments germanophobes, il n'était pas fâché de retrouver un des rares hommes pour qui il avait de l'estime, et sous les ordres duquel il avait déjà combattu à Gallipoli.

Les Turcs étaient retranchés le long d'une ligne qui partait de la mer, à 16 kilomètres au nord de Jaffa, et qui avait été admirablement établie par Kress, après l'échec de l'offensive sur Suez [3]. De là, leurs positions traversaient la plaine côtière, les collines de Judée et le Jourdain, pour aboutir à la ligne de chemin de fer Damas-Médine, à la hauteur d'Amman. La 7ᵉ armée, que commandait Mustapha Kémal, occupait, entre Jérusalem et Naplouse, le centre du dispositif. Elle était constituée par deux corps d'armée,

1. Walter Görlitz : *The German General Staff*, p. 192.
2. C'était à peu de choses près, le plan échafaudé par Rommel au cours de la deuxième guerre mondiale.
3. Franz von Papen : *Mémoires*, p. 70.

172

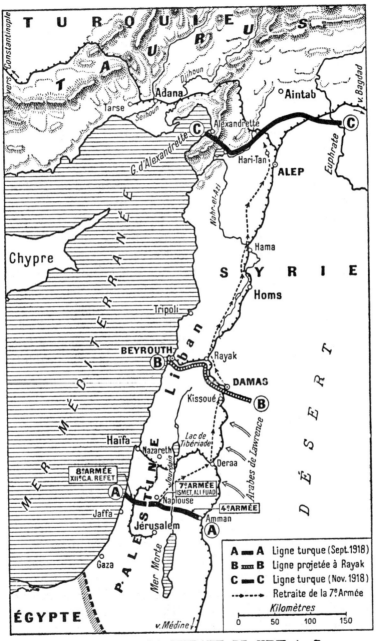

CARTE IV. — LA RETRAITE DE SYRIE (1918).

commandés respectivement par le colonel Ismet, qu'il avait fait venir du Caucase, et par le colonel Ali Fuad, un officier d'une rare intelligence. A sa droite, jusqu'à la mer, se trouvait la 8ᵉ armée, comprenant le 22ᵉ corps commandé par Refet Pacha, dont le P.C. se trouvait à Gaza. A sa gauche, jusqu'au chemin de fer de Médine, se tenait la 4ᵉ armée, commandée nominalement par Djemal, et qui était renforcée par plusieurs unités allemandes.

Lorsqu'il était arrivé au Caucase, à la fin de 1916, Mustapha Kémal avait trouvé les troupes ottomanes dans un état déplorable. Ici, c'était pis encore, car, dans l'intervalle, le temps avait fait son œuvre. Beaucoup de régiments n'avaient plus que dix pour cent de leurs effectifs normaux. Les hommes, vêtus de haillons, rongés par la vermine, privés de nourriture et parfois même d'eau, mouraient comme des mouches sous le soleil du désert. Leur moral était au plus bas. Il fallait employer la force pour les maintenir en ligne. Des patrouilles de camions, armés de mitrailleuses, sillonnaient les arrières avec l'ordre d'abattre les déserteurs à première vue. Malgré ces mesures, il y avait plus de déserteurs dans les villages que de soldats dans les tranchées. Les Turcs possédaient en tout huit avions démodés et deux canons de D.C.A.

En face, les Anglais avaient massé des effectifs très supérieurs en nombre ; leurs troupes étaient fraîches, leur ravitaillement excellent ; elles étaient puissamment dotées en armes, en munitions et en matériel de toutes sortes ; elles étaient appuyées, en outre, par de nombreuses escadrilles de bombardiers.

Les Arabes de l'Emir Fayçal, le fils de Hussein Chérif de la Mecque, s'étaient joints aux Anglais. Animés par la fougue impétueuse du colonel Lawrence, ils se livraient à des raids de harcèlement meurtriers sur le flanc gauche de l'armée turque, coupant la ligne de chemin de fer, arrachant les poteaux télégraphiques et téléphoniques, faisant sauter les ponts, semant le désordre sur les arrières et incitant les populations locales à la révolte.

Pour les forces anglo-arabes commandées par le général Allenby, la victoire semblait à portée de la main et les nouvelles qui arrivaient du front occidental, où l'offensive des Alliés se développait favorablement, ne contribuaient pas peu à stimuler leur ardeur.

Une fois de plus, Mustapha Kémal se mit à l'œuvre, pour faire surgir de ce chaos un embryon d'organisation. Mais il tomba malade. Il avait été éprouvé par les émotions de ces dernières semaines, et par une recrudescence du vieux mal, dont il ne s'était jamais guéri. Terrassé par une crise de coliques néphrétiques, il dut rester alité à son quartier général de Naplouse, grelottant de fièvre et incapable de faire un mouvement durant la première quinzaine de septembre, alors que tous les renseignements confirmaient l'imminence de l'offensive ennemie.

Le 17 septembre, un déserteur hindou se présenta aux avant-postes du 22ᵉ corps et annonça que l'attaque anglaise aurait lieu le surlendemain, dans le secteur côtier. Refet en avertit aussitôt Mustapha Kémal. Ismet et Ali Fuad furent convoqués à son chevet, pour faire le point de la situation. Refet et Ali Fuad étaient convaincus que les renseignements fournis par l'Hindou étaient exacts. Ismet et Kémal se rangèrent à leur point de vue et transmirent l'information à Liman von Sanders. Celui-ci se déclara d'un avis contraire. Selon lui, l'attaque ne pouvait avoir lieu qu'à l'Est le long de la ligne de chemin de fer [1]. Les affirmations de l'Hindou étaient un piège auquel il ne fallait pas se laisser prendre. En conséquence, il disposa ses troupes de façon à prévenir une attaque venant du désert.

Mustapha Kémal, convaincu quant à lui, que le déserteur hindou disait la vérité, se tira à grand'peine hors de son lit. Il grelottait encore de fièvre. Mais sa volonté était la plus forte. Il fit procéder aux derniers préparatifs et donna à tous les commandants d'unités l'ordre de se tenir en état d'alerte.

1. C'est pourquoi les formations allemandes avaient été massées dans ce secteur. (Von Papen : *Mémoires*, p. 72.)

XL

Le 19 septembre à minuit, Ismet téléphona que les Anglais avaient déclenché un violent bombardement dans son secteur. A l'aube, ils attaquèrent le long de la côte, à l'endroit précis indiqué par l'Hindou. Occupant la 7ᵉ armée par une succession de petites attaques frontales ils concentrèrent leurs efforts sur la 8ᵉ armée. Celle-ci n'était pas en mesure de résister longtemps. Les Britanniques ouvrirent rapidement une brèche à l'extrémité ouest des lignes turques. Puis ils s'engouffrèrent le long de la côte, balayèrent le 22ᵉ corps, puis la 8ᵉ armée tout entière, et faillirent capturer le général Liman von Sanders, qui n'échappa que de justesse à l'encerclement. Après quoi, se rabattant vers la droite, ils firent irruption sur les arrières de la 7ᵉ armée, coupant ainsi sa ligne de retraite vers le Nord.

Tout en maintenant le contact, Mustapha Kémal adossa son armée au Jourdain. Mais ses hommes étaient à bout de forces. La plupart d'entre eux se débandèrent. Remeutant tout ce qui subsistait d'unités constituées, il lutta pendant quatre jours sur la rive occidentale du Jourdain Le cinquième jour, commençant à manquer de munitions, il se résigna à traverser la rivière.

Lorsque le gros de sa troupe fut passé, il se replia à son tour sur la rive orientale. Il n'était que temps. Quelques minutes plus tard, un raid de la 11ᵉ brigade de cavalerie britannique encerclait son arrière-garde et la faisait prisonnière.

La 4ᵉ armée turque battait en retraite elle aussi, le long de la voie de chemin de fer. Les routes étaient encombrées par des colonnes de voitures et les carrioles des réfugiés, car les populations civiles turques se repliaient avec leurs armées. Les batteries d'artillerie qui voulaient doubler cette cohue, empruntaient des chemins de traverse où elles restaient ensablées, augmentant encore l'embouteillage des convois. Pensant que ses derniers régiments se disloqueraient, dans cette mêlée inextricable de bêtes, de véhicules et d'hommes, Mustapha Kémal donna l'ordre à ses troupes de foncer droit sur Deraa, en coupant à travers le désert.

L'ennemi se mit à sa poursuite, sans lui laisser le temps de respirer. Ces colonnes et ces convois qui se frayaient péniblement un chemin à travers les dunes, sous le soleil torride de septembre, offraient une cible facile aux avions de la R.A.F., qui les mitraillaient à basse altitude et lâchaient leurs torpilles sur l'artillerie et les camions. Les soldats avançaient au milieu de trombes de sable et laissaient derrière eux des cratères ensanglantés.

La retraite de l'armée turque tournait à la débâcle. De tous côtés, l'on voyait des bataillons pris de panique qui fuyaient à travers le désert en abandonnant leurs fusils, leurs canons et même leurs vivres. Le sol était jonché d'équipements et de caisses de munitions éventrées. Le tonnerre des explosions et le vrombissement des moteurs d'avion se mêlaient aux hurlements des blessés et aux cris d'agonie. Pour accroître encore la confusion générale, les cavaliers arabes de Fayçal et de Lawrence chargeaient sans arrêt les flancs des colonnes ottomanes, mutilant les prisonniers, poignardant les traînards et achevant les moribonds qui gisaient sur le bord des pistes.

Au lieu de cette débandade affreuse, les unités allemandes de l'Asia Korps, bien que décimées [1], avaient réussi à maintenir leur cohésion. Elles se repliaient elles aussi, mais en bon ordre, et l'image qu'elles offraient formait un contraste saisissant avec la déliquescence générale. « C'est là, pour la première fois, nous dit Lawrence, que je devins fier de l'ennemi qui avait tué mes frères. Ils étaient à plus de trois

---

1. « Il n'avait jamais été possible de les engager en corps, écrit von Papen. Leur capacité manœuvrière et leur puissance de feu avait incité le Commandement à les envoyer, par unités individuelles, partout où la ligne de combat était trop mince. Aussi leurs pertes avaient-elles été sévères. » (*Mémoires*, p. 83).

mille kilomètres de chez eux, sans espoir et sans guides, dans des conditions de nature à briser les nerfs des plus braves. Pourtant leurs sections tenaient ensemble, en rangs serrés, se frayant un chemin à travers les formations en vrac des Turcs et des Arabes, tels des vaisseaux de haut bord, la tête haute et silencieux. Lorsqu'ils étaient attaqués ils s'arrêtaient, prenaient position, et tiraient au commandement. Il n'y avait chez eux ni hâte, ni hésitation, ni cris. Ils étaient superbes [1]. »

Pourtant les régiments allemands n'étaient pas seuls à avoir conservé leur sang-froid. Mustapha Kémal, lui aussi, avait réussi à maintenir autour de lui un petit noyau de troupes disciplinées, qui retraitaient en bon ordre vers le Nord, à travers la foule affolée des déserteurs et des fuyards. Sans s'arrêter à Deraa, comme il l'avait projeté, il décida de marcher d'une seule traite jusqu'à Damas, en suivant la voie ferrée. Sa retraite fut si rapide, que les Anglais le perdirent de vue.

Arrivé à Damas, il fit halte. Liman von Sanders lui ordonna d'établir une nouvelle ligne de défense à la hauteur de Rayak. Laissant Ismet à Damas, il partit immédiatement reconnaître les lieux avec Ali Fuad. Mais il apprit presque aussitôt que toutes les villes côtières de la Syrie et du Liban s'étaient ralliées à l'ennemi. Les Anglais avaient débarqué à Beyrouth. Avant même d'être constituée, la ligne de défense de Rayak était déjà tournée.

En un clin d'œil, Mustapha Kémal passa en revue tous les éléments de la situation. Les troupes turques étaient complètement démoralisées. Pour leur donner le temps de se ressaisir, il fallait décrocher hardiment de 300 kilomètres, abandonner la Syrie et se reformer sur une nouvelle ligne couvrant la Turquie proprement dite. Il se rendit sans délai auprès de Liman von Sanders, et lui fit part de ses réflexions.

— « Votre plan est sage, lui dit l'Allemand, mais je ne peux pas vous donner l'ordre de l'exécuter.

1. T. E. Lawrence : Les Sept Piliers de la Sagesse (cité par von Papen, Mémoires, p. 83).

— « Pourquoi donc ? demanda Kémal.

— « Je ne suis ici qu'un étranger, répondit Liman. Je ne puis prendre sur moi d'abandonner à l'ennemi, sans combattre, toute une portion de l'empire ottoman. C'est une question que les Turcs doivent régler entre eux.

— « Qu'à cela ne tienne, déclara Kémal, j'en prends l'entière responsabilité.

— « Dans ce cas, je vous laisse carte blanche », conclut Liman.

Le commandant de la 7ᵉ armée retourna sur-le-champ à son quartier général et donna l'ordre à toutes les troupes turques du front de Syrie, de se replier directement sur Alep (30 septembre). Lui-même partit en avant pour préparer en toute hâte une nouvelle ligne de défense, à 15 kilomètres au nord de la ville.

XLI

Pendant ce temps, les forces britanniques étaient parvenues à Kissoué, à quelques kilomètres au sud-ouest de Damas. Avant d'évacuer la ville, les derniers contingents turcs avaient mis le feu aux dépôts de munitions. Pendant toute la nuit du 30 septembre, des explosions terrifiantes, survenant à intervalles rapprochés, faisaient trembler la terre et illuminaient le ciel de gerbes de flammes livides.

A l'aube du 1ᵉʳ octobre, les explosions cessèrent. Un panache de fumée noire planait au-dessus du terminus de la ligne du Hedjaz. Le général Allenby, Lawrence et les unités d'avant-garde s'approchèrent des lisières de la ville, qu'ils croyaient réduite en cendres. A leur grande surprise, ils la trouvèrent intacte. Sertie dans sa ceinture de jardins silencieux qui frissonnaient sous la rosée, la ville était plus belle que jamais et offrait aux regards ses coupoles irisées comme un collier de perles sous le soleil levant.

Dans la matinée, Allenby et Lawrence, précédés d'un contingent de cavaliers druses commandés par Soltan Attrache, et suivis du gros des forces anglo-arabes, firent leur entrée dans la ville, dont la population leur fit un accueil inoubliable.

« Les trottoirs, la route, les fenêtres, les balcons, les toits grouillaient d'une foule compacte, écrit Lawrence. Beaucoup de gens pleuraient : quelques-uns poussaient de faibles acclamations; les plus hardis criaient nos noms ; mais la plupart regardaient, regardaient, les yeux brillants de joie. Un frémissement comme un long soupir, nous accompagna de la porte, au cœur de la cité.

« Là, le spectacle changea... Dans cette ville dont la population atteignait le quart du million, tous, hommes, femmes, enfants, semblaient être descendus dans la rue et n'avoir attendu que l'étincelle de notre apparition pour exploser d'enthousiasme. Damas devint folle de joie. Les hommes lançaient en l'air leurs turbans, les femmes déchiraient leurs voiles. Les bourgeois riches, aux fenêtres, jetaient devant nous des fleurs, des tentures, des tapis, et leurs épouses, apparaissant avec des éclats de rire derrière leurs moucharabiehs, nous éclaboussaient de parfums.

« De pauvres derviches couraient devant et derrière notre voiture et se tailladaient le corps avec frénésie. Cependant, dominant les explosions locales d'enthousiasme et les hurlements des femmes, montait la mélopée grondante des voix d'hommes, en vagues qui naissaient sous nos pas, roulaient le long des places, traversaient le marché, fuyaient au long des rues jusqu'à la porte orientale, contournaient les remparts et revenaient par le Meidan, dressant autour de nous une muraille d'acclamations [1] »

Toute la nuit, la foule damascène fêta sa libération en dansant et en chantant au milieu de la ville illuminée.

Le lendemain, après avoir nommé un gouverneur arabe, Allenby et ses troupes reprirent leur marche vers le nord, et

---

1. T. E. Lawrence : *Les Sept Piliers de la Sagesse*, pp. 800-804.

s'avancèrent vers Alep, résolus à détruire tout ce qui subsistait encore de l'armée ottomane.

XLII

La nouvelle position turque barrait au nord d'Alep, la seule route qui pénétrait en Turquie, à travers les défilés du Taurus. Ses flancs étaient bien gardés. Ni les fuyards, ni l'ennemi ne pourraient la franchir autrement que de haute lutte.

La Palestine, le Liban, la Syrie n'étaient, après tout que des pays arabes, conquis par les Turcs au temps de leur expansion, et où ceux-ci étaient forcés de combattre au milieu d'une population hostile. Tandis que sur cette nouvelle ligne, où les Turcs étaient adossés à leur patrie, Mustapha Kémal était convaincu qu'ils se battraient jusqu'à leur dernier souffle.

Le commandant de la 7ᵉ armée commença par placer des cordons de police en travers de toutes les routes menant vers le nord. Au fur et à mesure qu'affluèrent les troupes débandées, il leur fit faire halte, les regroupa, les remit en ligne, et leur expliqua qu'ils devaient défendre dorénavant leurs biens les plus précieux : leurs familles, leurs foyers et leur liberté.

Jusque-là, les populations arabes de la région étaient restées indifférentes. Mais l'annonce de l'entrée d'Allenby à Damas, et l'arrivée imminente des Anglais ne contribuaient pas peu à exciter les esprits. Une agitation croissante se manifesta à Alep. Il y eut des bagarres et un commencement d'insurrection. Mustapha Kémal, qui avait établi son quartier général à l'Hôtel Baron, trouva plus prudent d'évacuer la ville. Il transféra son Q.G à Kitma, un peu à l'arrière du nouveau front.

Le 26 octobre, les avant-gardes anglaises apparurent à

l'horizon. Deux régiments de cavalerie hindoue, les lanciers de Jodhpur et de Mysore, attaquèrent les redoutes avancées des Turcs, au village de Hari-Tan.

Mustapha Kémal se rendit aux avant-postes et commanda lui-même le tir de ses hommes. Galvanisés par sa présence, les Turcs reprirent confiance et retrouvèrent leur ancien mordant. Surpris par cette résistance inattendue, les cavaliers hindous se replièrent vers le sud et demandèrent du renfort. Profitant de ce répit, les Turcs évacuèrent leurs positions avancées, et se regroupèrent dans leur ligne de défense principale, décidés à ne plus céder un seul pouce de terrain. Arc-boutés aux falaises du Taurus, les mâchoires serrées, ils chargèrent leurs fusils, et attendirent leur dernière heure...

Mais au lieu du choc attendu, ils virent soudain les Anglais, massés dans la plaine, jeter leurs casques en l'air et pousser des « hurras » interminables Le gouvernement du Sultan venait de conclure à Moudros, un armistice avec les Alliés. La Turquie vaincue avait déposé les armes (30 octobre 1918).

XLIII

Les Allemands reçurent l'ordre de regagner immédiatement le Reich. Seul devait rester en arrière le capitaine von Papen, chargé de procéder au rapatriement des survivants de l'Asia Korps, dont les unités disloquées se reformaient déjà dans les contreforts du Taurus, du côté de Karapunar.

Mustapha Kémal se rendit dans la petite ville d'Adana pour prendre congé du général Liman von Sanders. Celui-ci l'informa qu'il avait l'ordre de lui remettre le commandement de toutes les forces armées en Turquie méridionale.

Les deux hommes s'assirent pour la dernière fois face à face, à la table d'un petit café et procédèrent aux formalités d'usage (31 octobre). En cette heure de défaite, ils avaient peu de choses à se dire. C'étaient deux soldats aussi braves qu'expérimentés. Ils avaient un profond respect l'un pour l'autre. Mais ils étaient tous deux bien trop orgueilleux pour le dire.

— « Je vous connais, Excellence, dit enfin Liman von Sanders, depuis le jour où vous avez commandé sur le front d'Anafarta. Je me vante d'avoir été le premier à discerner vos qualités exceptionnelles. Nous nous sommes querellés souvent. Pourtant, nous nous quittons amis. Ma seule consolation, en cette heure si douloureuse pour nos deux pays, est de déposer mon commandement entre des mains aussi capables que les vôtres. »

Mustapha Kémal s'inclina en silence, et les deux généraux se quittèrent, sans ajouter un mot.

L'heure que le Loup Gris attendait depuis si longtemps, avait enfin sonné. Il était débarrassé des Allemands, et il commandait en chef sur l'ensemble d'un front. Mais par une ironie tragique, son rêve se réalisait au moment précis où il n'y avait plus de front, plus d'armée, et presque plus de Turquie...

Pourtant, il ne pouvait se faire à l'idée que l'ère des combats fût close. Il se sentait animé d'une énergie formidable, d'une combativité plus grande qu'à aucun moment de sa vie. Qu'importait l'armistice ? Il lui semblait que la lutte ne faisait que commencer. Il voulait se battre, se battre à tout prix, se battre encore...

Espérant que le gouvernement turc dénoncerait l'armistice, il chercha à gagner du temps et discuta pied à pied toutes les conditions que voulurent lui imposer les Anglais. Lorsque ceux-ci lui intimèrent l'ordre d'évacuer Alexandrette, que ses troupes tenaient encore, il leur en dénia le droit, sous prétexte qu'ils n'avaient pas conquis cette place par les armes, et donna l'ordre à la garnison de se préparer à un siège. Il reçut de Constantinople un télégramme lui enjoignant de céder.

— « Il ne faut pas céder ! câbla-t-il sur-le-champ au

ministre de la Guerre. Si nous cédons encore d'un pouce, nous serons anéantis ! »

Bien qu'il n'eût cessé de prédire que la Turquie allait à la catastrophe, maintenant que la catastrophe était arrivée, il se refusait à l'admettre. Il dépêcha des officiers dans les montagnes voisines, pour y constituer des dépôts d'armes et y recruter des partisans. Quoi qu'il advînt, dût-il déchaîner une nouvelle conflagration, il empêcherait l'ennemi de pénétrer en Anatolie...

XLIV

Pendant ce temps, à Constantinople, les événements se précipitaient. Le gouvernement avait été renversé. Un nouveau cabinet, composé presque uniquement de militaires, avait été constitué à sa place, sous la présidence d'Izzet Pacha. Fethi, le Macédonien, le capitaine de vaisseau Rauf, — le héros du *Hamidiyé* — et le général Fevzi en faisaient partie. Le colonel Ismet, rappelé d'urgence, s'était vu confier le sous-secrétariat d'Etat à la Guerre. Comme toujours Mustapha Kémal était exclu de la combinaison.

Cette fois-ci le veto émanait du Sultan lui-même et non de ses anciens ennemis, car ceux-ci n'étaient plus à Constantinople. Le Comité « Union et Progrès » avait été dissous. Talat et Djemal s'étaient enfuis à l'étranger. Djavid et les autres dirigeants du mouvement se terraient dans des caves, pour échapper à la vindicte populaire.

Quant à Enver, il avait été emporté lui aussi par la tourmente. Ne voulant pas s'enfuir comme un lâche et toujours hanté par son mythe d'un grand empire pan-turc, il s'était enfoncé dans le Turkestan à la tête d'une petite légion de volontaires, pour participer aux combats confus que s'y livraient les unités communistes et les formations de Wrangel.

Après avoir bataillé pendant près d'une année, il vit ses ressources s'épuiser et ses derniers compagnons de lutte le quitter l'un après l'autre. Abandonné de tous, acculé à la misère et au désespoir, il voulut charger seul, en grande tenue et en gants blancs, un bataillon de l'armée rouge qui descendait vers le sud. C'était au cœur de l'hiver. Le ciel était bas, et les tourbillons de neige estompaient le paysage. Soudain l'on vit un homme émerger de la brume et s'élancer à travers la plaine vers les fantassins russes. Un ordre bref ; une décharge de mousqueterie ; une ombre qui chancelle. Ce fut tout. Le bataillon soviétique poursuivit sa route, comme si rien ne s'était passé...

Au printemps suivant, quand la neige fut fondue, on trouva le corps d'Enver, couché dans la steppe. Son uniforme de général et ses décorations permirent de l'identifier. Sa poitrine était criblée de balles, et sa tête était tournée vers l'Orient, comme s'il se fût offert lui-même en holocauste à son rêve.

« Ainsi sa fin, écrit Norbert de Bischoff, par laquelle il semble avoir voulu expier tous les malheurs qu'il avait accumulés sur sa patrie, fut illuminée, malgré tout, d'une auréole de vraie grandeur [1]. »

XLV

Le 20 novembre, Mustapha Kémal reçut un coup de téléphone d'Izzet Pacha, lui demandant de rentrer immédiatement à Constantinople.

Lorsqu'il arriva dans la capitale, l'armistice de Moudros datait déjà d'un mois. L'ennemi était en possession de tout. Des cuirassés anglais étaient ancrés dans le Bosphore. Les troupes britanniques occupaient la capitale, les forts des

1. Norbert de Bischoff : *op. cit.*, p. 106.

185

Dardanelles et toutes les voies d'accès à la Turquie d'Asie. Les troupes françaises défilaient, musique en tête, à Stamboul et à Galata. Les troupes italiennes avaient établi leurs quartiers à Péra et le long des lignes de chemin de fer. Des officiers des nations victorieuses contrôlaient la police, la gendarmerie et les ports. Des missions interalliées procédaient au démentèlement des forteresses, à la démilitarisation des Détroits, à la démobilisation de l'armée.

L'Italie tenait Antalya, Koniah, Akséhir et Afion-Karahissar ; la France occupait le villayet d'Adana ; l'Angleterre s'était établie à Samsoun, Mersifon, Urfa, Maras et Aïntab ; les Grecs s'apprêtaient à s'installer à Smyrne et aux environs. De plus, l'article 7 de la convention d'armistice stipulait qu'en cas de menace contre les troupes de l'Entente, celles-ci auraient le droit d'occuper n'importe quel point stratégique du pays.

L'Empire ottoman avait été fracassé et mis en pièces. La Macédoine, la Thrace, la Mésopotamie, l'Arabie, la Syrie, la Palestine, étaient perdues. Des bandes d'irréguliers infestaient les côtes de la mer Noire, de Samsoun à Trébizonde, au nom d'une « République du Pont » dont personne n'avait encore jamais entendu parler ; le nouvel Etat d'Arménie s'adjugeait la région de Kars ; une « Ligue pour la résurrection kurde », patronnée par les Anglais déployait son activité à Diarbékir, Bitlis et El-Azis

Et comme si ce démembrement n'eût pas été suffisant, les grandes Puissances s'apprêtaient maintenant à dépecer l'Anatolie.

TROISIÈME PARTIE

LA MORT DE L'EMPIRE OTTOMAN
(1918-1922)

XLVI

Ce qui frappa le plus Mustapha Kémal, à son retour dans la capitale, ce fut de voir l'état de prostration dans lequel se trouvaient ses compatriotes. Les luttes qu'ils venaient de mener sans discontinuer depuis 1912 avaient été si dures et le choc que leur avait causé la défaite si brutal, qu'ils étaient comme anéantis. Sans réflexes de défense, usés et privés de tout espoir, ils tendaient le cou au bourreau et abandonnaient aux Alliés le soin de décider de leur sort.

Cette apathie n'était pas feinte : elle était réelle, et représentait bien l'état d'esprit du pays. Mais elle offrait un contraste curieux avec l'agitation de mauvais aloi qui régnait dans les milieux professionnels de la politique. Dans l'effondrement total du pays, nul ne songeait plus à l'intérêt de la nation. Chacun cherchait fébrilement à sauvegarder sa situation personnelle, ou à tirer son épingle du jeu. « Dans les antichambres des ministères et dans les salons du Sérail, dans les couloirs du Parlement et dans les clubs, on échafaudait les projets les plus divers et les plus insensés ; on complotait, on murmurait, on menaçait. Dans les comités secrets et dans les commissions diplomatiques, dossiers et rapports allaient et venaient, portant des espoirs mesquins et des plans mégalomanes ; et avec eux circulaient l'argent et le revolver, pour appuyer complots et trafic d'armes. C'était une confusion inouïe de ligues et de fédérations, un four-

189

millement d'agents, d'espions, de patriotes vrais ou prétendus tels [1]. » Bref, la Turquie offrait tous les symptômes d'un pays en pleine déliquescence.

Dès le lendemain de son arrivée, Mustapha Kémal se rendit chez Izzet Pacha. Le Grand Vizir venait de démissionner. Il avait été remplacé par Tewfik Pacha, un homme faible et irrésolu, qui était entièrement entre les mains des Anglais. Mustapha Kémal adjura Izzet de reprendre le pouvoir et de lui confier les fonctions de ministre de la Guerre. A eux deux, ils tiendraient tête à l'ennemi et sauveraient ce qui pouvait encore être sauvé de la Turquie.

Izzet ne dit pas non. Mais sur qui pouvait-on s'appuyer pour une opération de ce genre ? Sur les partis politiques ? Leur désarroi était total. Les uns voulaient faire appel à la générosité de l'Angleterre ; les autres, à l'amitié traditionnelle de la France ; d'autres encore, à la compréhension bienveillante de l'Italie. Certains allaient jusqu'à dire que la seule solution raisonnable consistait à transformer la Turquie en un protectorat américain. Mais aussi divisés qu'ils fussent, tous étaient d'accord pour affirmer que le pays ne pouvait pas se sauver lui-même et qu'il ne pouvait rien faire sans l'appui de l'étranger.

Or, non seulement Mustapha Kémal ne partageait pas cette façon de voir : il ne pouvait l'admettre. Elle lui semblait une démission honteuse, une humiliation bien pire que celle de la défaite. Sa xénophobie s'était encore accentuée au cours des dernières semaines, et la seule idée d'un recours à l'étranger le faisait grincer des dents. Il se mit à hanter les couloirs du Parlement et s'efforça de persuader les différents chefs de groupes que la Turquie ne pouvait être sauvée que par elle-même. Il employa tous les moyens pour vaincre leur scepticisme. Son but était d'amener l'Assemblée à renverser Tewfik, en le mettant en minorité lorsqu'il présenterait son nouveau cabinet et poserait la question de confiance.

1. Stephan Ronart : *La Turquie d'Aujourd'hui*, p. 85.

Ses interventions eurent un effet contraire à celui qu'il escomptait : Tewfik obtint une majorité écrasante. Les hommes politiques ne voulaient pas de Mustapha Kémal. Ils avaient peur de lui et le soupçonnaient de nourrir des ambitions personnelles. Surtout, ils considéraient la politique qu'il préconisait comme une folie.

Depuis son retour, Mustapha Kémal avait évité de paraître au palais impérial. En apprenant le résultat du scrutin, il téléphona au Sérail et demanda à être reçu d'urgence par le Sultan. Celui-ci le laissa attendre pendant plus d'une semaine.

A la fin du mois de décembre, Méhémet VI daigna enfin le recevoir. L'accueil du souverain fut poli, mais réservé. Cela n'empêcha pas Mustapha Kémal d'aborder sans détours le sujet qui lui tenait à cœur.

— « Il faut que Votre Majesté renvoie Tewfik et constitue un gouvernement fort, capable de traiter d'égal à égal avec l'ennemi, lui dit-il. Il faut mettre fin, une fois pour toutes, à la psychose de défaite qui règne dans les milieux gouvernementaux. Il suffirait d'un mot de Votre Majesté pour rendre courage au peuple et assainir l'atmosphère.

« Ecoutez-moi, je vous en conjure. Je ne parle pas à la légère. Nommez-moi ministre de la Guerre ; octroyez-moi les pleins pouvoirs et je sauverai le pays. Mais le Parlement doit être immédiatement dissous. Il est composé pour moitié de traîtres, affiliés au Comité « Union et Progrès », et pour moitié de lâches qui ont peur de leur ombre.

— « Vous jouissez d'une grande autorité dans les milieux militaires, répondit Vaheddine d'un ton nonchalant. L'armée demeure-t-elle loyale envers son souverain ?

— « Sire, je ne suis rentré du front que depuis peu, répondit Mustapha Kémal, pris au dépourvu par cette question. Je n'ai pas suffisamment d'informations pour vous répondre. »

Vaheddine était affalé sur un sofa, les yeux mi-clos. Il ressemblait de nouveau à l'homme qu'il avait connu lors de leur première rencontre. Il ne put s'empêcher de constater

qu'il employait à son égard la même tactique que jadis
envers Abdul Hamid, lorsqu'il voulait lui dissimuler le fond
de sa pensée.

— « Votre Majesté a-t-elle des preuves quelconques de la
déloyauté de l'armée ? demanda le général au bout d'un
instant.

— « L'armée Nous est-elle fidèle, et continuera-t-elle à
l'être dans l'avenir ? C'est la seule chose qui Nous intéresse », répéta Méhémet VI d'un air las.

Mustapha Kémal comprit soudain que ce discours sur
l'armée s'adressait en réalité à lui.

— « Je n'ai aucune raison d'en douter, répondit-il pru-
demment.

— « Alors Nous comptons sur votre influence pour la
maintenir dans ces bonnes dispositions, dit le Sultan pour
conclure. C'est en vous y employant que vous pouvez le
mieux Nous servir. »

Son opinion était faite sur Mustapha Kémal, et cette dernière entrevue ne faisait que la confirmer. Le général était
un homme dangereux, impulsif et grossier. Sans doute
Vaheddine était-il toujours disposé à l'utiliser si l'occasion
s'en présentait. Mais il était résolu à ne jamais lui confier la
moindre parcelle du pouvoir.

Cette rencontre devait être la dernière entre Mustapha
Kémal et le Sultan. Il était écrit que jamais le souverain et
lui ne conjugueraient leurs efforts pour relever le pays. Bien
plus : ils ne tarderaient pas à devenir des ennemis irrécon-
ciliables.

Le lendemain de cette entrevue, Méhémet VI prononça la
dissolution du Parlement et nomma Grand Vizir son beau-
frère Damad-Férid. Mustapha Kémal avait beaucoup d'amis
dans le nouveau cabinet. Le colonel Ismet était sous-secrétaire d'Etat à la Guerre. Le général Fevzi était chef d'état-
major général. Rauf était ministre de la Marine. Le Sultan
s'était formellement opposé à ce que Mustapha Kémal fît
partie du ministère.

Cette volonté d'ostracisme était trop flagrante pour ne pas

le frapper douloureusement. Le Sultan ne l'aurait jamais
traité ainsi, si le Loup gris avait eu des partisans. Mais il
était seul, et sa politique de résistance ne rencontrait aucun
écho. La démobilisation de l'armée risquait de mettre un
terme brutal à sa carrière. Dans quelques mois, dans quelques jours peut-être, il ne serait plus qu'un général en
retraite, sans affectation, sans famille et sans utilité. Pourtant, il avait rendu des services éminents au pays ! Pourquoi
mettait-on tant d'acharnement à ne pas les reconnaître ?

Voyant que tous ses efforts demeuraient inutiles, il se
retira dans une petite maison à Shishli, aux environs de
Constantinople, en compagnie d'un de ses amis, le colonel
Arif, lequel, — par un hasard curieux qui faisait dire aux
mauvaises langues qu'il était son fils, — lui ressemblait
comme un jeune frère. Il avait les mêmes yeux, les mêmes
cheveux, et la même expression que lui.

Mustapha Kémal avait pour Arif l'affection la plus vive et
Arif, de son côté avait une véritable vénération pour « son
patron ». Assis au coin du feu, il écoutait, avec admiration,
le général lui exposer pendant des heures ses idées sur la
situation et ses projets d'avenir.

— « Le Sultan-Calife n'a qu'un souci, disait Mustapha
Kémal d'une voix sourde, mais qui s'enflait au fur et à
mesure que se poursuivait son monologue, sauver son existence et assurer sa tranquillité ; son gouvernement de
même... Sans s'en douter, la nation est privée de chef, et
attend les événements dans les ténèbres et l'incertitude.
L'armée n'existe plus que de nom. Les commandeurs et
les cadres sont encore épuisés par les épreuves de la guerre,
mais leur cœur se serre à la perspective d'un démembrement de la patrie. Au bord de l'abîme ils cherchent désespérément un moyen de salut...

« Ceux qui, dans la nation, commencent à mesurer l'horreur et l'étendue de la catastrophe envisagent bien des solutions diverses, chacun selon son milieu, ses habitudes et ses
sentiments. Mais sous l'emprise des liens religieux, renforcés
par des siècles de tradition, la nation et l'armée tournent

193

leurs regards vers le trône et vers celui qui l'occupe... Par atavisme, elles se préoccupent plus du califat et du sultanat que de leur propre salut. Elles ne conçoivent même pas que le pays puisse être sauvé en dehors de la personne du Sultan-Calife. Non seulement c'est une idée absolument ancrée chez eux, mais encore malheur à ceux qui ne seraient pas de cet avis ! Ils seraient aussitôt considérés comme des renégats sans foi, ni patrie... Ils seraient qualifiés de traîtres, reniés, condamnés à mort, peut-être sauvagement abattus. Cette mentalité ne règne pas seulement dans la masse, mais aussi dans les élites... »

Lentement les bûches d'olivier se consumaient dans l'âtre. Leurs flammes jetaient dans la pièce des lueurs fantastiques. Elles éclairaient le visage du général, donnant un relief intense à son front, à son menton et à sa bouche empreinte d'une tristesse amère. Son monologue était entrecoupé de longues périodes de silence, lourdes de mépris et de déceptions accumulées.

— « On considère comme primordial de ne pas froisser les grandes Puissances, l'Angleterre, la France, l'Italie, reprit Mustapha Kémal au bout d'un moment. L'idée qu'il serait impossible de lutter, même contre une seule d'entre elles, s'est enracinée dans tous les esprits. Prendre à leur égard une attitude hostile, alors qu'elles ont vaincu à la fois l'Empire ottoman, la puissante Allemagne et l'Autriche-Hongrie, serait dénoncé comme un manque absolu de logique et de bon sens...

« Ha ! poursuivit-il d'une voix plus rauque, où perçait une colère sourde, comment ne voient-ils pas qu'Empire ottoman, Sultan-Calife, Gouvernement, Indépendance, n'ont plus d'existence réelle, ne sont plus que des mots creux... »

De nouveau ce fut un long silence, où le vainqueur des Dardanelles sembla submergé par ses pensées. Puis, il poursuivit, presque à voix basse :

— « Renié, bafoué, crucifié, qu'importe... Il faudrait pourtant qu'un homme... oui, il faudrait qu'un homme, animé d'une foi intense et fort de ces convictions.. »

Le général parlait toujours, tandis que les dernières
bûches achevaient de rougeoyer dans la cheminée et que les
ombres envahissaient peu à peu la pièce. Sans oser l'inter-
rompre, Arif l'écoutait parler jusqu'au cœur de la nuit.
Il était enivré par les perspectives immenses que Mustapha
Kémal déployait devant lui. Mais il était aussi effrayé par
leur ampleur, par leur audace, et se demandait avec angoisse
si elles ne relevaient pas plutôt du rêve que de la réalité.

Sans doute, aurait-il fallu faire tout ce que disait Kémal.
Mais était-ce possible ? L'empire ottoman n'était-il pas irré-
médiablement perdu ? Si le général trouvait en lui la force
d'amorcer cette œuvre, ne l'abattrait-on pas avant qu'il
l'eût menée à bien ? N'était-il pas plus sage de se résigner
à l'inévitable ?

Il faut reconnaître que les appréhensions d'Arif étaient
justifiées. Tout semblait se liguer contre le vainqueur des
Dardanelles pour le réduire à l'impuissance. Mais Liman
von Sanders avait dit un jour de lui « qu'il possédait la
qualité essentielle des grands chefs : la chance. Et non seulement la chance, mais le don de la saisir au vol et l'exploiter à fond [1]. » Une fois de plus, quand tout paraissait
fini, et que la vie semblait ne plus lui offrir d'autres perspectives que de passer ses soirées à ratiociner sans fin avec
Arif sur les occasions manquées, la chance le favorisa et
lui mit entre les mains des atouts inespérés.

XLVII

Au cours des six mois qui suivirent l'armistice, le contrôle
interallié se relâcha sensiblement. L'Angleterre, la France
et l'Italie se débattaient dans de sérieuses difficultés inté-

---

1. H. C. Armstrong : *Grey Wolf*, p. 99.

rieures. Leur opinion politique réclamait la démobilisation rapide des troupes et la reconversion de leur industrie de guerre en industrie de paix. En même temps, les missions alliées à Constantinople commencèrent à se jalouser, entraînant dans leurs rivalités des fractions de plus en plus importantes de la population turque. Il y avait comme toujours dans le désaccord des vainqueurs, une lueur d'espoir pour le vaincu.

Vers la mi-mai, un premier échelon de troupes grecques débarqua à Smyrne, pour procéder à l'occupation de la région. Les Alliés, fatigués par l'effort militaire qu'ils venaient de fournir, leur avaient demandé de venir les relever.

Lorsque l'on apprit que les Grecs remplaçaient les troupes de l'Entente, en vertu de l'article 7 de la convention d'armistice, un sursaut d'indignation parcourut le pays. Que les armées des nations victorieuses occupassent le territoire, c'était douloureux, certes, mais normal. C'était ainsi que les choses se passaient depuis qu'il y avait des guerres. Mais les Grecs ? De quel droit venaient-ils fouler un sol qu'ils auraient été bien incapables de conquérir par eux-mêmes ? L'outrage dépassait les bornes. Un certain nombre de Turcs commencèrent à se demander si, tout compte fait, une politique de résistance n'était pas la plus honorable.

Cependant, une politique de ce genre ne pouvait être pratiquée à Constantinople même, où tous les services publics étaient truffés d'espions anglais, sans parler de la nuée de Turcs qui s'étaient mis à leur solde. Ces agents envoyaient tous les jours des rapports au Haut-Commissaire britannique, qui exerçait à son tour une pression constante sur le Sultan. Si l'on voulait organiser un mouvement de résistance, il fallait le faire à l'écart du pouvoir central, c'est-à-dire dans les montagnes de l'Anatolie.

Une douzaine d'organisations secrètes se créèrent dans la capitale. Leur activité consistait à piller les dépôts d'armes stockées par les commissions de contrôle alliées, pour les transporter vers l'intérieur du pays et les remettre à des groupes de partisans. Ismet, Fevzi et Rauf apportaient leur concours discret à ces organisations clandestines.

Déjà l'opinion se raidissait contre les occupants. Dans un certain nombre de localités, situées au cœur de l'Anatolie, des hommes courageux — d'anciens officiers pour la plupart — avaient pris sur eux d'organiser des groupes de combat. Les bandes de montagnards, que Mustapha Kémal avait fait recruter dans le Taurus, avant de quitter le front syrien, commençaient à prendre forme. Les cellules de l'ancien Comité « Union et Progrès », se reconstituaient un peu partout. Enfin, sur la frontière du Caucase, le général Kiazim Kara Békir avait refusé de laisser démobiliser les six divisions qu'il tenait bien en main.

Les agents britanniques ne tardèrent pas à s'apercevoir qu'une activité insolite se manifestait en Anatolie orientale. Ils le signalèrent au Haut-Commissaire, qui en informa le Sultan. D'un commun accord, les autorités anglaises et ottomanes décidèrent de mettre un terme à cette agitation. Il était d'autant plus important de maintenir le calme en Turquie, que Damad Férid allait partir incessamment pour Paris, afin d'y plaider la cause de l'Empire à la conférence de la paix. Toute agitation en Anatolie, durant cette période, ne pouvait qu'être préjudiciable au succès de ses négociations.

La situation exigeait que l'on envoyât quelqu'un dans les provinces orientales pour y maintenir l'ordre au nom du Sultan. Le Grand Vizir proposa d'en charger Mustapha Kémal. Méhémet VI se récria, en entendant prononcer ce nom.

— « Jamais ! répondit-il. Je connais trop bien cet homme. Lui confier cette mission serait une erreur grave. »

Mais Damad Férid, qui avait l'oreille du souverain, s'employa, par des arguments habiles, à dissiper ses préventions.

— « Les Turcs, Majesté, ne désirent que la paix, lui assura le Grand Vizir. Les troubles que l'on signale en Anatolie ne sont nullement un reflet du sentiment populaire. Ils sont dus — si j'en crois les rapports qui me parviennent de différents côtés — aux machinations du Comité « Union et Progrès ». Ce sont les anciens partisans de Talat et d'Enver qui relèvent la tête. Mustapha Kémal est leur ennemi déclaré. Nul n'a plus d'intérêt que lui à les mettre hors d'état de nuire. De plus, sa réputation est solidement établie dans cette région, où il a déjà commandé la 2ᵉ armée. Son patriotisme et son loyalisme sont au-dessus de tout soupçon. C'est l'inaction qui est la cause de son mécontentement actuel. En lui confiant cette mission, vous ferez d'une pierre deux coups : vous vous l'attacherez personnellement, et vous l'éloignerez de la capitale. »

Malgré ces excellentes raisons, dictées par un profond calcul politique, la nomination de Mustapha Kémal fut longtemps différée. Le Sultan ne pouvait pas se résoudre à signer son ordre de mission. Les Anglais, de leur côté, soupçonnaient Mustapha Kémal d'avoir partie liée avec les agitateurs et ne voyaient pas d'un bon œil son envoi dans les régions de l'Est. Pourtant Damad Férid revint à la charge et finit par obtenir gain de cause. De guerre lasse, Méhémet VI nomma Mustapha Kémal Inspecteur général de la zone nord et Gouverneur général des provinces orientales, avec des attributions très étendues.

« Cette décision, écrit Norbert de Bischoff, quoique prise à contre-cœur, fut le seul acte historique, disons même le seul acte vraiment grand que Méhémet VI ait accompli au cours de son règne. Il allait avoir des répercussions immenses. Car il donna un chef au peuple turc d'Anatolie , et il donna à ce chef le peuple et le champ d'action dont il avait besoin pour transformer en réalités, les vastes pensées qu'il roulait dans sa tête, lorsqu'il cherchait un remède à la situation [1]. »

Grâce à la décision de Méhémet VI, les trois facteurs essentiels de la révolution kémaliste — un sol, un peuple et un chef — allaient se trouver réunis...

---

1. Norbert de Bischoff *op. cit.*, p. 138.

XLVIII

Tandis que le général Mustapha Kémal s'embarquait pour les provinces orientales, en compagnie du colonel Arif et du colonel Refet, le Grand Vizir Damad Férid se rendait à Paris où Clemenceau, Wilson, Lloyd George et Orlando s'apprêtaient à régler le sort de la Turquie.

Deux choses se trouvaient impliquées dans la défaite des armées turques. D'une part, l'existence du peuple turc proprement dit ; de l'autre, la souveraineté du Sultan sur l'ensemble des territoires constituant l'empire ottoman. Méhémet VI était prêt aux plus larges concessions en ce qui concernait son peuple, à condition de sauver ce qu'il pourrait de son pouvoir. Aussi avait-il chargé son Grand Vizir d'expliquer aux membres du Conseil suprême interallié, que le sultanat n'était nullement responsable de l'entrée en guerre de son pays et que cette décision lui avait été extorquée par les « Jeunes Turcs ». C'étaient également eux qui avaient provoqué le massacre des Arméniens, lors de l'avance des armées turques sur le front du Caucase. Il fallait donc, en toute équité, et aussi pour que le monde musulman ne sombrât pas dans l'anarchie, laisser « les peuples ottomans » sous la souverainté du Sultan-Calife. Il convenait même de lui restituer quelques-uns des territoires qui lui avaient été indûment enlevés au cours des dernières guerres, notamment la Thrace occidentale, le Dodécanèse et les îles de la mer Egée.

En échange de ces concessions, le Sultan était prêt à accorder une large autonomie à ses sujets arabes et consentirait à la création d'un Etat arménien, formé par la réunion des provinces arméniennes de son empire et des districts arméniens de l'ancien empire des Tsars. Il s'engageait en outre « à n'user de son autorité temporelle et spirituelle qu'en plein accord avec les Alliés et en s'inspirant de leurs intérêts supérieurs ». Enfin, spéculant sur le fait qu'il arrive toujours un moment où le débiteur devient indispensable à son créancier, il fit valoir qu'il était le garant des emprunts contractés par ses prédécesseurs, et que « le seul moyen de continuer à en toucher les dividendes était de le maintenir en place [1] ».

Ce programme n'était pas aussi absurde que l'ont prétendu certains historiens. On peut se demander aujourd'hui si le démembrement de l'Empire ottoman, — comme celui de l'Autriche-Hongrie — était un bien. D'autres solutions étaient possibles, qui auraient peut-être épargné au monde bien des déboires. Un des rôles traditionnels de la Porte n'avait-il pas été d'opposer une digue à la pénétration russe en Méditerranée, et de régenter tant bien que mal les peuples turbulents du Proche-Orient ? Méhémet VI et ses conseillers pouvaient supposer que les vainqueurs partageraient ce point de vue. Ils oubliaient que le monde n'est pas mené par des idées positives, mais par des passions idéologiques. La politique du Sultan méconnaissait deux facteurs primordiaux qui la vouaient à l'échec : d'abord, elle ne correspondait nullement aux tendances de l'Histoire ; ensuite, elle heurtait de front la psychologie des Alliés.

« Croire que moyennant quelques concessions de pure forme, Méhémet VI pourrait continuer à régner sur l'ensemble de son empire en qualité de Sultan et de Calife, écrit Norbert de Bischoff, comme s'il ne s'était rien passé depuis 1914, comme si le monde ne venait pas d'être bouleversé de fond en comble par la guerre, comme si la Russie, l'Allemagne et l'Autriche-Hongrie ne s'étaient pas effondrées sous les coups de trois révolutions et comme si les conceptions et les calculs politiques d'avant 1914 avaient encore cours, était une erreur de jugement monumentale. Pourtant, l'attitude observée par le gouvernement ottoman au cours des négociations internationales de 1919 et de 1920,

1. Cf. Observations présentées par la Délégation ottomane à la conférence de la paix, 25 juin 1920.

montre que le but véritable — et même le but unique — de la politique impériale, était le maintien de la souveraineté du Sultan sur la totalité de son empire. Les délégués du Sultan refusaient d'admettre la vérité : à savoir que l'empire ottoman n'avait pas seulement perdu la guerre ; qu'il *devait* périr dans cette guerre et par cette guerre ; que les Anglais, les Français et les Italiens considéraient l'empire vaincu comme leur butin, et qu'ils se préparaient à le partager entre eux et leurs satellites [1]. »

Avec une méconnaissance absolue de la situation, et poussé par une haine aveugle contre le régime des « Jeunes Turcs », Damad fournit imprudemment des armes à ses adversaires. Le Conseil suprême interallié s'empressa de prendre acte de ce que la délégation ottomane « reconnaissait la responsabilité de l'ancien gouvernement ottoman en ce qui concernait l'entrée en guerre de l'empire et les atrocités commises, sans même tenter d'en fournir une explication ou une justification ». Il déclara que le peuple turc avait démontré par là son incapacité à gouverner d'autres peuples et que le Califat de Stamboul était loin d'être « l'orgueil et la joie des populations musulmanes », comme il le prétendait.

Dans ces conditions, les hommes d'Etat alliés répondirent qu'il ne pouvait être question de laisser Méhémet VI continuer à exercer sa souveraineté sur tous les territoires qui lui avaient appartenu jusque-là. Sans doute, le règlement de cette question ne pouvait-il intervenir sur-le-champ, en raison de l'ampleur des intérêts en jeu. Mais le Conseil suprême fit savoir « qu'il s'en occuperait ultérieurement et informerait en temps opportun le gouvernement ottoman des décisions qu'il aurait prises ». C'est sur cette déclaration, aussi nette que péremptoire, que prirent fin les conversations avec le délégué du Sultan.

Comme Damad Férid ne comprenait pas — ou feignait de ne pas comprendre — que sa présence à Paris était désor-

1. Norbert de Bischoff : *op. cit.*, pp. 135-137.

mais superflue, on lui enjoignit de prendre sans délai le train pour Constantinople, « tout comme on aurait signifié un arrêté d'expulsion à un étranger indésirable [1] ».

C'est sur cet échec lamentable que prit fin la mission de l'homme que le Sultan avait envoyé vers l'Occident.

XLIX

Toute autre était la tournure qu'allait prendre la mission de celui que Méhémet VI avait envoyé vers l'Orient.

Mustapha Kémal, Arif et Refet s'étaient embarqués sur un petit cargot mixte, à destination de Samsoun. Durant la traversée, le général, auquel sa nouvelle mission semblait avoir donné un regain de vitalité, exposa à ses compagnons de route, ses conceptions d'avenir.

Ses vues, leur dit-il, n'avaient jamais varié depuis son entrée à l'Ecole militaire de Monastir. Les années, en s'ajoutant les unes aux autres, lui avaient apporté une expérience et un jugement qu'il ne possédait pas à cette époque. Loin de modifier ses conceptions fondamentales, le temps n'avait fait que les ancrer toujours plus profondément dans son esprit. Il lui semblait avoir toujours prévu le sort tragique de la Turquie ; depuis son adolescence, il avait eu le pressentiment de la tâche que le sort lui avait réservé.

Tout comme Méhémet VI, il considérait lui aussi que la défaite des armées turques impliquait deux choses : l'existence du peuple turc et le maintien de la souveraineté du Sultan sur l'empire. Mais à l'inverse de Vaheddine il était résolu à sacrifier la souveraineté nominale du Sultan, pour sauver l'entité vivante qu'était le peuple turc. L'un était une construction abstraite, arbitraire et surannée ; l'autre,

1. Norbert de Bischoff : *op. cit.*, pp. 139-140.

une création organique, riche d'avenir et de vie. « L'Homme malade », ce n'était pas le peuple turc. Le peuple turc était sain et encore plein de sève. « L'Homme malade », c'était le régime impérial. Agrippé au peuple turc, il l'entraînait avec lui dans une catastrophe commune.

Pour sauver la nation turque, il fallait trancher sans hésiter les liens qui la rattachaient à l'empire ottoman. Pour y parvenir, aucun moyen ne serait trop draconien, aucune mesure trop radicale. Car ces liens n'étaient pas ceux qui unissent un souverain à ses sujets. Ils étaient ceux qui lient un bourreau à sa victime. La Turquie était aussi prisonnière de l'empire ottoman que ne l'avaient été, autrefois, la Grèce ou la Bulgarie. Elle devait s'en émanciper, elle aussi, par un sursaut d'indépendance nationale. Seul un divorce total pourrait assurer son salut. L'empire ottoman, incarné dans le sultanat, n'était pas seulement l'ennemi des pays chrétiens et arabes : il était également l'ennemi de la Turquie.

Il l'était même davantage. Car à travers six cents ans d'histoire, il avait empêché la Turquie de devenir une nation. « Contruisez ici vos foyers », avait dit Ertogrul à ses guerriers, sur les rives de la Sakharya. Où était le foyer des Turcs ? Où était leur patrie ? A sa place avait surgi, par la faute des Sultans, un empire hétéroclite, qui n'avait aucune base solide, et où les Turcs avaient fini par n'être plus rien : ni un groupe ethnique prédominant, ni une caste dirigeante.

Et quand le divorce avec le sultanat serait consommé, la tâche ne serait pas finie, car il faudrait encore détruire le Califat, et arracher les Turcs aux griffes de l'Islam.

Car la grande trahison des Sultans, leur crime le plus impardonnable avait été d'imposer à leur peuple une religion étrangère, qui n'était pas faite pour lui, et qui l'avait lentement affaibli et dévirilisé. Ç'avait été — comme toujours — la revanche sournoise des prêtres vaincus sur les guerriers vainqueurs. Les Sultans s'étaient rendu complices de cette fraude parce qu'elle facilitait leur tâche. Ils étaient avides de terres et de richesses, et leur conversion à l'islamisme rendait leur mainmise plus aisée sur les royaumes opulents de Bagdad et de Damas, du Caire et de la Mecque. Ils étaient despotiques et cupides, et le fait d'imposer à leurs sujets une religion basée sur « l'abandon total aux volontés du Seigneur », leur permettait de mieux les plier à leur volonté. Sans l'Islam, il y a longtemps que la Turquie aurait relevé la tête, et aurait exigé d'être traitée en nation indépendante. Mais le Sultan et le clergé s'étaient chargés de son asservissement. Ils avaient maintenu sciemment les Turcs dans l'ignorance et les avaient abêtis par des règles de vie absurdes. Ils lui avaient fermé tout accès à la science, pour le maintenir dans la superstition. Partout où avait passé Mahomet, il fallait repasser à nouveau pour détruire son œuvre, et neutraliser par des contre-poisons violents, les poisons qu'il avait versés au fond de l'âme anatolienne. Il fallait tout arracher, pour pouvoir tout reconstruire : les lois, les mœurs, l'enseignement, la langue...

Alors, mais alors seulement, la Turquie pourrait devenir une nation, capable de s'aligner sur celles de l'Occident. Alors, mais alors seulement, on pourrait y édifier une civilisation nouvelle, moderne par sa forme, mais originale par son esprit. Alors, les usines, les chemins de fer, les ports, les routes, jaillirent de terre pour proclamer la résurrection du pays !

Mais pour réussir cette œuvre il fallait avancer pas à pas, afin de ne pas effaroucher les esprits timorés. Ceux-ci étaient encore trop pétris de préjugés, ou trop pusillanimes, pour ne pas être effrayés par ces perspectives audacieuses. Car il s'agissait de faire plus qu'une révolution. Les révolutions transforment les États existants. La Turquie n'existait pas encore : il fallait la mettre au monde...

L

Tandis que Mustapha Kémal discourait ainsi avec Arif et Refet, en arpentant le pont du bateau qui les menait à Samsoun, il ignorait encore le péril auquel il venait d'échapper. Quelques heures, seulement, après son départ de Stamboul, Méhémet VI avait reçu de nouveaux rapports de police, affirmant que le général avait partie liée avec les organisations clandestines d'Anatolie. Vivement alarmé par ces renseignements — qui confirmaient ses propres soupçons — le Sultan avait voulu annuler sa nomination. Mais il était trop tard. Le bateau portant le vainqueur des Dardanelles avait déjà pris la mer. Le Sultan avait alors envoyé aux agents qui contrôlaient les lignes de navigation et les ports, l'ordre d'arrêter Kémal et de le ramener à Constantinople, où il avait l'intention de le faire interner.

Mais le contrôle interallié s'était beaucoup relâché au cours des derniers mois. Le 19 mai 1919, le général et les deux officiers qui l'accompagnaient arrivèrent à Samsoun, au milieu d'une violente tempête. Le port et la ville étaient occupés par les Anglais. Ceux-ci les laissèrent débarquer, sans les inquiéter. Agirent-ils ainsi conformément à des ordres supérieurs, ou par simple négligence ? Songèrent-ils à se servir du général, pour entrer en contact avec les organisations secrètes dont ils ignoraient les chefs, et les arrêter tous ensemble ? Quoi qu'il en soit, ils se bornèrent à faire espionner Mustapha Kémal par un officier de leur service de renseignements.

Pour échapper à cette filature, dont il s'était rapidement avisé, le Loup Gris transféra son Quartier général à Kavsa, puis à Amassia, une ville située à l'intérieur des terres, sur la route principale qui traverse l'Anatolie d'est en ouest. Là, les agents britanniques perdirent momentanément sa trace.

Sitôt installé dans son nouveau Q.G., Mustapha Kémal

télégraphia à tous les chefs militaires d'Anatolie, pour leur demander de lui envoyer d'urgence des rapports sur la situation de leurs régions respectives.

Ces rapports mettaient deux faits en évidence : d'abord le choc psychologique qu'avait donné aux populations l'annonce de l'occupation de Smyrne par les Grecs [1]. Ensuite, la tension croissante qui se manifestait entre Turcs et Arméniens. Ces derniers s'attendaient, d'un jour à l'autre, à être proclamés indépendants par le Conseil Suprême interallié, siégeant à Paris, et s'apprêtaient à se venger des sévices qu'ils avaient subis sous le règne de Moulay Hafid. Dans les provinces orientales, dont la frontière servait de ligne de démarcation entre l'Arménie russe et l'Arménie turque, une telle décision ne pourrait signifier qu'une chose : l'extermination des Turcs. Aussi les unités, stationnées dans ce secteur, étaient-elles particulièrement nerveuses et refusaient de se laisser désarmer.

Ces rapports soulignaient également l'état navrant de la Turquie au point de vue militaire. Il restait en tout et pour tout 50.000 hommes environ, répartis en sept corps d'armée : six en Anatolie et un en Thrace. Sur les sept, quatre étaient réduits à un état squelettique : seuls subsistaient les états-majors et les cadres. Les hommes avaient été démobilisés ; les armes étaient stockées dans des dépôts et placées sous le contrôle des commissions interalliées. Certains régiments ne comptaient plus qu'une poignée de vingt à trente soldats. L'unique force militaire qui méritât encore ce nom était le corps d'armée de Diarbékir, commandé par le général Kiazim Kara Békir. En face de Smyrne, on signalait dans les montagnes une recrudescence d'activité des bandes de partisans, décidés à résister coûte que coûte aux Grecs. Rauf, qui avait donné sa démission de ministre de la Marine, était en train d'organiser les maquis de cette région.

Avant d'aller plus loin, Mustapha Kémal considéra qu'il devait s'assurer l'appui des commandants de corps d'armée.

1. La Ire Division grecque avait commencé à y débarquer le 15 mai.

Le 18 juin, il convoqua à Amassia, Refet, qui commandait à Sivas et Ali Fuad, qui commandait le 20° corps à Angora. Ali Fuad amena avec lui le commandant Rauf. Ces officiers tinrent une conférence secrète, dont nous connaissons exactement la teneur, grâce au procès-verbal qu'en rédigea le colonel Arif (22 juin).

Mustapha Kémal commença par faire l'analyse de la situation. Tous reconnurent que le pays était perdu si l'on n'opposait aucune résistance aux exigences des Alliés. Ils esquissèrent ensuite un plan d'action commun.

Dans un premier temps, l'instruction et l'armement des bandes de partisans qui se trouvaient devant Smyrne, seraient intensifiés. Rauf serait chargé de coordonner leur activité. Leur rôle consisterait à harceler les Grecs et à retarder leur avance, s'ils faisaient mine d'occuper l'intérieur du pays.

Dans un second temps, on mettrait sur pied une nouvelle armée régulière, en se servant, partout où on le pourrait, des cadres de l'ancienne. Pour cela, il fallait ouvrir des centres de recrutement clandestins et créer des dépôts d'armes, en pillant les stocks détenus par les Alliés. C'était une tâche dangereuse, surtout durant la phase initiale. Elle ne pouvait être confiée qu'à des hommes résolus. Si les Anglais les prenaient sur le fait, ils seraient fusillés. Ils ne devaient compter sur aucune aide, pas plus sur celle du Sultan que sur celle du gouvernement, — pas même sur l'appui des populations locales. S'ils échouaient, tout le monde les désavouerait ; et s'ils étaient arrêtés, personne ne viendrait à leur secours.

Toutes les organisations de résistance, disséminées à travers le pays, devaient être placées sous l'autorité d'un état-major unique. Quant aux unités régulières, Ali Fuad prendrait le commandement de toutes les forces à l'Ouest (y compris le maquis de Smyrne). Kiazim Kara Békir garderait le commandement de toutes les troupes de l'Est. Mustapha Kémal, lui, demeurerait au centre.

Ces points étant acquis, le Loup gris reprit la parole et déclara que « puisque le Sultan et le gouvernement d'Istanbul étaient à la merci des Anglais, il fallait constituer un pouvoir nouveau en Anatolie sous la forme d'un gouvernement provisoire ».

En entendant ces mots, beaucoup d'officiers se récrièrent et émirent diverses objections. Ils répugnaient à se laisser entraîner sur le terrain politique. Rauf en particulier, se refusait catégoriquement à faire quoi que ce soit qui pût porter atteinte au prestige du Sultan, ou diminuer l'autorité du gouvernement impérial. Ali Fuad n'était nullement disposé à considérer Mustapha Kémal comme son chef, ni à lui obéir aveuglément en dehors du domaine militaire. Quant à Refet, il n'avait pas écouté sans un certain ahurissement les déclarations incendiaires faites par le général, sur le pont du bateau qui les menait à Samsoun. Ses vues d'avenir lui avaient paru extravagantes et il trouvait que son ami avait une tendance regrettable à se laisser emporter par le feu de son imagination. Seul Arif marqua son approbation. Mais Arif approuvait tout ce que disait son chef.

Mustapha Kémal savait qu'un conflit avec le gouvernement central était inévitable. Il s'efforça de démontrer à ses contradicteurs que s'ils ne créaient pas un pouvoir nouveau en Anatolie, toute leur action serait privée de base légale. Après plusieurs heures de discussion, Rauf et Ali Fuad se rallièrent à ce point de vue. Seul Refet refusait de se laisser convaincre. Il était plus réticent que les autres, parce qu'il connaissait mieux qu'eux les arrière-pensées du général.

— « Pourquoi est-il indispensable de créer un gouvernement provisoire en Anatolie ? demanda-t-il. Je n'en vois nullement la nécessité. Au contraire, cette mesure risque de fausser le caractère purement militaire de l'action que nous avons décidé d'entreprendre. »

Mustapha Kémal s'efforça de réfuter cette opinion avec toute la vigueur dont il était capable.

— « Notre action, rétorqua-t-il, sera nécessairement désavouée tôt ou tard par le Sultan. Que ferez-vous alors ? Vous serez obligés d'abandonner la lutte, ou de rompre vos liens d'allégeance avec Constantinople. Ce dilemme vous sera épargné, si vous agissez dès le début au nom d'un pouvoir nouveau.

— « Mais n'est-ce pas de la rébellion ? insista Refet.

— « Peut-être, si nous restons sur le plan strictement militaire. Non, si nous agissons en vertu d'un mandat de la nation. » De guerre lasse, mais à contre-cœur, Refet finit par s'incliner.

Mustapha Kémal et ses amis convinrent alors qu'un Congrès serait convoqué à Sivas en octobre, et que toute la Turquie serait invitée à y envoyer des délégués. Cette proposition fut transmise aux trois chefs militaires qui n'avaient pas pu assister à la conférence.

Dès que ceux-ci eurent connaissance des décisions prises à Amassia, le général Kiazim Kara Békir, qui commandait le corps d'armée d'Erzeroum, le général Jaffar Tayar qui commandait le corps d'armée d'Andrinople, et le général Adnan qui commandait le corps d'armée de Konieh, écrivirent à Mustapha Kémal pour lui dire qu'ils approuvaient ses décisions. Le Loup gris avait remporté sa première victoire : il avait rallié autour de lui les principaux chefs militaires du pays.

LI

Sitôt la conférence d'Amassia terminée. Mustapha Kémal se rendit au télégraphe et envoya ses instructions à tous les inspecteurs et aux commandants régionaux :

— « Organisez des mouvements populaires, leur ordonnat-il. Convoquez des meetings de revendications nationales ; adressez des motions à la Porte et élevez des protestations auprès des Puissances contre l'occupation du territoire par les Grecs ; conservez toujours le calme et la dignité et rendez compte de l'exécution. »

Ces messages furent partout favorablement accueillis.

Encouragé par ce premier résultat, Mustapha Kémal se mit à parcourir la région en tous sens, pour préparer le Congrès de Sivas et convier la population à s'engager dans les organisations de résistance. Il alla de village en village, haranguant les paysans et les anciens soldats démobilisés. Son but était de leur faire comprendre que la Turquie avait encore besoin d'eux.

— « L'ennemi, leur disait-il, a inscrit dans ses buts de guerre l'anéantissement total de notre pays. Le Sultan est incapable de s'y opposer, car il est prisonnier des autorités d'occupation britanniques. Il m'a nommé gouverneur général des provinces orientales et m'a envoyé vers vous, moi, Mustapha Kémal, afin de vous apporter des paroles de salut. Ces paroles, les voici · Dites-vous bien que vous ne serez sauvés que par vous-mêmes. Rester assis, en attendant un secours de l'étranger, ne sert à rien. Debout ! Engagez-vous dans la nouvelle armée nationale ! C'est seulement ainsi que vous éviterez la destruction de vos familles et de vos foyers ! C'est seulement ainsi que vous échapperez à l'esclavage et au déshonneur ! »

Il fonda un Comité de résistance dans chaque village. C'était une tâche ingrate. Les paysans turcs étaient las de se battre. Que de fois ne les avait-on pas menés au combat avec des proclamations sonores et de belles promesses ? Chaque fois, ils étaient rentrés chez eux, humiliés et vaincus. Cela pouvait durer un certain temps, mais cela ne pouvait pas durer toujours. Maintenant, ils n'aspiraient qu'à cultiver leurs champs et ne demandaient qu'une chose : qu'on les laissât en paix. Amers et silencieux, ils jetaient un regard soupçonneux à quiconque venait encore leur parler de politique.

Pourtant, les appels de Mustapha Kémal avaient un tout autre accent que ceux qu'ils avaient entendus jusque-là. Le général leur dépeignait la gravité de la situation avec des mots très simples, qui vibraient d'une passion profonde. Chacune de ses phrases traduisait, avec une sincérité pathétique, sa colère et sa douleur. On sentait combien son cœur était déchiré. Pouvaient-ils rester sourds aux paroles de cet homme qui vivait si intensément le drame de sa patrie ? Ses allocutions stimulaient au plus profond d'eux-mêmes, une fierté instinctive qui n'était qu'assoupie. « Résistez ! » leur criait-il de sa voix métallique. S'iis ne l'avaient pas fait plus tôt, c'est qu'ils ne l'avaient pas cru possible. Ils pensaient que tout était perdu. Mais voilà qu'un général célèbre, qui s'était conduit en héros sur les champs de bataille d'une guerre perdue, venait proclamer devant eux sa foi invincible dans les destinées de son peuple ! Et à qui le disait-il ? Non pas à d'autres généraux, mais à de pauvres bougres, qui n'avaient à lui offrir que leurs bras, leur confiance, et leur courage ! Il leur disait en même temps qu'il n'avait plus d'armée, qu'il avait besoin d'eux, qu'il ne pouvait rien faire, s'ils lui refusaient leur concours ! N'était-ce pas suffisant pour les émouvoir et les entraîner à sa suite ?

— « Le gouvernement central n'est plus à la hauteur de sa tâche, leur répétait le Loup gris. Seules, l'énergie et la volonté de la nation peuvent sauver son indépendance. Qui veut la liberté doit être prêt à tout lui sacrifier, jusqu'à son dernier souffle. Quittez vos occupations et vos affaires ; élevez ouvertement la voix ; rendez-vous sur les places publiques pour inciter la nation entière à prendre les armes, et obéissez à son chef, quel qu'il soit ! Que votre décision soit un engagement à la vie à la mort...

« Pour ma part, je jure, sur ce qui m'est le plus sacré, de travailler de toutes mes forces et de tout mon dévouement, d'accord avec vous qui êtes la nation, à l'obtention définitive de notre indépendance complète. Je jure de ne plus quitter l'Anatolie avant d'y être parvenu... »

Les officiers démobilisés furent les premiers à répondre. Ils entraînèrent à leur suite un nombre croissant de volontaires. Quelque chose en Turquie commençait à revivre...

Quittant Amassia, Mustapha Kémal alla s'installer à Erzeroum. Là, les circonstances vinrent faciliter sa tâche Depuis peu, les Anglais avaient créé une République arménienne indépendante dans les territoires appartenant à l'ancien empire des tsars. Ils avaient promis de lui annexer les provinces arméniennes appartenant à la Turquie, et s'étaient engagés à inscrire leur cession parmi les clauses du futur traité de paix. Mieux encore : Lloyd George avait déclaré que les Arméniens seraient co-signataires du traité, en tant que « puissance victorieuse ».

Les Grecs maîtres de Smyrne, les Arméniens maîtres d'Erzeroum ! C'en était vraiment trop. Tous les Turcs de la région s'étaient juré de résister jusqu'à la mort plutôt que d'y consentir.

Cet état d'esprit créait une ambiance favorable à la tournée de propagande entreprise par Mustapha Kémal. Partout où il passait, il électrisait ses auditeurs. Dans un petit village de montagne, un simple caporal, après l'avoir entendu parler, réunit trois cents hommes — toute la population mâle de la localité — et se mit avec eux à la disposition du général. En beaucoup d'endroits, les dépôts gardés par des détachements français ou anglais furent pillés nuitamment, et les armes qu'ils contenaient transportées en lieu sûr.

D'Erzeroum, Mustapha Kémal, qui agissait toujours comme mandataire du Sultan, envoya des ordres à tous les Chefs de corps, leur prescrivant de surseoir à la démobilisation, de rappeler tous les hommes valides renvoyés dans leurs foyers et de retarder au maximum la livraison de leur matériel de guerre aux commissions de contrôle. Puis il demanda aux autorités civiles d'organiser des meetings, pour intensifier l'enrôlement des volontaires et protester contre l'occupation de Smyrne par les Grecs.

LII

Lorsque Méhémet VI apprit la nature de l'activité déployée par Mustapha Kémal dans les provinces de l'Est, il fut pris d'une véritable crise de fureur. Il avait chargé Kémal d'y réprimer la résistance, et voilà qu'il se couvrait de son nom pour l'intensifier ! Il fallait être dément pour agir de la sorte ! Comment cet imbécile ne voyait-il pas que cela ne pouvait que mécontenter les Alliés et risquait de précipiter le démembrement de l'empire ? Décidément, Kémal n'était qu'un fourbe et un ambitieux qui n'avait en vue que ses intérêts personnels. C'était bien ce que suspectait Vaheddine depuis le jour où ils s'étaient rencontrés dans un salon du Sérail.

Méhémet VI se repentait amèrement d'avoir envoyé Mustapha Kémal en Anatolie. Il fit venir Damad Férid et, tremblant de colère, il lui montra les conséquences désastreuses du conseil qu'il lui avait donné. Il lui enjoignit de rappeler immédiatement Mustapha Kémal à Constantinople. Le traître devrait rendre compte de ses actes devant une cour martiale.

Au reçu de la dépêche le convoquant dans la capitale, Mustapha Kémal se rendit au bureau du télégraphe d'Erzeroum et envoya au Sultan un message urgent et personnel, adjurant le souverain de venir le rejoindre en Anatolie, pour se mettre officiellement à la tête de la résistance et conduire son peuple au combat contre l'ennemi.

Il passa toute la nuit à côté de l'appareil attendant anxieusement la réponse.

Vers six heures du matin, il reçut le message suivant :

« Sa Majesté vous ordonne de rentrer immédiatement à Constantinople. »

« Je resterai en Anatolie, câbla-t-il, jusqu'à ce que la nation ait reconquis sa complète indépendance. »

Le Sultan le releva de son commandement, le cassa de son grade de général et signifia à toutes les autorités civiles et militaires de n'avoir plus à lui obéir.

Le 8 juillet 1919, Mustapha Kémal se démit de toutes ses fonctions militaires. Puis il convoqua ses amis et les commandants de corps d'armée.

— « Nous sommes arrivés à la croisée des chemins, leur

déclara-t-il gravement. Si nous poursuivons notre lutte, nous ne devrons compter dorénavant que sur nous-mêmes. Le gouvernement impérial sera contre nous. Cela peut signifier la guerre civile. Il nous faudra affronter de grands périls et faire le sacrifice total de nos personnes. C'est pourquoi la décision que je vous demande de prendre est solennelle. Une fois prise, personne ne devra regarder en arrière, ni exprimer de regrets.

« Ne nous y trompons pas. Nous sommes au seuil de la révolution. Il faut vous décider sans retour, et vous donner un chef. Une chose est indispensable au succès : pour diriger le mouvement et le conduire à la victoire, il faut placer à votre tête, un homme — et un seul !

« Si vous me choisissez, vous devrez partager mon sort, quoi qu'il advienne. Je ne suis plus général. Je ne suis plus, à partir d'aujourd'hui, qu'un simple citoyen. Demain, peut-être serai-je déclaré rebelle et hors-la-loi. Je ne pose qu'une condition : c'est que mes ordres soient obéis aussi aveuglément que si j'étais toujours votre chef militaire. »

Très émus, tous les assistants l'approuvèrent et promirent de rester à ses côtés.

— « Nous vous suivrons, où que vous nous conduisiez, lui répondirent-ils. Nous jurons de vous obéir, comme par le passé. Tout ce que nous vous demandons, c'est de ne rien entreprendre qui puisse porter atteinte à l'autorité ou au prestige du Sultan. »

Sur le moment Mustapha Kémal faillit céder à un mouvement de découragement. Que faire avec des gens qui avaient des réactions aussi puériles ? Il avait déjà eu de la peine à les persuader qu'il était indispensable de créer un pouvoir nouveau. Maintenant, il fallait les convaincre que l'action qu'ils avaient entreprise — chasser les vainqueurs de Turquie — n'aurait de sens que si elle aboutissait à une révolution, qui ne reforgerait pas seulement les institutions du pays, mais le pays lui-même. Cela ne pouvait se réaliser que par l'éviction du Sultan. Comment pouvaient-ils être assez bornés pour ne pas le voir, ou assez naïfs pour penser

214

que le Sultan se laisserait faire ? La politique était pourtant une chose simple. Pourquoi était-il si difficile à certains esprits de la comprendre ? Ces militaires étaient des hommes loyaux et braves, qui connaissaient à fond les problèmes de leur métier. Mais sur le plan politique, ils raisonnaient comme des enfants.

Mustapha Kémal fut sur le point de leur cracher son mépris à la figure et de quitter la pièce. Mais il se maîtrisa. Pour l'instant, il n'avait que ces hommes-là à sa disposition. S'il voulait accomplir son œuvre, c'était avec eux qu'il fallait la faire. Plus tard, il verrait à les remplacer par d'autres. Après tout, ce qu'il exigeait d'eux était considérable. Il n'était pas sage de leur demander plus que ce qu'ils pouvaient donner. Le temps se chargerait de faire mûrir les choses. Encore quelque semaines, et ils apprendraient à leurs dépens qu'ils n'avaient plus rien à espérer de Méhémet VI.

— « Le Sultan, déclara-t-il après un moment de silence, est aux mains de l'ennemi. Il est entouré de mauvais conseillers. Nous respecterons sa personne, tout en luttant contre ceux qui l'empêchent de faire son devoir. »

Les assistants approuvèrent cette formule ambiguë, qui ne signifiait pas grand'chose, mais apaisait leurs scrupules. Ils étaient enchantés de n'avoir pas à prendre position sur une question qui provoquait en eux un grave débat de conscience.

A l'issue de cette réunion, Mustapha Kémal adressa le message suivant à tous les chefs de district :

— « La Turquie est menacée de mort. Le gouvernement impérial n'est plus en mesure d'exercer librement ses fonctions. Il a été décidé de réunir un Congrès à Sivas, non point en octobre, comme primitivement prévu, mais dès la première quinzaine de septembre, afin d'examiner les mesures de salut qu'il convient de prendre. Chaque district enverra trois délégués. Agissez dans le plus grand secret, pour ne pas provoquer de représailles de la part des armées occupantes. »

Mustapha Kémal venait de remporter un deuxième succès : avec l'accord des principaux chefs militaires du pays, il avait jeté son gant à la face du gouvernement impérial.

LIII

Pourtant, sa situation personnelle était devenue très précaire. Il n'avait plus aucun commandement. Il n'avait plus aucun grade. Il n'était plus qu'un civil qui n'avait, pour se faire obéir, que la puissance de sa parole et l'ardeur de ses convictions. Cela ne suffisait pas à lui donner une position officielle. Où étaient ses partisans ? Où étaient ses électeurs ? Comment et au nom de qui se présenterait-il au Congrès de Sivas, qui était pourtant son œuvre ?

D'accord avec Kiazim Kara Békir, il convoqua, quelques jours avant le Congrès de Sivas, les représentants de la région d'Erzeroum et leur fit tenir une Assemblée préliminaire. Ces délégués étaient plus enclins que les autres à adopter des solutions radicales, du fait que leur province risquait d'être arrachée à la Turquie et rattachée à la nouvelle République arménienne.

Durant les trois premières journées, Mustapha Kémal participa aux débats sur un pied d'égalité avec les autres délégués. Mais sa forte personnalité ne tarda pas à s'imposer à ses collègues. Il leur fit adopter une série de résolutions, dans lesquelles ils déclaraient « qu'ils étaient fermement décidés à demeurer au sein de la patrie turque ; qu'ils revendiquaient le droit de résister à toute contrainte extérieure qui voudrait les en détacher, et qu'ils exigeaient une paix équitable pour l'Anatolie et la Thrace orientale. »

Soudain, tandis que ces séances se déroulaient dans une salle de la forteresse, Kiazim Kara Békir reçut un message officiel de Constantinople lui ordonnant d'arrêter Mustapha

Kémal sur-le-champ, de dissoudre le Congrès et de renvoyer les délégués chez eux.

Cet ordre plaçait le commandant de la 2ᵉ armée devant un dilemme cruel, celui-là même qu'avait prévu Mustapha Kémal lors de la Conférence d'Amassia. La seule force militaire constituée, existant encore en Turquie, était la 2ᵉ armée dont il avait le commandement. Le sort du pays reposait donc entre ses mains. Il ne dépendait que de lui de l'orienter dans un sens ou dans un autre. Mais il ne pouvait pas oublier qu'en 1917, Mustapha Kémal avait été son chef. C'étaient les instructions qu'il lui avait laissées, lors de son départ pour le front syro-palestinien qui lui avaient permis de repousser les débris de l'armée tsariste et de ramener les provinces orientales dans le giron de la mère patrie. Allait-il prendre parti pour un gouvernement qui se préparait, de toute évidence, à les remettre aux Arméniens ?

Kiazim Kara Békir était un homme aux réflexes lents, foncièrement bon et honnête, mais intraitable dès qu'il s'agissait de questions qui touchaient à la discipline et à l'honneur. Avec Rauf, avec Fethi, avec Ali Fuad, il avait donné sa parole à Mustapha Kémal de le suivre « quoi qu'il advînt ». Et voilà que le Sultan lui donnait l'ordre de l'arrêter ! L'impossibilité de concilier ces deux devoirs antagonistes lui causait un véritable déchirement. Il lui fallait opter. Mais pour qui ? Devait-il rester loyal envers son souverain ou envers son chef ?

Pour Mustapha Kémal, la situation n'était pas moins tragique. Il se souvenait de son séjour à la Prison rouge de Stamboul et savait que Méhémet VI, lui, ne le gracierait pas. Il avait résolu de se défendre les armes à la main si on venait l'arrêter. Dût-il périr dans la bagarre, il ne retournerait pas en prison. Il aimait mieux mourir que d'être capturé vivant. Mais dans ce cas, toute son œuvre sombrerait avant d'avoir pris corps.

Ce fut, entre les deux hommes, un débat dramatique. Kiazim Kara Békir n'avait pas caché à Mustapha Kémal les ordres qu'il avait reçus. Il ne lui avait pas dissimulé non plus le trouble profond dans lequel ils le plongeaient. Mustapha Kémal fit l'impossible pour persuader le commandant de la 2ᵉ armée qu'il ne devait pas être loyal au Sultan, qui menait l'empire à sa perte, mais au seul peuple turc, qui aspirait à ne pas mourir. Le vainqueur des Dardanelles savait être persuasif et l'on imagine volontiers qu'en cet instant crucial, il le fut plus encore que de coutume. Il expliqua à Kiazim Kara Békir, que Méhémet VI était prisonnier de l'ennemi ; qu'en conséquence, le pouvoir véritable était retourné au sein du peuple et que le peuple seul avait le droit de décider de son sort. Il était faux de prétendre que les ordres de Constantinople provenaient du Sultan : ils émanaient en réalité des autorités britanniques. Ils n'avaient donc pas force de loi. Seules avaient une valeur légale les décisions prises par l'Assemblée préliminaire d'Erzeroum, qui seraient ratifiées sous peu par le Congrès de Sivas. En donnant suite au télégramme de Constantinople, Kiazim ne voyait-il donc pas qu'il se mettait, en fait, au service de l'ennemi ?

Toutes ces notions, absolument nouvelles pour Kiazim se bousculaient dans sa tête un peu fruste. Il lui fallait choisir, du jour au lendemain, entre le peuple turc et l'empire ottoman, entre la souveraineté populaire et l'autorité impériale. C'était beaucoup à la fois ! Tous ces liens avec le passé que Mustapha Kémal s'apprêtait à trancher d'une main sans défaillance, le vieux général devait commencer par les trancher au fond de lui-même.

Mais le Loup gris ne se borna pas à ces arguments juridiques. Il fit appel au cœur de son ancien compagnon d'armes. Il lui rappela l'esprit de camaraderie qui les avait unis, au temps où ils travaillaient ensemble à la reconstitution de l'armée du Caucase. Les forces militaires qu'il commandait actuellement étaient le fruit de leurs efforts communs. Allait-il s'en servir, pour le faire jeter aux fers ? Il évoqua enfin en termes pathétiques, le serment qu'il venait de lui prêter ; il lui rappela qu'il lui avait juré de continuer à lui obéir comme s'il était toujours son chef, et de partager son sort, quelle que fût la réaction du gouvernement impérial...

Kiazim Kara Békir était long à se décider. Mais une fois sa décision prise, il n'en déviait plus. Emporté par le flot d'arguments dont le submergea Mustapha Kémal, il résolut de rester fidèle à son ancien chef et au serment qu'il lui avait prêté avec Rauf et Ali Fuad. Il opta pour lui, et déchira le télégramme qu'il venait de recevoir du Sultan.

Mustapha Kémal était dur. Mais sous cette écorce rugueuse se cachait une sensibilité très vive et un cœur généreux. Les larmes aux yeux, il ouvrit les bras à Kiazim et les deux généraux se donnèrent l'accolade. Ce conflit douloureux avait cimenté leur amitié.

Le soir même, le vainqueur des Dardanelles reprit sa place parmi les membres de l'Assemblée préliminaire. Les représentants du peuple désignèrent un Comité, chargé de présenter leurs résolutions au Congrès de Sivas. Ils prièrent Mustapha Kémal d'en accepter la présidence et lui adjoignirent Rauf, pour le seconder dans sa tâche. De plus, il fut élu délégué d'Erzeroum.

Mustapha Kémal venait de remporter un troisième succès. Il venait d'échapper de justesse à une arrestation et avait reconquis une position officielle : il se rendait à Sivas, non seulement comme député du district d'Erzeroum, mais avec l'accord de Kiazim Kara Békir et — ce qui était peut-être plus important encore — avec l'appui enthousiaste des régiments de la 2ᵉ armée.

LIV

Venant de tous les coins de la Turquie, de l'ouest, de l'est, du nord et du sud, les délégués affluèrent au Congrès de Sivas. Ils arrivèrent à pied, à cheval, en carriole, à dos de mulet, empruntant les sentiers de montagne et les chemins détournés, camouflés sous les déguisements les plus divers pour ne pas être reconnus par les gendarmes qui avaient l'ordre de les arrêter et de leur faire faire demi-tour. Ils se réunirent pour la première fois en séance plénière, le 13 septembre 1919.

Il eût été vain de chercher chez eux, une identité de vues ou un programme politique. C'étaient, pour la plupart, des hommes de bonne volonté, qui ignoraient à peu près tout de l'administration intérieure, ou des affaires internationales. Mais un même désir les animait : empêcher la Turquie d'être démembrée et tenter par tous les moyens possibles, d'assurer son indépendance et sa survie.

Depuis une dizaine d'années, l'idée nationale turque avait progressé lentement. En 1903, lorsque Mustapha Kémal était à Monastir, cette idée n'était encore qu'une aspiration confuse qui enfiévrait le cerveau de quelques étudiants. Elle avait gagné en largeur et en profondeur, lors de la révolution « Jeune Turque » de 1908, tout en restant limitée aux intellectuels, aux représentants des professions libérales et aux cadres de l'armée. Elle n'avait commencé à pénétrer dans les masses que durant la guerre, par suite des souffrances qu'elles avaient endurées et de la perte des portions de l'empire peuplées de nationalités étrangères. On a dit que les soldats du Sultan « étaient partis pour la guerre, Ottomans, et qu'ils en étaient revenus Turcs ». Il y avait du vrai dans cette formule. Sous l'effet des épreuves subies depuis dix ans, le peuple turc avait pris peu à peu conscience de lui-même. Il aspirait à constituer une communauté nationale, unie dans la bonne, comme dans la mauvaise fortune. Il attendait à présent l'homme providentiel qui saurait transformer ses désirs en réalités. S'il n'y avait pas eu, au fond du peuple turc, ce cheminement profond, s'il n'avait pas senti s'éveiller peu à peu en lui ce sentiment de sa propre existence, jamais Mustapha Kémal n'aurait pu réaliser son œuvre. Ses idées seraient restées de simples vues de l'esprit, séduisantes, certes, mais purement théoriques. Jamais elles n'auraient réussi à s'enraciner dans la chair et dans le sang de ses compagnons de misère.

A Sivas, comme à Erzeroum, la personnalité de Mustapha Kémal s'imposa vite à l'attention de ses collègues. Contrairement à beaucoup d'entre eux, il arrivait avec une perception claire des problèmes du moment une connaissance personnelle des milieux gouvernementaux et un programme politique mûrement réfléchi. Il commença par défendre, avec Rauf, les résolutions formulées par l'assemblée préliminaire d'Erzeroum et les fit adopter, à une forte majorité. Elles devinrent la pierre angulaire des travaux du Congrès et contribuèrent à fixer les opinions des députés, qui étaient plutôt flottantes.

Mustapha Kémal fit voter ensuite une série de résolutions nouvelles, qui allaient plus loin que celles d'Erzeroum, en ce sens qu'elles faisaient une distinction plus nette entre la nation turque et l'empire ottoman. Elles proclamaient, entre autres, « que les pays turcs de l'ancien empire formaient un tout indivisible ; que le peuple turc n'admettrait qu'une paix qui lui permettrait de développer librement son existence dans ce cadre, et qu'il résisterait à outrance à quiconque voudrait lui contester ce droit. »

Cela signifiait, en d'autres termes, que le peuple turc préférait une indépendance absolue dans un cadre restreint, à une autonomie relative, dans un cadre plus vaste.

Une pareille affirmation était en contradiction flagrante avec la politique poursuivie jusque-là par le Sultan. Méhémet VI savait, à présent, quelles étaient les vœux de son peuple. Il pouvait définir, en pleine connaissance de cause, l'attitude qu'il devait adopter à l'égard des Alliés. S'appuyant sur la déclaration d'Erzeroum, et invoquant le principe du libre droit des peuples à disposer d'eux-mêmes qui était à la base des quatorze points de Wilson, il aurait pu se faire le champion de l'indépendance turque et revendiquer pour son pays des avantages semblables à ceux que Fayçal réclamait pour les Arabes, Soltan Attrache pour les Kurdes ou Vénizélos pour les Grecs. Mais il aurait fallu pour cela qu'il renonçât à l'Empire. Et, dans son esprit, il ne pouvait en être question.

Aussi Méhémet VI ne songea-t-il pas une seconde à modifier sa ligne de conduite. Bien au contraire. Malgré l'échec subi par Damad Férid à Paris, il était toujours convaincu qu'il atteindrait ses objectifs, et qu'il suffisait pour cela de ne pas s'aliéner la sympathie de l'Angleterre. En conséquence, loin de chercher à secouer la tutelle de l'Entente, il résolut d'accentuer encore sa soumission envers elle, en engageant ouvertement la lutte contre les délégués du Congrès. Il envoya à Ali Galib, gouverneur de la Malatie — une région montagneuse située au sud de Sivas — l'ordre d'armer plusieurs bataillons de Kurdes, de marcher sur la ville, et d'arrêter séance tenante tous les membres du Congrès.

A l'annonce de cette nouvelle, un grand nombre de délégués montèrent à la tribune, et donnèrent libre cours à leur indignation. Mais leur éloquence ne suffisait pas à écarter le danger. Les Kurdes étaient réputés pour leur férocité. S'ils arrivaient jusqu'à Sivas, ils ne feraient pas de quartier. Où était le soldat, où était l'homme à poigne capable de sauver l'Assemblée ?

Tous les regards se tournèrent instinctivement vers Mustapha Kémal. Tremblants de peur, les délégués le supplièrent d'assurer leur protection, en marchant sur la Malatie à la tête de quelques troupes.

Cet appel au pouvoir militaire et la panique affreuse qui s'était emparée de l'Assemblée devaient avoir des conséquences lointaines, d'une portée incalculable. Ils donnèrent à Mustapha Kémal l'impression que la force armée aurait toujours raison de la pusillanimité des parlementaires et accrurent son sentiment de supériorité à leur égard. Ce complexe ne devait plus jamais le quitter, tant en ce qui concerne l'Assemblée de Sivas, qu'envers toutes celles qu'il eut à présider par la suite.

Mustapha Kémal demanda à Kiazim Kara Békir de lui envoyer d'urgence deux régiments d'infanterie montée. A la tête de cette petite troupe, il fit une descente rapide en Malatie, en chassa Ali Galib et balaya les Kurdes avant qu'ils aient eu le temps de terminer leurs préparatifs. L'affaire fut réglée en un tournemain. Quelques jours plus tard, Mustapha Kémal rentra à Sivas, où il fut accueilli comme un sauveur.

Désormais, il était le maître du Congrès. Nul n'osa plus discuter ses propositions, ni s'opposer à ses volontés. L'Assemblée constitua un Comité exécutif, dont il fut nommé président. Ce Comité reçut des pouvoirs étendus. Mustapha Kémal le fit ériger en gouvernement provisoire et obtint le droit d'agir en toute indépendance à l'égard du gouvernement de Stamboul.

Sitôt investi de ces nouvelles fonctions, il réclama des élections générales dans tout le pays et publia une proclamation, dans laquelle il disait, entre autres : « Le peuple turc ne craint ni peine, ni sacrifice, et, tant qu'il est vivant, il ignore l'insuccès ; car l'insuccès, c'est la mort, et le peuple turc refuse de mourir. » Puis, il demanda au Congrès d'envoyer un ultimatum au Sultan, exigeant le renvoi immédiat de Damad Férid, coupable d'avoir provoqué la « rébellion » des Kurdes. Cette proposition fut adoptée à l'unanimité.

Ne recevant aucune réponse de Méhémet VI, Mustapha Kémal ordonna à toutes les autorités militaires de réquisitionner les lignes télégraphiques, d'isoler Constantinople du reste du pays, de saisir les impôts et le courrier officiel, et de les lui envoyer à Sivas. Enfin il leur enjoignit de remplacer partout les fonctionnaires civils douteux par des officiers sûrs, acquis aux « idées nouvelles ».

Comme certains d'entre eux semblaient hésiter à exécuter ses ordres, il les révoqua d'un trait de plume et menaça de les faire fusiller. « Il faut qu'ils apprennent, dit-il, qu'on ne s'oppose pas impunément aux efforts d'un peuple qui lutte pour ne pas mourir. »

LV

Du fond du Sérail, le Sultan suivait attentivement la marche des événements. Il avait demandé aux Anglais d'empêcher Mustapha Kémal de débarquer à Samsoun, et les agents britanniques l'avaient laissé passer. Il avait chargé Kiazim Kara Békir de l'arrêter à Erzeroum, et le commandant de la 2ᵉ armée avait refusé de lui obéir. Il venait d'ordonner à Ali Galib de s'emparer de sa personne à Sivas, et le gouverneur de la Malatie avait été chassé de sa province. De jour en jour, le prestige de Mustapha Kémal ne cessait de grandir. Maintenant, il se déclarait le chef d'un gouvernement provisoire. De toute évidence, le mouvement d'indépendance anatolien avait pris une ampleur telle qu'il devenait imprudent de l'attaquer de front.

Jusqu'ici, ce mouvement avait ménagé Vaheddine. Il n'avait combattu que la politique impériale, représentée par Damad Férid, et avait adressé ses critiques exclusivement au Grand Vizir. Il fallait éviter qu'il s'en prît à la personne même du souverain. Et puisqu'on n'arrivait pas à museler son chef, pourquoi ne pas tenter de le neutraliser en lui enlevant ses troupes ?

Pour cela, Méhémet VI décida de recourir à la ruse, — celle-là même qui avait si bien réussi à Abdul Hamid lorsqu'il avait voulu juguler la révolution « Jeune Turque ». Afin de donner à son peuple l'illusion d'un changement d'orientation politique et lui faire croire qu'il n'était pas insensible à ses désirs, il renvoya le Grand Vizir Damad Férid — dont le Congrès de Sivas avait exigé la démission — rejeta sur lui toutes les erreurs commises et forma un cabinet de transition, présidé par un certain Ali Rhiza, un vieillard sans envergure, totalement inconnu. Puis il déclara qu'il allait rouvrir le parlement de Constantinople et publia un rescrit ordonnant de procéder à des élections générales.

Mais comme il ne voulait pas que les Alliés crussent qu'il pactisait avec les éléments résistants du pays, il avait pris la précaution d'envoyer des émissaires à Londres, pour expliquer aux dirigeants du Foreign Office que les mesures qu'il venait d'édicter n'étaient qu'un subterfuge. Churchill en avait profité pour faire signer aux agents ottomans un accord secret plaçant la Turquie tout entière sous mandat britannique et stipulant que le Sultan « mettrait la puissance morale et spirituelle du Califat au service de l'Angleterre, dans tous les pays musulmans où s'exerçait son influence [1] ».

Le plan de Méhémet VI était inspiré par le plus pur machiavélisme. Il commença par ratifier l'accord secret anglo-turc, pensant qu'il permettrait la reprise — et l'aboutissement rapide — des négociations interalliées restées en suspens depuis le voyage de Damad Férid à Paris. Le Sultan espérait en effet que les vainqueurs auraient la bonté de lui faire connaître leurs conditions de paix *avant* l'ouverture du Parlement de Constantinople. Les députés seraient ainsi placés devant le fait accompli. Il ne leur resterait plus qu'à s'incliner. Si, par extraordinaire, ils faisaient mine de s'insurger, Méhémet VI n'aurait aucune peine à les écraser, avec l'aide des troupes britanniques.

« Dans la conception et l'exécution de ce plan, écrit Norbert de Bischoff, on reconnaît cet esprit sournois et tortueux que le Sultan apportait à tout ce qu'il faisait. Certes, en tant que responsable de l'Empire, on ne pouvait lui dénier le droit de lutter contre l'opposition. Il était même légitime qu'il cherchât à arrêter Mustapha Kémal, dont l'insubordinaion était flagrante. Les gouvernements qui avaient précédé le sien n'avaient pas hésité à jeter en prison d'aures hommes de mérite, et pour bien moins que cela. Mais il n'avait pas le droit de leurrer son peuple, en ayant l'air de lui faire une concession, pour mieux fouler aux pieds ensuite tous ses espoirs et toutes ses aspirations. »

1. Jacques Ancel : *La Question d'Orient*, p. 287.

225

LVI

Dans l'attente des élections promises par le Sultan, l'Assemblée transféra son siège de Sivas à Angora (27 décembre 1919). Là Mustapha Kémal ne retrouva plus la même ambiance qu'à Erzeroum. Ses collègues semblaient avoir perdu beaucoup de leur ardeur combative. Plus ils allaient vers l'Ouest, plus leur volonté se détendait.

Les députés avaient mis l'Assemblée en veilleuse. Ils considéraient qu'ils avaient gagné la partie, puisqu'ils avaient obtenu le renvoi de Damad Férid. Maintenant, il ne fallait plus rien faire qui pût indisposer Méhémet VI. Cela risquerait de décourager ses bonnes intentions. L'ère de l'opposition était close. Il fallait pratiquer une politique d'apaisement.

Le crédit de Mustapha Kémal était en baisse. Il avait fait peser trop lourdement son poing sur l'Assemblée. Ses interventions étaient généralement faites sur un ton cassant et autoritaire qui déplaisait aux députés. Ceux-ci avaient eu peur des Kurdes et l'avaient laissé voir. Mustapha Kémal les avait sauvés et le leur avait fait sentir. Ces frictions réitérées avaient fini par créer une atmosphère de malaise.

De plus, Kémal était irréductiblement hostile à tout accommodement avec le Sultan. Où donc le général voulait-il en venir ? A la guerre civile ? Il y courait tout droit avec sa politique bottée, menée à coups de cravache, et cette tension insupportable qu'il suscitait partout autour de lui. Et puis, que fallait-il penser des attaches qu'il avait conservées avec les milieux militaires ? Quand on avait eu besoin de troupes pour réprimer la révolte de Malatie, il les avait convoquées et celles-ci avaient répondu sur-le-champ à son appel. N'était-ce pas un symptôme inquiétant pour l'avenir ? Certes, le vainqueur des Dardanelles était un bon général. Nul ne songeait à contester ses qualités militaires. Mais était-il vraiment un homme politique ? On pouvait en douter, car il manquait singulièrement de finesse et de doigté. Il avait promis de ménager le Sultan, tout en combattant « ses mauvais conseillers ». Les mauvais conseillers étaient partis. C'était un succès à son actif. Que désirait-il de plus ? Ne voyait-il donc pas que sa tâche était terminée et que le moment était venu pour lui de rentrer dans le rang ? Pourquoi refusait-il de retourner à Constantinople ? Simplement parce qu'il était en mauvais termes avec le souverain ? Après tout, c'était son affaire. Le pays n'avait pas à épouser ses querelles personnelles...

Les élections furent un succès pour les candidats du Parti d'Indépendance Nationale. Presque tous les membres de l'Assemblée furent réélus. Ils disposeraient donc de la majorité au sein du nouveau parlement. Mais où siége-rait-il ? A Constantinople, comme le proposait le Sultan, ou à Angora, comme le voulait Mustapha Kémal ?

La question fut débattue en séance plénière.

— « Prenez garde ! leur cria Mustapha Kémal du haut de la tribune. A Constantinople vous serez soumis à une tutelle étrangère ! Les Anglais y tiennent encore tout en main. Ils voudront censurer vos débats. Si vous vous y refusez, ils vous arrêteront. C'est ici, à Angora, que le Parlement doit siéger. C'est le seul endroit où il puisse légi-férer en pleine indépendance ! »

Mais sa voix ne rencontra aucun écho. En Anatolie, quoi qu'on dît, les députés faisaient un peu figure de rebelles. Le fait de siéger à Sivas ou à Angora avait quelque chose d'insolite, voire même d'illégal. A Constantinople, au contraire, tout rentrerait dans la norme. C'était un aspect de la question qu'il ne fallait pas sous-estimer. Le « rallie-ment » au Sultan permettrait aux députés de faire une brillante carrière ; il leur vaudrait des distinctions honori-fiques et des ambassades à l'étranger. Personne ne leur contesterait plus le titre d'Excellence...

Cette thèse, soutenue par Rauf, rallia tous les suffrages. Les députés décidèrent donc de retourner à Constantinople et de dissoudre l'Assemblée d'Angora, qui n'avait plus de raison d'être.

Ils s'en allèrent les uns après les autres, tout joyeux à l'idée d'être reçus au Sérail. Mustapha Kémal, qui avait été réélu député d'Erzeroum, les vit partir avec un ricanement de mépris. Rauf le supplia de se joindre à eux, mais il refusa catégoriquement de les suivre.

— « Je ne me laisserai pas entraîner par ce vent de folie ! répondit-il à ceux qui le pressaient de revenir sur sa décision. D'ailleurs j'ai juré au peuple turc de ne pas quitter l'Anatolie, avant qu'il ait recouvré son indépendance. »

Ce « vent de folie » ne soufflait d'ailleurs pas seulement dans les milieux parlementaires. Partout à Angora même chez les militaires, un fort courant de sympathie se dessinait en faveur du Sultan. Ce sentiment était inspiré par le désir d'éviter les querelles entre Turcs, qu'engendrait inévitablement la coexistence de deux pouvoirs rivaux, et par la volonté de bannir le spectre de la guerre civile que l'on avait vu avec horreur se profiler à l'horizon.

Pour Mustapha Kémal, c'était une défaite amère, une des plus amères peut-être, qu'il ait connue dans sa vie. Il était comme le sculpteur qui voit sa statue se briser entre ses mains, avant d'être achevée. Le matériau qu'il avait choisi n'était pas assez résistant. Refusant de céder à l'aveuglement général, il demeura à Angora avec quelques jeunes officiers, regardant avec tristesse le flot des politiciens s'en aller vers la capitale. Pour lui, la Turquie ne pouvait être sauvée que par une résistance farouche aux exigences de l'ennemi. Il connaissait Vaheddine, et savait que jamais celui-ci n'oserait tenir tête aux vainqueurs.

Lentement, le crépuscule tomba sur la ville. Pensif, accoudé à l'une des fenêtres du baraquement qui lui servait à la fois de quartier général et de logement, le Loup Gris regardait les ombres s'étendre sur la plaine anatolienne. Tant de combats, tant d'efforts, pour en arriver là ! Il avait cru rassembler des soldats, soulever des foules, dominer l'Assemblée, mais ce n'était qu'une illusion. En réalité il n'avait jamais cessé d'être seul...

LVII

Les députés arrivèrent à Constantinople dans les premiers jours de janvier 1920. Ils adressèrent à Méhémet VI un message dans lequel ils protestaient de leur parfait loyalisme et lui renouvelaient les assurances de leur plus profond dévouement. Cette formalité accomplie, ils se mirent au travail. Chargés de défendre « les droits imprescriptibles de la Turquie », ils déclarèrent agir en Assemblée souveraine et firent savoir aux Alliés, comme au Sultan, qu'ils ne toléreraient aucune immixtion de leur part dans leurs délibérations [1].

Le 28 janvier, ils adoptèrent en séance solennelle un texte portant le nom de « Pacte National ». Cette proclamation soulignait le principe, déjà énoncé à Erzeroum et à Sivas, de l'indépendance et de l'indivisibilité des territoires turcs qui n'étaient pas encore occupés par l'ennemi au moment de l'armistice [2]. « Le sort des provinces arabes, disait le Pacte, devra être réglé librement par les peuples qui les habitent. La libre navigation dans les Détroits sera accordée, mais à condition que les Alliés dotent la Turquie d'un statut militaire assurant la sécurité de la capitale. La protection des minorités étrangères en Turquie et des minorités turques dans les pays limitrophes sera assurée par des dispositions semblables à celles qui réglementent cette question dans les traités de Versailles et de Trianon. Enfin, le peuple turc exigeait que l'Etat qu'il comptait ériger à l'intérieur de

1. Norbert de Bischoff : *La Turquie dans le Monde*, pp. 137, 144.
2. Cette affirmation démontre que le Parlement de Constantinople soutenait, malgré tout, les thèses kémaliennes et non la politique du Sultan.

ses frontières, en vue de l'édification d'une culture nationale, soit doté d'une souveraineté et d'une indépendance pleines et entières. Il réclamait l'abolition de toutes les Capitulations, de tous les privilèges et de tous les contrôles étrangers, ainsi que la suppression de toutes les obligations iniques qui découlaient de cet état de chose [1]. » C'était un triple défi au Sultan, aux autorités d'occupation, et aux Puissances victorieuses.

Voyant que les Anglais ne réagissaient pas, les députés s'enhardirent. Ils prononcèrent à la tribune des discours claironnants pour justifier leurs revendications. Ils croyaient qu'ils auraient facilement gain de cause, et les événements semblaient justifier leur optimisme. En Cilicie et en Syrie du nord où les Français s'étaient substitués aux Anglais, des bandes turques irrégulières avaient attaqué les régiments du général Gouraud et les avaient forcés à se replier. Les garnisons françaises d'Urfa et d'Aïn-Tab étaient encerclées. Les Anglais qui étaient en pleine démobilisation retiraient partout leurs troupes. Ils évacuaient le Caucase, la Crimée et mêmes certaines parties de l'Anatolie. D'un bout à l'autre du pays, les Turcs refusaient d'exécuter les ordres des autorités occupantes. Les officiers des commissions interalliées de contrôle se plaignaient d'être ignorés, bafoués, parfois même molestés. Leurs services d'information signalaient que de nouvelles troupes turques étaient recrutées, armées et instruites à l'intérieur du pays, que des bandes de francs-tireurs avaient transporté sur des radeaux tout un dépôt d'armes de Gallipoli à Ismit. Bref, les clauses de l'armistice de Moudros étaient outrageusement violées.

Les Anglais comprirent qu'ils seraient débordés s'ils ne se livraient pas à une démonstration de force. Comme les derniers contingents britanniques étaient en train d'évacuer l'Asie Mineure, le seul endroit où ils pouvaient prendre des mesures de représailles était à Constantinople même.

---

1. Norbert de Bischoff : *op. cit.*, p. 147.

Le 16 mars 1920, à 8 heures du matin Mustapha Kémal fut appelé en toute hâte au central télégraphique d'Angora. Un groupe d'employés, le visage anxieux, était rassemblé autour du téléscripteur. Ils s'écartèrent à son approche. S'asseyant devant l'appareil, le député d'Erzeroum déchiffra la bande qui se déroulait lentement sous ses yeux.

— « Ici, télégraphiste Monastirli Hamdi du bureau central de Stamboul..., lut-il. Les Anglais sont à Tophane... Ils débarquent des troupes... Ils occupent le ministère de la Guerre... Ils coupent les lignes... Nous avons six morts... Ils pénètrent... Coupez les fils, ils sont ici... »

Le cliquetis de l'appareil s'arrêta et la bande cessa de se dérouler. Un silence pesant régna dans le bureau de poste d'Angora.

— « Mais que se passe-t-il donc ? » demanda enfin un employé, d'une voix étranglée par l'émotion.

Mustapha Kémal haussa les épaules et les laissa retomber, en signe d'impuissance.

— « C'est bien simple, répondit-il laconiquement. *Ils* ont voulu aller là-bas et ils ont perdu la partie... »

A la même heure, Constantinople était le siège de scènes confuses et tragiques. 100.000 soldats anglais avaient débarqué dans la nuit à Péra et à Galata et avaient occupé la capitale plus fortement qu'ils ne l'avaient fait au lendemain de leur victoire. A l'aube, ils avaient arrêté plus de cent cinquante députés, parmi lesquels se trouvaient Rauf, Fethi et les principaux dirigeants du Parti Nationaliste qu'ils déportèrent à Malte, dans un camp d'internement. Puis ils s'étaient rendus au Parlement, dont ils avaient barricadé les portes. A présent, un cordon de sentinelles montait la garde autour du bâtiment, pour empêcher quiconque d'en approcher, et montrer à la population que la plaisanterie était terminée.

En plusieurs points de la ville, les Turcs avaient fait usage de leurs armes et les Anglais avaient riposté par des feux de peloton. Il y avait une centaine de blessés et vingt-trois morts à déplorer. L'état de siège avait été proclamé, et les murs de la capitale étaient couverts d'affiches, signées par le Haut-Commissaire britannique, où l'on lisait : « Le devoir suprême de chaque citoyen est d'obéir aux ordres du Sultan. Quiconque se livrera à des actes susceptibles de troubler l'ordre ou comportant une assistance à l'ennemi, sera traduit devant une Cour martiale. »

Un grand nombre d'autres députés et de personnalités politiques de Constantinople furent incarcérés durant les journées qui suivirent. Ceux qui échappèrent aux patrouilles anglaises allèrent se terrer à la campagne ou s'enfuirent en Anatolie. Ismet et Fevzî, prévenus à temps, sautèrent d'une fenêtre du ministère de la Guerre et retournèrent auprès de Mustapha Kémal à Angora.

Le Parlement « ottoman » de Constantinople avait siégé exactement deux mois et treize jours.

LVIII

« S'il avait eu le moindre sens de sa dignité, écrit Norbert de Bischoff, le Sultan aurait protesté de la façon la plus énergique contre la violence qui lui était faite ; s'il n'avait pas assez de courage pour suivre les députés qui allaient rejoindre Mustapha Kémal en Anatolie, du moins aurait-il dû se déclarer prisonnier de guerre des forces britanniques. »

Mais loin de s'insurger contre ce coup de force, Méhémet VI fut enchanté de l'intervention des Anglais. Il crut, non sans naïveté, qu'en prenant des mesures de rétorsion brutales contre les nationalistes rebelles et en désignant ceux-ci sous le nom « d'ennemis », le gouvernement de Londres avait pris fait et cause pour lui. N'était-ce pas le but même auquel tendait toute sa politique ? Son puissant protecteur était enfin là, avec ses navires de guerre, ses canons et ses baïonnettes. Il s'agissait à présent de lui démontrer qu'il ne pouvait trouver d'auxiliaire plus empressé, ni d'allié plus sûr, dans sa lutte contre les « insurgés d'Anatolie ». Méhémet VI rappela immédiatement Damad Férid et publia un rescrit solennel, ou « Fetva », dans lequel Mustapha Kémal et son entourage étaient déclarés renégats, hérétiques et hors la loi. Aucun bon musulman ne devait plus avoir de contact avec eux. Puis le Sultan-Calife les excommunia, les condamna à mort, mit leur tête à prix et annonça que quiconque se chargerait d'exécuter cette sentence accomplirait un devoir sacré et serait récompensé, dans ce monde-ci et dans l'autre.

Par ce geste, comme par son approbation tacite du coup de force anglais, le Sultan s'était ouvertement rangé aux côtés des envahisseurs. Désormais, pour Mustapha Kémal, tous les ponts étaient rompus entre le souverain et lui. Méhémet VI venait de prouver qu'il était l'ennemi mortel de la Turquie. La condamnation terrible qu'il avait prononcée contre Mustapha Kémal obligeait ce dernier à se défendre, et il ne pouvait le faire qu'en s'identifiant plus étroitement que jamais au peuple turc. Ainsi, l'empire et la nation se dressaient l'un contre l'autre, comme se dressaient les deux hommes qui les incarnaient respectivement. La lutte avait pris un caractère inexpiable. Elle ne pouvait se terminer que par la disparition de l'un des deux.

Le Sultan, le gouvernement et la capitale étaient aux mains des Anglais. Le Parlement était dissous et un grand nombre de ses membres étaient prisonniers de l'ennemi. Au milieu de toute cette confusion, qui pouvait décider du sort du peuple turc ? Etaient-ce les députés opportunistes et fuyards, qui revenaient de Constantinople par petits groupes, la tête basse ou avec des mines contristées ? Assurément non. Ils avaient voulu jouer au plus fin, et ils s'étaient fait rosser. C'était au peuple — au peuple seul — de prendre en main sa destinée.

Sans s'embarrasser de scrupules juridiques ni de questions de légalité, Mustapha Kémal fit procéder à de nouvelles élections. Les députés fraîchement élus se réunirent à Angora et prirent le nom de « Grande Assemblée Nationale ». Cette Chambre n'avait plus les illusions de la précédente. Le matériau dont elle était formée était plus dur, bien que certains membres de l'ancien Parlement en fissent encore partie. Elle était aussi beaucoup plus lucide et plus consciente de ses responsabilités. Elle savait que l'existence de la Turquie dépendait de sa réussite, et que la nation survivrait ou périrait avec elle.

Le 29 avril 1920, elle élut un Comité exécutif qu'elle déclara être le gouvernement légal, mais provisoire du pays. Mustapha Kémal en fut proclamé Président à l'unanimité.

Celui-ci se garda de céder à un ressentiment personnel envers le Sultan, qui eût été pourtant légitime. Il ne demanda pas à l'Assemblée de rompre les liens avec le souverain, ni de proclamer sa déchéance, car une telle décision n'aurait eu qu'une portée purement théorique. Son seul résultat aurait été d'accroître le trouble des esprits. Très judicieusement, le Loup gris estima que la plupart des députés n'étaient pas encore mûrs pour une solution aussi radicale. D'ailleurs, à quoi bon brusquer les choses ? Dans la voie où le peuple turc venait de s'engager, l'abolition du sultanat serait l'aboutissement fatal et logique des événements...

En revanche, il importait de faire savoir immédiatement au peuple turc et aux Alliés qu'ils devaient considérer désormais comme nulles et non avenues, les décisions prises par le gouvernement impérial et que seuls les plénipotentiaires désignés par l'Assemblée d'Angora seraient qualifiés pour négocier et conclure la paix.

— « La Grande Assemblée Nationale siégeant à Angora, déclara fièrement Mustapha Kémal au cours de la troisième séance, présidera aux destinées de la Turquie aussi longtemps que la capitale sera aux mains de l'étranger. Il n'existe aucun pouvoir qui lui soit supérieur. Elle a nommé un Comité exécutif, qui assume désormais le gouvernement du pays. Constantinople, le Sultan et le gouvernement impérial étant prisonniers de l'ennemi, tous les ordres émanant d'eux

sont dénués de toute valeur légale, car les droits imprescriptibles de la nation ont été violés.

« La nation turque, bien que calme, est résolue à maintenir ses droits en tant qu'Etat souverain et indépendant.
Elle désire conclure une paix juste et honorable, mais elle
ne le fera que par le truchement des représentants qu'elle
aura elle-même accrédités à cet effet. »

Ces déclarations étaient dictées à Mustapha Kémal par
un immense orgueil : l'orgueil d'être un Turc entouré de
Turcs, debout sur une portion encore libre du territoire
national. C'était aussi l'orgueil d'un homme conscient d'appartenir à une race conquérante, qui avait derrière elle six
siècles d'histoire. Mustapha Kémal ne pouvait maîtriser sa
colère quand il voyait traiter la Turquie en quantité négli-
geable. Quand il avait appris qu'à une séance de la conférence de la paix, lord Balfour l'avait traité de « chef de
brigands », il s'était contenté de hausser les épaules. Mais
lorsqu'il sut que Lord Curzon avait parlé des Turcs avec
une condescendance hautaine, il donna libre cours à sa colère
et s'écria :

— « Nous apprendrons aux Anglais à mieux nous
connaître ! Nous les forcerons à traiter avec nous, d'égal
à égal ! Jamais nous ne courberons le front devant eux !
Nous leur résisterons jusqu'au dernier ! Nous leur résisterons jusqu'au jour où leur maudite civilisation s'écroulera
sur leurs têtes ! »

« C'étaient là, dit H. C. Armstrong, de superbes rodo-
montades, qui témoignaient d'une foi plus superbe
encore [1]. » Mais à cette heure, Mustapha Kémal n'avait
que sa confiance en lui-même pour le soutenir. Il n'avait
ni armée, ni administration, ni ressources financières. Le
pouvoir du gouvernement d'Angora était à peu près nul. Et
la situation du pays empirait de jour en jour.

1. H. C. Armstrong : *Grey Wolf*, p. 122.

LIX

Méhémet VI avait décidé d'en finir avec les rebelles.
Comme les clauses de l'armistice et le contrôle interallié
lui interdisaient l'emploi de troupes régulières, il chargea
son ministre de la Guerre, Soliman Shevket Pacha, de lever,
sous le nom d' « Armée du Calife » une force irrégulière
destinée à exterminer les nationalistes, et promit sa béné-
diction spéciale à tous ceux qui s'y enrôleraient. Puis, il
demanda aux « hodjas » et aux prêtres d'inviter le peuple
à prendre les armes et dépêcha des agents dans toutes les
villes et dans tous les villages pour dire aux Croyants « que
l'heure était venue, pour eux, de prouver leur fidélité au
Calife et leur attachement au trône ».

Méhémet VI était retors et pusillanime mais il était loin
d'être un sot. Il savait fort bien qu'il risquait de perdre la
partie s'il engageait la lutte au nom de son pouvoir temporel. Entre l'indépendance et l'empire, les Turcs n'hésiteraient pas. Le « Pacte National » avait déjà clairement
montré où allaient leurs préférences. Mais il avait d'autres
atouts dont il était décidé à se servir. Le plus fort d'entre
eux était son pouvoir spirituel. S'il présentait les nationalistes anatoliens, non point comme les adversaires de sa
politique, mais comme les ennemis de Dieu ; s'il lançait
contre eux les foudres de l'anathème ; si la propagande du
clergé expliquait au peuple que les députés d'Angora et
ceux qui leur obéissaient voulaient leur interdire de pratiquer leur religion ; qu'ils étaient irréductiblement hostiles
à la foi, aux coutumes et aux traditions de leurs ancêtres et
que de pactiser avec eux compromettait à jamais leur salut
éternel, alors la lutte prendrait un aspect tout différent. Il
l'aurait placée sur le terrain qui lui était le plus favorable.

Il pourrait déchaîner une vague de haine contre laquelle les partisans de Mustapha Kémal seraient pratiquement désarmés. Le vainqueur des Dardanelles avait voulu s'en prendre au Sultan ? Eh bien, tant pis pour lui : il aurait affaire au Calife...

La suite des événements prouva que Méhémet VI ne s'était pas trompé. Partout, les masses, fanatisées par le clergé local, répondirent à l'appel de leur chef spirituel. Par groupes de plus en plus nombreux, les paysans se soulevèrent en faveur du représentant du Prophète. Du Bosphore au Caucase, la Turquie fut déchirée par une guerre civile atroce, doublée d'une guerre religieuse. Ville contre ville, famille contre famille, père contre fils, tous se mirent à se combattre avec une cruauté inouïe. Fomentées et encouragées par les agents du Sultan, des insurrections éclatèrent tantôt sur un point, tantôt sur un autre. Les partisans de Mustapha Kémal s'efforçaient de les réprimer avec une férocité égale à celle de leurs adversaires. Les Turcs s'égorgeaient, se lapidaient, se torturaient, se crucifiaient les uns les autres. A Konieh, les défenseurs du Sultan arrachèrent les ongles des officiers envoyés par Mustapha Kémal, puis les écartelèrent. Les partisans de Mustapha Kémal répondirent en mutilant affreusement toutes les notabilités de la ville et en les pendant sur la place du marché. Le pays se couvrit de gibets et d'échafauds. Dans chaque village turc, la vie était devenue un cauchemar.

Des régions côtières, l'insurrection gagna l'intérieur du pays. Un soulèvement fut signalé à Bolu, puis en plusieurs autres localités de l'Anatolie centrale. Comme un cercle de feu, les insurgés se rapprochaient peu à peu d'Angora. Bientôt ils n'en furent plus qu'à quelques kilomètres. A plusieurs reprises, les fils télégraphiques furent coupés et la ville privée de toute communication avec l'extérieur. Deux officiers, envoyés en parlementaires dans une localité voisine pour tenter de calmer la foule surexcitée, furent lynché, traînés en prison à moitié morts et envoyés à Constantinople pour y être jugés comme traîtres. Une division, dirigée par Mustapha Kémal sur Hendek, pour dégager la localité, fraternisa avec les partisans du Sultan et se débanda. Une autre, la 24°, tomba dans une embuscade et fut exterminée.

Pendant un temps, l'opinion avait été favorable à Mustapha Kémal et lui avait permis de marcher de succès en succès. Maintenant elle s'était retournée en faveur du Sultan, et permettait au souverain de marquer des points à son tour. Chaque jour, l'armée du Calife gagnait un peu plus de terrain. Partie d'Ismid, elle avait conquis Bizhar et se trouvait devant Brousse. Konieh, Ada Bazar et une douzaine d'autres villes avaient pris parti pour elle. Les quelques troupes restées fidèles à Mustapha Kémal commençaient à donner des signes de désaffection. La 15° division, stationnée à Samsoun, se mutina et passa à l'adversaire. Kiazim Kara Békir était débordé et sentait ses régiments lui échapper des mains. Les provinces orientales menaçaient de partir en dissidence. Les bandes irrégulières qui tenaient les montagnes devant Smyrne, livrées à elles-mêmes depuis l'arrestation de Rauf, s'érigèrent en formations autonomes, sous la conduite d'un aventurier circassien nommé Edhem, et refusèrent d'obéir plus longtemps aux ordres d'Angora.

Aux horreurs de la guerre civile s'ajoutaient les affres de la guerre étrangère. A l'est, les Arméniens avaient franchi les frontières pour s'emparer par les armes des provinces que les Alliés leur avaient promises. Au sud-est, les agents du Sultan avaient fomenté un nouveau soulèvement des Kurdes. Au sud, les Français avaient déclenché une contre-offensive en Cilicie et avaient réussi à dégager leurs garnisons encerclées. A l'ouest, les Grecs qui occupaient la région de Smyrne, avaient repris leur progression, incendiant les villages et massacrant les populations au cours de leur avance.

Guerre civile et guerre étrangère resserraient chaque jour leur étau autour d'Angora. Bientôt, les derniers lambeaux de l'Anatolie seraient submergés. Alors il n'y aurait plus aucune parcelle de terrain libre, ni aucun espoir de résister à l'envahisseur. La Turquie serait descendue au fond du tombeau.

Mustapha Kémal et sa petite garde du corps s'étaient installés dans les bâtiments de l'ancienne école d'agriculture, où ils vivaient en état d'alerte permanente. Ils y couchaient tout habillés, et se relayaient pour monter la garde autour de la maison. Le danger rôdait partout. Ils devaient se méfier de tout le monde, car ils pouvaient être assassinés d'un moment à l'autre. Il suffisait d'un paysan fanatique ou simplement d'un inconnu désireux de toucher la prime promise par le Sultan...

Le peuple turc était aux abois. Il criait grâce sous le poids de cette épreuve. Dans les premiers jours d'août, où les nouvelles étaient particulièrement mauvaises, une délégation des femmes d'Angora vint trouver Mustapha Kémal.

— « Nos maris ont été tués aux Dardanelles, lui dirent-elles. Devons-nous en outre être martyrisées, à Angora, parce que les Anglais occupent Constantinople ? Laissons la capitale se débrouiller elle-même. Pourquoi nous acharner ? Cette lutte est sans espoir. Nous avons besoin de paix. Nous sommes à bout de forces, nous n'en pouvons plus... »

Certes, la Turquie avait besoin de paix, et Mustapha Kémal ne l'ignorait pas. Mais de laquelle ? D'une paix qui permettrait à la Turquie de survivre, ou d'une paix qui équivaudrait à sa condamnation à mort ?

LX

Soudain, l'on apprit les conditions du traité imposé par les Alliés : c'était une condamnation à mort. L'empire était anéanti ; l'Anatolie, démembrée ; le peuple turc, colonisé et voué à la servitude.

Toute la partie orientale du pays, y compris les districts

de Kars, d'Ardahan et d'Erzeroum, était érigée en « République indépendante d'Arménie » (art. 88-94) ; un « Territoire autonome des Kurdes » englobait, au sud de cette nouvelle république, toutes les terres situées à l'est de l'Euphrate (art. 62-64) ; une zone d'influence française comprenant la Cilicie, s'étendait vers le nord, bien au delà de Sivas (Protocole annexe) ; Adana, toute la région avoisinante et le Dodécanèse étaient attribués à l'Italie, qui recevait en plus une zone d'influence comprenant tout le sud-ouest de l'Anatolie, jusqu'à une ligne allant approximativement de Brousse à Césarée, en passant par Afion-Karahissar (id.) ; la Grèce recevait Smyrne et l'ouest de l'Anatolie ; la Thrace orientale (y compris Andrinople et Gallipoli) jusqu'à la Maritza et les îles (art. 84-87). Constantinople, les côtes de la mer de Marmara et les Dardanelles étaient démilitarisées. Les Détroits étaient placés sous le contrôle d'une commission internationale. Leur passage devait rester libre, en temps de guerre comme en temps de paix.

Seul restait à la Turquie un territoire de 120.000 kilomètres carrés, couvert en majeure partie de terres incultes et de broussailles, privé de toute possibilité de développement et même d'existence économique, ligoté non seulement par les anciennes Capitulations, mais par un nouveau système de « garanties » qui venaient se superposer à elles. En un mot, la Turquie n'était plus qu'un petit Etat mutilé, émasculé, n'ayant qu'une indépendance nominale et contraint d'obéir en tout aux Puissances victorieuses.

Car chaque détail de la vie des Turcs devait être soumis à une réglementation sévère. Les finances devaient être administrées par des commissions étrangères. Toutes les ressources du pays étant affectées par priorité aux frais d'occupation et au remboursement des indemnités dues aux Alliés (art. 231-266). D'autres commissions devaient dissoudre intégralement l'armée et la remplacer par une petite gendarmerie formée de volontaires. Les Capitulations étaient rétablies (art. 261) ; les entreprises et les concessions d'avant-guerre se voyaient confirmer le droit exclusif d'exploiter les

240

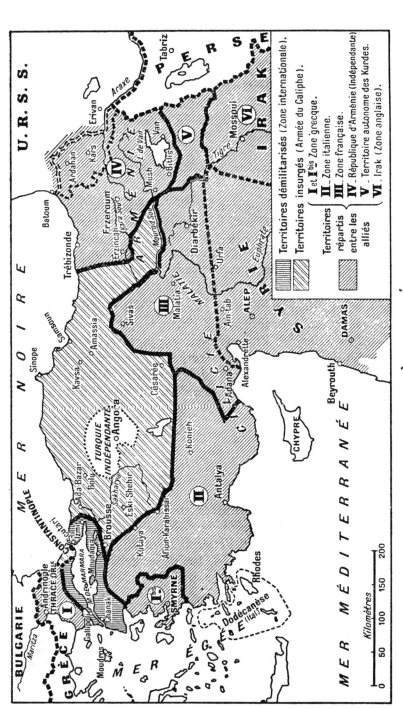

CARTE V. — LA TURQUIE D'APRÈS LE TRAITÉ DE SEVRES (1920).

ports, les voies d'eau, et les voies ferrées (art. 328 à 360) ; les minorités étrangères vivant en Turquie recevraient l'égalité civile et politique. La représentation proportionnelle leur serait accordée dans les conseils et les assemblées éventuellement à créer (art. 140 à 149). La police, le système fiscal, les douanes, les eaux et forêts, les écoles privées et publiques devaient être soumis au contrôle permanent et rigoureux des Alliés.

L'Angleterre, la France et l'Italie, profitant de l'éviction des Puissances centrales et de la Russie, avaient réglé à leur profit exclusif la « question d'Orient », ce casse-tête politique, qui avait tenu en haleine, depuis plus de deux siècles, toutes les chancelleries européennes.

Un instant, l'on crut que le Sultan refuserait d'acquiescer à ces conditions terribles. Il n'en fut rien. A Sèvres, le 10 août 1920, à quatre heures de l'après-midi, les mandataires de Méhémet VI apposèrent leur signature au bas du traité qui consacrait la déchéance finale de leur pays.

« Ainsi s'effondrait, après une chute sans égale, un des plus grands empires qu'ait connus l'histoire moderne », écrit Norbert de Bischoff [1].

LXI

La nouvelle de la signature du traité de Sèvres parvint à Angora, tard dans la soirée. Le vainqueur des Dardanelles l'apprit dans le hall de l'école d'Agriculture où il avait établi ses quartiers. Une scène étrange se déroula alors, qui laissa un souvenir ineffaçable à ceux qui y assistèrent [2].

1. Norbert de Bischoff : *op. cit.*, p. 108.
2. Armstrong situe cette scène un peu auparavant. M. Rewfik Saydam, consulté à ce sujet, nous a affirmé qu'elle s'était déroulée le soir de la signature du traité de Sèvres. Nous avons rétabli l'ordre chronologique exact, tout en suivant fidèlement le récit d'Armstrong (puisé lui-même dans le compte rendu du colonel Arif, qui en fut le témoin oculaire. *Grey Wolf*, pp. 118-119).

Tandis que la nuit tombait et que les ombres remplissaient lentement la pièce, Mustapha Kémal était assis dans un fauteuil, immobile et silencieux, drapé dans sa grande capote grise, son fez d'astrakan gris lui barrant le front, la tête penchée en avant, la figure couleur de cendre, les traits tirés, le regard vide... C'était un général sans commandement et sans armée, le chef d'un gouvernement provisoire sans argent, sans administration et sans pouvoir. Il avait échafaudé de vastes plans pour délivrer la Turquie du joug des étrangers et la rendre indépendante. Pourtant, elle était ensanglantée par la guerre civile et l'étranger la tenait plus que jamais à sa merci. Tout ce pour quoi il avait vécu et travaillé, tous ses beaux projets s'étaient écroulés. Il n'était lui-même rien de plus qu'un hors-la-loi, un rebelle condamné à mort par contumace, dont la tête était mise à prix.

Dehors, il faisait sombre. La nuit était tombée. Ceux qui étaient dans la pièce parlaient à voix basse et n'osaient pas allumer les lumières de peur de troubler sa méditation. Derrière un bouquet d'acacias, dans le ciel froid qui dominait l'ombre noire des montagnes, apparut le croissant argenté de la nouvelle lune. Soudain, dans la cour de la ferme attenante à l'école, Karabash, le grand chien-loup du général, fit entendre un hurlement prolongé.

Mustapha Kémal tressaillit et sortit de sa torpeur. Il se secoua comme un animal sauvage, jeta autour de lui un regard égaré et poussa à son tour un long hurlement. Oui, le Loup Gris d'Angora poussa un long hurlement de colère et de douleur.

La seconde d'après, il se redressa et bondit sur ses pieds, tout frémissant d'énergie. Il frappa dans ses mains appela une ordonnance et lui dit de fermer les fenêtres. Il en appela une autre, et lui commanda d'apporter des lumières, beaucoup de lumières, pour chasser les ombres envahissantes. Il appela Arif; il appela Ismet ; il appela son sous-chef d'état-major. Vite, vite, quelqu'un pour noter des ordres, pour dicter une proclamation, pour transmettre ses instructions à tous les districts du pays, pour regrouper les unités non encore dissoutes, pour tisonner le feu sur le point de s'éteindre... Il combattrait, disait-il, il lutterait encore. A la dernière minute, il sauverait la Turquie, et la rendrait grande et libre...

Ceux qui étaient dans la pièce l'écoutaient, stupéfaits, bouleversés, électrisés par ses paroles. Il n'avait plus de pouvoir, il n'avait plus d'armée, il n'avait plus rien entre les mains. Et pourtant, il parlait avec l'accent d'un vainqueur...

LXII

Il est difficile de définir exactement ce que ressentirent les Turcs lorsqu'ils connurent les clauses du traité de Sèvres. Ce fut un mélange de stupeur, de colère et d'indignation où prédominait le sentiment qu'il était impossible d'accepter des conditions pareilles. Les faits donnaient tragiquement raison à Mustapha Kémal : il n'y avait rien à attendre de Constantinople.

« Il fallut que certains des vainqueurs prononçassent à son égard une véritable sentence de mort, écrit Norbert de Bischoff, pour que, du fond de sa chute et dans l'horreur de son isolement, le peuple turc se retrouvât lui-même et comprît que, quelles que fussent les conséquences d'une résistance armée, elles ne pourraient être pires que l'annihilation à laquelle il était voué. C'est ce sentiment qui permit à Mustapha Kémal d'appeler aux armes son peuple épuisé et, à ce peuple, de se lever et de lui répondre avec l'énergie du désespoir. Des dizaines d'années de propagande et d'éducation des masses n'auraient pas pu faire jaillir aussi impétueusement la flamme de l'idée nationale que le fit ce dur et présomptueux traité [1]. »

1. Norbert de Bischoff : *op. cit.*, p. 119.

Du jour au lendemain, les Turcs prirent parti pour les nationalistes et cessèrent d'obéir aux mots d'ordre du Sultan. De tous côtés, les appuis affluèrent à Mustapha Kémal. L'on assista à une véritable « levée en masse » d'autant plus émouvante, qu'elle était spontanée. Des hommes et des femmes de tout âge et de toutes conditions, arrivèrent par milliers à Angora pour se mettre à la disposition du gouvernement provisoire. Les hommes allaient s'engager dans les unités en formation, des paysannes s'offraient pour porter des armes et des munitions, des jeunes filles de bonne famille pour soigner les blessés et confectionner les uniformes. De Constantinople arrivèrent des députés qui avaient échappé à l'arrestation, des officiers d'état-major, des généraux, des fonctionnaires, des ingénieurs, des agents des chemins de fer, des civils, qui avaient franchi clandestinement les lignes anglaises. Tous, pauvres ou riches, ne demandaient qu'à servir.

Mustapha Kémal constitua aussitôt un gouvernement de Salut Public. Les généraux Békir Sami et Adnan furent chargés d'organiser la défense nationale. Fevzi reçut pour mission d'intensifier l'approvisionnement en armes et en munitions. Ismet fut nommé chef d'état-major général.

Le premier souci de Mustapha Kémal fut de dégager Angora de l'étreinte des insurgés. Quelques opérations, rapidement menées y suffirent, car l'Armée du Calife se désagrégeait d'elle-même. Beaucoup de notabilités qui s'étaient inscrites dans les Comités locaux à la demande du souverain, donnèrent leur démission. La plupart des formations refusèrent de poursuivre le combat. En certains endroits, les troupes allèrent même jusqu'à égorger leurs chefs, affirmant qu'on les avait trompées sur la véritable nature de la lutte. Au bout d'une semaine, l'Armée du Calife s'était volatilisée, à l'exception d'un dernier carré de fidèles groupés dans la région d'Ismid, qui servait de couverture à la garnison britannique.

Dix jours après la signature du traité de Sèvres, la physionomie du pays était complètement transformée. L'esprit d'union sacrée avait soufflé sur toutes les classes de la population. L'instinct de conservation national l'avait emporté sur la fidélité dynastique.

LXIII

La Turquie était délivrée du fléau de la guerre civile Mais elle n'était pas débarrassée pour autant de ses ennemis extérieurs. Ceux-ci étaient trop nombreux, et les forces dont disposait Mustapha Kémal trop faibles pour qu'il pût songer à les attaquer tous à la fois. C'eût été disperser ses moyens et les vouer à l'échec. En dehors de formations irrégulières, hâtivement improvisées, les seules troupes sérieuses qu'il pouvait jeter dans la mêlée étaient le corps d'armée de Thrace, commandé par le général Jaffar Tayar, trop éloigné pour intervenir en Anatolie, et les divisions de Kiazim Kara Békir, que ce dernier avait reprises en main, à la faveur du revirement provoqué par la signature du traité de Sèvres.

Mustapha Kémal décida de commencer par assurer ses arrières, c'est-à-dire les provinces orientales. Quand celles-ci formeraient un rempart solide dans son dos, il pourrait se retourner et intervenir dans d'autres directions.

Le chef du gouvernement provisoire chargea donc Kiazim Kara Békir de refouler les Arméniens au delà des frontières et de leur infliger des pertes suffisantes pour leur ôter toute envie de renouveler leur tentative. Le commandant de la 2ᵉ armée s'acquitta de cette tâche avec une rigueur impitoyable. Du moment qu'il s'agissait de massacrer les Arméniens, ses soldats avaient plutôt besoin d'être retenus qu'encouragés. Les Arméniens, qui croyaient les Turcs hors de combat, furent pris à l'improviste par cette réaction inattendue. Leurs formations furent encerclées, capturées et

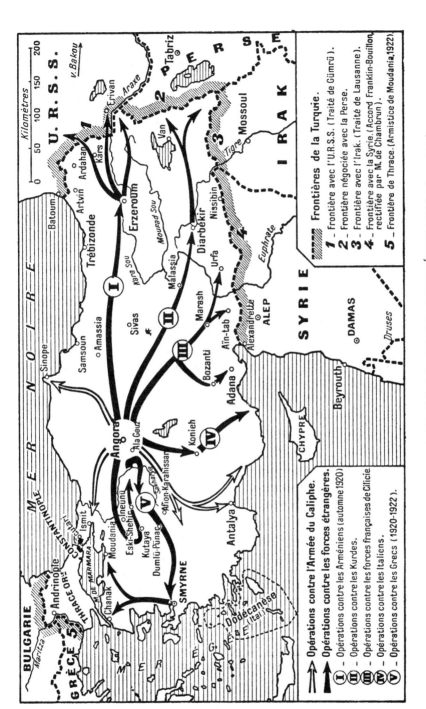

CARTE VI. — LES OPERATIONS DE LA GUERRE D'INDÉPENDANCE (1920-1922).

Frontières de la Turquie.

1 - Frontière avec l'U.R.S.S. (Traité de Gümrü).
2 - Frontière négociée avec la Perse.
3 - Frontière avec l'Irak. (Traité de Lausanne).
4 - Frontière avec la Syrie. (Accord Frankin-Bouillon, rectifiée par M. de Chambrun).
5 - Frontière de Thrace. (Armistice de Moudania,1922)

→ Opérations contre l'Armée du Caliphe.
► Opérations contre les forces étrangères.
(I) - Opérations contre les Arméniens (automne 1920)
(II) - Opérations contre les Kurdes.
(III) - Opérations contre les forces françaises de Cilicie.
(IV) - Opérations contre les Italiens.
(V) - Opérations contre les Grecs (1920-1922).

presque partout exterminées (septembre-octobre 1920). Au bout d'une campagne courte, mais terriblement meurtrière, car les soldats de la 2ᵉ armée ne faisaient pas de quartier, Kiazim Kara Békir força la République arménienne, qui venait à peine de naître, de conclure, à Gümrü, une paix aux termes de laquelle elle ne renonçait pas seulement aux provinces orientales de la Turquie, mais lui restituait en outre les districts d'Artvin, d'Ardahan et de Kars, qui lui avaient été enlevés par les Russes, quelques années auparavant.

Si les Alliés avaient créé les conditions psychologiques nécessaires à la résistance, les Russes facilitèrent son action en lui fournissant des armes. La République arménienne, créée par l'Entente avec des provinces prélevées à la fois sur l'empire ottoman et sur celui des Tsars, n'était pas seulement un danger pour Angora. Elle était aussi une menace pour Moscou, car cet Etat nouvellement créé, prétendait s'annexer également les districts de Batoum et de Bakou. De plus, son territoire servait de point de ralliement à d'importantes forces contre-révolutionnaires.

Aussi les champions de l'indépendance turque apparurent-ils d'emblée, aux dirigeants du Kremlin, comme des alliés naturels dans leur lutte commune contre la « Grande Arménie ». Lorsqu'un mois après l'avance de Kiazim, les Soviets se sentirent assez forts pour prendre l'offensive à leur tour (novembre 1920), ils envoyèrent de nombreux bataillons dans cette région. Les troupes rouges balayèrent ce qui restait des Arméniens, entrèrent à Erivan, écrasèrent les formations anticommunistes au cours de combats mouvementés et noyèrent dans le sang le rêve — combien bref — d'une Arménie indépendante. Ni à ce moment, ni par la suite [1], le gouvernement soviétique ne contesta les frontières fixées à Gümrü. Cette campagne, qui évoque par certains côtés la campagne germano-russe de Pologne en 1939,

1. Sauf en juin 1945, où l'U.R.S.S. émit soudain certaines prétentions sur les districts de Kars et d'Ardahan, abandonnés à la Turquie par le traité du 13 octobre 1921.

248

cimenta l'amitié turco-soviétique, et donna à Mustapha Kémal la sécurité sur ses arrières dont il avait besoin pour attaquer ses autres ennemis.

LXIV

Débarrassées de tout souci du côté des provinces orientales, les formations kémalistes se tournèrent alors contre les Kurdes, dont elles matèrent rapidement l'insurrection. Puis elles dirigèrent leurs efforts vers le sud (janvier 1921). Après avoir pris d'assaut les villes de Marash et d'Ourfa et avoir massacré les garnisons françaises qui les occupaient, elles attaquèrent Bozanti, forcèrent les avant-gardes françaises à évacuer la région et conclurent avec elles une trêve qui dégagea provisoirement la Cilicie.

Les Turcs se tournèrent alors contre les Italiens. Ceux-ci ne résistèrent pas longtemps à leurs assauts fougueux. Ils furent rapidement délogés de Konieh, ainsi que de la ligne de chemin de fer et des différents points stratégiques qu'ils tenaient dans la région d'Antalya.

Partout, le succès avait couronné les efforts des kémalistes et cette succession d'avances fulgurantes leur avait imprimé un élan irrésistible. En dehors des Grecs, retranchés devant Smyrne et des troupes d'occupation anglaises, stationnées à Constantinople, il n'existait plus de forces ennemies sur le territoire national! La facilité avec laquelle l'Anatolie avait été libérée dépassait les prévisions les plus optimistes. En août, tout paraissait perdu, et en octobre, la victoire semblait déjà à portée de la main !

Voulant exploiter à fond cette situation favorable, Mustapha Kémal décida de marcher sur Constantinople. Son plan consistait à prendre la capitale dans une tenaille, entre le corps d'armée de Thrace, commandé par Jaffar Tayar, et les formations venant d'Anatolie, commandées par Ali Fuad.

Tandis que le général Jaffar Tayar faisait avancer ses régiments sur la rive droite des Détroits, Ali Fuad attaqua Ismid, écrasa le cordon de protection constitué par les derniers partisans du Sultan, et se trouva tout à coup face à face avec les Anglais. Voyant que ceux-ci n'occupaient que la plage méridionale des Détroits, Ali Fuad, jouant d'audace, commanda à sa cavalerie de foncer vers le Bosphore, en passant par le nord et en contournant le flanc gauche de l'ennemi.

De son bureau, situé dans l'immeuble qui abritait les services de l'état-major interallié, le Haut-Commissaire britannique vit s'élever sur la rive d'Asie les panaches de fumée qui montaient des villages incendiés par les Turcs au cours de leur avance. Il n'en était séparé que par un bras de mer, large de deux kilomètres.

Le Haut-Commissaire téléphona au commandant des troupes britanniques à Ismid, et lui demanda ce qui se passait. Celui-ci lui répondit que les Turcs massaient des forces en direction de la capitale, et que les effectifs anglais n'étaient pas assez nombreux pour les empêcher de franchir les Détroits. Comme l'armée d'occupation alliée de Constantinople avait été réduite à quelques milliers d'hommes, la ville, où se trouvaient les délégations de toutes les Puissances victorieuses, était à la merci d'une attaque des Turcs !

Sans perdre un instant, le Haut-Commissaire britannique prit ses dispositions pour évacuer la ville. Il ordonna aux unités de rassembler leurs bagages et de se tenir en état d'alerte, fit brûler les archives des Commissions de contrôle, détruisit les dépôts de vivres et de munitions et donna aux bateaux de transport l'ordre de se tenir sous pression dans la Corne d'Or.

Il semblait à ce moment qu'il suffirait d'un ultime effort, pour délivrer totalement la Turquie de l'occupation étrangère. Convaincu que la victoire finale était à portée de la main, Mustapha Kémal appela sous les drapeaux tous les hommes en âge de se battre. C'est en vain que la flotte britannique ouvrit le feu sur les formations turques qui se concentraient devant Ismid. Ce bombardement ne pouvait suffire à les contenir longtemps. Dans quelques jours, les kémalistes seraient assez nombreux pour balayer le mince rideau de troupes qui les séparait encore de la capitale...

LXV

A Paris, Lloyd George, Clemenceau et Orlando qui siégeaient au Conseil Suprême ne comprenaient plus rien à la situation. Que signifiaient ces nouvelles stupéfiantes et contradictoires que leur câblaient leurs chefs de mission à Constantinople ? A les en croire, les Turcs refuseraient d'exécuter le traité de Sèvres, pour suivre les appels d'un « chef de brigands » dont la rébellion ne pouvait valoir à son pays qu'un surcroît de calamités? Après avoir occupé les approches du Bosphore, les insurgés se trouvaient aux portes de la capitale ? C'était insensé ! Que faisait donc le gouvernement impérial ? Que faisait le Sultan ?

Méhémet VI n'était guère moins consterné que le Haut-Commissaire britannique. La signature du traité de Sèvres l'avait rendu suprêmement impopulaire. Il avait perdu ses derniers partisans. L'Angleterre, en qui il avait mis son ultime espoir, faisait mine de retirer ses troupes. Il ne savait plus vers qui se tourner et se disait que sa dynastie serait perdue si elle cessait d'être soutenue par les baïonnettes étrangères.

En désespoir de cause, il adressa aux Puissances signataires du traité de Sèvres, une circulaire dans laquelle il se déclarait prêt à accepter le protectorat de « celle d'entre elles qui serait disposée à lui prêter assistance ».

Cet acte, imputable peut-être aux conseils de Damad

Férid, était plus qu'une maladresse : c'était une faute politique grave. Sans doute Vaheddine espérait-il que cette proposition susciterait des jalousies entre les grandes puissances et lui permettrait de reprendre la politique de bascule qui avait si longtemps réussi à son oncle Abdul Hamid. Mais ce temps-là était révolu. En 1920, personne ne songeait à contester aux Anglais la prééminence en Orient. D'ailleurs quels avantages le Sultan pouvait-il « offrir », que le vainqueurs ne fussent en mesure de s'arroger eux-mêmes?

« Ce fut sur ce dernier et misérable geste, écrit Norbert de Bischoff, par lequel le Sultan mit son pays aux enchères, que prit fin ignominieusement la politique étrangère du gouvernement impérial. Désormais, le Sultan et ses ministres ne furent plus que des figurants sans volonté dans le grand drame qui se déroulait autour d'eux et dont ils furent finalement les victimes [1]. »

Les Alliés prirent connaissance de la proposition de Méhémet VI et la rejetèrent avec dédain. Elle mécontenta violemment les Anglais, car elle contrevenait aux stipulations du pacte secret, contracté précédemment entre Churchill et les émissaires du Sultan, en vertu duquel l'Angleterre disposait déjà d'un protectorat sur la Turquie. Mais ce refus ne résolvait pas le problème. La révolte kémaliste plaçait les vainqueurs devant un dilemme brutal : se battre, ou évacuer la Turquie. C'était la seule alternative.

Les Alliés firent le décompte de leurs forces et s'aperçurent qu'ils n'avaient pas un soldat à envoyer à Constantinople. Ils avaient tous démobilisé leurs armées, et se débattaient dans les difficulés de l'après-guerre. L'Italie était agitée par des troubles pré-révolutionnaires. La France avait fort à faire avec les Druses en Syrie, et son attention était accaparée par la frontière du Rhin. L'Empire britannique était comme un navire pris dans la tourmente : la guerre civile faisait rage en Irlande ; la Mésopotamie et les Indes étaient en effervescence ; la guerre était déclenchée en Afghanistan.

---

1. Norbert de Bischoff : *op. cit.*, p. 145.

Pendant ce temps, l'Amérique, déçue des résultats de la guerre, se retranchait dans l'isolationnisme. Si les chefs d'Etat de l'Entente avaient voulu rouvrir les hostilités, ils auraient été désavoués par leur opinion publique.

Se battre était donc impossible. Mais évacuer, quand on se proclame vainqueur, sous la menace de ce qui n'était peut-être qu'une poignée de rebelles, c'était s'exposer à la risée du monde. Les Trois Grands cherchaient en vain le moyen de sortir honorablement de cette impasse.

C'est alors que Vénizélos vint les tirer d'embarras. Sous un aspect faussement ingénu et bon enfant, le délégué grec dissimulait une roublardise et une souplesse d'esprit digne de ses ancêtres crétois. Puisque les Alliés se reconnaissaient incapables d'assurer l'exécution du traité de Sèvres, pourquoi ne pas confier cette tâche à l'armée grecque ? Elle n'était pas démobilisée : ses effectifs s'élevaient à 200.000 hommes. Mieux encore : elle était sur place. Toutes ses divisions d'élite étaient concentrées à Smyrne. Celles-ci étaient dotées d'un armement puissant — mitrailleuses, canons, camions, tracteurs — racheté aux Anglais et aux Français. Moyennant une rétribution modeste — un accroissement en Thrace et en Anatolie des territoires déjà concédés à la Grèce par le traité de Sèvres — l'armée de Smyrne servirait volontiers de bras séculier aux Alliés et porterait, avec joie, le coup de grâce à la Turquie. Tout en ne coûtant à l'Entente aucun effort supplémentaire, cette action leur épargnerait une grave humiliation...

Les Trois Grands examinèrent la proposition du délégué grec et la trouvèrent excellente. En moins de quarante-huit heures, le marché fut conclu. Ils promirent au gouvernement d'Athènes de donner satisfaction à ses demandes, à condition qu'il passât immédiatement aux actes.

Depuis vingt ans, Vénizélos avait vécu dans l'attente de ce moment qui marquait le couronnement de sa carrière politique et le ferait entrer dans l'Histoire comme « le restaurateur de la Grande Grèce ». Les frontières qu'il avait obtenues des Alliés correspondaient à peu près à celles de l'ancien royaume de Lydie [1], et les combats qui allaient se livrer en Anatolie occidentale lui apparaissaient comme le dénouement de la lutte millénaire, qui avait dressé jadis les Hellènes contre les Perses, dans leur effort pour s'assurer la maîtrise de l'Asie Mineure et la mer Egée.

LXVI

Au cours de la deuxième quinzaine de juillet, une première armée grecque pénétra en Thrace orientale, encercla le 1er corps d'armée turc et le fit prisonnier en entier, y compris son commandant, le général Jaffar Tayar. Puis elle fit son entrée à Andrinople et désarma toutes les forces turques qui se trouvaient encore sur la rive européenne du Bosphore.

Une seconde armée grecque avança au nord de Smyrne. Elle repoussa les Turcs qui se trouvaient devant Ismid et captura toutes les formations massées sur la rive asiatique.

Une troisième armée grecque, divisée en deux corps, s'enfonça vers l'intérieur de l'Asie Mineure. Ses objectifs consistaient à s'emparer de la ligne de chemin de fer qui traverse l'Anatolie du nord au sud et à occuper les importants nœuds ferroviaires d'Eski-Shéhir et d'Afion-Karahissar. Les opérations se déroulaient dans un territoire montagneux, dépourvu de routes, où les communications étaient difficiles.

En novembre, les Grecs s arrêtèrent à mi-chemin de la voie ferrée. Là, ils creusèrent des tranchées, fortifièrent leurs positions et prirent leurs quartiers d'hiver, en attendant le printemps.

En décembre 1920, la situation s'était stabilisée. Le Sultan

1. Au VIe siècle avant J.-C.

et le gouvernement impérial se trouvaient toujours à Constantinople. Ils continuaient à fulminer des exclusives contre « les rebelles d'Angora ». Mais personne n'y faisait plus la moindre attention. Il y avait aussi un petit noyau des forces alliées, également réduites à l'impuissance. Entre eux et les kémalistes, se déployait le bouclier protecteur des régiments grecs.

En face, Mustapha Kémal avait ordonné à toutes ses unités régulières de se replier dans les montagnes, et n'avait laissé devant l'ennemi qu'un mince rideau de troupes, prélevées sur les maquis environnants.

LXVII

L'hiver 1920-1921 marqua un tournant dans la lutte que livraient les Turcs pour leur indépendance. Jusqu'ici, les opérations avaient été surtout menées par des formations irrégulières, hâtivement improvisées. Les seules forces militaires proprement dites, dont disposaient les kémalistes étaient, — comme nous l'avons vu, — le corps d'armée de Thrace, commandé par Jaffar Tayar, et la 2ᵉ armée, commandée par Kiazim Kara Békir. Or, les premières avaient été capturées tout entières par les Grecs. Les secondes avaient été très éprouvées par la campagne d'Arménie.

Par malheur, cet affaiblissement survenait au moment précis où les Turcs étaient contraints d'affronter des divisions grecques d'élite bien armées, bien encadrées et assurées de l'appui moral et matériel des Alliés. Jamais il ne serait possible de leur tenir tête avec des bandes de volontaires sans cohésion et pourvus d'un armement hétéroclite. Si Mustapha Kémal et son état-major ne parvenaient pas à mettre sur pied une armée régulière avant le début du printemps, tout permettait de penser que la Turquie serait écrasée.

Il n'y avait qu'une seule manière de procéder : dissoudre

les formations de maquisards pour en incorporer les membres à des unités de type normal. Cette refonte était d'autant plus indispensable que dans beaucoup de régions les groupements de partisans avaient profité des troubles créés par la guerre civile, pour briser tous les liens d'allégeance qui les rattachaient au gouvernement d'Angora. A Smyrne, notamment, ils s'étaient érigés en formations autonomes, dite « Armée Verte », et terrorisaient la province par leurs actes de banditisme, perpétrés sous la conduite d'un aventurier circassien nommé Edhem.

Edhem avait établi son P.C. à Kutaya, d'où ses bandes rayonnaient en tous sens, pillant, tuant et rançonnant les paysans. Elles étaient commandées le plus souvent par des individus de moralité douteuse et par des repris de justice, qui exaspéraient les populations par leurs exactions continuelles. Loin de contribuer à la sécurité du territoire, elles étaient devenues un véritable fléau.

Mustapha Kémal avait longtemps hésité à prendre des sanctions contre elles, en raison des services qu'elles lui avaient rendu dans le passé. Elles avaient contribué à liquider l'Armée du Calife et s'étaient opposées courageusement à l'avance des Grecs. Mais lorsqu'il leur donna l'ordre de se dissoudre et de s'enrôler dans les unités régulières organisées par Ismet, elles s'y refusèrent catégoriquement et répondirent qu'elles ne reconnaissaient pas plus d'autorité à Ismet qu'à aucun autre membre de l'état-major général.

Mustapha Kémal essaya de flatter la vanité d'Edhem, qui était incommensurable. Il lui offrit un poste honorifique dans la nouvelle armée.

— « Si je viens à Angora, répondit le Circassien, ce sera pour y pendre Mustapha Kémal à la porte du Parlement. »

Le chef du gouvernement provisoire lui conseilla de ne pas faire le bravache et d'exécuter ses ordres sans rechigner.

Sentant que la situation se gâtait pour lui, Edhem se tourna vers le Sultan et lui offrit ses services. Mais Méhémet VI était bien trop prudent pour accepter une offre aussi compromettante. Le chef de « l'Armée Verte » se rendit alors à Smyrne et se mit à la solde des Grecs. Ceux-ci conclurent un accord avec lui et lui firent envoyer à l'Assemblée d'Angora une proclamation dans laquelle il disait :

— « Le pays est las de la guerre. Le seul qui la désire encore est Mustapha Kémal. Renvoyez cette brute sanguinaire et concluez immédiatement la paix. Je me fais l'interprète des vœux de la nation. »

En même temps, il fit désarmer et dissoudre toutes les formations kémalistes qui se trouvaient à Kutaya.

Cette fois-ci, la coupe était pleine. Jamais la Turquie ne se relèverait si elle ne commençait pas par vider cet abcès.

— « Je vous ai parlé jusqu'ici en camarade, répondit Mustapha Kémal à Edhem. Dorénavant, j'agirai envers vous en Chef de l'État. »

LXVIII

Le même jour, Ismet reçut l'ordre d'écraser l'Armée Verte sans pitié. Un certain nombre d'unités régulières, fraîchement constituées, marchèrent sur Kutaya sous le commandement de Refet. Elles s'emparèrent de la ville, capturèrent l'état-major d'Edhem et désarmèrent ses « groupes de combat ». La plupart des villageois de la région, heureux d'être enfin délivrés de ce cauchemar, prêtèrent main-forte aux troupes kémalistes. Le chef de l'Armée Verte n'eut que le temps de s'enfuir. Il se réfugia chez les Grecs en jurant qu'il se vengerait de cette félonie.

Edhem alla trouver le général Papoulas, qui commandait en chef l'armée hellénique. Il lui expliqua que la discorde régnait au camp des kémalistes, que les diverses formations de l'armée se battaient entre elles et qu'il fallait intervenir immédiatement pour précipiter la chute de Mustapha Kémal. Celui-ci était déjà chancelant. Le moindre revers militaire suffirait à le désarçonner. Une fois Kémal évincé, le parlement d'Angora déposerait les armes, car les partisans de la paix y étaient chaque jour plus nombreux. Ainsi l'Anatolie entière tomberait aux mains des Grecs.

On était arrivé aux premiers jours de janvier 1921. L'armée hellénique n'était pas encore prête à prendre l'offensive, qui ne devait être déclenchée qu'au printemps. Cependant, le général Papoulas estima que les renseignements fournis par Edhem étaient trop intéressants pour être négligés. Il les recoupa avec ceux de son état-major. A voir l'agitation qui régnait dans la région de Kutaya il semblait effectivement que les Turcs fussent en train de se disputer entre eux. Il décida de passer immédiatement à l'attaque.

Le 6 janvier, les Grecs bondirent sur Afion-Karahissar avec deux divisions et s'emparèrent de la portion de la voie ferrée située entre Bilecik et Ineunü.

Alerté par Refet, Ismet accourut sur le front. Profitant de ce qu'il avait sur place la 61ᵉ division et un groupe de cavalerie, envoyés à Kutaya pour liquider les dissidents, il décida d'user d'audace et contre-attaqua vigoureusement à la hauteur d'Ineunü (9-10 janvier 1921).

Le succès fut complet. Les Grecs, qui se croyaient à l'abri de toute riposte ennemie, avaient négligé de prendre les précautions les plus élémentaires. Assaillis à l'improviste, ils perdirent pied et se replièrent en désordre sur leur ligne de départ, abandonnant beaucoup de morts et un important matériel. Ils ne devaient plus en bouger pendant tout le reste de l'hiver.

La bataille d'Ineunü eut, dans tout le pays, un retentissement énorme. C'était la première fois que les nouvelles unités kémalistes se heurtaient à une armée européenne et, dès leur première rencontre, elles remportaient la victoire ! Celle-ci redonna confiance aux officiers et aux parlementaires qui commençaient à se demander si la lutte dans laquelle les entraînait Mustapha Kémal n'était pas perdue d'avance, tant les moyens mis en œuvre de part et d'autre étaient inégaux. Elle renforça du même coup le prestige du général, qui avait été ébranlé par l'avance des Grecs.

Voulant profiter de l'ambiance favorable créée par la bataille d'Ineunü, pour consolider son pouvoir politique, le chef du gouvernement provisoire convoqua immédiatement le Parlement.

LXIX

L'Assemblée nationale se réunit en séance pléniaire, le 20 janvier 1921 — dix jours après la bataille d'Ineunü. Mustapha Kémal brossa devant les députés un tableau détaillé des événements. Il leur décrivit la révolte d'Edhem, l'écrasement des dissidents, la défaite des Grecs, et leur fit voter une adresse de félicitations à la nouvelle armée.

Puis il leur demanda d'adopter une loi constitutionnelle affirmant que « la base de l'Etat turc était la souveraineté du peuple ».

« La déclaration du 20 janvier 1921, nous dit Norbert de Bischoff, fut le premier coup de hache porté dans l'ancienne Constitution ottomane, la première fois que fut opposée à la souveraineté du Sultan-Calife le principe démocratique qui fait dériver tout le droit constitutionnel et toute la puissance politique de la souveraineté du peuple. La loi du 20 janvier 1921, ne créait pas un statut provisoire, un statut de fortune : elle posait des normes constitutionnelles permanentes, totalement différentes de celles qui avaient régi la Turquie jusqu'à ce jour [1]. »

Sans doute, ces mêmes normes avaient-elles déjà inspiré les travaux de l'Assemblée. Sans doute avaient-elles déjà été appliquées tacitement, lors des élections illégales qui avaient suivi le coup de force des Anglais à Constantinople.

1. Norbert de Bischoff : *op. cit.*, p. 153.

Mais depuis lors, le gouvernement avait subi victorieusement l'épreuve du feu, et son chef estimait que le moment était venu de faire savoir au Sultan et aux Alliés, que le pouvoir de l'Assemblée d'Angora n'était pas un expédient temporaire, mais un état de choses définitif.

Le gouvernement qu'il présidait cessa de s'appeler « Gouvernement provisoire ». Mais il ne prit cependant pas le nom de « Gouvernement turc ». Il s'intitula plus modestement « Gouvernement de l'Assemblée Nationale », pour marquer que son pouvoir ne s'étendait qu'aux régions du territoire non occupées par l'ennemi, et où le peuple avait pu manifester librement sa volonté.

Pour l'instant, Mustapha Kémal se refusait à aller plus loin. Comme toujours, son esprit concret ne s'intéressait qu'aux réalisations immédiates et s'en remettait à l'avenir pour dégager peu à peu tout ce que la déclaration du 20 janvier contenait en puissance. Mais il était clair, pour tous ceux qui avaient le sens de ces choses, que dans le nouveau régime que Mustapha Kémal était en train d'instaurer, il y avait — et il y aurait — de moins en moins de place pour les institutions du passé...

La loi du 20 janvier n'accrut peut-être pas le pouvoir effectif du gouvernement d'Angora, mais elle renforça son autorité aux yeux des populations anatoliennes. Elle leur montra sa volonté de ne pas pactiser avec l'ennemi avant la libération complète du territoire.

— « Ce n'est pas par des supplications, ni par des recours à l'équité ou à la pitié que l'on assure la dignité et l'indépendance d'une nation, proclamait sans cesse Mustapha Kémal, c'est par le combat ! Mendier la pitié et l'équité ne saurait être un principe. Que la nation turque, que les générations futures ne l'oublient jamais ! »

Ces fières paroles, claironnées dans l'hémicycle de l'Assemblée, retentissaient bien au delà de l'enceinte du Parlement. Par ailleurs, l'organisation de l'armée avançait à grands pas. Comme bien l'on pense, la consolidation du nouveau régime ne passa pas inaperçue des Grecs.

Voulant prendre leur revanche sur leur défaite de janvier, et empêcher les Turcs d'achever leurs préparatifs militaires, ils attaquèrent une seconde fois en direction d'Eski-Shéhir, cette fois-ci avec 40.000 hommes (30 mars).

Une seconde fois, Ismet leur barra la route, à la tête de 15.000 fantassins et de 900 cavaliers. Comme en janvier, le choc principal eut lieu à Ineunü. Après vingt-quatre heures de lutte acharnée, au cours desquelles les Grecs faillirent l'emporter à plusieurs reprises, les Turcs finirent par les déborder sur l'aile droite et les obligèrent à se replier précipitamment sur leurs positions de départ (1er avril).

Cette deuxième victoire d'Ineunü fut accueillie à Angora avec un enthousiasme encore plus grand que la première. « Vous avez eu non seulement raison de l'ennemi, câbla Mustapha Kémal à Ismet, mais aussi du sort adverse de la nation. »

Sous la plume du vainqueur des Dardanelles, toujours si avare d'éloges, ces mots avaient du poids.

LXX

Les premiers mois de 1921 furent marqués par une série d'événements qui améliorèrent considérablement la situation de la Turquie. A la fin de 1920, le roi Constantin, beau-frère de Guillaume II, était remonté sur le trône. Vénizélos et son gouvernement avaient été chassés d'Athènes. Déçus et irrités, les Alliés n'éprouvèrent plus aucun désir d'aider la Grèce à accroître ses territoires. Bien plus, ils souhaitèrent mettre un terme à ses opérations en Anatolie.

La France, l'Angleterre et l'Italie offrirent leur médiation aux belligérants. Les Grecs la repoussèrent. A la suite de ce refus, les puissances occidentales se déclarèrent neutres et se désintéressèrent de la suite des événements. Désormais, la guerre n'était plus une croisade pour l'application du traité de Sèvres, mais un duel personnel entre la Grèce et la Turquie. L'armée grecque était toujours aussi puissante : mais elle ne jouissait plus de l'appui des Alliés.

Ceux-ci étaient d'ailleurs divisés sur la question turque. La France envoyait en sous-main des messages d'encouragement au kémalistes et l'Italie leur vendait des armes en secret.

Tandis qu'Ismet renforçait de son mieux ses positions devant Afion et Eski-Shéhir, Mustapha Kémal et son état-major travaillaient d'arrache-pied à la constitution de la nouvelle armée nationale. Les Grecs, de leur côté, massaient dans ce secteur des troupes de plus en plus nombreuses, procédant à des reconnaissances et à de petits coups de main qui laissaient prévoir une reprise prochaine des hostilités. Malgré les efforts surhumains du Loup gris, les divisions helléniques étaient incontestablement plus nombreuses et mieux armées que les siennes.

L'offensive grecque se déclencha le 7 juillet, avec 96.000 hommes. Ismet n'avait pas eu le temps d'achever ses préparatifs. Soutenus par l'aviation et de puissants tirs d'artillerie, les Grecs percèrent les lignes turques et s'emparèrent d'Afion et de Kutaya. Puis ils firent converger leurs forces sur Eski-Shéhir, le nœud de voies ferrées qui commandait toute l'Anatolie occidentale.

Ismet se trouvait à son quartier général de Karaja-Bey, un petit village situé en arrière d'Eski-Shéhir. Il était surmené par le labeur de ces derniers mois. Pâle, les traits tirés, il arpentait fiévreusement la petite pièce qui lui servait de bureau. Une responsabilité écrasante pesait sur ses épaules.

Huit divisions grecques avançaient sur Eski-Shéhir de trois côtés à la fois. Leur but était d'encercler la principale armée turque. Toutes les contre-attaques avaient échoué. Fallait-il se cramponner au terrain ? C'était courir au-devant d'une destruction certaine. Mais reculer, ce n'était pas seulement abandonner aux Grecs une position stratégique de première importance. C'était livrer toute la population de cette région aux sévices de l'occupant et perdre une masse considérable d'approvisionnements et de matériel de guerre, qui n'avaient pu être rassemblée qu'au prix des plus grands sacrifices.

Ne pouvant se résigner à donner l'ordre de repli, le vainqueur d'Ineunü téléphona, le 19 juillet, à Mustapha Kémal et lui demanda de venir d'urgence au Grand Quartier Général.

— « Mustapha Kémal est le maître, dit Ismet à ses officiers d'état-major, nous ne sommes que ses élèves. C'est à lui de décider. »

Mustapha Kémal accourut à Karaja-Bev Il étudia la carte, se fit faire un compte rendu détaillé de la situation, et réfléchit longuement. Lorsque à Damas, Liman von Sanders l'avait laissé libre d'évacuer la Syrie et de battre en retraite jusqu'au Taurus, il n'avait abandonné qu'un territoire arabe, habité par des populations étrangères. Tandis que cette fois-ci, reculer, c'était évacuer une portion considérable du territoire turc et livrer des dizaines de milliers de compatriotes à l'ennemi. Et à quel ennemi ! A une nation qui voyait dans cette guerre l'aboutissement d'un antagonisme séculaire, et qui comptait sur cette campagne pour reconquérir les colonies ioniennes et les établissements d'Asie Mineure qu'elle revendiquait depuis plus de deux mille ans...

Pourtant, Mustapha Kémal ne s'attarda pas longtemps à ces considérations. Si l'armée turque se cramponnait à Eski-Shéhir, elle serait encerclée, capturée et anéantie. Ce désastre équivaudrait à la perte de la guerre. Les populations abandonnées aux Grecs ne seraient plus jamais libérées, et la Turquie devrait renoncer à son indépendance.

— « Évacuez Eski-Shéhir ! dit-il à Ismet d'un ton bref. Donnez l'ordre de battre en retraite sur toute la ligne. Reculez de trois cents kilomètres, jusqu'à la Sakharya, et préparez-y de nouvelles positions couvrant Angora. Cela distendra les lignes de communication de l'ennemi et raccourcira d'autant les nôtres. De plus, cela nous donnera le répit nécessaire pour regrouper nos forces. »

Déplaçant quelques drapeaux sur la carte, il indiqua rapidement à Ismet le sens et l'ampleur de ce décrochage. Puis, lui ayant donné ses dernières instructions, il retourna à Angora pour mettre le Parlement au courant de la situation.

LXXI

Lorsqu'il y arriva, les mauvaises nouvelles du front circulaient déjà en ville. Il n'y était question que de la retraite ordonnée par Mustapha Kémal, et bien des gens se demandaient si le général en chef n'avait pas eu tort de prescrire un recul aussi considérable. Etait-il sage d'abandonner une si grande portion de l'Anatolie ? Et si ce nouveau front craquait, que deviendrait la capitale ?

L'Assemblée se réunit le 5 août 1921. Les députés étaient nerveux et pessimistes. Au moment où Mustapha Kémal entra dans la salle des séances, un orateur était en train de critiquer sa décision.

— « Ne serait-il pas indiqué, demandait-il à ses collègues, de remplacer Mustapha Kémal à la tête du gouvernement par un homme moins autoritaire et moins orgueilleux que lui ? Il ne nous tient au courant de rien, et prend les initiatives les plus graves sans même nous consulter. »

Dès que le député eut terminé son discours, le général monta à la tribune, et déclara d'une voix cinglante :

— « Une fois de plus, la Turquie est en danger de mort ! Une fois de plus, l'heure n'est pas aux discours, mais aux actes ! J'exige d'être nommé commandant en chef, avec des pouvoirs dictatoriaux ! »

Un murmure de désapprobation s'éleva dans la salle. L'Assemblée n'aimait pas ce ton impératif, et le seul mot de « dictature » suffisait à la cabrer.

— « Ne vaudrait-il pas mieux, risqua un autre député,

vous démettre pendant un temps de vos fonctions civiles, pour vous consacrer tout entier à vos devoirs militaires ? Cette tâche est assez lourde, en ce moment, pour accaparer tous vos instants... »

Mustapha Kémal le toisa avec hauteur.

— « Je vous répète que la Turquie est en danger de mort, dit-il en scandant chaque mot, et c'est tout ce que vous trouvez à répondre ? Pour pouvoir la sauver, il faut que j'exerce un contrôle absolu sur les affaires civiles, comme sur les affaires militaires, et que je ne sois pas constamment obligé de vous rendre compte de mes actes. Je n'ai pas dit : « Je vous demande les pleins pouvoirs. » Je vous ai dit : « Je les exige ! » Si vous me les refusez, j'agirai en conséquence. Soyez tranquilles : la Turquie ne périra pas ! Mais si vous me mettiez dans la triste obligation de choisir entre la Turquie et vous, alors sachez que mon choix est déjà fait, et que mes soldats l'approuveront.

— « Si telle est vraiment l'opinion de Votre Excellence, répondit le député en pâlissant, mes collègues et moi sommes tout disposés à reconsidérer la question. »

L'Assemblée finit par accorder au général les pouvoirs qu'il demandait. Elle spécifia seulement que ceux-ci expireraient à la signature de la paix. Sitôt investi de ses nouvelles fonctions, Mustapha Kémal quitta Angora pour rejoindre le front. Pour la Turquie, l'heure qui venait de sonner était la plus dramatique et la plus solennelle de la guerre qu'elle livrait pour son indépendance.

LXXII

Le Grand Quartier Général turc était maintenant sur la Sakharya. Ce fleuve coule vers le nord entre des berges abruptes, à travers un terrain rocailleux et déchiqueté que dominent des montagnes arides. C'était là, vers l'an 1220, qu'Ertogrul avait conduit sa horde conquérante et avait dit à ses guerriers de dresser leurs tentes de crin. « Fondez ici votre foyer ! » Depuis toujours, cette phrase avait hanté la pensée de Mustapha Kémal, comme s'il avait pressenti que son sort et celui de son pays se décideraient un jour à l'endroit même où elle avait été prononcée. Sept siècles s'étaient écoulés depuis lors, et l'agonie de la Turquie se confondait avec ses origines. C'est là qu'avait été le berceau de sa puissance. C'était de là qu'elle était partie pour conquérir un empire. Son essor vers la vie avait été un des plus irrésistibles qu'ait jamais connus l'Histoire. Et voici qu'après un périple de sept cents années, l'armée turque revenait à son point de départ. Etait-ce pour y mourir, ou pour puiser, dans cette terre primitive, le regain de vigueur nécessaire à sa résurrection ?

Les Grecs attaquèrent à l'aube du 14 août 1921 et, dès les premières heures, les combats atteignirent un degré de violence inouï. Grecs et Turcs étaient animés d'un courage égal. Tous deux étaient fanatisés par la même haine héréditaire. Les Turcs luttaient pour leurs familles et pour leur liberté. Mais une bonne partie de l'armée grecque était composée de colons helléniques et de chrétiens d'Asie Mineure, c'est-à-dire de sujets turcs, condamnés à mort pour trahison. Eux aussi luttaient pour leurs familles et leur indépendance. Ils savaient que s'ils étaient vaincus, leur vie ne vaudrait plus d'être vécue...

Un régiment grec refusa de se mettre à couvert dans les tranchées et monta à l'assaut, la poitrine nue. L'état-major divisionnaire l'accompagna en chantant. Tous deux furent fauchés par le feu des mitrailleuses turques. Un bataillon turc donna des signes de fléchissement. Le général commandant la brigade courut à travers le terrain découvert, empoigna le colonel par le revers de sa capote, lui fit sauter la cervelle d'un coup de revolver, ramena le bataillon en ligne, et fut déchiqueté à son tour par le feu de l'artillerie grecque. Une division turque perdit soixante-quinze pour cent de ses effectifs. Une autre fut entièrement détruite. Sept généraux de division périrent dans des combats en corps à corps.

Pendant quatorze jours consécutifs, sous un soleil torride, privés de vivres et d'eau, leurs rations réduites à une poignée de maïs, les Grecs attaquèrent avec une fureur aveugle et les Turcs leur tinrent tête avec une résolution désespérée.

Mustapha Kémal avait établi son Quartier Général dans le petit village d'Ala-Geuz, un peu en arrière des lignes turques. On le voyait nuit et jour, penché sur la carte, étudiant chaque détail du terrain, s'informant de l'état de chaque compagnie et pesant de toute sa volonté sur le déroulement de la bataille.

Sa situation était critique. S'il était enfoncé sur la Sakharya, il lui faudrait se replier très à l'est, dans le bastion montagneux des provinces orientales, et abandonner Angora. Ce serait la fin de la Turquie libre. « Ce n'est pas une ligne de défense qu'il s'agit d'assurer, disait-il, mais une surface de défense. Et cette surface c'est le pays tout entier ! »

Dès le 22 août, les Grecs cherchèrent à déborder son flanc droit. Devait-il contre-attaquer ou ordonner un nouveau repli ? Il en arrivait à regretter l'époque de Gallipoli, où il avait pu jeter en l'espace de quelques heures dix mille hommes dans la bataille. Ici, il n'avait pas un seul soldat à sacrifier. Ses réserves étaient dérisoires. Il n'avait que 45.000 hommes à opposer aux 89.000 Grecs.

D'ailleurs, une fois passés les premiers jours, la conduite des opérations cessa de lui appartenir. Elle avait quitté très rapidement les échelons supérieurs, pour descendre entre les mains des chefs de bataillon, des commandants de compagnie, de section et d'escouade. En dehors des quelques troupes qu'il avait conservées, pour colmater une brèche en cas de péril extrême, il ne pouvait exercer aucune influence sur l'issue des combats. D'un bout à l'autre du terrain labouré par les obus, à l'amorce des vallées sur la crête des collines ou au fond des ravins, les unités, qui se réduisaient souvent à un régiment, parfois à une poignée d'hommes, livraient avec l'énergie du désespoir, une série de batailles individuelles. La décision appartenait aux capitaines, aux sergents, aux caporaux et aux soldats.

Et malgré tout, comme à Chonuk-Baïr, la personnalité puissante de Mustapha Kémal dominait la mêlée. S'il n'avait pas été là, les Turcs n'auraient pas résisté avec la même opiniâtreté. Sa présence les galvanisait. Sa volonté leur donnait le courage de résister en serrant les dents, en se cramponnant à chaque pierre, à chaque pouce de terrain. Plus d'une fois, il arriva qu'une crête fut perdue ; plus d'une fois, la ligne turque fléchit et commença à céder. Mais elle ne se rompit jamais, car toujours, à la dernière minute, le général intervenait avec un conseil tactique, un encouragement, ou un petit renfort qui permettaient de rétablir la situation. Il connaissait à fond la disposition de chaque tranchée, la valeur de chaque section, les capacités de chaque homme. Il était vraiment le maître de cette petite armée qu'il avait forgée lui-même et dont il avait pesé chacun des éléments. Rien n'échappait à son attention, de sorte que le simple soldat, dans son abri avancé, avait l'impression que le commandant en chef le voyait et contrôlait ses moindres actes, du fond de sa petite chambre d'Ala-Geuz.

Le 28 août, après quatorze jours de combats, la bataille demeurait encore indécise. Mais Mustapha Kémal sentit que le dernier quart d'heure était arrivé. La résistance humaine avait atteint ses limites : la tension était trop grande : il fallait, d'un côté ou de l'autre, qu'elle se rompît. La défense turque ne tenait plus qu'à un fil. Devait-il s'arc-bouter encore ? Devait-il décrocher ? A chaque instant, le téléphone pouvait sonner pour lui annoncer que les lignes étaient percées. Ensuite, il serait trop tard...

Durant toute la journée, il arpenta son bureau, sans arriver à prendre une décision. Le front tenait toujours.

La nuit vint. Vers deux heures du matin, le téléphone carillonna. Un officier entra, claqua les talons, salua et dit au commandant en chef :

— « Excellence, Fevzi Pacha désire vous parler personnellement à l'appareil. »

Mustapha Kémal se rendit au standard téléphonique.

— « Que dites-vous ? demanda-t-il d'une voix altérée, vous dites que la journée nous a été favorable ? Vous dites que les Grecs sont à bout de forces ? Qu'ils se préparent à battre en retraite sur toute la ligne ? »

Avec un grognement de satisfaction, Mustapha Kémal posa le récepteur et retourna à son bureau. Il prit un compas et un crayon, s'approcha des cartes et réfléchit un long moment. Sous la lumière crue d'une lampe à acétylène, son visage était plus gris et plus tendu que jamais. Ses yeux étaient cernés, ses traits profondément creusés par la fatigue et l'insomnie.

Soudain, en une série de réflexes fulgurants, il appela le colonel Arif, et lui dicta ses ordres :

— « L'attaque grecque mollit et perd du terrain. Je vais en profiter pour reprendre l'initiative. Lancez toutes les réserves qui nous restent, ici, au nord, dit-il en désignant un point sur la carte. C'est dans ce secteur qu'il faut menacer la ligne de retraite ennemie. »

Pendant cinq jours encore, les Grecs s'accrochèrent au terrain ; mais leur élan était brisé, tandis que l'espoir renaissait peu à peu chez les Turcs. Mustapha Kémal avait quitté Ala-Geuz, pour se rendre en première ligne. Il ne pouvait plus rien faire, puisque ses ultimes réserves avaient été jetées dans la bataille, et voulait partager, comme à Gallipoli, les épreuves de ses soldats.

Le 13 septembre, les Grecs retraversèrent la Sakharya et commencèrent à se replier lentement vers l'ouest. Durant toute leur retraite, ils se livrèrent à des destructions systématiques, incendiant les villages, saccageant les récoltes et pratiquant la tactique de la terre brûlée sur une profondeur de trois cents kilomètres.

Mustapha Kémal voulut se mettre à leur poursuite, pour les obliger à accélérer leur repli. Il dut y renoncer. L'armée turque était décimée et fourbue. Regroupant autour de lui, en un suprême effort, les derniers régiments encore capables de marcher, il tenta de rattraper les divisions helléniques. Mais celles-ci avaient pris plusieurs journées d'avance. Lorsqu'il réussit enfin à les rejoindre, elles étaient de nouveau retranchées dans les positions d'où elles étaient parties. Leur ligne couvrait Eski-Shéhir et la voie du chemin de fer. Il n'était pas question de leur livrer assaut.

Traçant une ligne parallèle en face des positions grecques, Mustapha Kémal ordonna à ses troupes de s'y creuser des abris et de s'y enterrer jusqu'à nouvel ordre. Puis, le commandant en chef retourna à Angora.

LXXIII

Il y fut accueilli en triomphateur. Pendant plus d'un mois, la population avait vécu dans l'angoisse, écoutant le tonnerre lointain des canons et se demandant, quand il s'enflait, si c'était un coup de vent ou si le front avait cédé. Chaque matin, elle s'était préparée à évacuer la ville, pour chercher refuge dans les montagnes orientales. Maintenant qu'elle était sauvée, elle manifestait sa joie avec exubérance.

Un mois auparavant, l'Assemblée s'était montrée réticente quand Mustapha Kémal lui avait demandé de le nommer commandant en chef. Cette fois-ci elle le reçut en grande pompe, et lui décerna le titre de « Ghazi », ou « Destructeur des Chrétiens », qui est le titre le plus glorieux que l'on puisse accorder à un musulman.

Les répercussions de la victoire de la Sakharya se firent sentir bien au delà des frontières de l'Anatolie. Les télégrammes de félicitations s'amoncelèrent sur la table du commandant en chef. Il en venait de partout : de Russie, de Perse, d'Afghanistan, des Indes, des Etats-Unis et même d'Italie.

Mais le gouvernement français fut le premier à en tirer

des conclusions politiques. Il envoya M. Franklin-Bouillon à Angora, pour conclure un accord secret avec Mustapha Kémal (10 octobre 1921).

Par ce qu'il disait, et par ce qu'il ne disait pas, ce traité avait une importance capitale. C'était la première fois qu'une puissance occidentale entrait en pourparlers directs avec le gouvernement d'Angora et traitait avec lui sans tenir compte du Sultan. En signant cette convention, la France admettait implicitement qu'elle se retirait de la coalition des ennemis de la Turquie et qu'elle considérait le traité de Sèvres comme nul et non avenu. En outre, elle se déclarait disposée à accorder au peuple turc, une paix équitable et l'indépendance.

A cet accord était joint un protocole annexe, d'une portée plus restreinte, mais qui apportait à la Turquie un certain nombre d'avantages immédiats. La trêve conclue à Bozanti entre les forces turques et le corps expéditionnaire français de Cilicie devenait définitive. Cela permettait à Mustapha Kémal de disposer des 80.000 soldats turcs, immobilisés dans cette région, et lui fournissait le matériel nécessaire à l'armement de 40.000 autres.

C'était là, pour le Loup gris, un appoint d'une valeur inestimable. Car malgré les ovations et les titres honorifiques dont on l'avait gratifié, le Ghazi conservait la tête claire. Il ne se faisait aucune illusion sur la précarité de sa victoire. Sans doute, l'avance grecque avait-elle été stoppée. Les Turcs avaient remporté un très grand succès militaire. Mais l'issue de la bataille n'avait tenu qu'à un fil. Si les Grecs s'étaient acharnés pendant vingt-quatre heures de plus, ils auraient percé le front. Le soldat grec s'était révélé aussi brave et aussi endurant que son adversaire. De plus, le résultat n'était pas décisif, puisque les forces de l'ennemi n'avaient pas été détruites.

L'armée turque, en revanche, sortait de l'épreuve dans un état pitoyable. Il fallait la réorganiser de fond en comble, recompléter ses effectifs, reconstituer ses cadres, remettre sur pied les états-majors et les services, et la doter d'un nouvel armement. Cela pouvait demander des semaines, et même des mois, pendant lesquels la Turquie serait extrêmement vulnérable.

Sans perdre un instant, Mustapha Kémal, secondé par Ismet et Fevzi, travailla à faire surgir de terre une deuxième armée nationale. C'était un labeur écrasant, car tout était à reconstruire.

— « Il nous faut des fusils, des canons et des munitions ! disait-il à ses collaborateurs. Et quand nous les aurons, nous n'aurons encore rien fait, car il nous faudra encore plus de fusils, encore plus de canons, et encore plus de munitions ! »

Il vida les arsenaux, rassembla tous les stocks, fit remettre en état tout le vieux matériel qui pouvait encore servir et acheta des armes partout où il put s'en procurer, en Bulgarie, en Italie et aux Etats-Unis, qu'il paya avec de l'argent emprunté à Moscou. Après quoi, il lui fallut des hommes, encore des hommes et toujours plus d'hommes. Pour les trouver, il mobilisa de nouvelles classes ; il appela sous les drapeaux les jeunes gens de dix-huit ans ; il envoya des commissions de recrutement dans les villes et les villages. Durant tout l'hiver de 1921 et le printemps de 1922, il se consacra à cette tâche avec une ardeur infatigable, travaillant dix-huit à vingt heures par jour. Pas une semaine, pas une journée il ne relâcha son effort, car il ne savait pas quels délais lui étaient impartis. D'un jour à l'autre, les Grecs pouvaient reprendre l'offensive.

Le peuple turc ne lui marchanda pas son concours. Il avait déjà fait des efforts immenses. Il en fit un nouveau, plus grand encore que les précédents. Tout homme en état de porter les armes ou sachant un métier répondit à l'appel du commandant en chef : fondeurs, forgerons, menuisiers, tailleurs, selliers, tous se mirent spontanément au service de la patrie. « Sur son ordre, chaque foyer envoya du linge et des lainages ; chaque boutique envoya des tissus pour les uniformes, du cuir pour les chaussures et les équipements, des haches, des clous, des couvertures, des sangles et des harnachements. On fournit de la paille, du blé, de la farine, du sel, du sucre, du riz, de l'huile, des fruits secs et des chandelles. On vit des théories de carrioles, de chars à buffles, de chameaux, de mulets, d'ânes parcourant sur toutes les routes des centaines de kilomètres, pour constituer des centres de ravitaillement. Toute l'Anatolie arrivait au pas lent et mesuré du paysan turc ; et chacun de ses pas et chaque coup de sabot de leurs chevaux réveillait, dans la terre anatolienne, une parcelle vitale de l'impérissable force turque [1]. »

Un sursaut unanime parcourut le pays. Dès le printemps les divisions nouvelles vinrent s'aligner les unes à côté des autres, en remplacement de celles qui avaient fondu sur la Sakharya. Si grand fut le travail accompli par tous, qu'au début de l'été 1922, une nouvelle armée turque était prête à entrer en campagne.

LXXIV

Un observateur impartial qui se serait transporté à la même époque dans le camp des Grecs aurait été frappé par le contraste qu'offrait, avec cette activité fébrile, l'inertie dont faisait preuve l'état-major hellénique. L'hiver de 1921-1922, durant lequel les troupes du général Papoulas étaient restées cantonnées dans l'inaction ne leur avait pas porté chance. Sans doute avaient-elles puissamment fortifié la ligne de tranchées qu'elles tenaient devant Eski-Shéhir, si bien que les experts militaires la déclaraient imprenable : mais c'était tout.

Les généraux grecs ne possédaient aucune information sur les préparatifs de l'ennemi et ne se souciaient guère d'en recueillir, car tout retour offensif de sa part leur

1. Stephan Ronart : *La Turquie d'Aujourd'hui*, p. 93.

273

paraissait impossible. Des négociations diplomatiques se poursuivaient à Londres et le gouvernement grec était persuadé qu'il obtiendrait la paix qu'il désirait, sans avoir besoin de reprendre les armes. De plus, le général Hadjeniastis — qui avait remplacé le général Papoulas — était la proie d'hallucinations étranges : il se croyait tantôt mort, tantôt en verre, et refusait de faire le moindre mouvement de peur de se briser. Manifestement atteint d'aliénation mentale, il fut rappelé à Athènes et remplacé au début d'août 1922, par le général Tricoupis, qui ne connaissait encore ni la troupe ni le terrain.

Tandis que les généraux grecs se chamaillaient entre eux, ou passaient des journées entières à jouer au billard dans les cafés de Smyrne, les hommes politiques d'Athènes en faisaient autant. La lutte des partis battait son plein. Monarchistes et républicains, partisans de Vénizélos et partisans de Constantin, se disputaient le pouvoir et n'avaient pas de temps à consacrer aux problèmes de la guerre. Les officiers d'état-major et les intendants, nommés à la faveur par les puissants du jour, avaient été changés à diverses reprises. Chaque nouvelle promotion était pire que la précédente. La plupart des officiers d'administration arrivaient à Smyrne dans la seule intention de spéculer sur les vins et de se remplir rapidement les poches. Pendant ce temps, les services de l'intendance et du ravitaillement étaient mis en coupe réglée par les voleurs et les trafiquants. Le soldat grec dans les tranchées restait parfois des semaines entières sans toucher sa solde, privé de linge, de vivres et de munitions. Tout enthousiasme pour la guerre avait disparu de la troupe. La nation grecque elle-même, absorbée par ses querelles intestines, semblait se désintéresser de la suite des opérations.

Tandis que l'armée grecque se laissait gagner peu à peu par l'anarchie qui régnait aux échelons supérieurs, Mustapha Kémal mettait la dernière main à ses préparatifs. Il avait à présent 103.000 hommes, à opposer à 132.000 Grecs. Déjà ses brigades de choc avaient été massées devant Afion-Karahissar. L'attaque principale devait porter sur Dumlü-

Pünar, qui était la clé d'Afion et commandait tout le dispositif ennemi. La mise en place des nouvelles divisions avait eu lieu dans le plus grand secret. La veille de l'assaut, les Grecs ne se doutaient encore de rien.

Le 26 août 1922, à 0 heure, Mustapha Kémal adressa à ses troupes la proclamation suivante :

— « Soldats ! En avant ! Objectif : la Méditerranée ! »

A 4 heures du matin, l'assaut fut déclenché. A midi, les fortifications ennemies étaient enfoncées. Le 27 août, au soir l'armée grecque était coupée en deux tronçons et les Turcs avaient détruit toutes ses communications avec l'arrière.

Ce fut alors, du côté grec, un effondrement brutal. En quelques heures, l'armée hellénique se désagrégea totalement. Les régiments, pris de panique se débandèrent et s'enfuirent. Les soldats, sous-alimentés et démoralisés par leur longue inaction, se ruèrent par dizaines de milliers dans la direction de Smyrne. Il n'y avait plus ni divisions, ni régiments, ni bataillons constitués ; il n'y avait plus qu'une cohue hurlante et affolée qui cherchait à rejoindre la côte, dans un sauve-qui-peut éperdu. Les colonnes de fuyards étaient livrées sans défense aux charges réitérées de la cavalerie turque qui transformait la déroute en une véritable boucherie.

Sans pouvoir s'accrocher nulle part, les Grecs s'enfuirent à travers les plaines rocailleuses du plateau anatolien, abandonnant derrière eux un butin énorme : des entrepôts de vivres, des tonnes de munitions et d'équipements, des milliers de canons, des tentes, des véhicules de toutes sortes, et aussi des monceaux de cadavres qui se décomposaient à vue d'œil et devenaient la proie des mouches et des vautours. La chaleur était infernale. Fuyards et assaillants, hommes et chevaux, vivants et morts, étaient recouverts par une couche de poussière ocrée qui collait aux blessures, desséchait les gorges, irritait les yeux et semblait plus brûlante encore que le soleil.

Les colonnes de fuyards grecs étaient grossies par une

foule de chrétiens locaux qui massacraient tous les Turcs qu'ils rencontraient sur leur passage, sans épargner les vieillards, les femmes et les enfants. Ils incendiaient les villages et empoisonnaient les puits, souvent pour couvrir leur retraite, mais plus souvent encore pour assouvir leurs vengeances personnelles.

Dans certaines localités, quelques poignées de soldats grecs courageux s'étaient regroupées et avaient constitué des îlots de résistance, qui retardaient l'avance de l'infanterie turque. Mais la cavalerie n'en continuait pas moins sa poursuite, sabrant et piétinant les traînards sans faire de quartier et ne s'arrêtant que lorsque la fatigue obligeait les cavaliers à descendre de leurs montures, tout ruisselants de sueur, de poussière et de sang.

Ce fut, pendant dix jours, un carnage épouvantable — dix jours durant lesquels les Grecs parcoururent au pas de course et sans reprendre haleine, les trois cents kilomètres qui les séparaient de la mer. Le général Tricoupis, commandant en chef, et le général Dionys, chef d'état-major général, furent capturés. L'armée grecque avait perdu des dizaines de milliers de morts et de blessés. Elle laissait près de cent mille prisonniers aux mains de l'ennemi. Seules quelques troupes dispersées purent rejoindre le littoral. Là, elles s'embarquèrent pêle-mêle, sur des cargos et sur des bateaux de pêche, tandis que les cavaliers turcs abattaient les derniers survivants sur les plages.

Derrière la cavalerie, venait le gros de l'armée turque et l'état-major. Lorsqu'ils arrivèrent à dix kilomètres de Smyrne, là où cessait le plateau aride d'Anatolie et où commençaient les vallées ombragées et fertiles qui descendaient vers la riche plaine côtière, Mustapha Kémal leur donna l'ordre de faire halte.

Jadis, avant l'occupation grecque, cette région avait été une contrée souriante et fertile, couverte de pâturages verdoyants, de vignobles et de vergers, où les céréales et les fruits poussaient à profusion. Maintenant ce paysage enchanteur n'était plus qu'une étendue désolée Les villages n'of-

fraient aux regards que des décombres fumants. Les vignobles étaient parsemés de cadavres affreusement mutilés. Des
femmes avaient été crucifiées aux arbres, après avoir été
violées. Des corps d'enfants avaient été cloués vivants aux
portes des granges. Et sur ces scènes d'horreur planait
l'odeur nauséabonde de la chair carbonisée. Pendant deux
ans, les Grecs avaient massacré les Turcs. Maintenant les
Turcs massacraient les Grecs, en guise de représailles.

Mais ce n'était pas le spectacle de ces atrocités qui arrêtait
Mustapha Kémal. Sa sympathie n'allait ni aux Grecs qui
imploraient sa protection, ni aux Turcs qui criaient vengeance. C'était un homme de guerre, peu accessible à la
pitié, et il était moins enclin que jamais à sacrifier aux sentiments. Le télégraphe venait d'annoncer au monde que les
avant-gardes turques avaient pénétré dans Smyrne. Jamais
Mustapha Kémal ne s'était senti plus puissant. Les scènes
de carnage dont il était le témoin n'étaient qu'un voile de
feu et de sang à travers lequel il n'apercevait qu'une chose :
son triomphe.

Il voulait que ce triomphe fût définitif. Or l'avance avait
été si rapide, que le désordre avait commencé à gagner les
rangs de son armée. Certaines unités étaient restées en
arrière. D'autres, emportées par leur élan s'étaient égaillées
à la poursuite des Grecs dans les vignobles et les vergers.

L'arrêt de l'offensive avait été connue à Angora, où elle
avait donné lieu à des commentaires défavorables. Que
faisait donc le Ghazi ? Etait-il vrai que sa victoire était aussi
éclatante qu'on avait bien voulu le dire ? Déjà les langues
allaient leur train. Certains prétendaient même qu'il avait
subi un échec pour avoir trop sous-estimé les forces de
l'ennemi. A quoi ne fallait-il pas s'attendre avec un homme
aussi téméraire ?

En d'autres temps, ces rumeurs eussent laissé Mustapha
Kémal indifférent. Cette fois-ci, il crut plus sage de calmer
les esprits et adressa à l'Assemblée d'Angora le télégramme
suivant :

— « 5 septembre 1922. L'armée hellénique en Anatolie

277

a été battue de façon décisive. Toute résistance sérieuse lui est désormais interdite. »

Puis il revint à des occupations plus sérieuses. Durant trois jours, il s'occupa de reprendre ses forces en main, de regrouper ses divisions, de remettre de l'ordre dans les services et dans les états-majors. C'est seulement lorsqu'il eut déblayé les routes, assuré ses communications et rétabli partout la discipline, qu'il estima le moment venu de faire son entrée dans Smyrne.

LXXV

Le commandant en chef y pénétra le 9 septembre 1922, par un soleil radieux. Il parcourut les derniers kilomètres de la route, en voiture découverte, à la tête d'une longue file d'autos qui disparaissaient littéralement sous des brassées de lauriers. Une foule compacte était massée des deux côtés de la chaussée. Les Turcs de Smyrne ne savaient comment manifester leur joie. Les uns l'ovationnaient et lui jetaient des fleurs ; les autres pleuraient à chaudes larmes ; d'autres encore tombaient à genoux et remerciaient le ciel de les avoir délivrés de leurs bourreaux.

Aux portes de Smyrne, un escadron de cavaliers se déploya, sabres au clair, autour du Ghazi. Lentement, ils défilèrent à travers les rues de la ville, au milieu d'une population en liesse qui les acclamait frénétiquement. Ils arrivèrent au port. Là, à moins d'une encâblure, ils aperçurent les vaisseaux de guerre de l'escadre alliée. Les puissants cuirassés britanniques dominaient la rade de leur masse sombre et grise. Mais ils étaient à l'ancre, immobiles. Les gouvernements de l'Entente avaient donné l'ordre à leurs amiraux de ne pas intervenir. Les tapes n'avaient pas été retirées des canons.

Le cortège passa devant eux, comme s'ils n'eussent pas existé, et remonta vers le faubourg de Bornovo. Mustapha

Kémal y installa son Quartier Général, dans une villa mise à sa disposition par la fille d'un riche négociant turc de la ville.

De cette luxueuse demeure, située à flanc de coteau, on embrassait d'un coup d'œil un panorama magnifique. Mustapha Kémal, accoudé à la balustrade de la terrasse, resta longtemps à contempler la ville, le port et la rade, que baignait la lumière dorée d'une belle fin d'après-midi d'été. Puis il rentra dans le grand salon, qui avait été aménagé en bureau, appela quelques officiers d'état-major, se fit apporter des cartes et se plongea dans son travail.

Soudain, à travers la fenêtre ouverte on entendit le crépitement d'une fusillade et des cris déchirants qui montaient de la ville. C'était la population turque qui saccageait les boutiques des Grecs et des Arméniens. A la tombée de la nuit, une véritable chasse à l'homme s'était organisée dans les quartiers chrétiens. La foule déchaînée lynchait et fusillait les commerçants et leurs familles, dans les cours des immeubles et les caves des magasins.

Mustapha Kémal prêta un instant l'oreille. Puis il haussa les épaules et reprit son travail. Quoi qu'il advînt, les Grecs devaient s'en aller. Il ne devait plus y avoir de traîtres chrétiens en Turquie. Que ce fût de cette façon-là ou d'une autre, quelle importance cela avait-il ? Et si les Anglais, les Français et les Américains, qui voyaient se dérouler ces scènes atroces du pont de leurs navires de guerre, se mêlaient d'intervenir ? Cela aussi, n'avait plus d'importance. A partir de ce jour, il se sentait vraiment le maître du pays : il ne tolérerait plus aucune immixtion étrangère.

Une heure plus tard, un officier d'état-major entra, pour annoncer que le feu avait éclaté en plusieurs points du port. C'était, à n'en point douter, l'œuvre de provocateurs et d'incendiaires. Les canalisations d'eau avaient été coupées. Une quantité considérable de munitions avaient été cachées dans les cryptes des églises. Des explosions étaient à redouter, car l'incendie, propagé par le vent, prenait des proportions inquiétantes...

Mustapha Kémal se leva, traversa la pièce à pas lents et sortit sur la terrasse. La nuit était claire. Sur les collines avoisinantes scintillaient les feux de bivouac des troupes victorieuses. A ses pieds, comme au temps de Tamerlan, Smyrne brûlait. L'incendie s'était étendu à tout le quartier chrétien. Les maisons de bois flambaient dans un tourbillon d'étincelles, et des immeubles de six étages s'effondraient par pans entiers, avec un craquement sinistre. Les entrepôts maritimes étaient ravagés par le feu, et de lourds panaches de fumée montaient vers le ciel. De temps à autre on entendait une explosion sourde : c'était un dépôt de munitions qui sautait. Les flammes éclairaient les bassins du port et permettaient d'apercevoir une masse de cadavres qui flottaient au gré de l'eau. Plus loin, les lueurs du brasier teignaient de reflets rougeoyants les énormes coques grises de l'escadre alliée.

— « Regardez bien cette scène ! » dit Mustapha Kémal en se retournant vers le groupe d'officiers qui se tenaient derrière lui. « Vous assistez ce soir à la fin d'une époque. C'est l'écroulement de l'ingérence étrangère dans notre pays. Ce feu est un symbole ! Il signifie que notre patrie est enfin débarrassée des traîtres et des trafiquants. Désormais la Turquie, libérée et purifiée, n'appartiendra plus qu'aux Turcs ! »

Durant trois jours et trois nuits, Smyrne continua de brûler. N'ayant aucun moyen de lutter contre l'incendie, Mustapha Kémal dut se borner à en limiter les dégâts.

LXXVI

Pourtant, la prise de Smyrne n'avait pas mis fin à la guerre. Les Grecs voulaient prendre leur revanche sur le désastre de Dumlü-Pünar. Ils étaient en train de mettre sur pied une nouvelle armée en Thrace. Mais Mustapha

Kémal connaissait les préceptes de Clausewitz. Il savait que la victoire n'est jamais acquise tant que l'on n'a pas anéanti les forces de l'ennemi. Il lui fallait donc détruire l'armée de Thrace ; et le mieux serait de le faire avant qu'elle ait eu le temps de s'organiser.

Comme il n'avait pas de marine, ses troupes ne pouvaient rejoindre la Thrace qu'en empruntant la voie de terre qui passait par les Dardanelles. Sans perdre un instant, il lança ses divisions vers le Nord, sous le commandement d'Ismet. Arrivées à la hauteur de Chanak, celles-ci se heurtèrent à un contingent britannique qui les empêcha de passer. La situation était sans précédent : une armée grecque se reformait sur la côte européenne. L'armée turque fonçait sur elle pour la détruire. A mi-chemin, des forces anglaises barraient la route aux Turcs et leur interdisaient de franchir les Détroits.

Que faire ? Mettre le point final à la défaite des Grecs n'était pas difficile. Mais entrer en conflit avec l'Angleterre, c'était une autre histoire. Le plus grave, dans cette affaire, c'était que Mustapha Kémal ne pouvait pas attendre. Chaque journée perdue favorisait les Grecs, en leur permettant de parachever leurs armements.

Les troupes turques, bien que soulevées par l'euphorie de la victoire, étaient exténuées. Leurs uniformes étaient en lambeaux. Elles étaient à court de munitions et ne possédaient ni avions, ni artillerie lourde, ni aucun des engins requis pour faire une guerre moderne.

En face, les troupes anglaises étaient peu nombreuses. Mais elles occupaient des positions solidement fortifiées. Elles étaient appuyées par une puissante escadre, dont les tourelles d'acier se profilaient à l'horizon. Derrière l'escadre, plusieurs unités de la R.A.F. étaient stationnées sur la rive européenne. Enfin, derrière les avions, il y avait toute la puissance de l'Empire britannique. Si les Anglais étaient résolus à se battre, les Turcs seraient écrasés. Mais voulaient-ils se battre ? C'était là tout le problème.

Les Français et les Italiens prétendaient que non. Les

Russes aussi. Mais ceux-ci pouvaient avoir intérêt à brouiller les cartes. Lloyd George quant à lui affirmait qu'il ne céderait pas d'un pouce. Pourtant, beaucoup de gens déclaraient qu'il bluffait, que son cabinet était chancelant et que l'opinion britannique était hostile à la guerre. Qui croire, dans ce concert d'opinions contradictoires ?

« Pour savoir la vérité, il aurait fallu connaître la pensée intime de Sir Charles Harington, le commandant en chef britannique, entre les mains duquel reposait la décision. Or, sa position était en réalité beaucoup moins forte qu'il ne le paraissait. Il était nominalement le chef d'une armée interalliée. Mais s'il engageait le combat, les contingents français et italiens n'y participeraient sûrement pas, et son propre gouvernement le désavouerait peut-être. Que défendait-il à Chanak ? Il ne le savait plus lui-même. Pas le traité de Sèvres à coup sûr, que l'on avait abandonné. Pas davantage les Grecs, puisque le cabinet de Londres avait proclamé sa neutralité. Aussi ne songeait-il qu'à une chose : se tirer honorablement de la situation épineuse où les circonstances l'avaient placé [1]. »

Dans l'entourage de Mustapha Kémal, les avis étaient partagés. Les uns lui conseillaient de conclure la paix avec les Grecs, et de ne pas compromettre par un coup de tête les résultats acquis, qui étaient considérables. Les autres, — les plus nombreux, — l'adjuraient de ne pas céder à l'intimidation. A les entendre, il fallait poursuivre l'offensive, culbuter les Anglais, traverser les Détroits, et reconduire au pas de charge les Grecs à Athènes. L'essentiel, en l'occurrence, était de ne pas perdre de temps.

Le vainqueur de Sakharya avait des amis à Constantinople, qui travaillaient dans les services de la Commission interalliée. L'un d'eux réussit à lui faire parvenir secrètement la copie de certains télégrammes adressés par Sir Charles Harington au cabinet de Londres. Mustapha Kémal les lut attentivement et vit qu'il avait affaire à un diplomate

---

1. H. C. Armstrong, *Grey Wolf*, p. 165.

plutôt qu'à un soldat. Il est certain que le Haut-Commissaire britannique, officier d'état-major intelligent et courageux, n'était pas taillé dans l'étoffe dont on fait les commandants en chef.

Mustapha Kémal acquit la conviction qu'Harington n'avait pas les nerfs assez solides pour résister à une épreuve de force. Placé devant l'alternative de se battre ou de céder, il y avait fort à parier qu'il céderait à la dernière minute.

— « Si les Anglais avaient vraiment l'intention d'intervenir, dit Mustapha Kémal à Arif, ils l'auraient fait plus tôt, c'est-à-dire avant mon entrée à Smyrne. Vous avez vu l'escadre alliée ? Elle tenait la ville sous le feu de ses pièces de marine. Pourtant, elle n'a pas tiré un seul coup de canon. Maintenant, il est trop tard. Les Anglais n'ont pas bronché hier. Ils ne broncheront pas davantage demain. »

LXXVII

Ce n'était là, malgré tout qu'une simple hypothèse, et l'enjeu de la partie était considérable. Si Mustapha Kémal se trompait dans ses calculs, il pouvait reperdre en un jour le bénéfice de quatre ans de lutte.

Résolu à ne pas traiter avec les Grecs avant d'avoir pleinement atteint ses objectifs, mais décidé aussi à faire tout son possible pour éviter un conflit avec la Grande-Bretagne, Mustapha Kémal eut recours à une manœuvre audacieuse, convaincu qu'elle contraindrait Sir Charles Harington à s'incliner devant sa volonté.

Il réunit les officiers et les soldats de deux régiments d'élite et leur expliqua personnellement ce qu'il attendait d'eux. Au signal convenu, les hommes marcheraient vers les positions anglaises, en tenant la crosse de leurs fusils en l'air. Sans tenir compte des sommations britanniques, ils continueraient à avancer et franchiraient en silence les tranchées ennemies. La manœuvre ne pouvait réussir qu'à une condition : *pas un seul coup de feu ne devait être tiré.* Elle exigeait, de la part de chacun, une dose presque surhumaine de calme, de discipline et de sang-froid.

Le 29 septembre au matin, les troupes kémalistes, auxquelles leurs officiers avaient fait une dernière fois la leçon, reçurent l'ordre de se mettre en route [1]. La manœuvre s'effectua au milieu d'un silence angoissant. Tandis que les soldats turcs s'avançaient lentement vers les lignes anglaises, placées en travers de la route de Chanak, la tension croissait, de minute en minute, jusqu'à devenir intolérable. Un seul ordre mal interprété, un seul geste de nervosité, et ce serait la bagarre : la Turquie serait engagée dans une guerre avec la Grande-Bretagne — une guerre dont l'issue ne pouvait faire de doute pour personne.

De leur côté, les troupes anglaises avaient reçu des consignes sévères : elles devaient empêcher les Turcs de passer, mais sans ouvrir le feu les premières, ni recourir à la force. Pourtant, malgré les sommations réglementaires, les Turcs continuaient à approcher. Ils refusaient à la fois de s'arrêter et de combattre ! Les officiers britanniques, complètement désemparés, ne savaient plus quels ordres donner à leurs hommes.

L'atmosphère était chargée d'électricité. Les nerfs des officiers étaient tendus à se rompre. Déjà les Turcs avaient franchi les premiers chevaux de frise. Ils approchaient, pas à pas, des lignes anglaises. Encore quelques mètres et ils seraient au contact.

— « En joue ! » commanda un officier britannique.

On entendit un claquement sec, tandis que les hommes se mettaient en position de tir.

Impassibles, sans même ralentir leur avance, les Turcs s'apprêtèrent à escalader le parapet des tranchées.

A ce moment précis, l'on vit arriver à toute allure un

1. Cf. H. C. Armstrong : *Grey Wolf,* pp. 166-167.

motocycliste qui agitait un fanion. Il se précipita vers le colonel anglais qui commandait le secteur.

— « Reposez... armes ! » crièrent les officiers britanniques.

— « Halte ! » commandèrent presque en même temps les chefs des deux régiments kémalistes.

L'ordre venait d'arriver, des deux côtés, de s'immobiliser sur ses positions et d'éviter toute effusion de sang : une trêve avait été conclue à la dernière seconde.

Sir Charles Harington avait cédé. La volonté de Mustapha Kémal avait été la plus forte.

Le gouvernement français s'était alarmé à l'idée que cet incident pourrait marquer le début d'une nouvelle guerre mondiale, où les Russes, cette fois-ci, seraient du côté des Turcs. Voulant empêcher à tout prix qu'une étincelle, partie de Tchanak, mît de nouveau le feu à l'Europe, il avait envoyé, en toute hâte, un parlementaire à Mustapha Kémal. C'était M. Franklin Bouillon, celui-là même qui avait signé avec lui l'accord du 10 octobre 1921.

Le plénipotentiaire français prit tous les engagements possibles à l'égard du Ghazi, tant au nom des Alliés qu'à celui de l'Empire britannique. Il lui promit que les Grecs évacueraient la Thrace et que la Turquie d'Europe serait restituée aux Turcs. Ces concessions paraissaient secondaires, au regard de la catastrophe qu'il s'agissait d'éviter.

« Mustapha Kémal, nous dit H. C. Armstrong, fit à M. Franklin Bouillon la grâce d'accepter ces propositions. » En réalité, il avait obtenu tout ce qu'il désirait, sans tirer un seul coup de fusil. S'il lui avait fallu atteindre le même résultat par les armes, cela lui aurait coûté au moins 50.000 hommes et des mois de combats au cours desquels il aurait eu de grandes chances de succomber.

Le vainqueur de Smyrne ordonna immédiatement aux troupes de Chanak de cesser leur avance, et envoya un plénipotentiaire au-devant de Sir Charles Harington. Une conférence s'ouvrit le 6 octobre à la mairie de Moudania, un petit port situé sur la mer de Marmara. Quatre généraux y prirent part, un Anglais, un Français, un Italien et un Turc, sous la présidence de ce dernier, qui n'était autre qu'Ismet Pacha, le vainqueur d'Ineunü.

Là, Turcs et Anglais se rendirent compte qu'ils ne pouvaient se permettre de déclencher une nouvelle guerre mondiale pour la Thrace orientale et les Détroits — les seules questions territoriales qui n'eussent pas encore été résolues. Ce serait courir de trop gros risques pour un enjeu trop infime. Regardant en face les réalités politiques et militaires du moment, tous les négociateurs acceptèrent fort sagement de limiter leurs revendications.

Les Anglais reconnurent qu'ils avaient misé sur la carte grecque et qu'ils avaient perdu. Ils s'engagèrent à obliger le gouvernement d'Athènes à renoncer à toute la partie de la Thrace qui se trouvait à l'est de la Maritza et promirent d'évacuer eux-mêmes, à bref délai, l'ensemble du territoire turc, y compris Constantinople. En échange, les Turcs admirent de prendre en considération les intérêts anglais dans la question des Détroits, et convinrent d'en faire l'objet d'une négociation internationale. Le 11 octobre, un armistice général, basé sur ces principes, fut conclu à Moudania entre Sir Charles Harington et Ismet Pacha. Il fut contresigné par les deux généraux qui représentaient respectivement la France et l'Italie.

La guerre pour l'indépendance de la Turquie était terminée. Au cours des quatre années qui s'étaient écoulées depuis la capitulation de Moudros, le Ghazi avait triomphé successivement de tous ses adversaires. Il avait battu les Arméniens, les Kurdes et les Grecs. Il avait neutralisé les Français, les Italiens et les Anglais. La bataille d'Ineunü avait été un signe annonciateur ; la défense de la Sakharya avait marqué le renversement de la marée ; la prise de Smyrne avait eu la valeur d'un symbole. Mais l'armistice de Moudania était enfin la victoire — la victoire pleine et entière, sans contestation possible.

Mustapha Kémal était assuré, désormais, de pouvoir dicter la paix à l'intérieur, comme à l'extérieur.

LXXVIII

Lui, et lui seul. Pas les épigones du Comité « Union et Progrès » qui commençaient à relever la tête, maintenant que le danger était passé. Pas Damad Férid, qui avait quitté Constantinople, ni Tewfik Pacha, qui y était revenu. Pas le Sultan, surtout, — ah non ! pas le Sultan ! Qu'avait-il fait pour sauver le pays, à l'heure de sa pire détresse ? Il était resté enfermé dans le Sérail, intriguant avec les Alliés, mettant son empire à l'encan et sacrifiant l'avenir de son peuple au maintien de ses prérogatives personnelles. Il avait apposé sa signature au bas de l'infâme traité de Sèvres, ce qui suffisait à le condamner. Maintenant que Mustapha Kémal tenait la victoire, il était résolu à l'éliminer.

Sa décision était motivée par une foule de raisons. Celle qu'il mit en avant n'était pas la moins forte. De nouvelles négociations de paix allaient s'ouvrir avec les Alliés. Il ne fallait à aucun prix que la Turquie eût une double représentation à la conférence. Les Alliés ne manqueraient pas d'en tirer parti, pour dresser les délégués du Sultan contre ceux de l'Assemblée. La Turquie était une. Il ne pouvait pas y avoir deux gouvernements à sa tête, l'un à Constantinople, et l'autre à Angora.

D'autant plus que la vraie force de la Turquie et son arme la plus efficace dans les pourparlers à venir, ce n'était ni le prestige du souverain, ni le talent plus ou moins grand de ses négociateurs. C'était la petite armée de cent mille hommes en haillons, que soutenait la volonté farouche de lutter jusqu'à la mort, plutôt que d'accepter le démembrement et la servitude. Or, cette force-là était tout entière entre les mains de Mustapha Kémal.

Voulant connaître l'opinion de ses amis sur la question du Sultan, il leur demanda de venir à Angora et les réunit à dîner dans sa maison de Chankaya, une modeste bâtisse qu'il avait fait construire un peu à l'écart de la ville. Il y avait là Refet, qui revenait de Thrace, où il contrôlait le retrait des dernières troupes grecques ; Ali Fuad, qui rentrait d'une mission à Moscou et Rauf, qui avait été libéré depuis peu de son camp d'internement à Malte. C'étaient les mêmes hommes qui s'étaient groupés autour de lui en 1919, lors de la conférence d'Amassia. Chacun d'eux avait ses partisans à l'Assemblée, et c'est pourquoi Mustapha Kémal tenait à les consulter.

Rauf, qui se méfiait des ambitions du commandant en chef, et qui avait protesté contre la déclaration du 20 janvier 1921 relative à la souveraineté du peuple, alla droit au fait :

— « Certains prétendent que vous auriez l'intention d'abolir le sultanat et le califat, dit-il. Y a-t-il quelque chose de fondé dans ces allégations ?

— « Je voudrais d'abord savoir ce que vous en pensez vous-même, répondit Mustapha Kémal, sans dévoiler le fond de sa pensée.

— « Je pense que mes pères et moi avons mangé le pain et le sel du Sultan, déclara Rauf, et que nous ne pouvons renier notre fidélité à la dynastie. Je ne parle pas de Méhémet VI, qui occupe actuellement le trône des Osmans. C'est un traître. Il faut qu'il disparaisse. Pour lui, la cause est entendue. Son attitude nous a déliés de toute allégeance à son égard.

« Mais si le Sultan est une chose, le sultanat en est une autre. L'un n'est qu'un homme qui peut être remplacé. L'autre, une institution qui doit demeurer intangible. Quelles que soient les fautes du souverain actuel, nous devons rester loyaux envers la dynastie et nous grouper autour d'un souverain légitime. Il faut qu'il y ait, à la tête de l'Etat, un homme dont la position soit si éminente, qu'il échappe aux rivalités des partis, et que nul ne puisse prétendre se mettre à sa place. »

Refet déclara qu'il partageait cette manière de voir. Ali

Fuad se déroba, alléguant qu'il revenait tout juste de Moscou et n'avait pas eu le temps de réfléchir à la question

Mustapha Kémal regarda ces hommes : c'étaient des patriotes fervents, de braves et loyaux soldats. Mais ce n'étaient pas des hommes politiques et encore moins des révolutionnaires. L'aspect profond des choses leur échappait complètement. Légitimistes et réactionnaires, ils voulaient faire de la Turquie nouvelle un empire ottoman en miniature. Là se bornait leur vision de l'avenir. Comment ne sentaient-ils pas qu'entre l'empire déclinant et la nation ascendante il n'y avait aucune base d'accord, aucun compromis possible ? Cent fois, il leur avait expliqué qu'on ne pourrait reconstruire le pays sur des assises nouvelles qu'après l'avoir arraché à l'emprise dissolvante des Sultans et de l'Islam. La révolution amorcée n'avait pas d'autre but. Elle n'aurait aucun sens si elle n'était pas, avant tout, un grand acte libérateur...

Mais c'était peine perdue. Toujours ils retombaient dans leurs formules toutes faites : la fidélité au trône, le respect des traditions. Que fallait-il donc faire pour qu'ils parvinssent à comprendre que c'était de cela, justement, que la Turquie avait failli mourir ?

Comme en 1919, ils se trouvaient de nouveau à la croisée des chemins. « Si vous me choisissez comme chef, leur avait-il dit à cette époque, vous devrez partager mon sort jusqu'au bout, quoi qu'il advienne. Demain, peut-être serai-je déclaré rebelle... Je vous demande de continuer à m'obéir aveuglément... » Dans l'intervalle, il avait étouffé la guerre civile, libéré le territoire, et contraint les vainqueurs à s'incliner devant sa volonté. Mais ce n'était pas encore suffisant pour lui valoir leur confiance. Il comprit avec tristesse qu'une fois de plus, il lui faudrait agir seul. Sa pensée était trop hardie et ses conceptions d'avenir trop audacieuses, pour que ses amis pussent le suivre dans la voie où il s'engageait.

LXXIX

Les Alliés commirent à ce moment une maladresse qui facilita les desseins du Ghazi. Dans les derniers jours d'octobre 1922, ils annoncèrent qu'une conférence internationale se tiendrait sous peu à Lausanne, pour établir le nouveau traité de paix avec la Turquie Ils demandèrent simultanément à Constantinople et à Angora d'y envoyer des délégués. Tewfik Pacha s'empressa d'accepter cette invitation, au nom du Sultan.

Cette nouvelle déchaîna dans toute la Turquie une tempête d'indignation. La réponse du peuple turc était claire : il n'admettait pas qu'un Vizir du Sultan le représentât à la conférence.

La vivacité de cette réaction prouva à Mustapha Kémal qu'il ne s'était pas trompé. Les soldats et les paysans d'Anatolie avaient un sens bien plus net de l'avenir de leur pays que la plupart des chefs de parti du Parlement. C'est pourquoi Mustapha Kémal était toujours sûr de leur appui lorsque survenait une crise. Le peuple ne s'embarrassait pas de points de droit, ni d'arguments dynastiques. Ses réflexes étaient simples et sans ambiguïté. Au fond de lui-même, il avait jugé Vaheddine indigne d'occuper le trône. Son verdict était sans appel : il fallait l'éliminer.

Le Loup gris résolut de passer outre aux scrupules de ses amis. Interprète de la volonté du peuple, il obligerait l'Assemblée à prononcer la déchéance de Méhémet VI. Il profiterait même de cette levée de boucliers contre le Sultan pour faire un pas de plus. Il abolirait, du même coup, le sultanat lui-même, afin qu'aucun nouveau Vaheddine ne présidât jamais aux destinées de la Turquie.

LXXX

La Grande Assemblée Nationale se réunit le 30 octobre. La séance fut houleuse. Les uns après les autres, les députés montèrent à la tribune pour exhaler leur rancœur contre le Sultan et flétrir l'impudence de Tewfik Pacha. Ne savait-on pas, à Constantinople, qu'il n'y avait qu'un seul pouvoir dans le pays, et que c'étaient eux — et eux seuls — qui le représentaient légalement, en tant qu'élus du peuple ? Comment le Sultan et le Grand Vizir, qui n'avaient plus aucune autorité, osaient-ils leur contester ce droit ?

La violence des discours augmentait avec chaque nouvel orateur. La salle était agitée et clamait son mécontentement. Cette atmosphère fiévreuse était propice à l'opération que projetait Mustapha Kémal. Tant que l'éviction du Sultan restait un problème de politique intérieure, il était difficile de lui trouver une solution. Grâce aux Alliés, l'affaire avait été placée sur le terrain de la politique étrangère et l'invitation adressée à Vaheddine apparaissait non seulement comme une offense, mais comme une manœuvre destinée à frustrer la Turquie des fruits de sa victoire. Du coup, la destitution du Sultan devenait une mesure de salut public. Le difficile était de le faire sans toucher à ses prérogatives religieuses.

Lorsque le tumulte fut à son comble, Mustapha Kémal demanda la parole et monta à la tribune :

— « Il n'y a qu'une manière de sortir de l'impasse où nous nous trouvons, déclara-t-il d'une voix forte. Que le Parlement promulgue une loi séparant le sultanat du califat, abolissant le sultanat, et expulsant Méhémet VI du pays. »

Ces paroles provoquèrent une stupeur générale. La fièvre

des députés tomba d'un seul coup. Mustapha Kémal les acculait à une décision grave, qui risquait de les mener plus loin qu'ils ne voulaient aller.

Un débat très vif s'instaura pour ou contre la proposition du chef du gouvernement. Mustapha Kémal, soutenu par un groupe de quatre-vingts jeunes députés qui lui étaient entièrement acquis, demanda à l'Assemblée de passer immédiatement au vote. Mais les parlementaires refusèrent de se laisser forcer la main. Ils renvoyèrent le projet à la Commission de Législation.

La Commission se réunit le lendemain 1ᵉʳ novembre. Elle était composée en majorité d'avocats et de prêtres. Le Président était un haut dignitaire du clergé. Il était revêtu d'une ample robe noire, qu'il portait d'un air compassé.

Chacun des membres de la Commission tint à prendre la parole pour donner son opinion personnelle sur la question. Les orateurs se levèrent les uns après les autres, invoquèrent tour à tour le Coran, les Livres sacrés et des textes théologiques du xiiᵉ siècle. Puis ils passèrent en revue les précédents historiques, établissant des distinctions subtiles entre les califes du Caire [1] et les califes de Bagdad, analysant les moindres nuances des termes arabiques, et se perdant dans une nuée de détails sans intérêt.

Mustapha Kémal les observait en silence avec une irritation grandissante. Une colère sauvage s'accumulait en lui. Soudain, n'y tenant plus, il bondit sur un siège et, coupant brutalement la parole au Président :

— « Assez ! s'écria-t-il. Voilà bientôt deux heures que j'écoute vos bavardages ! La question est pourtant simple : le droit souverain de disposer d'elle-même réside dans la nation. Or la maison d'Osman s'est arrogé ce privilège par la force, et c'est par la violence que ses représentants ont régné sur la nation turque et ont maintenu sur elle leur domination pendant six siècles. Maintenant, c'est la nation qui, se révoltant contre ces usurpateurs, reprend elle-même

1. On sait que c'était le Calife du Caire qui avait octroyé à Sélim Iᵉʳ le titre de « Commandeur des Croyants ».

effectivement l'exercice de sa souveraineté. C'est désormais un fait accompli, auquel rien ne saurait plus s'opposer. Il serait opportun que chacun des membres de cette assemblée se ralliât à ce point de vue, basé sur le droit naturel. Dans le cas contraire, les faits de l'inéluctable réalité n'en seront pas changés, mais alors, gare !... on pourrait voir tomber des têtes ! »

Ce n'était plus le chef du gouvernement qui parlait : c'était un fauve déchaîné qui rugissait de colère. Le Président se leva, et balbutia d'une voix étranglée par la peur :

— « Messieurs ! Messieurs ! Le Ghazi vient d'exposer la question devant nous, en se plaçant à un point de vue tout différent de celui que nous avions envisagé. Je crois qu'il serait sage que nous modifiions notre manière de voir... »

Ses collègues l'approuvèrent bruyamment. Pressés de fuir le danger dont ils percevaient clairement la menace dans les prunelles gris-acier de Mustapha Kémal, les membres de la Commission se hâtèrent de signer une motion approuvant la loi et invitant l'Assemblée à la promulguer d'urgence. Oui, le sultanat devait être séparé du califat ; oui, le sultanat devait être aboli ; oui, Méhémet VI devait être expulsé du pays. Tout cela allait de soi ; tout cela était la sagesse même.

Dès que cette formalité fut accomplie, les membres de la Commission ramassèrent les uns leurs dossiers, les autres leurs robes, et quittèrent précipitamment la salle. Ils avaient l'impression que le commandant en chef allait leur sauter à la gorge.

Sitôt en possession du vote favorable de la Commission, Mustapha Kémal revint devant l'Assemblée et lui demanda d'adopter la loi séance tenante. Il sentait que l'atmosphère commençait à lui devenir défavorable et voulait brusquer les choses. Ayant groupé d'un côté de la salle ses quatre-vingts partisans qu'il avait pris le soin d'armer, il monta à la tribune et lut un projet de loi qu'il avait rédigé lui-même. L'exposé des motifs se terminait par ces mots :

« L'Assemblée nationale décide que la loi constitutionnelle du 20 janvier 1921 s'applique à l'ensemble des territoires turcs revendiqués par le Pacte National. En conséquence, toute la Turquie passe sous l'administration du gouvernement d'Angora, car le peuple turc considère la forme du gouvernement de Stamboul, fondé sur la souveraineté d'une personne, comme appartenant à jamais au domaine de l'histoire. »

La formule était adroite. Elle ne prononçait pas le nom du Sultan. Elle rattachait cette décision à celles que l'Assemblée avait déjà prises antérieurement et présentait l'abolition du sultanat comme le corollaire de l'unification du territoire sous une seule autorité. Enfin elle s'inspirait d'un principe démocratique contre lequel les puissances occidentales ne pouvaient rien trouver à redire.

Ayant terminé sa lecture, le Ghazi demanda à l'Assemblée d'adopter la loi par acclamations. Plusieurs députés insistèrent pour que le scrutin fut nominal. Mustapha Kémal refusa. Ses partisans commençaient à s'énerver. La plupart d'entre eux étaient de jeunes officiers qui avaient combattu à ses côtés sur la Sakharya et à Dumlü-Pünar. Ils n'hésiteraient pas à tirer dans la foule, s'il leur en donnait l'ordre.

— « Je suis certain que la Chambre adoptera la loi à l'unanimité », dit-il en appuyant sur chaque mot, tandis que ses partisans faisaient le geste de dégainer leurs revolvers. « Un vote à main levée suffira. »

Le Président de l'Assemblée, le regard fixé sur Mustapha Kémal, mit la proposition aux voix. Une quarantaine de mains se levèrent.

— « Adopté à l'unanimité », déclara-t-il laconiquement.

Quelques applaudissements crépitèrens. Un groupe de députés se leva pour protester. D'autres poussèrent des clameurs indignées et. se mirent à faire claquer leurs pupitres. Les vociférations et les insultes se croisaient de tous côtés. Les chaises et les encriers se mirent à voler. Ce fut bientôt un vacarme assourdissant.

Sur un signe de tête de Mustapha Kémal, le Président répéta d'une voix impavide :

— « Par un vote unanime de la Grande Assemblée Nationale, le sultanat est aboli, à dater de ce jour. »

Puis il leva la séance.

Comme les députés continuaient de se colleter entre eux, il dut faire évacuer la salle par les gendarmes, tandis que Mustapha Kémal retournait à Chan-Kaya, entouré de sa garde du corps.

Le soir même, ayant appris la décision du Parlement, la foule se rendit en masse à la maison du Ghazi et acclama pendant des heures le chef du gouvernement.

LXXXI

Le reste ne fut plus qu'une simple liquidation.

Le 3 novembre 1922, comme un cadavre qui tombe en pièces, le gouvernement du Sultan se démembra lui-même.

Le 5, par un coup d'Etat effectué à la barbe des Anglais, Refet prit en main l'administration de Constantinople, annonça officiellement que le sultanat était aboli, et déclara que les décisions de l'Assemblée d'Angora avaient désormais force de loi sur l'ensemble du territoire.

Le 15, Sir Charles Harington apprit qu'un petit vieillard chauve et obèse insistait pour lui parler personnellement. Le Haut-Commissaire britannique le fit entrer dans son bureau. C'était le chef d'orchestre du palais impérial. Il venait de la part du Sultan. Vaheddine l'avait choisi comme ambassadeur, car c'était le seul homme en qui il eût encore confiance.

Tremblant comme une feuille et complètement affolé, le chef d'orchestre expliqua en bredouillant au général anglais « que son Impérial Souverain, Sa Majesté Méhémet VI implorait sa protection et celle du gouvernement britannique ; que ses jours étaient en danger ; qu'il avait décidé de s'enfuir, et que le plus tôt serait le mieux. »

295

Le 17, une ambulance de la Croix-Rouge anglaise s'arrêta devant une porte dérobée du Sérail. Vaheddine descendit l'escalier de service et sortit furtivement du palais de Yildiz, accompagné de son fils et d'un eunuque portant une valise. Les bagages suivaient.

Le ciel était gris. Une petite pluie fine tombait sur le Bosphore. Le chauffeur anglais rabattit le marchepied de la voiture. Cramponné à son parapluie, le dernier Sultan de l'Empire ottoman, le Seigneur des Seigneurs de ce monde, la Terreur de l'Univers, essaya de gravir les marches de l'ambulance et s'entrava dans son parapluie qui s'était coincé en travers de la portière. Le vieil homme se débattit et fit une moue d'enfant gâté. Il refusait de fermer son parapluie pour ne pas se mouiller, et ne voulait pas le lâcher non plus, de peur de le perdre. Un officier anglais le lui enleva des mains, le hissa dans la voiture et claqua la portière. L'ambulance démarra.

Quelques minutes plus tard une vedette quitta le quai et cingla vers le large. Sur un croiseur britannique, l'amiral commandant en chef l'escadre de la Méditerranée reçut le Sultan avec tout le cérémonial dû à un souverain.

Soudain l'on entendit un cri aigü. Méhémet VI se précipita à la coupée du navire et prononça un flot de paroles, d'une voix glapissante. Il injuriait l'eunuque, qui avait perdu sa valise.

Après beaucoup de recherches, on finit par la retrouver au fond de la vedette. Vaheddine l'ouvrit pour vérifier son contenu. Rien n'y manquait. Avec un soupir de soulagement, il retourna s'enfermer dans sa cabine. La valise contenait son service à café en or et tous ses bijoux [1].

Une heure plus tard, à bord du navire britannique, Méhémet VI quittait la Turquie, au milieu de l'indifférence générale. Le Sultan se réfugia à San Remo. Ce n'était plus qu'une loque sénile, tremblante et déchue.

« Ainsi périt de vétusté, écrit Norbert de Bischoff, la

1. H. C. Armstrong, *Grey Wolf*, p. 180.

domination temporelle, plus que six fois centenaire, de la maison d'Osman, tel un arbre antique qui porte chaque printemps de moins en moins de feuilles, et puis, un beau matin de mai, reste noir et desséché, tandis qu'autour de lui, la forêt se pare d'une verdure nouvelle [1]. »

1. Norbert de Bischoff : *op. cit.*, pp. 155-156.

QUATRIÈME PARTIE

MUSTAPHA KÉMAL ARRACHE LA TURQUIE A L'ISLAM
(1922-1924)

LXXXII

Vainqueur à l'extérieur, vainqueur à l'intérieur, Mustapha Kémal attirait à présent l'attention internationale. Les projecteurs de l'actualité étaient braqués sur lui. Quel était donc cet homme qui se dressait ainsi, face à ses adversaires, et semblait triompher de toutes les difficultés ?

Les sabres d'honneur, les distinctions honorifiques et les télégrammes de félicitations lui parvinrent de tous les pays islamiques, de l'Inde, de l'Afrique, des Etats malais, de l'Afghanistan, de la Perse, de la Chine, même de pays chrétiens comme la Hongrie et les Etats-Unis. Il était devenu le point de mire de toutes les races assujetties. Partout où l'on éprouvait une hostilité, déclarée ou secrète, à l'égard des nations occidentales, les regards se tournaient avec espoir vers le vainqueur de la Sakharya, pensant trouver en lui un champion et un défenseur. Ce général musulman, qui avait tenu tête à la coalition formidable que représentaient l'Empire britannique, la France et l'Italie, leur apparaissait comme le porte-drapeau de leurs propres aspirations. La Perse et l'Afghanistan lui proposèrent leur alliance. Les Hindous, les Syriens et les Égyptiens lui demandèrent de venir à leur secours. De tous côtés on l'incitait à devenir le chef d'une croisade qui dresserait l'Islam contre les Chrétiens, l'Orient contre l'Occident.

Une délégation soviétique vint de Moscou, présidée par Frunze. Le ministre d'Azerbaïdjan donna un grand dîner en l'honneur du Ghazi. Au cours du banquet, le délégué du Kremlin porta un toast à la Turquie, l'invitant « à se joindre aux peuples prolétaires pour lutter avec eux contre les nations capitalistes ».

Tout autre que Mustapha Kémal se serait laissé griser par cet encens. Il aurait profité de sa victoire pour accroître l'ampleur de ses revendications ou rêver à de nouvelles conquêtes. Mais pas le Ghazi. Il ne se laissa détourner de ses objectifs par aucune de ces invites. Son orgueil, certes, était grand. Mais il était complètement insensible à la flatterie. Il avait un sens trop exact de ses possibilités et de ses limites. Il ne se ferait ni le défenseur des musulmans contre les chrétiens ; ni le champion de l'Orient contre l'Occident ; ni le chef d'une croisade des hommes de couleur contre les Blancs ; ni l'allié des peuples prolétaires contre les nations capitalistes. Ce n'était pas sa tâche, et il ne se sentait aucun goût pour ce genre d'aventures.

Peu d'hommes, dans l'Histoire, ont été aussi résolument anti-impérialistes que Mustapha Kémal. Mieux encore, il était « l'anti-impérialiste » par excellence, et cela dans la mesure où il était nationaliste. Renan a parfaitement mis en lumière l'antagonisme des deux principes. Après avoir montré combien l'Allemagne et l'Italie furent troublées dans ce qu'il appelle « leur œuvre de concrétion nationale » par le fait de posséder l'une, l'Empire, l'autre, la Papauté, il ajoute : « La première condition d'un esprit national est de renoncer à toute prétention de rôle universel, le rôle universel étant destructeur de la nationalité [1]. »

Mustapha Kémal en avait eu sans cesse l'exemple sous les yeux. N'appartenait-il pas à un pays qui possédait à la fois l'Empire et la Papauté en la personne du Sultan-Calife, et n'était-ce pas, pour cela, que le peuple turc n'avait jamais réussi à fonder une patrie ? Il ne voulait pas retomber dans les errements du passé. L'esprit de conquête lui était aussi inconnu que l'esprit de croisade. D'instinct, il était hostile

1. Ernest Renan : *La Réforme intellectuelle et morale*, p. 139.

à tout ce qui dépassait les cadres de la nation, car il savait que c'étaient ces aberrations qui avaient causé sa ruine. Son but unique et exclusif était de faire de la Turquie une nation indépendante, homogène et moderne, protégée par des frontières solides et libérée des entraves du passé. Cette œuvre-là était loin d'être achevée ; le reste ne l'intéressait nullement.

— « Il n'y a, dans le monde, ni oppresseurs, ni opprimés », répondit-il fièrement à Frunze au cours du banquet turco-soviétique. « Il y a ceux qui tolèrent qu'on les opprime et ceux qui ne le tolèrent pas. Les Turcs sont de ces derniers. Ils sont assez grands pour s'occuper de leurs propres affaires. Que les autres suivent leur exemple. Le monde ne s'en portera que mieux. »

Loin de se laisser distraire par ces projets chimériques, Mustapha Kémal se concentra sur le problème du moment : la préparation de la conférence de Lausanne. Il choisit lui-même chacun des délégués, et plaça à leur tête le général Ismet. On s'étonne qu'il ait choisi un militaire, pour mener à bien une mission diplomatique aussi délicate. Mais plusieurs raisons lui avaient dicté ce choix. D'abord, le Ghazi avait une confiance absolue en son ancien chef d'état-major. Il savait qu'il lui était entièrement dévoué et suivrait ses directives à la lettre. Ensuite, il y avait intérêt à ce que la Turquie fût représentée à la conférence par le signataire de l'armistice de Moudania, dont les clauses préfiguraient en quelque sorte, celles du futur traité de paix.

Les instructions qu'il donna à Ismet étaient simples et claires. Il fallait obtenir des Alliés la reconnaissance pleine et entière de la Turquie, en tant qu'Etat indépendant et souverain. Ses frontières « naturelles » devaient être respectées. Il fallait entendre par là que la Turquie revendiquait pour elle tous les territoires peuplés de populations turques, qui n'étaient pas occupées par les Alliés lors de la signature de la capitulation de Moudros. Enfin toute ingérence étrangère, politique ou économique, devait être abolie. En dehors de ces quelques points, sur lesquels Mustapha Kémal se montrait irréductible, toute latitude était laissée à

Ismet pour traiter les autres questions au mieux des intérêts du pays.

Carlyle a écrit que ce qui manquait souvent aux grands hommes, c'était de savoir limiter leurs objectifs. Ceux qui, comme Ismet, ont connu intimement Mustapha Kémal, disent que c'était là une de ses qualités maîtresses. Et ceux qui observent le déroulement de ses actes ne peuvent que leur donner raison.

LXXXIII

La conférence de Lausanne s'ouvrit le 21 novembre 1922, quatre jours exactement après la fuite de Méhémet VI. Le protocole de Sèvres avait été balayé en même temps que son impérial signataire, et c'est sur de tout autres bases que les Alliés s'apprêtaient à traiter avec le gouvernement d'Angora. Mais ce jeune Etat en formation, qui avait fait ses preuves sur le champ de bataille, saurait-il déployer un talent égal sur le terrain mouvant et difficile de la diplomatie ? C'était là un domaine où on ne l'avait pas encore vu à l'œuvre. Il s'y présentait sans traditions, sans expérience et sans passé. La politique extérieure de la Turquie nouvelle n'avait pas encore été définie. Aussi, les Alliés se demandaient-ils avec curiosité quelle figure feraient les négociateurs kémalistes, quand ils se trouveraient face à face avec les plénipotentiaires occidentaux.

Le principal interlocuteur d'Ismet Pacha, et en même temps son adversaire le plus dangereux, était Lord Curzon. Grand, froid, très sûr de lui, ce vétéran chevronné des conférences internationales considérait le chef de la délégation turque comme un militaire de seconde zone. Il prit à son égard une attitude condescendante, ce en quoi il eut tort ; car sa morgue l'empêcha de s'apercevoir qu'il avait affaire à un homme beaucoup plus habile qu'il ne le pensait. Ismet était un peu sourd. Il lui arrivait même souvent de faire la sourde oreille, ce qui n'est pas la même chose. Mais il n'était pas aveugle, et observait attentivement ses interlocuteurs avec ses grands yeux ronds, mobiles et pétillants d'intelligence. Il faisait un peu figure de rat des champs devant le lion britannique. Mais comme le rat de la fable, il savait ronger une à une les mailles du filet que le délégué anglais s'ingéniait à tisser autour de la Turquie. Les puissances occidentales ne s'entendaient pas entre elles, et il sut tirer le meilleur parti possible de leurs dissensions [1].

Dans chacune des mille questions que soulevaient la liquidation de l'empire ottoman et la rédaction du traité, il chercha et sut trouver des alliés dans les rangs des diplomates de l'Entente. Dès qu'une question était réglée et que la suivante venait en discussion, il abandonnait aussitôt ses alliés pour d'autres, qui lui semblaient plus utiles en l'occurrence. « Opérant sur la ligne intérieure, changeant ses batteries avec une souplesse extraordinaire, mais s'en tenant avec une opiniâtreté inébranlable à ses revendications fondamentales, le général turc surclassa les diplomates européens, dans toutes les phases de la négociation [2]. »

Dès son arrivée à Lausanne, Ismet avait été frappé de voir l'ostracisme dont les Alliés semblaient avoir frappé la délégation grecque et notamment son président, Vénizélos. Ils l'avaient porté aux nues à l'époque du traité de Sèvres. A présent, ils lui témoignaient un mépris humiliant. Dès le premier jour, Ismet comprit qu'il devait s'en faire un allié. Ecartant délibérément les rancunes et les haines qu'avait laissées derrière elle la campagne d'Anatolie, le vainqueur d'Ineunü tendit la main à son ennemi de la veille et lui proposa de devenir l'ami de demain. Vénizélos, qui était revenu de bien des illusions, la saisit avec empressement. Les deux hommes convinrent d'enterrer une inimitié séculaire, sous le poids de laquelle Turcs et Grecs risquaient de périr. Ils signèrent en marge de la conférence,

---

1. Cf. *La Conférence de Lausanne, documents officiels,* Paris, 1923.
2. Norbert de Bischoff : *op. cit.,* p. 124. Signalons qu'Ismet fut aussi activement secondé par M. Tchitcherine, délégué de l'U.R.S.S.

un protocole qui régla d'une façon définitive toutes les questions restées en suspens entre la Turquie et la Grèce. Cet accord ouvrit la voie à une détente durable dans les Balkans.

L'initiative d'Ismet fut un coup de maître. Elle prouvait qu'il n'était pas seulement un diplomate habile, mais un véritable homme d'Etat. Car cette réconciliation inattendue impressionna les Alliés. Elle rendit service à Vénizélos en brisant le cercle d'inimitié qui l'entourait. Mais elle facilita aussi la tâche d'Ismet, en lui permettant d'échapper à son isolement. A partir de ce moment, la délégation grecque soutint, sans arrière-pensée, toutes les revendications de la Turquie.

Après plusieurs mois de négociations, souvent très laborieuses, et une interruption des pourparlers qui dura du 4 février au 23 avril, le traité entre la Turquie et les Alliés fut signé le 24 juillet 1923, en même temps qu'une série de conventions particulières.

Certes, Ismet avait dû consentir à quelques sacrifices, notamment en ce qui concernait le vilayet de Mossoul et le régime des Détroits. Sur le premier point, l'Angleterre s'était montré irréductible : cette région pétrolifère devait revenir à l'Irak (art. 3). Sur le second point, Ismet s'était heurté à l'opposition unanime de toutes les délégations. Les Détroits restèrent donc démilitarisés « à charge, pour la Société des Nations, d'assurer la sécurité militaire de Constantinople ». Mais ces concessions étaient minimes, comparées aux résultats obtenus. Malgré sa situation difficile, Ismet avait réussi à faire triompher ses revendications dans une mesure rarement atteinte au cours de négociations de ce genre.

La Turquie était reconnue comme puissance souveraine et indépendante dans toute la partie de l'ancien empire ottoman habitée par un majorité turque. Elle conservait la Thrace, avec Andrinople, l'Anatolie, la Cilicie et les provinces orientales, soit une superficie de 767.675 kilomètres carrés, dont 23.975 en Europe et 743.700 en Asie. Ni la frontière turco-syrienne, négociée directement avec M. Franklin-Bouillon, ni la frontière de l'Est, telle qu'elle avait été fixée par le traité de Gumrü, n'étaient remises en question.

Les Capitulations, avec leurs tribunaux étrangers, leur protectorat religieux, leur droit d'intervention, leurs commissions d'administration et de contrôle, tout cet appareil qui avait sapé à sa base la souveraineté économique et financière de l'Etat ottoman, étaient irrévocablement abolies (art. 28). La question des dettes, sous le poids desquelles pliait l'ancien empire, était dégagée de son aspect politique, et la liquidation des arrérages, qui dépendait désormais de la seule bonne volonté du gouvernement turc, devenait une affaire de droit privé (art. 46-57). Aucun moyen de pression politique ne restait plus entre les mains des puissances étrangères.

La conférence de Lausanne représentait, pour la Turquie, une grande victoire diplomatique. Ismet avait obtenu, sur le plan international, la confirmation de tout ce pour quoi Mustapha Kémal et ses soldats s'étaient battus pendant quatre ans.

Le traité de Lausanne fut ratifié par l'Assemblée Nationale d'Angora, au début d'août.

Le 2 octobre 1923, les derniers contingents alliés évacuaient la Turquie.

LXXXIV

— « Que deviendrez-vous, lorsque la paix sera signée ? avait demandé un jour au Ghazi, la romancière Halideh Edib. Vous vous ennuierez terriblement, lorsque vous n'aurez plus rien à faire !

— « Pour nous distraire, nous jouerons à nous dévorer les uns les autres », avait répondu Mustapha Kémal.

Il ne croyait pas si bien dire. Maintenant que la guerre était terminée, les pouvoirs dictatoriaux qui lui avaient été accordés par la loi du 5 août 1921, venaient à expiration, et l'opposition en profitait pour relever la tête. Rauf était devenu président du Conseil. Mustapha Kémal demeurait président de l'Assemblée. Mais ses pouvoirs avaient été réduits et ses adversaires auraient voulu qu'il se cantonnât dans un rôle purement décoratif, où il n'aurait eu qu'une influence indirecte sur la marche des affaires. C'était bien mal le connaître.

Rauf, qui voulait l'empêcher de reprendre les rênes du gouvernement, ne lui pardonnait pas la façon brutale dont il avait extorqué à l'Assemblée la loi proclamant l'abolition du sultanat. Il le blâmait ouvertement d'avoir placé Ismet à la tête de la délégation qui s'était rendue à Lausanne et de lui avoir donné ses directives personnelles, sans consulter auparavant le Parlement. Non sans mauvaise foi, il déclarait que le traité de paix n'était nullement aussi bon qu'il aurait pu l'être, si un diplomate de carrière avait été chargé des négociations. Enfin, il ne manquait pas une occasion de souligner le caractère tyrannique du commandant en chef. C'était, disait-il, un homme autoritaire, irascible et sourd à tous les conseils, un véritable tyran, plein d'idées subversives qu'aucun esprit sensé ne pouvait partager. Laisser la politique de la Turquie entre ses mains, c'était aller au-devant des pires catastrophes.

Ces griefs n'étaient pas nouveaux. Mais ils servaient à recouvrir des dissentiments plus profonds que Rauf, fort habilement, se gardait d'exprimer. Il avait salué avec joie la guerre d'indépendance et y avait même joué un rôle de premier plan. Mais il n'avait jamais approuvé les réformes que préconisait Mustapha Kémal. Certaines d'entre elles lui paraissaient inadmissibles, voire monstrueuses. Maintenant que les hostilités avaient pris fin, il voulait du même coup « arrêter » la révolution. Il aspirait, selon ses propres termes, à « rétablir des normes saines », c'est-à-dire à revenir en arrière.

Sa campagne de dénigrement trouvait un terrain propice à l'Assemblée. Les députés en avaient assez d'être malmenés par le Ghazi. Ils pensaient que la signature du traité de Lausanne mettait un point final à la période de luttes que la Turquie venait de traverser. Ce chapitre était clos, il fallait tourner la page. Ils estimaient avoir droit à un repos bien mérité. Le pays lui aussi avait besoin d'une longue convalescence. Tant que Mustapha Kémal serait là, jamais la Turquie ne connaîtrait la tranquillité.

« Il y a un temps pour être héroïque, et un temps pour être sage », répétait Rauf, qui avait rallié à sa « politique de détente », non seulement une importante fraction de l'Assemblée, mais la plupart des grands Pachas : Kiazim Kara Békir, Refet, Ali-Fuad, Nureddine et Arif. Même Arif, le confident de toutes les heures, le seul homme à qui le vainqueur de la Sakharya eût jamais ouvert son cœur, était passé à l'opposition ! C'est dire à quel point le Ghazi les avait lassés, avec son autoritarisme excessif et ses exigences toujours renouvelées.

Pour Mustapha Kémal, cette crise n'avait rien de surprenant, sauf en ce qui concernait l'attitude nouvelle prise par Arif et Kiazim Kara Békir. Le Ghazi savait depuis longtemps que la plupart de ces hommes se détacheraient de lui, au fur et à mesure qu'il avancerait sur sa route. Ils ne pouvaient pas comprendre la force élémentaire qui inspirait ses actes. Leur attitude réticente, au moment de l'abolition du sultanat, ne lui avait laissé aucune illusion à leur égard. Mais elle le décevait et lui causait la même amertume que lorsqu'ils l'avaient déserté pour courir à Constantinople. Pis encore : ces défections le gênaient considérablement, au moment où, loin de songer au repos, il s'apprêtait à aborder des tâches nouvelles. Il ne pouvait plus compter que sur Ismet et Fevzi, et se demandait si le jour n'était pas proche où ils l'abandonneraient eux aussi...

Or, la Turquie se trouvait à la veille de décisions capitales, et le Ghazi aurait voulu qu'elle les prît dans un grand élan d'unanimité. La loi du 29 avril 1920, fixant la compétence de l'Assemblée, celle du 20 janvier 1921 proclamant la souveraineté du peuple et celle du 1ᵉʳ novembre 1922, abolissant le sultanat avaient surtout défini ce que la Turquie *n'était pas*. Il s'agissait de dire, à présent, ce qu'elle entendait être !

Quelle serait la forme du nouvel Etat turc ? Une monarchie constitutionnelle, comme le souhaitaient Rauf et ses amis réactionnaires ? Une république, comme le voulaient les députés démocrates et progressistes ? Et si oui, quelle sorte de république fallait-il créer ? Devait-elle être présidentielle ou parlementaire, syndicaliste ou corporative ? Il y avait là mille problèmes qui exigeaient une solution rapide.

Telle qu'elle était constituée, morcelée en clans rivaux qui se neutralisaient les uns les autres, l'Assemblée ne paraissait pas capable d'y apporter une réponse claire. Elue trois ans et demi auparavant, au moment où les Anglais avaient liquidé le Parlement de Constantinople, dans des conditions qui frisaient l'illégalité, sa tâche avait surtout consisté à assurer la libération du territoire. Cette étape-là était franchie et depuis 1920, la situation avait beaucoup évolué.

Espérant qu'une nouvelle Chambre serait à la fois plus unie et plus docile à ses volontés, Mustapha Kémal décida de procéder à de nouvelles élections (septembre 1923).

LXXXV

Le passage de la guerre à la paix est toujours un moment difficile. Pourtant, l'avenir d'une nation dépend très souvent de la façon dont elle réussit à traverser ce temps mort. Un horizon s'efface, un autre apparaît. Mais tout est encore vague et comme noyé dans la brume.

Les élections de 1923 marquèrent un tournant dans la vie de Mustapha Kémal. Au cours des années précédentes, il avait agi en militaire. Or, les hostilités étaient terminées. L'armée avait été démobilisée et la plupart des soldats étaient rentrés dans leurs foyers. L'instrument dont il s'était servi jusqu'alors avait disparu. Le thème de « la Patrie en danger » n'avait plus cours. On ne pouvait plus l'invoquer pour tendre les énergies et légitimer les audaces. Un à un, les officiers de son état-major prenaient congé de lui. Il restait donc seul, c'est-à-dire vulnérable. S'il restait prisonnier de son isolement, en face d'adversaires chaque jour plus nombreux, ceux-ci finiraient par l'évincer du pouvoir.

Déjà un groupe de députés avait soumis à la Chambre un projet de loi stipulant que, pour être validement élu, il fallait être originaire d'une localité comprise dans les frontières de la Turquie nouvelle. C'était une façon indirecte d'exclure Mustapha Kémal, qui était né à Salonique. Cette tentative échoua.

Revenant à la charge, ces mêmes parlementaires proposèrent que nul ne pourrait être représentant du peuple s'il n'avait pas résidé dans sa propre circonscription électorale durant cinq années au moins. Or, le commandant en chef avait bien été à Gallipoli, à Erzeroum, en Syrie, en Palestine, à Amassia, à Sivas, sur la Sakharya, à Dumlü-Pünar, à Smyrne et à Angora, mais jamais il n'était demeuré cinq ans au même endroit.

Mustapha Kémal était écœuré par tant d'ingratitude et par le caractère mesquin des manœuvres auxquelles se livrait l'opposition pour se débarrasser de lui. Il frémissait d'indignation et de colère, lorsque des amis « bien intentionnés » venaient lui conseiller de prendre sa retraite, « dans son propre intérêt comme dans celui du pays ».

Prendre sa retraite ? Jamais ! Non seulement il se sentait dans la pleine force de l'âge, mais encore, loin de songer au repos comme le souhaitaient ses ennemis, il considérait que l'essentiel de son œuvre restait encore à accomplir. Il n'était encore qu'au début de sa tâche. L'animosité croissante des milieux parlementaires lui laissait prévoir qu'il n'en viendrait à bout qu'au prix de luttes extrêmement vives. Mais jamais le combat ne lui avait fait peur. Il suffisait qu'on lui tînt tête pour qu'il relevât le défi.

La bataille cessait d'être militaire pour devenir politique.

Elle changeait de terrain, mais pas de nature. Son enjeu restait le même : l'avenir de la nation. Elle continuait d'obéir aux mêmes règles invariables. Au lieu de vaincre l'ennemi, il s'agissait à présent de briser l'opposition. C'était, comme toujours, une question de rapport de forces. Pour y réussir, il fallait forger l'instrument de ce nouveau combat.

Cet instrument ne pouvait être qu'un parti. Mais Mustapha Kémal était bien trop homme de guerre pour ne pas exiger de ses troupes une discipline absolue. Les bavardages interminables du Comité « Union et Progrès » lui avaient laissé un véritable dégoût pour les organisations où prédominent les théoriciens et les intellectuels. Il n'avait pas besoin d'être « éclairé » ; il voulait être « suivi ». Ce qu'il souhaitait, c'était un instrument tourné vers l'action, d'où les discussions oiseuses fussent bannies et dont les membres exécuteraient ses ordres avec la même confiance aveugle que les fantassins des Dardanelles et de la Sakharya. Pour cela, il lui fallait recruter ses militants dans les mêmes milieux que ceux où il avait recruté précédemment ses soldats.

Les comités locaux de résistance, qu'il avait créés en 1919 avec Rauf et Refet, étaient devenus avec le temps une organisation puissante, qui couvrait tout le pays. C'était elle qui avait permis de lancer le mouvement d'Indépendance. En tant que commandant en chef, Mustapha Kémal l'avait placée directement sous ses ordres. Il imagina de la transformer en un organisme politique, sur lequel il continuerait à exercer un contrôle absolu. Ce serait le « Parti Populaire Turc » [1]. Dans chaque village, le Comité local détiendrait une fraction du pouvoir et l'exercerait en son nom : il désignerait le maire, le prêtre, le maître d'école, le chef de la police. De ce fait, chaque Comité lui serait personnellement attaché.

Afin de mettre sur pied ce nouveau parti, le Ghazi fit une grande tournée de conférences à travers le pays. Ce

---

[1]. Appelé aussi parfois *Parti Républicain du Peuple*.

genre d'activité n'était pas nouveau pour lui : il lui rappelait les débuts du *Vatan* à Damas et à Salonique, et aussi l'époque où il parcourait les villages de la région d'Erzeroum, pour inciter les jeunes gens à s'enrôler dans l'armée nationale. Les populations rurales lui firent partout un accueil chaleureux. Pour le peuple, il était le Ghazi, le libérateur du territoire. Les paysans étaient flattés de lui serrer la main. Il incarnait, à leurs yeux, le type du chef idéal : c'était un homme à poigne et un soldat victorieux. Qu'il fût brutal, autoritaire et débauché ne les gênait nullement. « Nous le serions autant que lui, si nous étions à sa place », se disaient-ils. « A quoi bon être chef de l'Etat, si c'est pour vivre dans l'abstinence, en se privant de tout ? » Ils admiraient ses vertus et lui pardonnaient ses vices, car ils étaient la marque d'une robuste vitalité.

Au cours de son périple, Mustapha Kémal s'arrêta jusque dans les plus humbles bourgades, invitant les Comités à partager ses repas, traitant leurs membres avec déférence, écoutant leurs doléances et leurs suggestions avec une sollicitude paternelle.

— « Conservez votre organisation, leur dit il, l'ennemi étranger est parti, mais la guerre n'est pas terminée, malgré les apparences. Le pays fourmille encore d'opportunistes et de traîtres. Restez à mes côtés. Obéissez à mes mots d'ordre. Accroissez sans cesse le nombre de vos comités. Ensemble nous construirons la Turquie — cette Turquie que vous avez reconquise avec votre sang. Nous l'édifierons sur des bases si solides qu'elle pourra affronter sans crainte les tempêtes de l'avenir. Elle résistera aux assauts de tous ses ennemis, que ce soient ceux de l'extérieur ou ceux de l'intérieur. Vous formerez le Parti du Peuple. Rassemblez dans vos rangs tous les Turcs authentiques. C'est à vous qu'il appartient de gouverner le pays. »

Fevzi, qui avait été chargé de l'organisation du parti, assurait au Ghazi que ses effectifs augmentaient rapidement, et que les cadres de l'armée faisaient bloc derrière lui. Ces renseignements optimistes l'amenèrent à multiplier les réunions. Il alla de ville en ville, répétant à ses auditeurs les points principaux de son programme.

— « Notre nation n'est pas divisée en classes antagonistes, leur disait-il. Nous sommes avant tout un peuple de paysans. Quelle est, en effet, chez nous l'importance de la grande propriété ? Outre les travailleurs des campagnes, nous comptons dans nos villes, des artisans modestes et des petits commerçants. Quelle place tient chez nous le grand capital ?

« Où sont nos millionnaires ? Nous comptons aussi des ouvriers, en petit nombre pour le moment. Mais notre pays en demandera bientôt davantage, pour les machines des fabriques que nous allons construire.

« Nous avons enfin des intellectuels et des savants ; or ceux-ci ne sauraient se tenir à l'écart du peuple. Leur place n'est-elle pas tout naturellement au milieu de lui, pour l'instruire, l'élever et lui montrer la voie du progrès et du bien-être ?

« Il n'y a pas chez nous de rivalités de classes ou de professions. Celles-ci sont toutes étroitement solidaires et ne forment qu'un tout : le peuple, la nation, — en un mot, la Turquie. C'est là le Parti Populaire. Ce parti, qui est celui du peuple de Turquie, n'est donc pas une simple fraction d'un tout ; il est lui-même ce tout, il est la nation, il est la Turquie ! Il est l'instrument avec lequel nous façonnerons ensemble les destinées de notre pays... »

Aucun homme politique n'avait tenu jusque-là un pareil langage au peuple anatolien. Pourtant le résultat des élections fut décevant. Elles donnèrent un certain nombre de sièges au Parti Populaire Turc, mais pas la majorité absolue qu'avait escomptée Mustapha Kémal. Dans un grand nombre de localités, le clergé avait dissuadé les électeurs de voter pour ses candidats. Le Loup gris avait dit, au cours de sa tournée, que les Comités locaux désigneraient les prêtres. Les hodjas n'avaient nulle envie d'être « désignés » par un parti dont le chef avait une solide réputation d'athéisme. Mustapha Kémal avait fait procéder aux élections, convaincu que la nouvelle Chambre serait meilleure que la précédente : elle était pire. Partout où les électeurs n'avaient pas voté pour le Parti Populaire, leurs voix s'étaient éparpillées sur une foule de petits partis, hostiles les uns aux autres et d'autant plus intransigeants sur leurs programmes respectifs qu'ils étaient incapables de les réaliser. Lui-même ne pouvait revenir au pouvoir qu'en acceptant de faire partie d'un cabinet de coalition. Cela voulait dire qu'il devrait conclure des alliances avec d'autres groupements que le sien. Mais qui dit alliance, dit compromis. Or, durant toute sa vie, jamais Mustapha Kémal n'avait été capable de passer un compromis avec personne. Déçu et irrité, il alla s'enfermer dans sa maison de Chan-Kaya, et déclara qu'il se désintéressait désormais des travaux du Parlement.

Quelques jours après les élections, une délégation de députés vint le trouver pour lui faire comprendre que ses fonctions de Président de l'Assemblée étaient incompatibles avec sa position de Président du Parti Populaire. Arbitre des différentes fractions du Parlement, il ne pouvait être, en même temps, le chef de l'une d'elles.

— « Je ne comprends absolument rien à ce que vous me racontez, leur répondit-il d'un ton péremptoire. Vous me parlez des diverses fractions de l'Assemblée ? Il ne doit y avoir qu'un seul parti dans l'Etat. Pour les décisions que nous avons à prendre, l'unité est essentielle. Il ne doit y avoir ni parti rivaux, ni idéologies contraires. C'est pour moi un point d'honneur de demeurer à la fois le Président de l'Assemblée et le chef du seul parti auquel je reconnaisse une existence légale, j'entends le Parti Populaire Turc. A mes yeux, tous les autres partis n'existent pas. »

Les députés furent consternés en entendant ces paroles. C'était un véritable défi à l'Assemblée et à tous les principes sur lesquels elle était fondée ! Où le Ghazi avait-il été chercher ces conceptions unitaires ? En Russie soviétique, ou en Italie fasciste ? Cette fois-ci, en tout cas, on ne pouvait plus s'y méprendre : entre l'Assemblée et son Président les divergences étaient trop profondes pour qu'on

315

pût trouver un accommodement. Le Parlement ne pourrait légiférer en toute indépendance que le jour où Mustapha Kémal en serait exclu.

Les députés étaient venus à Chan-Kaya, porteurs d'une requête banale, dont l'acceptation leur semblait devoir aller de soi. Ils s'en retournaient, stupéfaits de se trouver brusquement devant une épreuve de force à laquelle ils ne s'étaient nullement attendus.

LXXXVI

Mustapha Kémal était résolu à ne pas céder. Et il était non moins résolu de faire céder l'Assemblée. Mais il décida de procéder cette fois-ci d'une façon plus habile que les précédentes.

Le 20 octobre, il invita à dîner tous les ministres en exercice, dans sa maison de Chan-Kaya. A l'issue du repas ils examinèrent ensemble la forme qu'il convenait de donner au nouvel Etat turc. Tous furent d'accord pour reconnaître qu'il était impossible de conserver le système en vigueur, dans lequel chaque ministre était directement responsable devant le Corps législatif.

— « Il faut démontrer à la Chambre qu'aucun pays civilisé ne peut être mené de cette façon absurde, déclara Mustapha Kémal. C'est à vous autres ministres qu'il appartient de gouverner, et non aux députés. Vous devez être mis à l'abri de l'ingérence brouillonne des parlementaires. Le contrôle qu'ils prétendent exercer sur chacun de vos actes est vexatoire et humiliant. L'Exécutif doit être renforcé et séparé du Législatif. »

Chacun des ministres présents approuva ce point de vue. Ils étaient tous d'avis que leur autorité devait être accrue.

— « Puisque vous êtes tous d'accord, poursuivit Mustapha Kémal, je vous demande de donner demain votre démission collective. Je chargerai l'Assemblée de former un nouveau gouvernement. Quelles que soient les propositions que l'on puisse vous faire, vous devez tous refuser d'accepter un portefeuille, et rendre la solution de la crise aussi difficile que possible. Nous verrons alors le gâchis qui en résultera. L'Assemblée fera toutes les concessions possibles, pour vous voir revenir aux affaires. »

Le lendemain, comme convenu, le cabinet démissionna en totalité et la Chambre entreprit de former un nouveau gouvernement. Rauf, Kiazim Kara Békir et Ali Fuad étaient en voyage. Leur absence avait décidé Mustapha Kémal à brusquer l'opération. Comme l'avait prévu le Ghazi, les partis n'arrivèrent à s'entendre sur rien. Ils ne réussirent même pas à élaborer un programme commun, susceptible de dégager une majorité. Chaque groupe, chaque fraction voulait agir à sa guise. Huit jours plus tard, les discussions duraient encore : la constitution du nouveau gouvernement n'avait pas avancé d'un pas.

Mustapha Kémal convia alors à Chan-Kaya un petit groupe d'intimes — le dernier carré des fidèles — parmi lesquels se trouvaient Ismet, Fethi et Kemaleddin, un jeune officier qui s'était distingué par sa bravoure à la bataille de Dumlü-Pünar. Ceux-ci décrivirent au Président la confusion incroyable qui régnait au sein de l'Assemblée. Les esprits s'échauffaient de jour en jour, et la solution de la crise n'était même pas en vue.

— « Il est temps d'en finir avec cette gabegie, dit Mustapha Kémal en frappant du poing sur la table. Demain nous proclamerons la République. C'est le seul moyen d'en sortir. Vous, Fethi, vous vous arrangerez pour envenimer les débats au maximum. Faites en sorte que la situation devienne inextricable. Lorsque le désordre sera à son comble, vous, Kemaleddin, vous proposerez que l'on fasse appel à moi pour trancher le nœud gordien. »

Lorsque ses amis furent partis, le Ghazi se mit à son bureau et passa toute la nuit à rédiger avec Ismet, la loi qui ferait de la Turquie une république autoritaire.

La manœuvre se déroula selon le plan prévu. Le lendemain, l'Assemblée se trouva littéralement paralysée. Voilà dix jours que la crise avait éclaté et personne n'entrevoyait le moyen d'en sortir. Les députés étaient divisés en une infinité de petits clans qui s'invectivaient avec violence et se livraient à une obstruction systématique. Quelques-uns d'entre eux commençaient même à échanger des coups. Lorsque Kémaleddin proposa de faire appel à l'arbitrage de Mustapha Kémal et de s'en remettre à lui pour la formation du nouveau gouvernement, les députés se rallièrent à cette solution, avec un soupir de soulagement.

Pendant tout ce temps, le Ghazi était resté enfermé dans sa maison de Chan-Kaya. Personne ne l'avait vu depuis plus d'une quinzaine. Il semblait totalement étranger aux événements.

Les députés lui envoyèrent une délégation, pour lui demander de bien vouloir venir à l'Assemblée. Il refusa. Une deuxième délégation se rendit à Chan-Kaya et le supplia de les aider à dénouer la crise. Il persista dans son refus. Comme les parlementaires le conjuraient « de ne pas se dérober à un devoir national », il finit par céder à leurs supplications.

— « Soit, dit-il. Je veux bien prendre votre requête en considération. Mais à une condition formelle : quelles que puissent êtres mes décisions, je veux qu'elles soient adoptées sans discussion par l'Assemblée. Elles devront être considérées comme irrévocables et définitives. »

Les membres de la délégation étaient dans un tel désarroi, qu'ils acceptèrent ces conditions avec empressement. Mais le Ghazi ne se contenta pas de promesses verbales : il exigea d'avoir l'engagement formel et écrit du président de la Chambre l'assurant que ses décisions ne seraient pas discutées. C'est seulement lorsqu'il l'eut en main qu'il partit pour Angora.

Arrivé dans le vestibule du Parlement, il réunit rapidement les amis qu'il avait choisis pour faire partie du nouveau gouvernement. Tous les membres de l'opposition en étaient exclus. C'était un cabinet homogène, composé des principaux dirigeants du Parti Populaire. Puis, il entra dans la salle des séances, entouré de la nouvelle équipe ministérielle et monta à la tribune au milieu d'un silence glacial. En quelques secondes, l'Assemblée comprit qu'il allait se passer quelque chose de grave.

Pendant un long moment, Mustapha Kémal fixa les députés de ses yeux gris. Enfin, il parla :

— « Vous avez fait appel à moi, dit-il d'un ton cassant, pour que je vous sorte de difficulté. Cette difficulté, c'est vous-mêmes qui l'avez créée, par votre manque de jugement. La crise actuelle n'est pas due à des causes passagères : elle résulte d'un vice fondamental dans notre forme de gouvernement. L'Assemblée exerce à la fois le pouvoir législatif et le pouvoir exécutif. C'est trop. Chacun de vous veut être consulté sur chaque décision du cabinet. Il veut avoir un droit de regard sur tous les services de l'administration. Il veut exercer un contrôle permanent sur chacun des ministres.

« Messieurs, aucun ministre digne de ce nom ne peut gouverner dans ces conditions. Aucun gouvernement n'est possible sur ces bases. Ce n'est pas un gouvernement : c'est le chaos. Vous venez d'en faire l'expérience par vous-mêmes.

« Il faut changer radicalement de système. J'ai décidé, en conséquence, que la Turquie serait une République autoritaire, gouvernée par un Président investi de la totalité du pouvoir exécutif. »

Puis, en scandant chaque mot, il lut le projet de loi constitutionnelle qu'il avait rédigé avec Ismet Pacha au cours de la nuit précédente :

— « La forme de gouvernement de l'Etat turc est la République... Elle est administrée par la Grande Assemblée, laquelle régit les différents Départements par l'organe des ministres et choisit dans son sein le Président de la République... Celui-ci est le Chef de l'Etat ; il préside, quand il le juge nécessaire, l'Assemblée Nationale ainsi que le Conseil des ministres, dont il choisit le Président parmi les membres de l'Assemblée... Le président du Conseil désigne lui-même ses collaborateurs parmi les députés... La liste des membres du gouvernement est soumise par le Président de la République à l'approbation de l'Assemblée... »

Les députés restèrent pétrifiés en entendant ces paroles. C'était pire que tout ce qu'ils avaient imaginé ! Ils avaient fait appel à Mustapha Kémal pour qu'il les aidât à dénouer une crise gouvernementale ; ils lui avaient remis à cet effet des pouvoirs discrétionnaires, et voilà qu'il s'en servait pour instaurer un régime autoritaire !

Rauf, Kiazim Kara Békir et Ali Fuad, accourus à Angora à la dernière minute, firent l'impossible pour s'y opposer. Mais il était trop tard. L'Assemblée avait pris l'engagement de considérer la décision du Ghazi comme « définitive et irrévocable ». Elle ne pouvait que s'incliner devant sa volonté. Elle savait d'ailleurs que si elle s'y refusait, elle retomberait dans le chaos, car cette Chambre était ingouvernable.

Quarante pour cent des députés refusèrent de prendre part au vote. Malgré leur abstention, la loi préparée par Ismet fut adoptée à la majorité. Le 29 octobre 1923, la République fut proclamée et Mustapha Kémal devint son premier président. Il chargea immédiatement Ismet de former le nouveau gouvernement [1].

Cette loi, comme on l'a dit très justement, faisait de lui « un autocrate légal ». Il était à la fois Président de la République et Président du Conseil, avec le droit de nommer et de révoquer les ministres, qui n'étaient responsables que devant lui seul ; il était Président de l'Assemblée Nationale ; il était Président du Parti Populaire, qui n'allait pas tarder à devenir la seule organisation politique du pays ; il était enfin chef suprême de l'armée. Toutes les formes du pouvoir civil et militaire convergeaient entre ses mains.

L'opposition était complètement muselée. Mais le peuple, demandera-t-on, que disait le peuple de tout cela ? N'était-il pas effrayé par cette accumulation de pouvoirs ?

---

1. La loi fixant les dispositions définitives de la nouvelle Constitution fut votée le 20 avril 1924. Elle ne faisait que codifier les principes fondamentaux énoncés par la loi du 29 octobre 1923.

Le peuple turc ne disait rien. Il avait fait confiance, une fois pour toutes à Mustapha Kémal. Qu'il fût Président de la République, Sultan ou Calife, lui importait peu. C'était à l'homme, non à la fonction, qu'allait sa fidélité. Il se disait qu'il l'avait sauvé dans le passé, et qu'il était donc plus capable qu'un autre de le conduire dans l'avenir...

Quant au reste, ses exigences n'étaient pas déraisonnables : il ne demandait qu'à cultiver ses champs, à élever décemment ses enfants et à vivre en paix.

LXXXVII

Ainsi, Mustapha Kémal tranchait, l'un après l'autre, les liens qui rattachaient la Turquie au passé. Cependant, parmi ces liens, il y en avait un, dont la rupture pouvait avoir des répercussions si vastes que le Ghazi n'avait pas osé y toucher jusqu'ici : c'était le califat. Sans doute avait-il résolu depuis longtemps d'en finir avec une institution à laquelle il avait voué une haine particulière, dont les partisans l'avaient traqué jusque dans Angora, dont le chef l'avait condamné à mort et mis sa tête à prix. Sa décision, sur ce point était irrévocable. Mais l'abolition du califat était un acte très grave, qui risquait de déchaîner une tempête d'indignation. Il aurait pu s'ériger lui-même en Calife. Le peuple l'aurait accepté. Certains députés étaient même venus le lui proposer. Mais supprimer le califat, c'était une autre affaire ! Cela pouvait lui faire perdre l'appui des paysans et par conséquent de l'armée. Cela pouvait dresser tous les Turcs contre lui, en une opposition unanime.

Et il le savait bien. C'est pourquoi, il n'avait voulu aborder cette question, ni dans la loi du 1ᵉʳ novembre 1922, abolissant le sultanat, ni dans celle du 29 octobre 1923, instaurant la République. S'il avait touché au pouvoir spirituel du Sultan, au moment où il avait supprimé son pouvoir temporel, il n'aurait pas été suivi. Un an plus tard, s'il avait exigé de l'Assemblée Nationale qu'elle abolît le califat en même temps qu'elle proclamait la République, la loi du 29 octobre aurait eu un caractère sacrilège aux yeux des Croyants, qui étaient encore nombreux. Le texte fondamental sur lequel devait être bâti le nouvel Etat turc n'aurait pas eu le caractère intangible que tenait à lui donner le Ghazi.

Mais de même qu'il y avait eu, quelque temps auparavant, une incompatibilité foncière entre la proclamation de la souveraineté du peuple et le maintien de la souveraineté impériale, de même, il était clair que la souveraineté de la nation ne pourrait s'accommoder longtemps de l'existence du califat, c'est-à-dire d'une institution qui échappait à son contrôle, tout en restant investie de fonctions importantes.

Ainsi, la poussée organique qui amenait la Turquie à se renouveler de fond en comble et qui se traduisait par la maturation progressive de tous les problèmes politiques et religieux, exigeait que l'on abordât sans tarder la question du califat. Au point où l'on en était arrivé, Mustapha Kémal ne pouvait plus reculer, sans trahir la force historique dont il était l'incarnation. Arracher la Turquie à l'Empire ottoman ne servirait à rien si on ne l'arrachait pas en même temps à l'Islam.

Pourtant, le Ghazi mesurait mieux que quiconque les difficultés de l'opération, car la religion islamique n'est pas simplement une doctrine théologique, réglant les rapports de l'individu et de Dieu. Elle pénètre dans la vie quotidienne de chaque musulman, dont elle enserre toutes les manifestations dans un réseau de préceptes et de règlements rigides. Le Coran est un livre de prières. Mais c'est aussi un recueil de lois, un véritable Code, dont le clergé a pour mission de surveiller l'application, et dont la moindre infraction entraîne des sanctions graves dans ce monde-ci et dans l'autre.

« L'Islam, nous dit Ferdinand Lot, apporte non seulement une religion, mais un droit, une politique dont on chercherait vainement l'équivalent dans l'Evangile. Encore cette façon de parler est-elle inexacte : droits, coutumes, usages mêmes, tout est indiscernable de la religion. Impossible de toucher à quoi que ce soit sans risquer d'offenser le dogme. Et comme droit, politique, usages sont rudimentaires, constitués par une société peu évoluée, c'est une tâche surhumaine d'adapter une société musulmane à la vie moderne. Ici, la religion ne se laisse pas réduire à la portion congrue. Il est vain de chercher à la mettre à sa place, car sa place est partout et nulle part [1]. »

C'était cela, justement, que le Ghazi ne pouvait tolérer, car l'imprégnation islamique rendait impossible, à ses yeux, la renaissance du pays. L'enseignement des Docteurs de la Loi le faisait stagner dans un marécage de superstitions et de préjugés qui l'empêcheraient à tout jamais de devenir une nation moderne. Tant qu'il n'aurait pas tiré son peuple de ce bourbier, il ne ferait jamais de la Turquie une nation capable de tenir son rang parmi les Puissances occidentales.

— « Depuis plus de cinq cents ans, s'écriait-il dans ses moments de colère, les règles et les théories d'un vieux cheik arabe, et les interprétations abusives de générations de prêtres crasseux et ignares ont fixé, en Turquie, tous les détails de la loi civile et criminelle. Elles ont réglé la forme de la Constitution, les moindres faits et gestes de la vie de chaque citoyen, sa nourriture, ses heures de veille et de sommeil, la coupe de ses vêtements, ce qu'il apprend à l'école, ses coutumes, ses habitudes et jusqu'à ses pensées les plus intimes. L'Islam, cette théologie absurde d'un Bédouin immoral, est un cadavre putréfié qui empoisonne nos vies. »

Quand on lui objectait que le Coran était la révélation de Dieu, et qu'il devrait y puiser ses inspirations politiques, il fulminait de rage :

— « L'homme politique qui a besoin du secours de la religion pour gouverner, n'est qu'un lâche, rugissait-il. Or

1. Ferdinand Lot : *La fin du monde antique et le début du moyen âge*, p. 61.

jamais un lâche ne devrait être investi des fonctions de Chef de l'Etat ! »

L'Islam n'était pas seulement pour lui une chose avilissante et morte. C'était une greffe étrangère, grâce à laquelle le clergé arabe, vaincu par les guerriers turcs, avait remis sournoisement la main sur l'âme de ses vainqueurs. A ses yeux, la date la plus sombre dans l'histoire de la Turquie n'était ni la défaite de Bajazet à Ancyre, ni le désastre de Lépante, ni le massacre des Janissaires. C'était le jour où Sélim, le conquérant de l'Egypte, s'était fait remettre le titre de « Commandeur des Croyants » par un fantôme de Calife qu'il avait rencontré au Caire. Ce jour-là, le clergé musulman avait pris sa revanche. Aussi Mustapha Kémal avait-il voué une exécration particulière aux prêtres et aux moines qui propageaient une religion « bonne tout au plus pour des Arabes effémirés, mais pas pour des Turcs conquérants et virils ».

— « Je chasserai de leurs mosquées et de leurs monastères ces fainéants improductifs », s'écriait-il en marchant de long en large dans son bureau de Chan-Kaya, « car ils sucent la moelle du peuple, s'engraissent de sa sueur et sapent à sa base l'énergie de la nation ! Je n'aurai de paix ni de cesse, avant d'avoir arraché ce lierre envahissant qui empêche le jeune arbre turc de s'épanouir au soleil ! »

Tout cela était plus facile à dire qu'à réaliser. D'autant plus qu'à côté de ces aspects intérieurs, le problème du califat avait une incidence extérieure, dont il eût été dangereux de ne pas tenir compte.

Lorsque les cavaliers touraniens avaient quitté leur steppe natale pour déboucher dans le bassin oriental de la Méditerranée, ils avaient fait irruption dans une région du monde dont tous les peuples, à l'exception des Arméniens et des Grecs de Byzance, pratiquaient la religion de Mahomet. L'adoption par les Sultans de la loi coranique et l'habileté avec laquelle ils avaient su accaparer l'autorité du califat pour en faire une de leurs attributions personnelles, avaient été des coups de maître qui avaient grandement facilité l'expansion de leur empire. Le fait de se parer du titre de « Commandeur des Croyants » avait investi les empereurs de Stamboul d'une autorité indiscutée sur tous les autres peuples musulmans. C'étaient eux qui déclaraient la guerre sainte. C'étaient eux qui confirmaient ou déposaient les chérifs de la Mecque, gardiens des Sanctuaires. Tant que le Calife résidait à Constantinople, la Turquie continuait à bénéficier de son rayonnement. Abolir le califat, c'était détruire le lien spirituel qui unissait la Turquie à tous les autres peuples musulmans de la terre. Or, leur appui avait parfois été utile, dans le passé. N'était-ce pas à la requête pressante des musulmans de l'Afghanistan et des Indes, que le gouvernement anglais avait renoncé, à la dernière minute, à sa politique d'extermination à l'égard de la Turquie ? Briser cette institution plusieurs fois séculaire, c'était rompre avec ces peuples, et peut-être même les dresser contre le gouvernement d'Angora. Qu'arriverait-il, si Hussein, chérif de la Mecque, reprenait le titre de Calife devenu vacant, et proclamait la guerre sainte contre les kémalistes sacrilèges ? Ne valait-il pas mieux conserver le califat sur la tête d'un Turc docile, qui hésiterait à entrer en conflit avec les autorités de son pays ? Les avantages de l'opération compensaient-ils vraiment ses inconvénients immenses ? Quelle position eussent prises les nations chrétiennes en face du président d'une jeune république italienne qui aurait proclamé l'abolition de la papauté ? Car c'est cela que se proposait de faire Mustapha Kémal. Ce qu'il envisageait n'était pas un schisme, comme Henri VIII, ou un transfert à l'étranger, comme Cola di Rienzo et Colonna : c'était la destruction radicale d'une institution millénaire.

Mais même ces arguments — aussi raisonnables qu'ils fussent — n'arrivaient pas à ébranler l'opinion du Ghazi. Quel que fût l'angle sous lequel on lui présentait la question, il demeurait inflexible.

— « Notre nation a été conduite durant des siècles par cette idée erronée, répondait-il à ceux qui lui prodiguaient des conseils de prudence. Qu'en est-il résulté ? Partout où elle a passé, nous avons laissé des millions d'hommes. Vous venez me parler des avantages que nous a valu notre conversion à l'Islam, et moi je vous dis : regardez ce qu'elle nous a coûté ! Peut-on savoir le nombre des enfants de l'Anatolie qui ont succombé dans les déserts torrides du Nedjd ou de l'Yémen ? Peut-on évaluer les pertes que nous avons subies sur les champs de batailles de Syrie, d'Irak, d'Egypte et de Tripolitaine ? Et qu'en est-il advenu ? Ceux qui nourrissent l'idée d'accorder au Calife le moyen d'affronter le monde entier et le pouvoir d'administrer les affaires de tout l'Islam, doivent s'adresser, non pas à la population de l'Anatolie, mais aux grandes agglomérations musulmanes d'Afrique et d'Asie qui sont huit ou dix fois plus nombreuses. Le peuple de la Turquie nouvelle a autre chose à faire. Il ne doit plus penser qu'à sa propre existence et à sa prospérité ! »

De même qu'il avait libéré la Turquie du carcan de l'empire ottoman, de même il était résolu à l'arracher à l'emprise du monde islamique, car son salut temporel était à ce prix. Ce n'était pas une affaire de préférence : c'était une question de vie ou de mort. « Il faut savoir choisir, disait-il, entre la révélation passée et la liberté future. »

C'était là une pensée sur laquelle il revenait souvent. « La civilisation, déclara-t-il un jour à ses auditeurs, au cours d'une tournée de conférences dans la région de Brousse, est comme un feu qui détruirait tous ceux qui restent en dehors d'elle. Nous avons énormément souffert par le seul fait que nous sommes demeurés stationnaires, alors que le reste du monde continuait à progresser. C'est maintenant à notre tour d'aller de l'avant. Nous aspirons à la civilisation et à la science ; c'est là que doit nous mener notre voie.

« La République turque ne veut pas demeurer le pays des cheiks et des derviches, des confraternités et des couvents. Comme ordre, il n'y en a qu'un seul de vrai et de raisonnable — celui de la civilisation. Pour être pleinement un homme, il faut agir selon ses règles. Nous n'avons que faire de la direction des hodjas. Nos seuls guides doivent être les principes directeurs de la République ! »

Pour sa part, jamais il ne consentirait à revenir en arrière ni à transiger avec le mal ; jamais il ne lâcherait la réalité pour une ombre. « Or, la seule réalité pour laquelle il vaille la peine de vivre et de mourir, ne cessait-il de répéter, c'est une nation turque compacte, homogène et indépendante. » Tout le reste n'était que dérision et mirages...

LXXXVIII

« Tu es le maître du mot que tu as gardé pour toi, mais tu es l'esclave du mot que tu as prononcé », dit un proverbe arabe. Tant que Mustapha Kémal exprimait ces idées dans un petit cercle d'intimes, cela n'avait guère d'importance. Malheureusement, emporté par le feu de la discussion, il avait commis l'imprudence de livrer prématurément sa pensée au public. Cette erreur risquait de lui coûter cher.

« L'âme d'un révolutionnaire, a dit Thiers, est partagée entre deux sentiments également forts : la passion pour le but qu'elle s'est assignée, et la haine pour quiconque veut y faire obstacle. » Cette définition s'appliquait exactement au Loup gris d'Angora et c'est pourquoi il n'avait pas su garder ses intentions pour lui.

En quittant Constantinople, Méhémet VI avait transmis le califat à son cousin Abdul Medjid. Lorsque celui-ci avait voulu prendre officiellement possession de ses fonctions, le Ghazi s'était formellement opposé à ce que la cérémonie d'investiture se déroulât avec la pompe traditionnelle. Puis, quand l'Assemblée s'était réunie pour examiner l'étendue des pouvoirs qu'il convenait d'attribuer au nouveau chef religieux, il avait coupé court aux débats, en déclarant d'un ton sans réplique :

— « Le Calife n'a ni pouvoirs, ni fonctions. Ce n'est qu'un personnage purement décoratif ! »

A quelque temps de là, Abdul Medjid lui avait écrit pour solliciter une augmentation de sa liste civile. Mustapha Kémal lui avait répondu de sa propre main :

« Le Califat n'est qu'un reliquat de l'Histoire. Rien ne justifie son existence. Je considère le fait que vous ayez osé écrire à un de mes secrétaires comme une inconvenance et une injure. »

Quand le Sheik-el-Islam, le plus haut personnage religieux après le Calife, était venu intercéder pour lui, Mustapha Kémal lui avait jeté le Coran à la tête et l'avait mis brutalement à la porte de son bureau.

Il n'en avait pas fallu davantage pour indigner les milieux bien pensants et redonner crédit à ceux qui affirmaient que Mustapha Kémal était un esprit foncièrement irréligieux et que l'Islamisme n'avait pas de pire ennemi que lui. On recommença à parler de son immoralité, des orgies auxquelles il se livrait pendant des nuits entières avec sa garde du corps, de sa passion bestiale pour la boisson et pour le jeu. Une fois de plus, hodjas et derviches se livrèrent dans les mosquées et sur les places des marchés, à une violente campagne de dénigrement contre le Ghazi et son régime. Ils dénonçaient dans leurs prêches les projets impies du chef de l'Etat et conjuraient les paysans de ne pas obéir plus longtemps à cette incarnation du diable.

Cette agitation prit bientôt une ampleur inquiétante. Les membres de l'Opposition ne se faisaient pas prier pour jeter de l'huile sur le feu. « Voilà le bon terrain pour abattre enfin notre adversaire », se disaient-ils en se frottant les mains. Ils quittèrent Angora pour Constantinople, et se groupèrent autour d'Abdul Medjid, convaincus que Mustapha Kémal n'oserait jamais s'attaquer directement à la personne du Calife.

Abdul Medjid n'avait rien d'un intrigant. C'était un homme doux et affable, aristocrate jusqu'au bout des ongles, et doué d'une culture immense. Il avait mené pendant cinquante ans une vie irréprochable dans son palais du Bosphore, partageant son temps entre la peinture, la théologie et la culture des roses.

Après le départ du Sultan, il était devenu, du jour au lendemain la plus haute autorité religieuse de l'Islam, le pape de trois cent cinquante millions de musulmans. Il avait pris son nouveau rôle très au sérieux et avait voulu faire revivre les traditions des grands Califes de la Renaissance. Tel Méhémet II, le conquérant de Byzance, il se rendait chaque vendredi à Sainte-Sophie, monté sur un coursier blanc et escorté d'un peloton de cavaliers. Lorsqu'il présidait une cérémonie dans la grande mosquée de Scutari, il traversait le Bosphore sur une galère dorée, mue par quatorze couples de rameurs revêtus de sa livrée personnelle. Il ne se déplaçait qu'escorté d'un escadron de hussards chamarrés d'or. Il recevait, dans son palais, les ambassadeurs et les visiteurs étrangers avec une distinction souveraine.

Bien qu'Abdul Medjid n'eût aucune ambition politique — il préférait de beaucoup consacrer ses loisirs à compléter sa superbe collection de miniatures persanes — il attirait les mécontents comme le miel attire les mouches. Il avait fini par être entouré d'une cour de hodjas et d'ulémas, de généraux en retraite et de fonctionnaires révoqués. Tout le personnel de l'ancien régime se retrouvait autour de lui. Sa popularité était grande, non seulement dans la haute société, mais même parmi le menu peuple de Constantinople.

Rauf, Adnan, Refet et Kiazim Kara Békir étaient devenus ses conseillers intimes. Leur intention était de renverser la République et de transformer l'Etat turc en monarchie constitutionnelle. Ils comptaient devenir les premiers ministres du nouveau régime et en profiteraient pour hisser Abdul Medjid sur le trône. Cet homme âgé et respecté de tous leur semblait devoir faire un excellent monarque. Chose curieuse : c'était déjà l'idée d'Enver et de Talat, qui auraient préféré le voir succéder à Méhémet V, plutôt que Vaheddine. Rauf et ses amis pensaient que son prestige rejaillirait sur leur gouvernement et que son caractère amène leur permettrait d'exercer le pouvoir comme ils l'entendraient. En tout cas, ce parfait aristocrate offrirait un contraste saisissant avec la brute avinée qui gouvernait à Angora, pour reprendre les termes mêmes dont on se servait dans les salons réactionnaires de la capitale.

Mais la « brute avinée » avait sa police et n'ignorait rien de ce que tramaient ses adversaires politiques. Si ce petit groupe d'hommes, dont il connaissait les capacités, confisquait à son profit la vague de mécontentement qui grandissait en Anatolie, sous l'effet des prédications enflammées du clergé, il représenterait une force bien plus redoutable que l'ancienne « Armée du Calife » — une force susceptible, cette fois-ci, de le désarçonner. Le Ghazi se trouvait dans une situation bien embarrassante : s'il frappait trop tôt, il risquait de provoquer une déflagration dont il serait la première victime. S'il attendait trop longtemps, il risquait d'être débordé.

Lorsque Mustapha Kémal s'était dressé contre le Sultan, il s'était heurté au Calife. Maintenant qu'il se dressait contre le Calife, il se heurtait au Prophète ! Pour la première fois de sa vie, le Loup gris d'Angora tournait en rond dans son bureau, en proie à une grande perplexité et cherchant en vain la solution de ce problème.

LXXXIX

Sur ces entrefaites, l'Aga Khan et l'Emir Ali, deux princes musulmans des Indes, adressèrent au Président de la République turque, une lettre protestant contre les empiètements du gouvernement civil sur le pouvoir du Calife et demandant que soit respectée la dignité de leur chef spirituel. Circonstance aggravante : cette lettre fut publiée par les journaux de Constantinople avant d'avoir été remise au Chef de l'État.

D'un coup d'œil, Mustapha Kémal vit le parti qu'il pouvait tirer de cet incident : il tenait enfin l'arme dont il avait besoin pour abattre ses ennemis. Il dénonça publiquement l'Aga Khan et l'Emir Ali comme étant des agents stipendiés de l'Angleterre. C'était elle, une fois de plus, qui cherchait à s'immiscer dans les affaires intérieures de la Turquie ! Elle se servait du Calife pour tenter de renverser la République et ravir au pays les avantages qu'il avait obtenus à la conférence de Lausanne !

L'opinion étrangère trouva que le prétexte était mince [1]. Kémal savait fort bien que la lettre des Princes musulmans ne mettait nullement en danger l'existence de la République. Mais il n'avait aucun autre argument sous la main. Il se rappelait combien l'éviction de Méhémet VI avait été facilitée par le fait d'avoir été présentée à l'opinion comme une question de politique extérieure, un acte de légitime défense contre les ingérences des Alliés. Il voulait renouveler la même manœuvre à propos du califat. Il pensait qu'il ne triompherait des préjugés religieux de l'Assemblée qu'en éveillant chez elle une passion encore plus forte : sa xénophobie.

Mustapha Kémal avait vu juste. En apprenant que l'Aga Khan et l'Emir Ali, « ces deux agents notoires de l'Intelligence Service » avaient osé intervenir en faveur du Calife, l'Assemblée fut secouée par une crise de rage. Donnant libre cours à leur haine de l'étranger, les députés flétrirent en termes véhéments les hodjas, les ulémas, les chefs de l'opposition et le Calife lui-même. Oui ! le Ghazi avait raison : tous ces hommes étaient des traîtres, des factieux, des agents de l'ennemi ! Une loi fut votée sur-le-champ, déclarant que toute opposition à la République, toute manifestation de sympathie en faveur de l'ancien régime étaient des crimes passibles de la peine de mort. Lorsque quelques orateurs voulurent prendre la défense du califat, en arguant que c'était un atout diplomatique de première grandeur, Mustapha Kémal, reprenant sa thèse favorite, se tourna vers eux et leur répondit d'une voix cinglante :

1. Cf. H. C. Armstrong : *op. cit*, p. 196.

— « N'est-ce pas pour le Calife, pour l'Islam, pour les prêtres et pour toute cette vermine que le paysan turc a été condamné à saigner et à mourir pendant des siècles, sous toutes les latitudes et sous tous les climats ? Il est temps que la Turquie songe à elle-même, qu'elle ignore tous ces Hindous et ces Arabes qui l'ont menée à sa perte. Il est grand temps, je le répète, qu'elle secoue définitivement le joug de l'Islam ! Voilà des siècles que le califat se gorge de notre sang ! »

Comme certains députés persistaient à défendre leur point de vue, il leur appliqua sur-le-champ la loi que l'on venait de voter, et les déféra aux tribunaux qui les condamnèrent à mort. Les directeurs des journaux de Constantinople qui avaient publié la lettre de l'Aga Khan, furent frappés d'une peine de travaux forcés. Ses ennemis accusèrent Mustapha Kémal d'être « une brute avinée ». Quelle erreur! Jamais il n'avait été plus lucide, ni plus sûr de lui.

Simultanément il déclencha, par l'entremise des comités locaux du Parti Populaire, une contre-propagande qui présenta Abdul Medjid et ses séides comme des suppôts de l'ennemi. L'agitation religieuse qui enfiévrait les milieux ruraux cessa comme par enchantement. Là où les hodjas persistèrent à prononcer des sermons contre le gouvernement, les paysans répondirent par un grondement de colère.

La colère des paysans se transmit à l'armée. Une fois sûr de ces deux appuis, Mustapha Kémal décida de passer aux actes. Il prit, coup sur coup, une série de mesures qui ne laissèrent pas à ses ennemis le temps de respirer.

Il commença par convoquer Rauf à Angora, le fit comparaître devant le Comité central du Parti Populaire et le contraignit à prêter serment de fidélité à la République et à son Président, sous peine d'être exclu du Parlement et banni du pays. Puis il envoya des ordres à Stamboul prescrivant de réduire au minimum le train de vie du Calife, de licencier sa garde d'honneur et d'inviter tous les membres de son entourage à quitter Constantinople dans les quarante-huit heures.

Le 3 mars 1924, profitant de la panique qu'avait causée

ces premières sanctions, il présenta à l'Assemblée un projet de loi, décrétant la sécularisation totale de l'Etat et l'expulsion du Calife.

— « La République, dit-il aux députés, doit être maintenue à tout prix. Or, elle est menacée ! L'Empire ottoman, cette construction arbitraire, était fondé sur des assises religieuses périmées. L'Etat nouveau doit reposer sur des fondations solides. Il doit être doté d'une structure scientifique inébranlable. Le Calife et tout ce qui subsiste de la Maison d'Osman doivent disparaître. Les tribunaux et les codes religieux doivent être remplacés par des tribunaux et des codes modernes. Les écoles de prêtres doivent céder la place aux écoles de l'Etat. La République doit être nationale, unitaire et laïque ! »

La loi fut votée à mains levées. En une heure, Mustapha Kémal avait jeté à bas toutes les institutions religieuses qui avaient servi, pendant six siècles de charpente à la Turquie.

Le soir même, il fit porter à Abdul Medjid un message lui intimant l'ordre de quitter Stamboul avant l'aube. A minuit, un groupe de policiers se présenta au palais du Calife, s'assura de la personne d'Abdul Medjid et le conduisit à la frontière bulgare, sans même lui laisser le temps de rassembler ses affaires. Un lieutenant de gendarmerie jeta dans sa voiture un ballot de vêtements et une poignée de livres sterling pour lui permettre de gagner la Suisse. Le surlendemain, tous les princes et les princesses de la dynastie d'Osman prirent à leur tour le chemin de l'exil.

L'acte avait été si brutal et son exécution si fulgurante que le pays en eut le souffle coupé. Le clergé et les notables restèrent muets de stupeur. Il n'y eut, dans toute l'Anatolie, ni démonstration, ni protestation, ni résistance d'aucune sorte. On ne signala même pas la moindre effervescence. Le califat s'était brisé comme un fétu de paille entre les mains puissantes de Mustapha Kémal.

Le fondateur de la Turquie nouvelle avait enfin atteint son but. Il n'aurait jamais cru que ce serait aussi facile...

CINQUIÈME PARTIE

LA TURQUIE KÉMALIENNE
(1924-1938)

XC

Lₐ loi du 3 mars 1924 abolissant le califat fermait la période ouverte le 13 septembre 1919 par les résolutions préliminaires du congrès de Sivas. En moins de cinq ans, Mustapha Kémal avait fait table rase du passé. Maintenant, il s'agissait de reconstruire. Une ère de grandes réformes s'ouvrait devant lui, au cours de laquelle il allait modifier de fond en comble non seulement la structure économique et sociale du pays, mais ce que chaque Turc, pris en particulier, avait de plus personnel et de plus intime : son nom, ses mœurs, ses conceptions de la vie, ses modes d'expression et jusqu'à ses pensées.

« *Une nation turque indépendante, compacte et homogène* », tel était l'objectif que s'était assigné le Ghazi.

Indépendante, la Turquie l'était : la guerre civile avait été étouffée ; les forces étrangères expulsées du territoire ; le sultanat, le califat et les Capitulations abolies ; la République proclamée, et une armée nationale avait surgi des batailles sanglantes de la guerre de libération.

Compacte, la Turquie l'était aussi : ayant échappé au démembrement prévu par le traité de Sèvres, elle avait obtenu, à Gümrü, à Bozanti, à Moudania et à Lausanne, des frontières qui en faisaient un quadrilatère massif et régulier.

Mais *homogène,* la Turquie l'était-elle ? Pas encore. A Stamboul, en Thrace, dans les provinces orientales, ailleurs encore, l'élément turc se trouvait parfois en minorité au milieu de populations étrangères. Expulser ces éléments allogènes, regrouper et remembrer les populations authentiquement turques allait être assurément une tâche difficile. Mais Mustapha Kémal considérait qu'elle primait toutes les autres. Aussi s'y attela-t-il dès 1924, et l'on peut dire qu'au terme de sa vie, il l'avait pratiquement réalisée. En 1938, la nation turque avait acquis une unité raciale et psychologique incontestable.

Trois groupes ethniques menaçaient dangereusement l'homogénéité de la nation : les Kurdes, les Arméniens et les Grecs.

Les Kurdes étaient musulmans, sans être sémites ; ils ne pouvaient donc pas être classés parmi les populations arabes. C'est pourquoi la Turquie avait commencé par les revendiquer, comme faisant partie « des populations authentiquement turques » qui devaient être incluses dans les frontières du nouvel Etat. La renonciation au vilayet de Mossoul, imposée par l'Angleterre, avait eu pour résultat de scinder les Kurdes en trois : une fraction avait été attribuée à l'Irak ; une autre à la Perse ; la troisième était restée entre les mains de la Turquie.

Très vite, les Kurdes réagirent avec violence contre les décisions du gouvernement d'Angora. Accoutumés depuis des siècles à des formes de vie patriarcales et fanatiquement attachés à leurs traditions religieuses, ils refusèrent de s'incliner devant les mesures de sécularisation édictées par l'Assemblée et se trouvèrent dans un état d'insurrection quasi permanent de 1921 à 1926.

Bien que la minorité kurde ne comptât guère plus d'un million d'âmes, ses révoltes, activement soutenues par les fractions qui se trouvaient en Perse et en Irak, c'est-à-dire de l'autre côté des frontières, représentaient une menace pour la sécurité du pays. D'abord, elles étaient un défi à l'un des principes fondamentaux du régime, qui voulait que l'Etat fût unitaire et que ses lois s'appliquassent à l'ensemble du territoire. Ensuite, elles risquaient d'entraîner la Turquie dans des complications diplomatiques, voire dans des conflits armés avec les Etats limitrophes, à un moment où elle n'était pas en mesure de le faire. Pour envenimer les choses, une puissance étrangère — l'Angleterre, pour ne pas la nommer — encourageait la rebellion kurde dans l'espoir qu'elle empêcherait la consolidation du régime kémaliste. Elle entretenait cet abcès au flanc de la Turquie, en fournissant aux insurgés des subsides et des armes.

Finalement, la révolte éciata ouvertement. Le cheïk Saïd, chef héréditaire des derviches Nakchibendis, souleva les tribus kurdes au nom d'Allah et les mena au combat sous le drapeau vert du Prophète. Il les lança contre les provinces orientales jusqu'à Kharput, Maras et Bitlis, et fit placarder sur les murs mêmes de Diarbékir de grandes affiches où l'on lisait : « A bas la République ! Vive le Sultan-Calife ! »

Mais l'insurrection ne s'arrêtait pas là. Sa trame s'étendait au loin, et l'on en retrouvait les fils dans les régions les plus diverses, principalement à Constantinople, dans une société secrète islamique, dans des salles de rédaction, des clubs, et jusque dans l'administration centrale.

Mustapha Kémal résolut d'extirper le mal à sa racine. Il mobilisa sept, puis huit, puis neuf divisions et les envoya dans le Kurdistan avec l'ordre de réprimer la sédition et de faire comprendre aux Kurdes que la Turquie était une et indivisible, que la proclamation de la République était irrévocable et que les décisions du Parlement avaient force de loi.

Puis le Ghazi envoya dans ces régions des tribunaux spéciaux, dits « Tribunaux d'indépendance », qui achevèrent la besogne si bien commencée par les troupes. Après des jugements sommaires, ces cours martiales exécutèrent, emprisonnèrent ou bannirent tous les Kurdes reconnus coupables d'atteinte à la sûreté intérieure de l'État. Quarante-six meneurs furent pendus le même jour sur la grande place de Diarbékir. Le but du gouvernement d'Angora était de faire un exemple pour dissuader les Kurdes de se considérer comme un groupe ethnique distinct au sein de la république. Il eut recours pour cela à tous les moyens de coercition politiques et économiques imaginables, sans oublier les mesures religieuses.

Les turbés et les dervicheries furent fermés, les sectes religieuses supprimées, les couvents et les confraternités dissous. Mustapha Kémal chassa du pays toutes les autorités religieuses qui avaient participé, de près ou de loin, à l'insurrection. Il les bannit d'un trait de plume en disant : « Nous n'avons plus besoin d'eux! »

Cette mise au pas brutale fut couronnée de succès, car le peuple kurde n'était pas arrivé à un degré d'organisation suffisamment avancé pour pouvoir résister efficacement à cet ensemble de mesures. D'ailleurs, personne ne se leva pour prendre sa défense. Les Kurdes n'intéressaient pas la « conscience universelle », qui avait, à cette époque, bien d'autres sujets de préoccupation.

Non moins rude fut le traitement infligé aux populations arméniennes. Celles-ci avaient rêvé d'une Arménie libre, protégée par l'Angleterre. Mais ce rêve s'était aussitôt dissipé en fumée. A peine eurent-elles proclamé leur indépendance, qu'elles se trouvèrent écrasées par une double offensive des Turcs et des Soviets [1]. Les chefs politiques arméniens s'étaient alors réfugiés à Londres où ils avaient repris contact avec certains dirigeants anglais. Ceux-ci leur avaient conseillé de poursuivre la lutte. Forts de cet encouragement, ils étaient retournés en Arménie, y avaient constitué des « Légions de Jeunesses », à la tête desquelles ils avaient attaqué les troupes régulières turques. Insuffisamment armées, ces Légions avaient été facilement écrasées après quelques opérations rapidement menées. Leurs « protecteurs » anglais s'empressèrent de les désavouer, les livrant ainsi sans défense à la vindicte de leurs vainqueurs. Avec un courage indéniable, mais voué d'avance à l'échec, les Légions cherchèrent à se regrouper, pour charger une dernière fois l'ennemi. Cet ultime tentative fut écrasée

1. Voir plus haut, p. 248.

dans le sang et fit s'abattre sur les populations arméniennes des représailles sévères. Pour ce peuple déjà
si durement éprouvé, cette aventure se termina par un
exode douloureux.

« Certes, écrit Norbert de Bischoff, en ordonnant de
transporter ailleurs ce peuple qui, habitant une région fron-
talière extrêmement exposée, était convaincu en plus de
collusion avec l'ennemi, l'État turc ne fit qu'accomplir un
acte de légitime défense. Mais l'exécution de cet ordre provoqua une tragédie épouvantable et des souffrances indes-
criptibles. Plus de la moitié de la population arménienne
d'Anatolie périt, victime des hommes ou des éléments.
Seuls, quelques centaines de milliers d'Arméniens complètement épuisés réussirent à atteindre des camps en Mésopotamie... C'est à peine si quelque 50.000 âmes restèrent à
Constantinople et çà et là en Anatolie, pour témoigner
qu'autrefois, toute une branche de la race arménienne avait
vécu en Turquie [1]. »

L'anéantissement des colonies grecques d'Asie Mineure
ne fut guère moins rigoureux, bien que réalisé par des
méthodes différentes. Depuis trois mille ans, des Hellènes
s'étaient fixés, tantôt comme colons et tantôt comme
sujets, le long du littoral oriental de la mer Égée où ils
avaient fondé un essaim de provinces florissantes : Ionie,
Lydie, Carie, etc. Des villes industrieuses, des vallées ver-
doyantes, remplies de vignobles et de vergers, témoignaient
du labeur et de l'ingéniosité de leurs habitants. La renaissance de l'État grec, et le déclin parallèle de l'Empire ottoman au cours du XIXe siècle, avait fait naître chez eux l'espoir d'être réunis de nouveau à la mère-patrie. La victoire
des Alliés en 1918 avait paru rendre toute proche la réalisation de ce désir. Et puis, du jour au lendemain, tout s'était
écroulé. Les défaites de la Sakharya et de Dumlü-Pünar
avaient transformé le rêve en cauchemar. Beaucoup de
Grecs d'Anatolie s'étaient enfuis avec les débris de l'armée

1. Norbert de Bischoff : *op. cit.*, p. 172.

hellénique en déroute. D'autres s'étaient embarqués en toute hâte pour échapper à l'incendie de Smyrne.

Ceux qui avaient survécu à la tourmente, et qui étaient restés en Asie Mineure furent contraints de s'en aller à leur tour. Ainsi en avait décidé Mustapha Kémal. En vertu de l'accord passé à Lausanne entre Ismet et Vénizélos, environ deux millions de Grecs durent retourner dans leur patrie d'origine, qu'ils n'avaient encore jamais vue. Ils fondèrent les quartiers de la Nouvelle Smyrne, dans les faubourgs nord-ouest d'Athènes. A leur place, affluèrent en Anatolie les réfugiés turcs expulsés de Grèce. Les communautés grecques installées à l'intérieur des terres — beaucoup plus « assimilées » que celles des provinces maritimes — subirent le même sort. Seuls, les Grecs établis à Constantinople et dans les environs immédiats de la capitale furent autorisés à demeurer dans leurs foyers. En 1936, on estimait leur nombre à quelque 90.000 âmes, parmi lesquels un tiers de citoyens venus de l'Hellade. « Mais en Asie Mineure, il n'y avait plus de population grecque ; et nulle part, sur le littoral oriental de la mer Egée, on n'entendait plus parler la langue d'Homère [1]. »

Prises dans leur ensemble, ces opérations représentent un chapitre douloureux dans l'histoire de la Turquie nouvelle, qui se tordait alors dans les affres de l'enfantement et se sentait entourée d'ennemis prêts à tirer parti de ses moindres divisions. On peut regretter que son unification se soit faite par des moyens si draconiens. Et pourtant, ce transfert de population s'explique. Sans lui, la Turquie nouvelle n'aurait jamais atteint l'unité ethnique et morale qui était un des facteurs indispensables de sa renaissance. Elle aurait répondu par des réactions diverses aux transformations que Mustapha Kémal s'apprêtait à lui faire subir. Pour ne pas se briser sous l'effort, il fallait que la Turquie fût coulée dans un seul métal.

1. Norbert de Bischoff : *op. cit.*, p. 173.

Très vite, d'ailleurs, l'expulsion de ces populations allogènes eut sur la nation turque un effet salutaire. Car leur départ n'accrut pas seulement son homogénéité raciale ; il entraîna une modification profonde dans la structure sociale et économique du pays.

Jusqu'en 1914, les Turcs proprement dits ne remplissaient qu'un nombre restreint de fonctions au sein de l'Empire ottoman. Ils étaient soit officiers supérieurs et fonctionnaires, soit agriculteurs et soldats. Entre les deux, il n'y avait aucune classe moyenne turque, aucune bourgeoisie industrielle, commerçante ou même artisanale. Cela tenait au dédain traditionnel des Ottomans pour les métiers mercantiles et à leur incapacité de rivaliser avec l'industrie étrangère, protégée comme elle l'était par le système des Capitulations. Ils laissaient volontiers aux Grecs et aux Arméniens toutes les activités ayant un caractère commercial et bancaire, que ce fût à Stamboul et dans les plus pauvres bourgades d'Anatolie. La disparition des Arméniens et des Grecs obligea les Turcs à combler les vides causés par leur départ et à exercer toutes les fonctions d'un corps social complet.

Sous l'empire de la nécessité, cette transformation dut s'accomplir avec une rapidité très grande. « Du jour au lendemain le Turc dut apprendre à diriger une banque ou une entreprise industrielle, à conduire un train, à chauffer une chaudière, à vendre les produits de son sol, à construire des ouvrages d'art et des édifices en béton ; bref, à faire les milliers de métiers dont les Grecs et les Arméniens s'étaient acquittés jusque-là et dont ils avaient fini par détenir le monopole. Comme le peuple turc n'avait aucune expérience dans ce domaine, cela n'alla pas sans difficulté ni gaspillage. Mais il réussit cependant à se tirer d'affaire, grâce à sa bonne volonté et à son extraordinaire faculté d'adaptation. Aujourd'hui, les banques et les entreprises industrielles turques travaillent, les chemins de fer roulent, des Turcs chauffent leurs chaudières avec du charbon turc, les produits d'Anatolie s'écoulent à l'étranger, les ouvrages

d'art et les édifices de béton surgissent partout de terre...
Ce résultat n'a pu être obtenu qu'au prix de l'effort conju-
gué de milliers d'individus travaillant d'arrache-pied, sans
se laisser rebuter par des déboires et des échecs quotidiennement renouvelés. L'œuvre s'est trouvée répartie entre tant
de modestes ouvriers anonymes qu'elle s'est faite presque
sans qu'on s'en aperçoive ou tout au moins, sans qu'on la
glorifie, bien que ce soit probablement là ce que le peuple
turc a accompli de plus étonnant, au cours de ces dernières
années [1]. »

XCI

Cela n'alla pas sans peine, surtout au commencement.
Tout était à reconstruire : les ports, 'es routes, les voies
ferrées, l'agriculture, l'industrie. Et ce qui n'était pas à
reconstruire, devait être créé de toutes pièces. Pour cela, il
fallait des matières premières qu'il était difficile de se procurer. Quand on avait les matières premières, il n'y avait
pas de moyens de transport. Quand on avait les moyens de
transport, il n'y avait pas de machines. Quand on avait les
machines, il n'y avait pas de crédits. Et quand on avait
enfin réuni tous ces éléments, il n'y avait pas de techniciens,
ni d'ouvriers spécialisés capables de faire marcher les
machines ou de les réparer quand elles tombaient en panne.
L'œuvre de reconstruction représentait une tâche d'autant
plus écrasante qu'il fallait l'entreprendre dans tous les
domaines à la fois. Chaque problème en soulevait mille
autres. C'était une chaîne sans fin, qui prenait à la longue
un caractère hallucinant.

Devant l'ampleur du nouvel effort que lui demandait le
Ghazi, le peuple turc faillit céder au désespoir. Ses épreuves
ne cesseraient-elles donc jamais, avec ce chef implacable qui

1. Norbert de Bischoff : *op. cit.*, pp. 176-177.

lui imposait chaque jour des charges nouvelles, plus lourdes que celles de la veille ? Après s'être battu pendant plus de douze années, il lui demandait à présent de vaincre une foule de difficultés techniques, dont le nombre et la complexité lui donnaient le vertige. Vraiment c'en était trop ! Telle une bête de somme fourbue, qui se couche sur le bord de la route et refuse d'aller plus loin, les populations anatoliennes, prises de découragement, se mirent à jeter leurs outils et à déserter les chantiers.

Cette crise morale coïncidait avec une crise économique grave. L'inexpérience de certains dirigeants, l'absence de crédits et la disparition des éléments les plus industrieux du pays avaient engendré un marasme général des affaires. Deux mauvaises récoltes (1924-1925) firent monter le prix des denrées alimentaires. La région de Smyrne ne fournissait plus ni fruits, ni vin. Les chemins de fer ne couvraient plus leurs frais. Les compagnies de navigation étaient au bord de la faillite. Le Trésor était vide et ne pouvait combler leur déficit. Les banques, les ateliers de construction, les exploitations minières, privées de l'afflux habituel de capitaux étrangers, fermaient leurs portes une à une. La vie économique de la Turquie était comme paralysée.

C'était le moment qu'attendaient certains groupements financiers étrangers. Ils avaient prévu la crise de longue date et pensaient qu'elle leur fournirait le moyen de se substituer aux Grecs et aux Arméniens pour faire main basse sur les richesses du pays. C'était une folie de croire que les Turcs seraient jamais de taille à les exploiter eux-mêmes ! Il ne fallait pas leur demander un effort qui dépassait manifestement leurs capacités...

L'opposition vit dans cette conjoncture défavorable, l'occasion de reprendre son agitation. Depuis quelque temps déjà, des rapports de police signalaient à Mustapha Kémal qu'un complot se tramait dans la région de Smyrne. Les anciennes cellules du mouvement « Union et Progrès » s'étaient reconstituées en secret. Rauf, Refet, Ali Fuad, Kiazim Kara Békir, tous les chefs de file de l'opposition semblaient s'être mis d'accord pour renverser le gouvernement.

Jadis, ces mêmes hommes s'étaient groupés successivement autour du Sultan et autour du Calife. Ils avaient fait d'abord de l'opposition politique, puis de l'opposition religieuse. Toutes deux avaient échoué. Cette fois-ci ils se plaçaient sur le terrain économique, et l'homme auquel ils s'étaient inféodés n'était plus Méhémet VI, ni Abdul Medjid. C'était Djavid, le Juif de Salonique, qui avait été, autrefois, trésorier général du mouvement « Union et Progrès » et ministre des Finances dans le premier cabinet « Jeune Turc ». Ce grand dignitaire de la Maçonnerie avait partie liée avec certains groupes influents de la haute finance internationale. Toutes les enquêtes de police aboutissaient à lui. C'était lui, à n'en point douter, le cerveau de la conspiration.

Mustapha Kémal avait lutté pendant trop longtemps contre le régime des concessions, pour laisser la Turquie redevenir la proie des capitalistes occidentaux. Il avait obtenu, non sans peine, dans le traité de Lausanne, l'abolition de tous les privilèges économiques qu'Abdul Hamid avait imprudemment octroyés aux étrangers, et n'entendait pas rouvrir la porte à la colonisation financière. Par ailleurs il avait trop comploté lui-même dans sa jeunesse, pour ne pas savoir comment se mènent les opérations de ce genre, et n'ignorait pas qu'il fallait réagir avec rapidité. Mais la police n'avait pu lui fournir que des indices : il n'avait aucune preuve formelle de la conjuration.

Au mois de juillet 1926, le Ghazi décida de faire une visite officielle à Smyrne, pour y inspecter les travaux de reconstruction du port. Deux jours avant la date fixée pour la cérémonie, la police arrêta trois individus suspects. Ceux-ci avaient loué une chambre, dont la fenêtre donnait sur une des avenues que devait emprunter le cortège. Une fouille minutieuse permit d'y découvrir plusieurs bombes dissimulées sous les lattes du parquet. Soumis à un interrogatoire serré, les prévenus reconnurent avoir voulu préparer un attentat contre le chef du gouvernement, et déclarèrent qu'ils avaient agi sur l'instigation de plusieurs parlementaires, dont un certain Saïd Hurshid.

Hurshid, interrogé à son tour, fit des aveux complets : il révéla que les quatre grands Pachas, Refet, Ali Fuad, Kiazim Kara Békir et Adnan devaient profiter du désarroi causé par la mort de Mustapha Kémal pour s'emparer du pouvoir avec Rauf et Djavid.

Cette fois-ci, le Ghazi tenait les preuves qu'il attendait. Il fit arrêter sur-le-champ tous les chefs de l'opposition, et ordonna de les déférer à un Tribunal d'Indépendance.

XCII

Le procès des « conjurés de Smyrne » eut lieu en deux temps. Les inculpés les moins importants furent jugés à Smyrne même. Après une instruction sommaire, la Cour les condamna à être pendus.

Les arrêts de mort furent envoyés à Mustapha Kémal « pour exécution ». Parmi ceux-ci se trouvait la condamnation du colonel Arif, car Arif, le confident de toujours, le seul homme auquel le Loup gris eût jamais ouvert son cœur, était parmi les conjurés ! Un témoin oculaire raconte que lorsque Mustapha Kémal arriva à son dossier, pas un muscle de son visage ne tressaillit. Il posa calmement sa cigarette sur le bord d'un cendrier, signa la condamnation à mort de son ami comme s'il se fût agi d'un homme qu'il ne connaissait pas, reprit sa cigarette et passa au dossier suivant. Tous les condamnés à mort furent pendus la nuit même.

La deuxième partie du procès eut lieu à Angora, avec une mise en scène inspirée des grands procès soviétiques. Tous les chefs de l'opposition étaient réunis dans le box des accusés, à l'exception de Rauf et d'un certain Rahmi, qui s'étaient enfuis à temps. Ces deux derniers furent condamnés à mort par contumace.

Le Président du Tribunal était un vieux magistrat décrépit que l'on appelait « Ali-le-Chauve », pour le distinguer du Procureur Général, qui s'appelait aussi Ali. C'était un homme servile et dénué de tout scrupule, qui se vantait d'avoir fait périr plus de Turcs que Mahmoud II [1]

La lecture de l'acte d'accusation, rédigé par Ali, dura plus de cinq heures. C'était un long exposé historique, plein de flagorneries à l'égard du chef du gouvernement. Il retraçait toutes les vicissitudes de la Turquie depuis vingt ans. Le Procureur commença par montrer comment Enver, Talat, Djavid et leurs complices s'étaient emparés illégalement du pouvoir, pour conclure une alliance avec l'Allemagne et précipiter sciemment le pays dans une guerre dont l'objectif réel était sa destruction. Il décrivit ensuite la façon ignominieuse dont tous ces traîtres s'étaient enfuis à l'étranger au moment de l'armistice, alors que le Ghazi, lui, était demeuré courageusement à son poste pour tenir tête à l'ennemi. Il termina en affirmant que les accusés n'avaient reculé devant rien pour saboter l'œuvre de redressement entreprise par Mustapha Kémal, allant jusqu'à organiser un attentat pour mettre fin à ses jours.

Au cours des interrogatoires, le Procureur traîna Refet, Ali Fuad et Kiazim Kara Békir dans la boue. Il s'ingénia à les déshonorer pour leur ôter tout prestige dans les milieux militaires. Il fouilla dans leur vie privée, les accusa des pires turpitudes, et conclut en déclarant « qu'il n'était pas étonnant que des êtres aussi vils aient fini par trahir leur chef vénéré ». Le tribunal les condamna à la dégradation militaire et à l'indignité nationale à vie. Puis, par un geste destiné à mettre en évidence « la mansuétude extraordinaire du Commandant en chef », le Président du tribunal les remit en liberté.

Djavid se défendit avec un courage auquel on ne se serait

1. Mahmoud II avait exterminé 7.000 Janissaires en une après-midi.

pas attendu de la part de ce petit homme nerveux et maladif. Il déclara que le procès n'était qu'une sinistre plaisanterie, que tous les inculpés étaient condamnés d'avance, et que s'il y avait un complot, c'étaient le gouvernement et la police qui l'avaient monté de toutes pièces.

— « Les affaires du pays vont mal, dit-il en guise de conclusion. La colère du peuple monte contre le chef du gouvernement, qui n'est qu'un ambitieux et un incapable. Ce procès n'est qu'une diversion, pour tenter de détourner sur nous le mécontentement général. En nous accusant de saboter l'œuvre de reconstruction nationale, le gouvernement veut masquer les raisons véritables de son échec. Ces raisons, je vais vous les dire : elles résident dans l'incompétence monumentale de ceux qui nous dirigent et dans l'absurdité des programmes élaborés par le Ghazi. Ceux-ci ne seront jamais réalisés, pour la simple raison qu'ils sont irréalisables. Kémal Pacha est sans doute un bon militaire. Qu'il retourne à sa caserne et laisse ces questions à ceux qui les connaissent. Messieurs, ne soyez pas dupes de cette comédie, ni complices de ce crime ! »

Tous les accusés furent inculpés de trahison et condamnés à la peine capitale.

Le 7 août, Ali-le-Chauve porta les sentences de mort à Mustapha Kémal, qui les attendait avec impatience dans sa maison de Chan-Kaya. Depuis le début du procès, d'innombrables démarches avaient été entreprises auprès de lui, en vue d'obtenir l'acquittement des conjurés. Des grandes organisations juives de New-York, de Londres et de Berlin lui avaient adressé télégrammes sur télégrammes faisant appel à sa clémence. De puissants groupes bancaires, notamment les Rothschild de Vienne et les Sassoun de Londres avaient demandé aux gouvernements français et anglais d'intervenir d'urgence en faveur de Djavid. Albert Sarraut était accouru à Angora pour tenter une suprême démarche auprès du Ghazi, au nom de la jeune amitié franco-turque. Il supplia le chef du gouvernement de gracier Djavid, et se porta personnellement garant de son innocence.

Ces interventions avaient eu sur Mustapha Kémal, l'effet contraire à celui qu'espéraient leurs instigateurs. Elles auraient dissipé ses scrupules, s'il eût été homme à en avoir. Car elles lui révélèrent l'ampleur de la « conjuration » et l'étendue de ses ramifications internationales. Ce qu'il n'avait fait que soupçonner jusque-là, devint pour lui une certitude. Il fut convaincu d'avoir échappé de justesse à un péril mortel. Quand une opposition devient aussi puissante, il est temps de la décapiter. Il réagit exactement de la même façon que lorsque l'Aga Khan et l'Emir Ali lui avaient demandé de respecter la dignité du Calife. Toute ingérence étrangère le mettait en fureur.

— « Le glaive de la Justice frappe parfois les innocents, répondit-il fièrement au ministre français, mais le glaive de l'Histoire frappe toujours les faibles. Je ne suis pas de ceux-là ! Ces hommes ont voulu attenter à ma vie : cela importe peu. Ma vie, je l'ai exposée cent fois sur les champs de bataille, et je le referais demain si c'était nécessaire. Mais ils ont voulu attenter à l'avenir du peuple turc. Et cela, je n'ai pas le droit de le leur pardonner. »

L'arrivée d'Ali-le-Chauve à Chan-Kaya, mettait enfin un terme à ces démarches intempestives. Le Ghazi signa sans sourciller tous les arrêts de mort et ordonna que les inculpés soient pendus à l'aube.

XCIII

Dès que le Président du tribunal eut quitté Chan-Kaya, Mustapha Kémal appela son chef de cabinet et lui dit d'organiser un grand bal pour le soir même. Ali-le-Chauve, les magistrats de la Cour, les membres du gouvernement, les hauts fonctionnaires, les ambassadeurs et les ministres plénipotentiaires étrangers, les belles dames de la capitale, tout le monde devait y assister. Ce n'était pas une invitation, c'était un ordre. Tout Angora devait célébrer cette nuit par des réjouissances extraordinaires. Une équipe de moto-cyclistes fut chargée de porter les cartons en ville et de les remettre en main propre à leurs destinataires.

Vers 11 heures du soir, les invités commencèrent à affluer à Chan-Kaya [1]. Les hommes étaient en grande tenue, les femmes en décolleté. Mustapha Kémal les reçut dans le vestibule de sa maison, vêtu d'un habit noir de coupe impec-cable, un gardénia blanc à la boutonnière. Deux orchestres jouaient dans les salons illuminés. Un buffet somptueux était installé dans la salle à manger. Rien n'avait été oublié : ni les fleurs, ni le champagne, ni surtout le raki.

Le Ghazi était dans une forme éblouissante. Jamais on ne l'avait vu de si bonne humeur. Il plaisantait avec les convives et riait aux éclats — ce qui lui arrivait rarement.

— « Dansez ! Dansez tous ! répétait-il en parcourant les salons. Soyez gais ! Dépensez-vous ! Montrez que vous êtes vivants ! Bien vivants ! »

Toute la nuit, les couples burent et tournoyèrent aux sons d'un jazz endiablé. Il faisait très chaud. La transpi-ration coulait sur le front des ministres, qui n'étaient pas habitués aux danses occidentales. Les salles de réception étaient remplies d'une odeur de tabac, d'alcool, de parfums et de fleurs.

— « Dansez! Je veux que tout le monde danse! Montrez que vous êtes des gens civilisés ! » ne cessait de répéter Mustapha Kémal à ses invités. Et ceux-ci, craignant de déplaire au maître de maison, reprenaient leurs fox-trotts et leurs tangos sur les parquets cirés des salons de Chan-Kaya.

A six kilomètres de là, la grande place d'Angora était éclairée par la lumière crue d'une demi-douzaine de pro-jecteurs. Tout autour de la place et dans les rues adja-centes, une foule silencieuse était massée dans l'ombre. Sous les lampes à arc, le long du mur sinistre de la citadelle,

---

1. Cf. H. C. Armstrong : *Grey Wolf*, pp. 221-226.

351

s'alignaient onze grands gibets de bois, dressés sur une estrade. Au pied de chacun d'eux se tenait un homme, menottes aux poings, et revêtu de la longue blouse blanche des suppliciés. Un nœud coulant était posé sur ses épaules. C'étaient les chefs de l'opposition qui s'apprêtaient à mourir.

La nuit était claire et chaude. Un silence pesant planait sur la ville.

Chacun des condamnés s'adressa une dernière fois à la foule. L'un d'eux récita un poème. L'autre, une prière. Un troisième s'écria qu'il mourait en fils loyal de la Turquie. Djavid se contenta de faire une grimace, en haussant les épaules. Il avait dit tout ce qu'il avait à dire au cours de son procès. Maintenant que ses derniers instants étaient venus, il préférait se taire.

Un ordre bref retentit. L'un après l'autre, les suppliciés furent poussés vers une trappe. Le nœud coulant se resserra. On entendit le claquement sec des cordes qui se tendent. Tous les inculpés moururent, sans manifester le moindre signe de défaillance.

A Chan-Kaya, la plupart des invités étaient repartis. Seuls quelques couples tournoyaient encore sur le plancher souillé par les cendres de cigarette et les pelures d'orange. On entendit au loin un coup de tonnerre, suivi de quelques gouttes de pluie. Tewfik Rushdi, le ministre des Affaires étrangères, s'était mis au volant de sa voiture pour regagner son domicile. Ayant raté un virage, il avait versé dans un fossé, quelques centaines de mètres plus loin. Il s'était tiré en rampant de sa voiture et dormait, épuisé, sur le bord de la route. L'ambassadeur des Soviets, qui passait par là, dit à son chauffeur d'accélérer et de faire comme s'il n'avait rien vu.

Le chef de la police téléphona d'Angora pour dire que le corps du dernier supplicié avait cessé de tressaillir, et que l'exécution « s'était effectuée sans incident ».

Ecartant quelques danseurs, Mustapha Kémal traversa la pièce et sortit sur la terrasse. Son visage était gris, ses yeux clairs sans expression. Il ne montrait aucune trace de fatigue. Son plastron blanc était immaculé.

Il jeta un long regard dans la direction d'Angora. L'aube se levait. Ses ennemis étaient morts. La conjuration était écrasée. Le dernier soubresaut de l'opposition avait été maté.

Le Loup gris huma longuement l'air frais du matin. Puis il fit demi-tour et rentra dans la maison. Quelques couples dansaient encore, en titubant de fatigue. Plusieurs invités ronflaient, affalés sur des coussins. Des restes de nourriture maculaient la nappe du buffet.

— « Tous des chiens ! grommela-t-il. Rien que des chiens ! Ils sont tous plus ignobles les uns que les autres ! »

Jamais le Ghazi ne s'était senti un pareil mépris pour le genre humain.

Le jour se levait. Il fit signe aux musiciens de l'orchestre de s'en aller, appela le chef de sa garde du corps et se lança avec lui dans une partie de poker endiablée. Puis, brusquement, il jeta les cartes sur la table, sortit de la pièce et s'enferma dans son bureau pour rédiger un discours.

XCIV

Le lendemain, 8 août 1926, Mustapha Kémal se présenta devant l'Assemblée Nationale et prononça un des plus beaux discours de sa carrière. Cinq ans auparavant, presque jour pour jour, il repoussait l'ultime assaut des Grecs sur les berges ravinées de la Sakharya. Etait-ce le souvenir de ces heures héroïques qui le haussait au-dessus de lui-même ? Ses discours étaient généralement ternes et didactiques ; « des sermons de maître d'école », disait-on dans les milieux politiques d'Angora. Celui-là fut empreint d'une grandeur pathétique et d'une puissance d'expression qui bouleversèrent ses auditeurs.

Le chef du gouvernement commença par faire l'historique des événements survenus au cours de ces dernières semaines et expliqua les raisons impérieuses qui l'avaient obligé à exterminer ses adversaires.

— « Tous mes actes dans le passé, dit-il, n'ont été inspirés que par une seule passion : faire de la Turquie une nation forte et indépendante. C'est pour cela que j'ai chassé du territoires les armées ennemies. C'est pour cela que j'ai négocié une paix honorable et détruit tout ce qui empêchait le peuple turc de marcher hardiment vers l'avenir. Ne me parlez pas du Sultan, ne me parlez pas du Calife ! On a prétendu que j'étais animé, à leur égard, par un sentiment de haine personnelle. Détrompez-vous ! Je ne les ai liquidés que pour vous rendre à vous-mêmes.

« J'ai conquis l'armée. J'ai conquis le pays. J'ai conquis le pouvoir. Ne me sera-t-il pas permis de conquérir mon peuple ? Les hommes qui ont péri cette nuit avaient la prétention de me l'interdire. Ils voulaient me séparer de ce qui est ma seule raison de vivre : le peuple turc. J'ai fait tomber leurs têtes et j'agirai ainsi chaque fois que l'on tentera de s'interposer entre le peuple et moi. Qu'on le sache !... Je suis la Turquie. Vouloir me détruire, c'est vouloir détruire la Turquie elle-même. C'est par moi qu'elle respire, et c'est par elle que j'existe...

« Le sang a coulé. C'était nécessaire. Dites-vous que les révolutions doivent être fondées dans le sang. Une révolution qui n'est pas fondée dans le sang n'est jamais permanente. Je veux que mon œuvre me survive. Tout grand mouvement doit plonger ses racines dans les profondeurs de l'âme du peuple : c'est la source originale de toute force et de toute grandeur. Hors de là, il n'y a que ruines et poussière.

« J'ai connu toutes les nations. Je les ai étudiées sur le champ de bataille, sous le feu des canons, en face de la mort, quand le caractère d'un peuple est mis à nu. Je vous jure que la force spirituelle du peuple turc ne le cède en rien à celle de toutes les autres nations du monde...

« Je conduirai mon peuple par la main, jusqu'à ce que ses pas soient assurés et qu'il connaisse la route. A ce moment, il pourra choisir librement son guide et se gouverner lui-même. Alors mon œuvre sera accomplie et je pourrai me retirer.

« Mais pas avant ! »

Il prononça ces derniers mots d'un ton claironnant, en fixant l'Assemblée de ses yeux gris-acier.

Pendant près de trois heures, il parla sur ce ton et lorsqu'il descendit de la tribune, les députés lui firent une ovation indescriptible. Ce discours les avait remplis à la fois de terreur et d'admiration.

Les jours suivants, sans toucher à la constitution du 20 avril 1924, Mustapha Kémal modifia la structure de l'Assemblée et le mécanisme de la représentation populaire. Le système nouveau qu'il instaura équivalait à la dictature, tout en sauvegardant les apparences de la démocratie parlementaire.

Maintenant que l'opposition était jugulée, il rendit à la grande Assemblée la plénitude des pouvoirs législatif, exécutif et judiciaire. C'était elle qui choisirait le chef de l'Etat. Les ministres nommés par lui, devraient obtenir sa confiance. Les députés seraient élus pour quatre ans, au suffrage à deux degrés, les femmes jouissant des mêmes droits que les hommes.

Mais les députés seraient choisis exclusivement parmi les membres du Parti Populaire Turc, qui recevait, de ce fait, le monopole de la représentation nationale. Le chef de l'Etat serait en même temps Président du Parti. En d'autres termes, les candidats du Parti Populaire seraient désignés par Mustapha Kémal, chef du Parti. Lorsque ces candidats auraient été élus députés par le peuple turc, ils éliraient à leur tour le chef de l'Etat. Et celui-ci ne pourrait être que Mustapha Kémal...

Ainsi, le cercle était fermé, et bien fermé. Pour empêcher à tout jamais le retour d'événements semblables à ceux qui venaient d'avoir lieu, le Ghazi tiendrait le pouvoir par les deux bouts : par la base, grâce à son choix des candidats électoraux ; par le sommet, grâce à ses prérogatives de Président de la République.

Jamais plus aucune opposition ne pourrait se manifester au sein du Parlement. Jamais plus aucune volonté étrangère ne prévaudrait contre la sienne.

XCV

Maintenant, maintenant enfin, le Ghazi allait pouvoir parachever son œuvre. Réalisant au xx⁰ siècle, pour la Turquie, un ensemble de réformes comparables à celles que Pierre le Grand avait accomplies au début du xviii⁰ siècle en Russie, il allait remodeler physiquement et moralement le peuple anatolien pour « le sortir des ténèbres du moyen âge et le hausser vers la pure lumière de la modernité [1] ».

Toute l'ancienne législation ottomane était fondée sur les préceptes coraniques et les interprétations des « Docteurs de la Loi ». Ayant aboli le califat, proclamé la séparation de la religion et de l'Etat et affirmé le caractère laïc du nouveau régime, Mustapha Kémal se devait de donner au pays un *corpus* complet de lois nouvelles, différent de l'ancien droit canonique du « chériat ». Pour cela, il fit venir un collège de juristes occidentaux et adopta sur leurs conseils, comme étant les meilleurs, le code commercial allemand, le code pénal italien et le code civil suisse. Ce dernier transformait radicalemnt le statut de la famille, tel qu'il existait en Turquie depuis plus de six cents ans. Il définissait les droits de propriété, interdisait la polygamie autorisée par Mahomet, et abrogeait la vieille inégalité des

1. Gilbert Murray : *Near East in the making.*

356

sexes qui assimilait la femme aux biens de son mari. Il faisait de chaque citoyen turc, devant la loi, un individu aussi libre qu'un citoyen helvétique.

Le Ghazi abolit ensuite l'ancien système des poids et mesures musulman, supprima la variété d'étalons qui existait dans les différentes provinces, et instaura partout le système métrique. Après quoi il ordonna de dresser un cadastre de tout le pays, où les propriétés foncières seraient délimitées et évaluées selon les normes juridiques et métriques nouvelles.

Il adopta également le calendrier grégorien. Cette réforme ne changeait pas seulement le début de chaque année, en la faisant commencer le 1er janvier au lieu du 15 juillet, anniversaire de la fuite de Mahomet de Médine ; elle en modifiait aussi le millésime, en obligeant les Turcs à compter les années à partir de la naissance du Christ et non à dater de l'Hégire [1]. Elle substituait également l'année solaire des occidentaux à l'année lunaire de 354 jours, utilisée par les Arabes.

Il dressa enfin la liste des jours ouvrables et des fêtes légales et décréta qu'on ne compterait plus les heures du jour du lever au coucher du soleil, comme le faisaient les Arabes, mais de minuit à minuit, selon le mode occidental.

Il faudrait un volume entier pour décrire toutes les modifications que ces diverses mesures apportèrent aux mœurs et aux habitudes des Turcs. Ils durent apprendre, du jour au lendemain, à compter leurs marchandises, à mesurer leurs champs, à calculer les heures et les jours de l'année, à rédiger leurs contrats de mariage et leurs testaments suivant des règles qui, la veille encore, leur étaient totalement inconnues. « Ils eurent l'impression, nous dit Hessel Tiltman, qu'un tremblement de terre venait de bouleverser les bases mêmes de leur vie [2]. »

Et pourtant, ce n'était qu'un commencement...

1. L'an I de l'Hégire correspond à l'année 622 du calendrier grégorien.
2. H. Tiltman : *Peasant Europe*, p. 192.

XCVI

Mustapha Kémal était un paysan et de tout temps, l'agriculture avait été la base de la vie anatolienne. Des liens
profonds unissaient le commandant en chef à ces robustes
populations rurales qui lui avaient fourni ses meilleurs fantassins et avaient versé si généreusement leur sang sur les
champs de bataille de la guerre d'indépendance. Jamais il
n'avait fait appel en vain à leur dévouement et à leur esprit
de sacrifice. Aussi voulut-il les récompenser de leur peine
et réparer le dénuement criminel dans lequel les avait laissés
l'Empire ottoman, en apportant un soin particulier au développement de l'agriculture.

Jusque-là, les grandes régions agricoles de l'Anatolie intérieure étaient restées bien en-dessous de leur capacité de
production. Faute de moyens de transport, d'outillage et de
débouchés elles vivaient repliées sur elles-mêmes, se bornant
à couvrir médiocrement leurs propres besoins, alors que la
nature les avait dotées d'excellentes possibilités d'expansion. Des districts entiers avaient été laissés en friche et des
kilomètres carrés de terre fertile avaient été recouverts par
la steppe. Pendant ce temps, les vastes et populeuses régions
côtières consommaient des tonnes de céréales importées de
l'étranger.

Sitôt que le réseau routier et ferroviaire s'améliora et
permit un écoulement plus facile des produits du sol, les
paysans anatoliens accrurent la surface des terres embla-
vées et améliorèrent sensiblement leurs méthodes de culture.
La charrue en bois et le fléau à blé firent place à des bat-
teuses mécaniques et à des tracteurs [1]. Des silos d'Etat

1. Il y avait une cinquantaine de tracteurs en 1925, 6.281 en 1949 et
34.148 en 1953. Cette montée donne une idée de l'enrichissement progressif de la paysannerie anatolienne en l'espace d'une trentaine d'années
(voir : *La Turquie à l'aube de* 1954, *Le Monde*, numéro spécial du
8 janvier 1954).

s'élevèrent là où, hier encore, les tas dorés de céréales demeuraient exposés aux intempéries, pendant des semaines entières, à peine abrités par quelques auvents de fortune. Des systèmes d'irrigation rationnels amenèrent l'eau sur des terres qui, depuis des milliers d'années, souffraient de la sécheresse. 15.000 fontaines furent construites et mises à la disposition du public. Les coopératives agricoles se multiplièrent. Deux commissions, directement rattachées au chef du gouvernement et dotées de crédits prélevés sur la liste civile, s'occupèrent, l'une, d'améliorer l'habitat rural ; l'autre d'enrayer les progrès des maladies contagieuses et vénériennes, que les paysans anatoliens rapportaient du service militaire.

Mustapha Kémal possédait à proximité d'Angora une « ferme modèle » dont il était très fier et où il s'adonnait avec passion à l'agriculture et à l'élevage. Les heures qu'il passait dans son exploitation le reposaient du travail harassant que lui imposaient ses fonctions gouvernementales. Elles le rajeunissaient aussi, car elles lui rappelaient l'époque où, tout gamin, il gardait les troupeaux de son oncle, dans sa propriété de Lazasan. Sur ses indications, la ferme modèle fut transformée en un centre d'expérimentation et d'enseignement, dont l'équivalent n'existait pas encore en Orient. Cet institut agronomique rendit des services inappréciables à toute l'Asie antérieure. Il fournit aux fermiers d'Anatolie des animaux reproducteurs qui améliorèrent les races et des semences sélectionnées dont les paysans étaient très fiers et qu'ils appelaient « le blé du Commandant en chef ».

Enfin, la rationalisation et l'extension des crédits accordés par la Banque agricole permirent à la paysannerie d'acheter du matériel moderne et la libéra de l'obligation humiliante où elle se trouvait jusque-là de s'adresser, en cas de mauvaise récolte, aux usuriers — grecs et arméniens pour la plupart — qui profitaient de sa misère pour la saigner à blanc.

Le résultat ne tarda pas à se faire sentir. Les fermes très

frustes et souvent délabrées devinrent plus spacieuses et plus propres. On constata une diminution sensible des maladies contagieuses. Le nombre des enfants augmenta. La production s'accrut en quantité et en qualité. La superficie des terrains ensemencés passa de 1.829.000 hectares en 1925 à 6.338.000 hectares en 1938 et à 10.832.000 hectares en 1953 [1], soit une augmentation de plus de 500 %. La production des céréales (blé, orge, seigle et céréales diverses) passa de 849.000 tonnes en 1926 à 6.802.000 tonnes en 1938 et à 13.561.000 tonnes en 1953 [1], soit une augmentation de 1.600 %. La surface des terres réservées à la culture du coton était d'environ 45.000 hectares en 1925. Celle-ci passa à 249.313 hectares en 1938, et à 670.000 hectares en 1952. La production relative à ces surfaces passa de 18.000 tonnes en 1926 à 55.000 tonnes en 1938, 118.000 tonnes en 1949 et 165.000 tonnes en 1952 [1]. La même augmentation eut lieu dans la production des graines oléagineuses, du tabac [2], du raisin sec, des figues sèches, etc.

Pour la première fois depuis des siècles, les paysans turcs purent mettre de l'argent de côté pour améliorer leurs conditions d'existence. Le proverbe turc qui assure « qu'une bourse bien garnie est le meilleur des compagnons », devint une réalité pour beaucoup de chefs de famille. Ce fut un spectacle émouvant, une fois la crise initiale passée, de voir la terre et les hommes revenir peu à peu à la vie. Cette résurrection n'aurait jamais été possible sans le labeur acharné de cette magnifique population anatolienne, économe et travailleuse, dont on a dit non sans raison « qu'après avoir été l'instrument d'une épopée militaire, elle fut l'artisan d'un miracle agricole ».

1. Voir : *La Turquie à l'aube de* 1954, *Le Monde*, numéro spécial du 8-1-54.
2. 25.000 tonnes en 1934, 115.000 tonnes en 1953.

XCVII

L'essor de l'agriculture fut lié au développement des moyens de communication.

Les routes que trouva Mustapha Kémal, lorsqu'il entreprit son œuvre de modernisation de la Turquie, étaient dans un état lamentable. Elles n'avaient pas été entretenues durant toute la guerre et ne méritaient plus qu'à peine le nom de routes. C'étaient plutôt des pistes boueuses, coupées de fondrières où il n'était possible de circuler sans difficulté que durant la belle saison.

Mustapha Kémal et son groupe d'ingénieurs des ponts et chaussées s'attelèrent à la réfection de ce réseau défectueux. Peu à peu, les voies de grande communication s'améliorèrent et des routes nouvelles furent ouvertes à la circulation. La longueur totale des routes entretenues par l'Etat, qui était de 8.000 kilomètres en 1930, s'éleva à 15.000 kilomètres en 1939, et à 21.000 kilomètres en 1944. En 1954, la longueur totale du réseau routier turc s'éleva à près de 50.000 kilomètres, dont 26.000 de routes nationales ou départementales régulières, bien entretenues et praticables en tout temps.

Le gouvernement kémaliste apporta une attention particulière à la construction des voies ferrées. Comme ailleurs, ses travaux furent exécutés suivant un plan d'ensemble qui reflète d'une façon intéressante les préoccupations du Ghazi.

Au temps de l'empire ottoman, l'Anatolie possédait un réseau ferroviaire d'environ 3.500 kilomètres, construit en 70 ans, à une moyenne de 50 kilomètres par an. Aménagé sous le jeu d'influences politiques et financières par des concessionnaires français, anglais ou allemands, son tracé correspondait aux visées impérialistes de ces différents pays. La ligne anglaise, qui prenait naissance à Smyrne, se dirigeait vers les Indes ; la ligne allemande, qui s'inspirait de la doctrine germanique du « Drang nach Osten », partait de Stamboul pour aboutir à Bagdad ; la ligne française, se dirigeait vers la Méditerranée orientale et la Syrie. Aucune de ces voies ferrées ne tenait compte de l'Anatolie. Elles traversaient l'Asie Mineure d'ouest en est, avec un dédain parfait des besoins des populations. Le centre, le nord et l'est du pays, économiquement et culturellement isolés, demeuraient dépourvus de tout moyen de communication.

Cette situation paradoxale était l'héritage d'un passé que le gouvernement kémaliste considérait comme révolu. Il se devait d'y substituer une politique ferroviaire toute différente.

Le plan, établi par les techniciens du nouveau régime, eut tout d'abord pour objet de relier entre elles les différentes provinces de l'Asie Mineure, et de mettre les « régions intérieures » en contact avec les quatre mers qui baignent les côtes de l'Anatolie : mer Noire, mer de Marmara, mer Egée et Méditerranée.

Au cours d'une première période, portant sur dix années (1926-1936) plusieurs centaines de kilomètres de voies ferrées nouvelles, construites à raison de 200 kilomètres par an, prolongèrent et relièrent entre eux les tronçons déjà existants. C'est durant l'exécution de cette première tranche de travaux que furent construites les lignes Kutaya-Balikésir, Adana-Kayseri-Ankara-mer Noire, Kayseri-Amassia-Samsoun, et Iskanderun (Alexandrette)-Malassia-Elaziz.

Une deuxième tranche de travaux, inaugurée en 1936, eut pour objet de mettre la Turquie en contact direct avec la Perse et l'U.R.S.S. Cette œuvre, que les observateurs étrangers ont qualifiée de « sensationnelle », fut accomplie par le peuple turc dans un temps record et avec ses seuls moyens financiers, ce qui est plus remarquable encore.

La nature accidentée du terrain exigea la construction d'un très grand nombre de ponts et de travaux d'art. Environ 10.000 mètres de ponts furent construits entre 1923 et 1949. Les héritiers du Ghazi poursuivirent et développèrent l'œuvre entreprise au lendemain de la guerre d'indépendance. 14.460 mètres de ponts nouveaux furent adjugés durant la période 1950-1952. Quatre-vingt-cinq de ces grands ouvrages ont déjà été ouverts au service public ; soixante-deux d'entre eux sont en voie d'achèvement.

Cet ensemble de moyens de communications nouveaux eut une double influence sur la vie agricole du pays. Il multiplia les échanges entre les céréales de l'intérieur et les produits du littoral (vins, fruits, machines, textiles, etc.). Ensuite, en raccourcissant de façon notable la longueur des parcours, il abaissa le prix de transport des marchandises.

Pour la première fois dans l'histoire, l'Anatolie devenait un ensemble économique, harmonieusement équilibré.

XCVIII

L'accroissement des moyens de transport ne favorisa pas seulement l'agriculture : il eut aussi une incidence heureuse sur le développement de l'industrie.

Mustapha Kémal voulait que la Turquie exploitât la totalité de ses richesses naturelles et eût une gamme de productions aussi étendue que possible. Le « Programme d'industrialisation nationale », élaboré par le gouvernement kémalien sur le modèle des plans quinquennaux soviétiques, avec l'aide de conseillers et de techniciens venus pour la plupart d'U.R.S.S. eut pour objet de développer l'une après l'autre, toutes les branches de l'activité industrielle susceptibles de trouver dans le pays même les matières premières qui leur étaient indispensables.

Les premières grosses entreprises turques furent des fabriques de sucre et de ciment.

En vue d'étendre, dans les terrains qui s'y prêtaient, la culture de la betterave et d'assurer à une masse croissante de paysans les bénéfices de cette industrie, Mustapha Kémal fit fonder quatre grandes sucreries. Depuis lors, dix nouvelles usines sont venues s'y ajouter. Celle d'Adazapari est en plein rendement. Celles d'Amassia, de Kutaya et de Konya sont en voie d'achèvement. Celles de Kayseri, de Burdur, de Susuzluk et d'Erzeroum seront terminées en 1956. La production sucrière qui était de 25.000 tonnes en 1926 est passée à 137.000 tonnes en 1950 et à 163.214 tonnes en 1952 pour atteindre 200.000 tonnes en 1953. La consommation a suivi à peu près le rythme de la production.

Quant aux usines de ciment, elles se développèrent rapidement en raison des ressources considérables de l'Anatolie en cette matière, et des besoins immenses, en matériaux de construction, créés par le plan de modernisation de la Turquie. Alors que le pays ne produisait que quelque 80.000 tonnes de ciment en 1928, il en produit aujourd'hui plus d'un million de tonnes, et s'apprête à doubler ce chiffre, lorsque les trente-huit usines nouvelles, actuellement en construction, seront venues s'ajouter à celles d'Ankara, de Darica, de Zeytinburnu et de Kartal.

Dès 1928, de puissantes centrales électriques furent construites à Smyrne, à Angora, à Zonguldak, à Antalya et à Malassia, pour fournir à l'industrie naissante la lumière et l'énergie dont elle avait besoin. Puis l'Etat créa de grands trusts textiles, pour travailler le coton et la laine indigènes et fabriquer les tissus dont le pays avait besoin. Dès 1935, 116.400 broches pour le coton étaient en activité : 33.000 à Kayseri, 28.000 à Nazilli, 16.200 à Eregli, 9.000 à Bakir-Keuy. Elles livraient 10 millions de kilogrammes de cotonnades, autrefois filées et tissées à l'étranger. Ces chiffres allèrent sans cesse en augmentant au cours des années qui suivirent.

Des fours Martin, des fonderies, des aciéries, des ateliers de laminage se développèrent dans le centre minier de Zonguldak ; des fabriques de céramique et de verrerie à Pachabagtché et à Kutaya ; des usines de produits chimiques à Kutaya, Antalija, Malassia et Smyrne ; des papeteries à Ismit...

XCIX

Ainsi, d'année en année, la Turquie se transformait et rattrapait le retard qui la séparait des nations modernes. Mais la rapidité parfois déconcertante de la métamorphose ne doit pas faire croire qu'elle s'effectua sans difficulté. Ce fut, en réalité, une bataille de tous les instants. Sans cesse Mustapha Kémal dut intervenir et jeter dans la balance le poids de sa personnalité pour dissiper les appréhensions des uns, vaincre le découragement des autres et empêcher le pays de ployer sous le fardeau. S'il n'avait pas été là pour éperonner ses collaborateurs, s'il n'avait pas été le maître absolu de l'Assemblée et avait dû discuter avec elle chacune de ses décisions, chacune de ses initiatives, jamais cette œuvre monumentale n'aurait été menée à bien. Elle fut, au sens le plus fort du terme, sa création personnelle, le fruit de son énergie, de son imagination et de sa volonté.

Un des obstacles les plus difficiles à surmonter fut le problème du financement. Le trésor était vide et le système du crédit si peu développé qu'on pouvait le considérer comme inexistant. La tentation était grande de faire appel aux capitaux étrangers, et les « experts » affirmaient qu'il n'y avait pas d'autre alternative.

Mustapha Kémal s'y refusa catégoriquement. N'était-ce pas, justement, parce qu'ils préconisaient cette solution, qu'il avait fait pendre Djavid et ses complices ? S'y rallier eût été se renier lui-même. Il répétait sans cesse, avec un entêtement de paysan : « Le meilleur moyen de perdre son indépendance, c'est de dépenser l'argent qu'on ne possède pas. » Le passé de la Turquie n'en fournissait-il pas la preuve ? Ceux qui voulaient le pousser dans cette voie avaient-ils donc oublié où avait mené la folle politique d'emprunts pratiquée par les Sultans ? Ne se souvenaient-ils déjà plus de la « Dette ottomane », avec son cortège de contrôles

365

étrangers et d'humiliations ? Cette seule évocation réveillait chez lui un sentiment de colère et de honte. Tant qu'il serait en vie, jamais il ne laisserait la Turquie s'engager sur cette pente fatale. Quitte à imposer au pays un effort dix fois plus grand, il exigeait qu'il s'en tirât avec ses propres ressources et, jusqu'à sa mort, il veilla jalousement à ce que le gouvernement ne s'écartât pas de ce principe [1].

Puisque le chef du gouvernement refusait d'avoir recours à l'aide extérieure [2], force fut de contrôler, à l'intérieur, toutes les sources primaires de formation du capital, et de les drainer en faveur du plan d'équipement, au moyen d'un organisme économique, spécialement constitué à cet effet.

Ainsi fut créé un ensemble de banques spécialisées, chargées de répartir les crédits dans un secteur particulier de l'activité économique. L'une fut consacrée à l'agriculture ; l'autre, au développement de l'industrie d'Etat ; une troisième contrôla l'industrie privée et le commerce ; une quatrième s'occupa de l'industrie minière et de la mise en valeur des richesses, encore à peine prospectées, du sous-sol anatolien : charbon, cuivre, argent, manganèse, chrome, minerais et terres rares [3].

Une banque centrale, — la « Merkez Bankazi » — placée au sommet de cet édifice bancaire, fut investie du privilège d'émission et eut la charge de régler le volume global de la monnaie et du crédit. Dès lors, les capitaux avec lesquels

1. Cette politique fut maintenue jusqu'à la guerre de 1939-1945. Depuis lors, la Turquie a eu recours à des capitaux anglais et surtout américains, pour surmonter la crise qui suivit la deuxième guerre mondiale et faire face à ses nouvelles obligations militaires. En 1951, le Parlement turc promulga une loi « sur l'encouragement des placements de capitaux étrangers ».

2. Aide que les milieux économiques occidentaux se montraient d'ailleurs réticents à lui offrir, car le procès de Djavid avait été sévèrement jugé à Londres et à Paris. De plus, la liquidation de la « Dette ottomane » n'était pas un précédent encourageant pour les épargnants occidentaux.

3. Actuellement la production annuelle de la houille est de 6.500.000 tonnes ; celle du chrome, de 804.000 tonnes ; celle du fer de 503.000 tonnes ; celle du manganèse de 80.000 tonnes. (Voir Le Monde, numéro spécial du 8 janvier 1954.)

travaillèrent ces banques furent purement turcs, de même que leurs dirigeants. L'Etat, ou les organismes politiques contrôlés par lui, notamment le Parti Populaire, exercèrent sur tous ces établissements une influence prépondérante.

Parmi toutes ces banques nationales, celles auxquelles fut dévolue la tâche la plus importante furent la « Sumer Bank » et la « Eti Bank » dont les noms, évoquant les empires sumérien et hittite, se réclamaient fièrement d'un passé plusieurs fois millénaire. C'étaient des établissements strictement étatisés, par l'intermédiaire desquels le gouvernement finançait la grosse industrie d'Etat, dont la création était prévue par le plan économique. A la Banque Sumer incomba l'exécution du programme d'industrialisation, visant à doter la Turquie d'un certain nombre d'industries-clés.

Quelques filiales des grandes banques européennes subsistèrent en Turquie. Mais pour y être autorisées, elles durent se conformer aux prescriptions établies par la nouvelle législation turque. Elles se consacrèrent surtout au financement du commerce d'exportation de leurs pays respectifs, et furent loin de jouer, dans l'économie de la Turquie kémalienne, un rôle comparable à celui qu'elles détenaient avant la guerre de 1914-1918, époque à laquelle les banques étrangères, à la tête desquelles se trouvait la toute-puissante Banque ottomane, régentaient presque souverainement la monnaie, le crédit et l'économie de l'Empire.

Certes, ce système — dont les activités étaient coordonnées par un service officiel central, ou « Turkofis » — ne s'inspirait pas des règles de l'économie libérale. Il se rapprochait davantage du capitalisme d'Etat et de l'économie planifiée, tels qu'on les pratiquait en U.R.S.S. On reprocha souvent à la Turquie, de n'avoir pas voulu rentrer dans le circuit du crédit international. Mais son autarchie financière était dictée par sa pauvreté et par le souci de sauvegarder à tout prix l'indépendance qu'elle venait de conquérir au prix de lourds sacrifices. Elle ne pouvait pas permettre aux appétits privés de se déchaîner autour de ses jeunes ressources, car cela eût entraîné un gaspillage dangereux de capitaux et de forces. Elle ne pouvait pas davantage tolérer que l'agitation syndicale vînt distraire les travailleurs de l'exécution de leurs tâches et c'est pourquoi elle les groupa en corporations professionnelles [1]. Pour éviter les écueils auxquels risquait de se heurter l'exécution du Plan, il fallait que la reconstruction fût dirigée par l'Etat, seul capable d'embrasser l'ensemble des besoins du pays et de les classer par ordre d'urgence et de possibilité de réalisation. Grâce à cette discipline sévère, la crise du financement put être surmontée. Il n'est pas certain que le régime kémaliste y serait parvenu, s'il avait eu recours aux méthodes de la libre concurrence.

C

D'autres problèmes, encore plus ardus, furent posés au gouvernement kémalien par la pénurie de la main-d'œuvre. La machine était pour le Turc un monde entièrement nouveau. Quelque bonne volonté qu'il mît à s'y adapter, il lui fallait des connaissances qu'il ne possédait pas. Les populations anatoliennes pouvaient fournir des manœuvres, mais pas des contremaîtres ni des cadres spécialisés, et il était impossible d'en fabriquer par décret. C'était une question d'instruction générale.

Or, l'enseignement était tout entier entre les mains des hodjas et des prêtres, qui exerçaient dans ce domaine un véritable monopole. Ennemis déclarés du progrès, ceux-ci considéraient la science comme un péché contre l'esprit, une incarnation du mal. Superstitieux et rétrogrades, ils ne voulaient pas entendre parler du système métrique, ni d'aucune des innovations que le gouvernement kémaliste

1. Le nombre des corporations professionnelles artisanales s'élevait à 92 en 1938. Il était de 148 en 1950. Ce chiffre est passé à 538 en 1953 (cf. *Le Monde*, numéro spécial du 8 janvier 1954).

s'efforçait d'introduire dans le pays. Le Sheik-el-Islam, le premier pontife religieux après le Calife, avait été jusqu'à interdire aux professeurs de l'université de Stamboul d'enseigner à leurs élèves « des doctrines hérétiques comme celles de Copernic et de Galilée ». Il fallait s'en tenir, en toutes choses, à ce qu'avait connu Mahomet. Comment ces prédicateurs et ces docteurs de la loi, qui ramenaient tout à la théologie médiévale, pourraient-ils jamais façonner les ingénieurs et les techniciens dont Mustapha Kémal avait besoin pour équiper le pays ?

Ces considérations pratiques, jointes au fait qu'il avait proclamé solennellement la laïcité de l'Etat, amenèrent le Ghazi à fermer toutes les écoles religieuses — y compris les écoles chrétiennes qui s'étaient installées dans le pays à l'abri des Capitulations [1].

A la place des anciens établissements, il ouvrit partout des écoles primaires et secondaires, au fur et à mesure que se développait un corps enseignant laïc. Mustapha Kémal était lui-même un excellent pédagogue, que passionnaient tous les problèmes posés par l'éducation de la jeunesse. Il allait souvent visiter les maîtres d'école, leur parlant pendant des heures, et leur montrant la grandeur de la mission qui leur était dévolue.

— « Ce sont les instituteurs, leur disait-il, qui élèvent les peuples au rang de nations véritables ! C'est vous, maîtres d'école, qui allez édifier la nouvelle génération, la nouvelle Turquie. Le jugement que l'avenir portera sur l'œuvre que nous avons entreprise en commun, dépendra de vous, de votre capacité et de votre dévouement. La République a besoin d'une élite physiquement et intellectuellement forte. C'est à vous de la former ! »

Les méthodes appliquées dans les écoles et les lycées s'inspirèrent du système éducatif préconisé par l'Institut Jean-Jacques Rousseau de Genève. L'Américain John Dewey en 1927, les Suisses Adolphe Ferrière en 1928 et Pierre Bovet

1. De là le fait que le clergé chrétien soutint souvent le clergé islamique, dans sa lutte contre le gouvernement kémaliste.

en 1929, furent chargés de conférences à Ankara, à Izmir, à l'université d'Istambul et dans tout le sud du pays afin de préparer les éducateurs turcs aux tâches immenses qui les attendaient. « Les programmes adoptés pour l'enseignement primaire », écrit à ce propos l'éminent sociologue Adolphe Ferrière, « — programmes entièrement originaux et ne s'inspirant de ceux d'aucun autre pays — sont de tout premier ordre. » Dans le domaine de l'enseignement technique et supérieur, le Ghazi eut souvent recours à des pédagogues et à des savants venus de l'étranger. Comme on lui faisait remarquer que cette pratique était en contradiction avec sa xénophobie habituelle, Mustapha Kémal répondit en souriant :

— « Je ne suis pas assez fou pour mettre dans le même sac les étrangers qui nous pillent, et ceux qui nous enrichissent ! »

Nous avons déjà parlé de la « ferme modèle » qui avait été à l'origine la propriété privée du Ghazi et que celui-ci avait transformée en Institut d'agronomie [1]. C'était là, sur les pentes des collines qui se dressent à quelques kilomètres au nord d'Angora que s'étaient manifestées les premières expressions de l'œuvre de rénovation nationale. Mustapha Kémal y laissa subsister le vieux bâtiment en grisaille, qui lui rappelait les débuts de la révolution et cette nuit fatidique où il avait poussé un long hurlement de douleur en apprenant les clauses du Traité de Sèvres. Mais autour de lui, s'éleva peu à peu une blanche cité, entourée de fleurs et de verdure : laboratoires, salles de cours, collections, stations d'expériences, cultures d'essai, étables et écuries, laiterie, basse-cour, clinique vétérinaire et four à incinération pour les animaux ; bibliothèque, logements et restaurant pour les élèves et les professeurs, salles de gymnastique, courts de tennis, manège. Le tout fut desservi par un réseau harmonieux de chemins agrestes et de routes asphaltées.

« Cet Institut agronomique, nous dit Stephan Ronart,

1. Voir plus haut, p. 359.

370

forme un monde en soi, mais un monde sans clôtures ni barrières, étendu sur de vertes prairies, un monde libre et vaste comme la science, mais qui a astreint sa liberté à un seul et grand service : celui de la paysannerie turque. Ce sont avant tout ses fils et ses filles qui remplissent ses salles de cours et sa bibliothèque, qui expérimentent dans les laboratoires en tant que docteurs et assistants, ingénieurs agronomes et futurs professeurs. La science que répand cet Institut et les livres qu'il édite sont destinés, en dernier ressort, au paysan. Peut-être est-ce la raison pour laquelle il tient à rester environné de prés et de jardins, afin de maintenir un contact plus étroit et des échanges plus faciles entre l'école et le village [1]. »

Mais pour important que fût son rôle dans la vie de la nation, l'Institut agronomique ne fut pas la seule réalisation spectaculaire du nouveau régime. On a prétendu que « l'ambition de Mustapha Kémal aurait été d'inaugurer une école par jour », et on serait presque porté à le croire quand on passe en revue tous les établissements scolaires qu'il fonda au cours des dernières années de sa vie !

Il est matériellement impossible de les énumérer toutes. Bornons-nous à citer, pour la seule ville d'Angora : L'école normale de jeunes gens et de jeunes filles, ou « Institut Ghazi » ; l'école spéciale des jeunes filles, ou « Institut Ismet Ineunü » ; le « Lycée de Commerce » ; l'Ecole professionnelle du Bâtiment ; la Cité universitaire ; la Faculté de Droit ; la Faculté de Médecine ; la Faculté historicophilologique ; l'Institut central d'Hygiène ; le Conservatoire de Musique ; l'Ecole d'Architecture et d'Urbanisme, etc.

Cet effort ne se limita pas à la seule ville d'Angora. Des écoles modernes s'ouvrirent également à Smyrne, à Brousse, à Sivas, à Erzeroum, à Diarbékir, à Ismit, à Constantinople, ailleurs encore...

L'université musulmane de Stamboul avait connu, dans le passé, des périodes de floraison brillantes; mais elle était

---

1. Stephan Ronart : *La Turquie d'Aujourd'hui*, pp. 123-124.

tombée en décadence sous le règne d'Abdul Hamid et végé-
tait depuis lors, dans un abandon presque total. En la sécu-
larisant, Mustapha Kémal voulut lui rendre un lustre nouveau. Il invita des spécialistes européens à y ouvrir des
chaires et des laboratoires. Un certain nombre de professeurs
allemands, contraints de quitter le Reich en 1933, y furent
accueillis avec empressement.

Enfin, pour montrer au peuple la place suréminente que
devait occuper la science moderne dans la civilisation de la
Turquie libérée, il enleva au clergé la Mosquée de Sainte-
Sophie, un des monuments les plus anciens et les plus véné-
rables de Constantinople. Sur son ordre, l'ancien sanctuaire
de Justinien, conquis en 1453 par Méhémet II, fut transformé en musée et en « Temple de la science ». « Par ce
geste », écrit Ahmed Emin Yalman, rédacteur en chef du
Vatan, « Mustapha Kémal enterra définitivement le fatalisme dans son pays ».

Le Ghazi ne pouvait pas savoir qu'il y intronisait une
autre idole, peut-être plus tyrannique encore : le matéria-
lisme historique.

CI

L'émancipation des femmes alla de pair avec la réforme
de l'enseignement. C'était un domaine auquel le Ghazi atta-
chait une extrême importance. Déjà l'adoption du Code
civil helvétique en avait fait les égales des hommes. Fran-
chissant un pas de plus, Mustapha Kémal voulut les associer
étroitement à la vie du nouvel Etat.

Rien ne l'exaspérait davantage que les romans étrangers
où la femme turque était dépeinte comme une esclave
oisive et voluptueuse, vivant en recluse au fond de son
harem, et passant ses journées à teindre ses cheveux au

henné, à fumer le narghilé et à manger du rahat-loukoum. L'époque d'Azyadé et des « belles désenchantées » appartenait, comme les couvents de Derviches, à un passé révolu. Il voulait que la jeunesse féminine de son pays fût aussi « émancipée » et active que les femmes et les jeunes filles des pays occidentaux.

— « L'avenir du pays réclame des hommes nouveaux, de mentalité moderne », proclama Mustapha Kémal dans le discours qu'il fit au Parlement, pour commenter la loi d'Emancipation féminine, « et ce sont les femmes d'aujourd'hui qui doivent nous donner ces hommes. Dans notre histoire, la femme n'est jamais restée en arrière de l'homme, tant dans la vie privée que dans la vie publique. Mais pourquoi nos femmes s'affublent-elles encore d'un voile pour se masquer le visage, et se détournent-elles à la vue d'un homme ? Cela est-il digne d'un peuple civilisé ? Camarades, nos femmes ne sont-elles pas des êtres humains, doués de raison comme nous ? Qu'elles montrent leur face sans crainte, et que leurs yeux n'aient pas peur de regarder le monde! Une nation avide de progrès ne saurait ignorer la moitié de son peuple ! Le peuple turc s'est juré de devenir une nation forte. Nos femmes et nos filles nous aideront à servir le pays et à diriger ses destinées, c'est à elles que seront confiés la sécurité et l'honneur du nouvel Etat turc ! »

Une fois la loi votée — elle le fut à une énorme majorité — le Ghazi invita les femmes à quitter le voile, à sortir de leurs harems, à se montrer sans crainte en public, le visage nu, à côté de leurs maris et de leurs frères. « Elles prirent, comme l'avaient fait les hommes, les nouveaux chemins de la capitale. Recluses par tradition, elles arrivèrent malgré toutes leurs appréhensions, malgré la peur de la vie au grand jour, malgré les préjugés transmis par la morale, et renforcés par les habitudes [1]. »

Le chef du gouvernement leur donna alors des droits électoraux égaux à ceux des hommes. Il leur ouvrit les rangs

---

1. Stephan Ronart : *op. cit.*, p. 130.

du Parti Populaire. Il les encouragea à devenir avocates et médecins. Il nomma deux femmes juges au tribunal d'enfants d'Angora et en fit élire quatre au Conseil municipal de Stamboul.

Les enfants, eux aussi, furent l'objet de sa sollicitude particulière. Il chargea sa sœur Makboula d'ouvrir dans tous les principaux centres urbains, des écoles d'assistantes sociales et de puériculture. Il fit voter par le Parlement une loi assurant « la protection physique et morale de la jeunesse ». Il réglementa les conditions d'embauche et de travail des mineurs et interdit de les introduire dans les bars, les cafés-concerts et les cinémas non contrôlés. Enfin il institua une « Semaine de la Jeunesse », durant laquelle chaque fonctionnaire turc fut nominalement remplacé par un enfant, et l'Etat symboliquement administré par les jeunes pendant huit jours.

Cette mesure, comme l'on pense, prêta à sourire. On déclara que le Ghazi avait dépassé les bornes de l'extravagance. Un journaliste de Constantinople demanda ironiquement : « Mustapha Kémal a-t-il aussi l'intention de faire diriger le pays par un cabinet de Jeunes Turcs ? »

Le chef du gouvernement le fit pendre, car il ne goûtait pas ce genre de plaisanterie.

— « En instaurant la Semaine des Jeunes, déclara-t-il, j'ai voulu obliger chaque citoyen turc à respecter les enfants et à ne pas profiter de leur faiblesse pour les brutaliser ou les traiter en bêtes de somme, comme cela arrive trop souvent. La mesure que j'ai prise doit être considérée comme un hommage que la nation rend à son propre avenir. »

Certaines de ces réformes pouvaient susciter des critiques et il est certain qu'elles n'étaient pas appliquées partout avec tout le discernement souhaitable. Mais elles étaient, dans leur ensemble, bienfaisantes pour le pays. Comment en douter quand on consulte sa courbe démographique ?

Celle-ci était en progression constante, depuis l'instauration du nouveau régime. En 1923, après onze années de guerre, la population globale de la Turquie était descendue à 10 millions d'âmes. Un recensement effectué en 1927 par une commission d'experts internationaux, donna le chiffre de 13 millions et demi. En 1933, la Turquie comptait 14.560.000 habitants. En 1934, plus de 16 millions. En 1938, près de 18 millions. En 1950, 20.300.000. En 1954, plus de 23.000.000. Le gouvernement estima qu'en 1970, si la Turquie n'était pas entraînée d'ici là dans un nouveau conflit, sa population dépasserait 40 millions d'habitants. A ce moment, elle serait devenue l'égale des grandes Puissances européennes et son avenir serait définitivement assuré [1].

CII

Angora, la nouvelle capitale édifiée au pied de la citadelle médiévale qui domine le champ de bataille où Tamerlan écrasa Bajazet en 1402, — Ankara, comme on l'appelle aujourd'hui, était destinée à jouer, dans l'esprit de Mustapha Kémal, le rôle de pôle magnétique qui, en organisant les millions de Turcs de l'ouest, du nord et de l'est, et en attirant ceux qui vivaient à l'étranger, servirait de foyer de convergence à toutes les activités nationales.

La décision de transférer la capitale, de Constantinople à Angora, prise dès le 13 octobre 1923, ne fut pas dictée, comme on l'a dit parfois, par des raisons stratégiques, mais par des motifs d'ordre historique et spirituel. « De par son origine, son histoire et son nom, remarque très justement Norbert de Bischoff, Contantinople n'était pas une ville turque et ne pouvait jamais le devenir. En la plaçant là où elle s'élève, le destin lui avait donné un horizon qui dépassait de beaucoup les limites nationales. Même dans sa décadence, c'était encore une ville cosmopolite. On enten-

1. Tout donne à penser, écrit Georges Duhamel, qu'à la fin du siècle, la Turquie sera pour le moins aussi peuplée que la France. » (*La Turquie nouvelle, puissance d'Occident. Le Figaro*, 19 juillet 1954).

dait retentir dans ses rues toutes les langues du globe ; ses habitants avaient puisé leur civilisation a toutes les sources ; son atmosphère était lourde des désirs, des convoitises et de la mêlée de trois mondes. Dans cette ambiance, la jeune plante de l'esprit national turc n'aurait pu prendre racine et se développer. Il lui fallait un air plus sain et plus vif, un sol vierge et riche. A Constantinople, chaque palais, chaque pierre même, n'étaient-ils pas des témoignages muets de la déchéance et de la ruine de la puissance turque, en même temps que de l'orgueil des étrangers ? Et sur l'azur du Bosphore, les souvenirs de la grande humiliation nationale, ne passaient-ils point, tels une nuée de fantômes ? [1] »

Tout autres étaient les souvenirs qu'évoquait Angora : elle rappelait les temps héroïques de la guerre d'indépendance. C'était là que s'étaient groupés, autour du vainqueur des Dardanelles les premiers artisans de la révolution. Ils y avaient eu pour ministères quelques chambres délabrées, avec des meubles faits de planches sommairement raccordées. Leur journal avait été imprimé à l'aide de quelques casses et d'une presse primitive abritées dans une grange. Ils pensaient et écrivaient, mangeaient et dormaient tous ensemble dans des baraquements de fortune, des cuisines fumeuses et des soupentes obscures qui leur servaient à la fois d'appartements, de clubs et de bureaux. Ils avaient piétiné dans les mêmes fondrières, car les chemins n'étaient pas encore asphaltés. L'Etat-Major occupait un simple réfectoire dans l'école d'agriculture. La résidence du Président comportait — luxe suprême ! — deux pièces réquisitionnées dans le bâtiment de la gare. C'était dans ces conditions plus que rudimentaires qu'ils avaient pris en main les affaires du pays.

Cette époque leur avait laissé un souvenir ému, et ce n'est pas sans fierté qu'ils évoquaient les pages d'histoire qu'ils avaient écrites sur cette dernière portion du sol qui n'eût jamais été foulée par l'envahisseur. C'était de là

1. Norbert de Bischoff : *op. cit.*, p. 180.

qu'étaient parties les offensives fulgurantes qui, à l'est, au sud, et à l'ouest, avaient libéré le territoire des armées étrangères. C'était là qu'ils avaient écouté, durant des nuits d'angoisse, le grondement des canons qui se rapprochaient des ravins de la Sakharya. C'était là que s'étaient déroulées les premières séances de la Grande Assemblée Nationale c'était de là qu'étaient parties les foudres qui avaient renversé le Sultan et le Calife, c'était là qu'avait été proclamée la nouvelle Constitution.

Quand on passait en revue les témoignages de son Histoire, on s'apercevait en outre qu'Angora n'avait rien à envier à la métropole de Constantin. Dominée par une forteresse seldjoukide, elle contenait, dans son enceinte, les murs aux arabesques de pierre de la mosquée de Hadji Beyram et les ruines du temple fameux qui porte gravé sur ses parois le testament d'Auguste ; elle conservait aussi, derrière la même palissade, des chapiteaux capricieux tombés des colonnes byzantines et de colossales statues hittites, taillées dans le granit. Elle pouvait s'enorgueillir d'un passé infiniment plus ancien que celui de Constantinople, puisque par-delà les trois mille cinq cents ans où elle avait vu se succéder les dominations osmanique, seldjoukide, byzantine, romaine, hellénique, perse et assyrienne, elle pouvait établir sa filiation avec l'antique Hattous, la capitale de l'Empire hittite, au xviie siècle avant notre ère !

Aussi le Ghazi ne négligea-t-il rien pour en faire un symbole tangible de la résurrection nationale. Pour la construire et l'embellir, il fit venir d'Europe les urbanistes les plus renommés, notamment les professeurs Jansen, de Berlin et Oerley, de Vienne.

On commença par supprimer quelques-unes des vieilles maisons et par déblayer les ruines les plus encombrantes ; puis on entreprit de niveler les rues, d'aligner les façades, de ravaler les vieux murs et d'assécher les marécages infestés de miasmes. On amena à pied d'œuvre des milliers de poutres profilées et de traverses équarries, des tonnes de briques, de fer et de ciment, pour élever les premiers immeubles aux lignes régulières, et l'on put faire les premiers pas dans les premières avenues tracées au cordeau.

Le branle était donné. D'autres vieilles masures aux charpentes poudreuses et vermoulues, d'autres ruelles, d'autres cours somnolentes ou de petits carrefours disparurent. On raccourcit les chemins en lacets qui poussaient leurs spirales le long des pentes du cône rocheux que couronne la forteresse seldjoukide. Progressivement, la vue s'élargissait et dégageait ses perspectives sur la vaste plaine qui s'étend sans obstacle au pied de la colline. Les larges espaces libres exerçant leur attirance, on ne se sentait plus comprimé dans le cercle étroit de la citadelle, et l'on déserta les murailles de l'ancienne cité pour édifier à ses pieds des quartiers entièrement modernes. Ainsi naquit « Yeni-Chéhir », la ville nouvelle.

Celle-ci ne se borna pas à empiéter sur la plaine : elle tendit à travers champs des routes asphaltées dont les extrémités allèrent se ramifier dans des quinconces de villas, émergeant en damiers blancs au sein d'îlots de verdure. Leurs rubans grisâtres furent soulignés de vert par de larges plates-bandes médianes qui en épousaient les contours. La voie fut bordée par endroits de vastes zones de jardins et d'édifices alternés, auxquels les enclos firent une sorte de haie d'honneur. Des chaussées bétonnées, ombragées de frondaisons, grimpèrent à l'assaut de la vieille colline qu'elles relièrent aux réseaux de jardins de l'artère principale. Ainsi le plan des architectes alliait, d'un bel élan, la plaine et la hauteur, la nature et la ville.

Au fur et à mesure que les rues s'étendirent, l'aspect des édifices devint plus audacieux : façades sobres et sans ornements, aux lignes droites et fermes, sans arabesques ni moulures, aux surfaces brunes, rougeâtres ou blanches suivant qu'elles étaient construites en grès ou en marbre d'Anatolie. Chaque construction, que ce fût une école, un hôpital, un palais d'exposition, un institut scientifique ou un ministère, fut traité comme un simple élément dans un vaste plan d'ensemble.

Administrations et immeubles de rapport furent répartis parmi les jardins qui séparaient les chaussées. Les plates-bandes médianes furent ornées de lions en pierre hittites, gardiens des vieux souvenirs. Le quartier principal d'habitation déploya son ensemble de villas le long des pentes qui faisaient face à la vieille cité. Le quartier des ministères, formant un secteur aux lignes nettes, domina la plaine comme une grande borne triangulaire.

La nouvelle capitale ne fut, évidemment, pas l'œuvre des Turcs seuls. Elle nécessita la collaboration de spécialistes étrangers, d'une pléiade d'architectes, d'urbanistes et de paysagistes venus des contrées les plus diverses. Mais elle fut érigée par la main-d'œuvre locale. L'argent qu'elle exigea fut prélevé sur les ressources propres du pays. Le soin de l'édifier fut confié à la jeunesse anatolienne, et le gouvernement turc conserva, du commencement à la fin, la direction des travaux.

On a déjà beaucoup parlé de cette ville toute neuve, surgie en quelques années d'une plaine rocailleuse et dénudée, peuplée aujourd'hui de près de 300.000 habitants. On a vanté son air salubre et son ciel cristallin, si différents des horizons voilés et opalescents de la Corne d'Or. On a décrit ses palais ministériels, ses larges avenues ombragées d'acacias, ses places spacieuses, ses fontaines de marbre, ses hôpitaux modèles, son champ de courses et son aéroport, doté des aménagements les plus modernes.

Malgré tant d'efforts, Angora n'est pas une réussite aussi parfaite que le prétendent certains et il faudrait se forcer un peu pour tout y admirer sans réserve. On y est péniblement frappé par la disparité des styles et par une sorte de modernisme agressif, qui ne saurait tenir lieu de beauté. On sent que ceux qui l'ont construite étaient pressés d'aboutir, qu'ils étaient talonnés par le temps et par la volonté impatiente du maître, et que leur préoccupation essentielle était de « rivaliser avec l'Occident ». Certains édifices ne sont pas d'un goût parfait. C'est d'autant plus dommage qu'il existe une architecture turque, distincte du style arabe, dont les lignes sobres et dépouillées, d'un classicisme serein, se seraient admirablement harmonisées avec le caractère du paysage...

Mais une fois ces réserves faites, il faut reconnaître que le visiteur reste saisi par l'effort que représente une pareille entreprise de la part d'un peuple pauvre, épuisé par tant de guerres. Ankara est plus qu'une ville : c'est un acte de foi. Il faut garder ce fait présent à l'esprit, si on veut la juger d'une façon équitable.

« La décision de faire d'Ankara la capitale de l'Etat, écrit Norbert de Bischoff, fut une des mesures les plus héroïques qu'ait jamais prise le gouvernement kémaliste. Peu d'endroits semblaient moins propices à l'édification d'une grande cité moderne que celui où s'élevait la petite ville primitive. Fièvres, pénurie d'eau, développement économique insuffisant des environs : tout rendait l'entreprise extrêmement ardue. Avec ce qu'ils ont dépensé d'énergie et d'argent pour créer, à Ankara, les installations destinées à satisfaire les besoins les plus primitifs de la vie urbaine moderne, les Turcs auraient pu transformer en paradis des villes comme Brousse, Konya ou Eski-Shéhir. En faisant de ce morceau de terre si avarement traité par la nature, l'honneur de le choisir pour y édifier son foyer national, en travaillant sur ce sol ingrat avec une ardeur fanatique, le peuple turc a voulu apporter à toute l'Anatolie une réparation éclatante pour l'abandon où elle avait été laissée durant des siècles.

« Les travaux d'adduction d'eau ou de construction de réservoirs, de routes, d'écoles, d'hôpitaux ou de palais entrepris pour le compte de l'Etat dans le seul district de la capitale dépassent ce que six cents ans d'administration ottomane avaient créé dans l'Anatolie entière. Il n'y a que l'œuvre culturelle des Seldjoukides qui puisse s'y comparer. Et si l'on remonte encore plus haut dans l'histoire de l'Asie Mineure, on cherche en vain une période qui puisse rivaliser avec ce qui s'est accompli de nos jours à Ankara [1]. »

1. Norbert de Bischoff : *op. cit.*, pp. 181-182.

CIII

Cependant, tous ces travaux, toutes ces réformes, qui auraient suffi à absorber l'énergie de plusieurs chefs d'État, ne représentaient qu'une partie du programme que s'était tracé Mustapha Kémal. Ils ne modifiaient que les cadres extérieurs de la Turquie, ses lois, son équipement technique, ses modes de vie collectifs. Ils ne transformaient pas l'homme turc, en tant que tel. Ses mœurs, son langage, ses pensées restaient encore tout imprégnés d'Islamisme. Or, Mustapha Kémal était résolu à ne laisser subsister aucun vestige de cette religion exécrée, dût-il employer pour cela les méthodes de coercition les plus brutales.

« Yeni-Turan ! Aux Jeunes Turcs, *la Turquie redevenue turque !* » Que de fois n'avait-il pas haussé les épaules en entendant les dirigeants du mouvement « Union et Progrès » se réclamer de cette devise, dont ils ne pouvaient saisir la signification réelle. Ils ne se doutaient pas, les malheureux, à quelle profondeur il allait falloir creuser pour restituer aux Turcs le caractère authentiquement turc que leur avaient fait perdre six siècles d'adultération islamique. Le Ghazi, lui, le savait. Il allait montrer à ses concitoyens ce que « Yeni-Turan » voulait dire !

Il commença par modifier les formules de politesse. La façon de recevoir et de rendre les saluts fut réglementée. Le « salaam » fut interdit. La poignée de main remplaça, par décret, la salutation traditionnelle qui consistait à porter les doigts successivement à son front, à ses lèvres et à son cœur.

Puis le Ghazi défendit de lire la littérature arabe et de déclamer des poésies arabes en privé ou en public. Il interdit également la musique et les danses « de style oriental ». Le port du burnous et de la gandourah fut puni de prison.

Enfin le port du fez, fut interdit à son tour. Sur ce point Mustapha Kémal savait qu'il se heurterait à une vive opposition. Interdire le fez, c'était toucher à un point sensible de la psychologie turque. Les casquettes, les chapeaux et, d'une façon générale, tous les couvre-chefs à visière sont considérés par les musulmans comme le signe distinctif de l'impureté chrétienne. « Les chrétiens, pensent-ils, aiment mal le Créateur. Ils le savent, et s'ils portent des visières, c'est pour se mettre à l'abri du regard de Dieu. Le chapeau est l'aveu de leur honte, la confirmation de leur péché. » Contraindre les Turcs à porter le chapeau, c'était les obliger à se ravaler eux-mêmes au rang d'Impurs. C'était aussi les contraindre à quitter leurs coiffures pour faire leurs prières —- ce qui est un manque de respect grave envers le Seigneur — car les couvre-chefs occidentaux avec leurs rebords et leurs visières empêchent le croyant de toucher la terre avec son front, lors des prosternations rituelles.

Comme chacun sait, il est plus facile de changer les frontières d'un pays que ses habitudes. Aussi Mustapha Kémal procéda-t-il par étapes. Il commença par donner des casquettes à visière aux membres de sa garde du corps pour voir quelle serait leur réaction. Ceux-ci l'adoptèrent sans récriminer. Encouragé par ce succès, le Ghazi rendit le port de la casquette obligatoire dans l'armée. En même temps, il envoya des instructeurs dans tous les régiments, pour expliquer aux soldats que ce nouveau couvre-chef les protégerait bien mieux que le fez contre le soleil et la pluie. Les soldats essayèrent la casquette et trouvèrent que le commandant en chef avait raison. Mustapha Kémal rendit alors le port de la casquette, ou du chapeau, obligatoire pour tous les citoyens de la République. Il fit une tournée de propagande à travers le pays, coiffé d'un chapeau de paille, et fit partout l'éloge des coiffures européennes.

— « Rejetons le fez, qui est sur nos têtes comme l'emblème de l'ignorance et du fanatisme, proclama-t-il, et adoptons le chapeau, coiffure du monde civilisé ; montrons qu'il n'y a aucune différence de mentalité entre nous et la grande famille des peuples modernes ! »

Cette fois-ci, il n'eut aucun succès. Son apparition sur les estrades provoquait le même effet de stupeur que si M. Vincent Auriol se fût présenté à une soirée de l'Elysée, revêtu de la tenue de bure des bagnards de Clairvaux. Les foules l'écoutèrent avec un silence réprobateur. « Pourquoi diable notre Ghazi s'accoutre-t-il comme ces chiens de chrétiens ? » se demandèrent la plupart des Turcs. « Le fez lui allait beaucoup mieux que ce chapeau ridicule. » Ils n'avaient aucune envie de suivre son exemple.

La persuasion n'ayant pas réussi, Mustapha Kémal décida de recourir à la force. Il fit voter d'urgence par l'Assemblée une loi assimilant le port du fez à un attentat contre la sûreté de l'Etat (juillet 1926). Deux jours plus tard, la police s'installa sur toutes les places des villages, et au carrefour des routes. Elle arrêta tous les passants et leur confisqua leur fez. Ceux qui résistèrent furent bâtonnés et jetés en prison.

Cette fois-ci, c'en était trop ! Que signifiaient ces brimades? Ce n'était plus une réforme, mais un caprice de satrape oriental! Les Turcs avaient tout donné au Ghazi lorsqu'il leur avait demandé de sauver le pays : leur dévouement, leur travail et leur sang. Qu'il les laissât au moins libres de se coiffer à leur guise! Les paysans qui se rendaient au marché refusèrent d'obéir aux ordres de la police. Les gendarmes leur arrachèrent leurs fez et les piétinèrent avec brutalité. Pour ne pas être obligés de retourner chez eux tête nue, ce qui est la pire humiliation pour un musulman, ils durent acheter — horriblement cher — un de ces chapeaux affreux, comme en portaient les chrétiens.

Vraiment le Ghazi exagérait avec cette histoire de chapeaux ! A Sivas, à Erzeroum, à Marash, et dans une douzaine d'autres villes, des émeutes éclatèrent, au cours desquelles des policiers furent lapidés par la foule. Les prêtres, comme bien l'on pense, ne se privaient pas de verser sournoisement de l'huile sur le feu. « L'abolition du fez, disaient-ils, est une nouvelle attaque du gouvernement d'Ankara contre la religion. Le Coran et le Prophète interdisent le port du chapeau. Les Purs ne redoutent pas le regard de Dieu. Ceux qui obéiront à la loi sacrilège n'iront pas au Paradis. »

Emu par l'extension que prenait le mécontentement populaire, le vieux général Nureddine Pacha monta à la tribune du Parlement, et demanda à l'Assemblée de rétablir l'usage du fez. Mustapha Kémal le fit expulser, séance tenante.

On a dit que le Ghazi était militaire par instinct ; homme politique par nécessité et maître d'école par vocation. Il y avait du vrai dans cette définition. Mais puisque les Turcs refusaient d'écouter les conseils du maître d'école, peut-être seraient-ils plus sensibles aux injonctions des gendarmes...

Mustapha Kémal envoya dans tout le pays des consignes sévères à la police. Des milliers de Turcs furent appréhendés, conduits au poste et réprimandés pour insubordination. La leçon porta ses fruits. La résistance fut brisée net. Les Turcs se dirent qu'après tout, mieux valait porter un chapeau que s'exposer à ces tracasseries.

Quelques semaines plus tard, les fez avaient disparu, remplacés par des coiffures, souvent extravagantes, car les magasins turcs étaient mal achalandés, et les paysans préféraient souvent porter des chapeaux de femme plutôt que d'aller nu-tête. Certains d'entre eux adoptèrent un compromis ingénieux. Ils achetèrent des casquettes, qu'ils portèrent avec la visière sur la nuque, ce qui leur permit de continuer à se prosterner selon les règles...

Pour marquer sa victoire devant l'opinion mondiale, Mustapha Kémal nomma son ami Edib Servet, délégué de la Turquie à la grande conférence pan-islamique de la Mecque [1]. Il y avait là des représentants de tous les pays musulmans, des délégués de l'Arabie, des Indes, des Etats malais, de l'Egypte, de la Tripolitaine, de la Tunisie et du Maroc. Tous étaient des Croyants fervents. Faisant contraste avec la foule drapée dans les amples djellabas traditionnelles, Edib Servet se présenta au public vêtu d'un complet-veston et coiffé d'un chapeau melon. « Si

1. Voir : *Ibn Séoud, ou la naissance d'un royaume.*

grand était le prestige de Mustapha Kémal, nous dit Armstrong, qu'Edib ne fut ni assassiné — ni même insulté. » Gageons cependant que les cheiks arabes eurent peine à dissimuler leur surprise. La « bataille des fez » était gagnée. Une fois de plus, Mustapha Kémal avait fait prévaloir sa volonté. Mais — sans vouloir faire de peine aux chapeliers d'Ankara ou de Stamboul, — il faut reconnaître qu'il avait déjà remporté d'autres succès que cette victoire vestimentaire.

CIV

Abandonnant alors la trique du policier, pour le bâton de craie du maître d'école, le Ghazi reprit son rôle d'instituteur et passa à la réforme de l'alphabet.

L'écriture et l'alphabet dont se servaient les Turcs étaient, eux aussi, empruntés à la civilisation arabe. Or, l'écriture arabe, créée pour noter les sons d'une langue où les voyelles n'existent qu'en fonction du sens du mot, ne convenait nullement au turc où les voyelles sont, comme dans les langues européennes, des éléments intrinsèques du mot possédant une existence propre, au même titre que les consonnes [1]. Ecrire le turc à l'aide de la représentation graphique arabe était aussi absurde que d'écrire le français ou l'anglais avec des caractères hébraïques.

Aussi la lecture et l'écriture étaient-elles, dans les pays de langue turque, des sciences si difficiles que leur étude, même imparfaite, absorbait presque tout le temps consacré à l'enseignement. De ce fait, seulement dix pour cent de la population savait lire. Les livres étaient le monopole du clergé et d'une petite poignée d'intellectuels. L'écriture arabe avait dressé un mur infranchissable entre le peuple turc et la culture de l'esprit.

1. Ainsi Mahomet s'écrit M H M T, d'où la possibilité de prononcer indifféremment Mahomet ou Méhémet.

En une vision grandiose, Mustapha Kémal décida de faire table rase de tout cela. Du palais des Sultans, il annoncerait la plus sensationnelle de ses réformes : la suppression de l'écriture arabe et son remplacement par les caractères latins. D'un seul coup, il modifierait le système de communications écrites entre chacun de ses sujets et bouleverserait la littérature nationale ; il révolutionnerait toutes les formes de la pensée, d'un bout à l'autre de la Turquie. Plus encore : il amènerait le peuple à changer de philosophie scientifique, de méthode intellectuelle et finalement de destinée. Aucun des grands révolutionnaires du passé — que ce fût Cromwell, Robespierre ou Lénine — n'avait osé aller aussi loin [1].

Pour y parvenir, il renverrait le pays entier à l'école : les gens intruits en même temps que les analphabètes ; les prêtres et les députés en même temps que les balayeurs des rues ; les soldats et les fonctionnaires en même temps que les paysans. Il leur apprendrait à tous, à lire et à écrire, et leur ouvrirait, d'un geste large, les portes des temps nouveaux.

Fidèle à sa méthode habituelle, il décida de procéder par étapes, en s'entourant de toutes les précautions nécessaires. Tout d'abord, il étudierait la question à fond. Puis, il présenterait son idée au public d'une façon spectaculaire, susceptible de frapper les imaginations. Enfin, si la persuasion ne réussissait pas, il recourrait à la coercition.

En 1924, à la conférence de Bakou, les Républiques soviétiques avaient introduit l'alphabet russe parmi les Tartares d'Asie centrale. Mustapha Kémal se fit remettre un rapport sur leurs travaux. Puis, il constitua un collège de linguistes — la Société pour l'étude de la langue turque — qu'il chargea d'élaborer un alphabet latin, adapté aux exigences de la langue anatolienne. Lorsque cet alphabet fut au point, il l'apprit et s'exerça à s'en servir jusqu'à ce qu'il sût l'utiliser sans aucune hésitation. Maintenant il était prêt à affronter le public.

1. Georges Duhamel : *La Turquie, puissance d'Occident, Le Figaro,* 13 juillet 1954.

En juillet 1928, il ordonna à « l'Institut de la langue turque » de tenir une session extraordinaire à Constantinople. Mustapha Kémal n'y avait pas remis les pieds depuis 1919 et il comptait profiter de la circonstance pour faire son entrée solennelle dans la ville.

C'était la première fois que les habitants de l'ancienne capitale avaient l'occasion de voir le nouveau chef de l'Etat. Ils accoururent en foule pour l'acclamer et se massèrent sur plusieurs kilomètres le long du Bosphore — là même où Soliman le Magnifique avait tenu quatre cents ans auparavant sa grande parade militaire. La municipalité ménagea au Ghazi un accueil triomphal. Toute la ville était pavoisée. Tandis que les forts avoisinants tiraient une salve de cent un coups de canon, le Ghazi, escorté par plusieurs régiments de cavalerie, descendit vers la Corne d'Or au milieu des ovations et alla s'installer dans l'ancien palais impérial.

Le lendemain, il invita toutes les notabilités de la ville à une réception officielle. Les membres de l'Institut, le conseil municipal, les hauts fonctionnaires, des journalistes, des écrivains, des savants, des femmes du monde et de riches commerçants y avaient été conviés.

La grande salle du trône, où Mustapha Kémal avait eu sa dernière entrevue publique avec Méhémet VI, avait été transformée en salle de classe. Tout l'espace était rempli par des rangées de chaises. Le trône avait été retiré et le fond de la pièce était occupé par une vaste estrade sur laquelle se tenaient Ismet Pacha et les membres du gouvernement. Kiazim [1], vice-président de l'Assemblée, était assis devant une petite table. Le Ghazi, en veston, était debout à côté de lui. La droite de l'estrade était occupée par un immense tableau noir, avec une boîte contenant des bâtons de craie.

Mustapha Kémal commença par expliquer aux invités la raison pour laquelle il les avait priés de venir au palais. Puis il leur exposa en détail les difficultés et les inconvénients de

1. Qu'il ne faut pas confondre avec le général Kiazim Kara Békir, rentré dans l'ombre après le procès des conjurés de Smyrne.

l'écriture arabe, par rapport à l'écriture latine, illustrant son discours par des démonstrations au tableau noir. « Le Ghazi était un maître d'école prodigieux, nous dit Armstrong, doué d'un sens inné pour la pédagogie. Il était clair, précis, convaincant et en même temps si conscient de sa supériorité, qu'aucun de ses élèves improvisés ne songea à se moquer de lui, ni à faire la moindre remarque désobligeante sur son compte [1]. »

Son exposé dura pendant trois heures d'horloge. Les assistants, subjugués par ses explications, l'écoutèrent jusqu'au bout avec une attention soutenue. Pour terminer, il fit monter plusieurs auditeurs sur l'estrade, leur demanda s'ils avaient bien compris le mécanisme du nouvel alphabet et les invita à écrire eux-mêmes leur nom sur le tableau noir.

Le succès fut foudroyant : tout Constantinople se mit à apprendre la nouvelle écriture. Mustapha Kémal fit alors une tournée de conférences à travers le pays, allant de ville en ville et de village en village, avec son tableau noir et ses bâtons de craie. Comme un simple marchand forain, il s'installait avec son tréteau dans les préaux des écoles et sur les places des marchés, donnant des leçons d'écriture aux citadins et aux paysans. A la fin de chaque séance, il obligeait des hommes qui n'avaient jamais rien écrit de leur vie, à tracer leur nom sur le tableau noir, d'une grosse main malhabile.

Là encore, le succès dépassa ses espérances. La réaction générale fut toute différente de celle qui avait suivi l'abolition du fez. Les paysans furent séduits d'emblée par la réforme de l'écriture. Comme tous les peuples arriérés, les Turcs avaient un désir ardent d'apprendre et de s'instruire. Savoir lire et écrire leur semblait un privilège merveilleux, mais hélas ! inaccessible. Le nouvel alphabet que leur apportait Mustapha Kémal mettait ce privilège à portée de leur main. « Ceci, se dirent-ils, est la voie qui mène au savoir et, par conséquent, au succès et à la richesse ; ceci est vrai-

1. H. C. Armstrong : *Grey Wolf*, p. 247.

ment une libération de l'esprit ! » Pour eux, vaincre l'ignorance, c'était vaincre la misère.

Aussitôt, tous les autres travaux furent subordonnés à
celui d'apprendre l'écriture nouvelle. D'un élan unanime,
le pays entier se remit à l'école. Villageois, cultivateurs,
bergers, commerçants, notaires, journalistes, hommes politiques, sans distinction d'âge ni de rang social, tous se
retrouvèrent au coude à coude sur les bancs des salles de
classe. C'était un spectacle étonnant de voir ainsi tout un
peuple repartir à zéro. Des groupes de jeunes gens et
d'adultes s'asseyaient au coin des mosquées, à la terrasse des
cafés ou sur les bancs des squares, un morceau d'ardoise
ou une pierre plate sur les genoux, et un bâton de craie
à la main ; ils traçaient maladroitement des A et des B
et s'efforçaient de prononcer correctement les voyelles, tandis
que d'autres discutaient gravement sur les avantages que
leur vaudrait la nouvelle écriture.

— « Le Ghazi est devenu notre Professeur en chef ! »
disait Ismet en riant. L'Assemblée Nationale se réunit spontanément et vota à l'unanimité une motion déclarant : « Le
premier instituteur de la République est son Président, le
Ghazi Mustapha Kémal ! » Pour une fois, le Loup gris fut
content de son Parlement.

Il faut reconnaître qu'il s'adonnait à l'enseignement avec
une ardeur enthousiaste et tirait plus de fierté de ses capacités pédagogiques que de ses talents militaires. Au cours de
ses tournées dans les villages, il profitait de ses entretiens
avec les notabilités locales — députés, maires, ou fonctionnaires municipaux — pour leur prôner la supériorité de
l'alphabet latin.

Il organisa des distributions de prix, pour récompenser
les plus méritants. Il promit des places aux plus studieux.
Il prédit un avenir brillant à tous ceux qui réussiraient et
encouragea les moins doués à persévérer dans leur effort.
Puis, il fit promulguer par l'Assemblée une loi fixant au
3 novembre 1928 — sixième anniversaire de l'abolition du
sultanat — la date à partir de laquelle l'usage de l'alphabet

latin serait rendu obligatoire dans tout le pays. Les retardataires, ou ceux qui faisaient preuve de mauvaise volonté seraient passibles de sanctions. Les peines prévues allaient de l'amende simple au bannissement à vie, en passant par des réductions de traitement pour les fonctionnaires, la rétrogradation pour les officiers, et la privation de la nationalité turque pour tous les autres citoyens.

Partout, on se mit à travailler avec un zèle redoublé, afin d'être prêt en temps voulu : dans les écoles, dans les mairies, dans les ministères et jusque dans les prisons. Car Mustapha Kémal avait décrété qu'aucun condamné ne serait libéré à la fin de sa peine, s'il ne savait pas lire et écrire couramment l'alphabet latin. Par contre, tous ceux qui sauraient le faire à la date prescrite, seraient amnistiés de plein droit, quelle que fût la nature de leur crime.

— « Je veux que la date du 3 novembre 1928 marque un nouveau départ pour l'ensemble du pays », déclara-t-il au journaliste américain Carl von Wiegand, qui était venu l'interviewer. « Aucun membre de la communauté nationale, aussi humble soit-il, ne doit en être exclu. Beaucoup de crimes commis dans le passé ont été dus à l'ignorance. L'Etat promulgue des lois qui doivent être respectées par tous. Mais il ne remplit pas pleinement sa tâche, s'il ne fournit pas en même temps, à chaque citoyen, une instruction suffisante pour lui permettre de les lire. »

CV

La réforme de l'alphabet entraîna, par voie de conséquence, la réforme de l'orthographe. Celle-ci s'appliqua naturellement aux noms communs comme aux noms propres.

De tout temps, l'humanité a attribué une vertu spéciale au nom — image mystérieuse de la personne et qui fait partie intégrante de son être.

Pour assurer la pérennité de leurs noms, qui était comme une garantie de leur immortalité, les rois sumériens prenaient la précaution de les faire figurer sur leurs tablettes, entrelacés aux symboles de la divinité et accompagnés de cet anathème : « Malheur, mille fois malheur à quiconque portera atteinte à ce nom ! [1] » Les Sumériens conféraient solennellement un nom à chacune de leurs créations, villes ou constructions, à chacun des objets qui sortaient de leurs mains, armes ou instruments. Nabou, le « dieu des noms », inscrivait ensuite tout ce qui portait un nom dans le registre éternel du Cosmos.

De Sumer, cette mystique du nom se transmit à toutes les religions antiques du Proche-Orient, notamment aux patriarches hébreux qui rédigèrent la Bible. C'est sans doute pourquoi nous voyons Dieu, dans la Genèse, « nommer » au fur et à mesure qu'il les fait surgir du néant, la lumière et les ténèbres, le ciel et la terre. Adam reçoit à son tour, à l'image de la divinité, le pouvoir mystérieux de « nommer » les plantes et les arbres, les oiseaux et les bêtes et, d'une façon générale, toutes les créatures du Paradis [2].

Or, par une aberration affreuse, les Turcs n'avaient pas de nom qui leur fût propre. Conformément à la coutume arabe, on les désignait par leur prénom, suivi de celui de leur père. Normalement le Loup gris aurait dû s'appeler Mustapha ibn Ali.

Le vainqueur de la Sakharya décida d'en finir, une fois pour toutes, avec ces pratiques incommodes et désuètes. Il commença par changer le nom de toutes les localités — villes, bourgs et villages — dont la désignation était d'origine étrangère, qu'elle fût grecque ou romaine, chrétienne ou arabe. Constantinople s'appelait déjà Istanbul ; Angora : Ankara ; Smyrne : Ismir, et Nicomédie : Ismit.

Andrinople devint Edirne ; Alexandrette : Iskanderun ; Trébizonde : Trabzon ; Césarée : Kayseri, et ainsi de suite. Le Ghazi imposa ensuite la même réforme à l'ensemble

1. Cf. Stephan Ronart : *op. cit.*, p. 107.
2. *Genèse* II, 20.

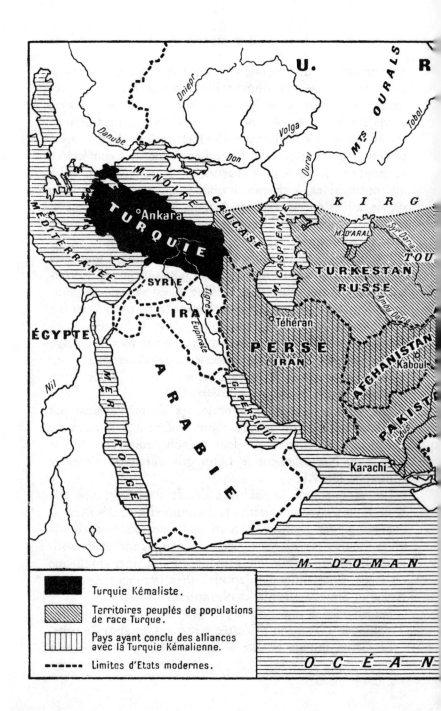

CARTE VII. —

PAN-TOURANIEN.

de ses sujets. Maintenant qu'ils savaient écrire, il obligea chacun d'eux à adopter un nom de famille. Montrant lui-même l'exemple, il changea son nom de Kémal en Kamâl, ce qui en turc veut dire « forteresse », et prit pour nom de famille « Atatürk », ce qui signifie « Père des Turcs ». Ismet Pacha, pour sa part, choisit le nom d'Ineunü, en souvenir de sa victoire sur les Grecs en 1921. Tout le reste de la population suivit le mouvement.

Cette première étape accomplie Mustapha Kémal fit procéder à la création d'un nouvel état civil, mesure qui allait de pair, dans son esprit, avec l'établissement du cadastre.

— « A la base de l'Islamisme, il y a un livre, le Coran, disait-il. A la base de l'Etat turc, il y en aura deux : le Grand Livre des Terres et le Grand Livre des Hommes. »

Alors, répétant le geste de Nabou, le dieu de l'ancienne mythologie sumérienne, il fit inscrire les noms de tous les Turcs dans le Registre officiel de l'Etat qu'il avait créé.

CVI

La transformation de l'alphabet et la réforme de l'orthographe mirent à nu le délabrement tragique de la langue. Celle-ci, submergée par les alluvions étrangères, était devenue aussi corrompue que l'ancien empire d'Abdul Hamid. Les termes d'origine arabe et les formules rhétoriques du « beau parler » persan, avaient dénaturé les mots turcs au point de les rendre méconnaissables. D'autre part, un grand nombre d'expressions originales avaient disparu [1]. Nous avons vu plus haut qu'il n'y avait pas de mot turc pour exprimer la notion de « patrie ». Ce seul exemple était

1. Le Turc était allé si loin dans l'emprunt de vocables arabes et persans, qu'il n'avait conservé environ qu'un tiers des mots appartenant à la langue populaire originelle. (Cf. M. Gaudefroy-Demombynes : *Les Institutions musulmanes*, p. 12).

révélateur. « Toute dégradation individuelle ou nationale est annoncée sur-le-champ par une dégradation rigoureusement proportionnelle dans le langage », a dit Joseph de Maistre. Le turc que l'on parlait à Constantinople en 1918 apportait une confirmation éclatante à cette thèse : dans l'état de décomposition avancé où il se trouvait, il était à l'image d'un empire agonisant.

Cette langue moribonde ne pouvait convenir à la nouvelle nation turque, qui s'était avancée si résolument sur les chemins de la vie. Comment le peuple turc, qui recouvrait peu à peu sa vigueur et son homogénéité, pourrait-il jamais exprimer des pensées fortes et personnelles dans une langue aussi ravinée et aussi abâtardie ? Mustapha Kémal chargea la commission de linguistes qui avait préparé la réforme de l'alphabet, de s'occuper de ce problème. Il leur demanda de débarrasser les termes authentiquement turcs de leur gangue étrangère, en remontant chaque fois aux racines étymologiques.

La commission se mit à l'œuvre pour « donner un sens plus pur aux mots de la tribu ». Elle rejeta, comme étant des apports adventices et tardifs, tous les termes d'origine sémitique ou chrétienne. Pour chaque vocable étranger, arabe ou persan, elle chercha un terme turc correspondant. Afin de mener à bout cette réfection de la langue, on fouilla les idiomes et les dialectes, on relut les vieux auteurs, les chansons et les proverbes, et l'on trouva dans ces trésors oubliés, d'anciennes locutions tombées en désuétude et de nouveaux moyens d'expression. Tous ces termes furent recueillis par les experts et passés au crible d'un examen rationnel pour constituer le nouveau dictionnaire de la langue épurée.

De ce travail long et ardu sortit un vocabulaire turc entièrement renouvelé, que l'on appela « la langue soleil ». A sa lumière apparut un fait inattendu : la grande majorité des mots qui la composaient avaient des racines tartares et touraniennes...

CVII

La Turquie se mit alors à s'interroger. Si les mots de sa langue dénotaient une origine tartare et touranienne, d'où venait-elle ? L'histoire de son passé, telle qu'elle était enseignée dans les écoles religieuses, sur la base de manuels rédigés par des savants étrangers, n'avait-elle pas été aussi adultérée que sa langue ? La tentation de se refaire un arbre généalogique était pour le peuple turc, le corollaire normal du réveil de sa personnalité. En s'enracinant dans l'espace, il cherchait aussi à s'enraciner dans le temps. Kémal Ataturk l'y encouragea de son mieux, sachant que l'idée qu'un peuple se fait de son passé, oriente et détermine dans une large mesure, ses conceptions de l'avenir. Il avait détruit l'ancien idéal impérial ottoman. Il lui avait fermé l'horizon islamique. Pour l'exalter et l'empêcher de se sentir à l'étroit, il était nécessaire de lui en ouvrir un autre. « Il faut faire remonter la Russie à ses sources ! » avait proclamé Lénine ; et le Ghazi, grand admirateur du premier chef de l'U.R.S.S., entendait procéder de même en ce qui concernait la Turquie.

A en croire les historiens occidentaux, les Turcs étaient un peuple inculte et brutal, de qualité inférieure qui, faisant irruption dans le bassin méditerranéen, s'était présenté d'emblée comme l'ennemi irréductible de la civilisation européenne, et, par conséquent, de la civilisation tout court. Son adhésion à l'Islam, la force de propagation que ses vertus guerrières avaient apportée à la religion de Mahomet et son attitude résolument hostile à l'égard du christianisme l'avaient fait apparaître comme animé d'un génie destructeur qui menaçait, jusque dans ses fondements, la force spirituelle sur laquelle reposait l'unité de l'Occident. Depuis leur installation sur les bords de la mer Egée, les descendants des cavaliers d'Ertogrul avaient fracassé les vestiges glorieux de la culture hellénique, écrasé l'empire de Byzance et étouffé sous une régime de terreur les aspects les plus brillants de la pensée arabe. Semant partout la désolation et la ruine, les Turcs étaient manifestement une race inférieure, dénuée de toute capacité civilisatrice.

Au moment où le peuple turc revendiquait sa place dans le concert des « nations civilisées », il était naturel qu'il s'insurgeât contre ce jugement qu'il déclarait entaché de partialité. « Ces conceptions, disait-il, ont été élaborées pour légitimer la politique des nations occidentales, au temps où elles s'étaient liguées pour abattre l'empire ottoman. Maintenant que l'empire ottoman a disparu, l'histoire du peuple turc est toute entière à récrire. »

L'œuvre de rénovation historique échut à un comité d'historiens, — la Société pour l'étude de l'Histoire turque — placé, comme le collège de linguistes, sous la direction personnelle du Ghazi. Pour l'aider dans sa tâche, le chef du gouvernement mobilisa à son service, toutes les forces spirituelles de la nation.

Partant des racines touraniennes de la langue, les savants turcs découvrirent que les habitants de l'Anatolie étaient apparentés aux populations de même race qui vivent actuellement en Asie centrale, et qui y ont toujours vécu, aussi loin que l'on remonte dans le passé : Saces, Tokariens, Toukious, Ouigours, etc. Ces peuples descendaient eux-mêmes de la grande race eurasienne, qui s'était dispersée de par le monde au cours de migrations préhistoriques, et avait donné naissance aux peuples modernes. La Turquie n'était qu'un rameau de cette souche originelle, un météore jailli de la nébuleuse primitive qui tournait depuis des millénaires dans la Kashga de Djoungarie.

Se basant sur les travaux archéologiques et les fouilles effectuées par des missions allemandes, anglaises et américaines dans le delta mésopotamien, notamment à Ur, Tello, Karkemish et Lagash, les historiens turcs affirmèrent qu'aux premiers temps de l'Histoire, parmi les grands peuples qui possédèrent une civilisation propre, deux au moins trahissaient nettement leur origine turque par leur langue et leur culture : les Hittites (2.000 à 1.000 avant J.-C.) et, mille ans plus tôt, les Sumériens (3.000 à 2.000 avant J.-C.).

La découverte des Hittites remonte à 1812. C'est à cette date que l'historien suisse Burckhardt, passant par Hama, aperçut dans un bazar une pierre étrange couverte d'hiéroglyphes inconnus. « Il fallut bien des années et bien des ruses, nous dit Alfred Fabre-Luce, pour collectionner les vestiges du peuple disparu. Maintenant on peut voir dans le musée d'Alep, ses effrayantes statues de basalte, mi-hommes, mi-animaux, trois fois plus grandes que nature. Ainsi furent retrouvés les Hittites, dont l'absence creusait un si grand trou dans l'Histoire [1]. »

Quant aux Sumériens, que les fouilles de Wooley furent les premières à nous révéler, nous savons aujourd'hui, qu'ils avaient apporté au monde la notion de loi universelle, le système duodécimal, les premières observations astronomiques, l'année de douze mois et de 360 jours. Par sa branche sumérienne, qui édifia en Mésopotamie la première grande civilisation que le monde ait connue, la race turque avait donc présidé à la genèse de la culture humaine.

A la lumière de ces conceptions nouvelles, toute l'histoire de l'Asie et de l'Europe orientale prenait un relief inattendu. Elle apparaissait comme ayant été influencée, pour ne pas dire modelée, par le dynamisme créateur des peuples touraniens. Ainsi, la race turque, hier sans histoire et noyée dans le chaos des peuples islamiques, devenait non seulement « une des sources d'énergie les plus puissantes de l'évolution de ces régions, mais la descendante directe de cette humanité primitive qui, dans les ténèbres de la préhistoire, avait fait jaillir la flamme prométhéenne de l'Esprit [2]. »

Qu'étaient donc, au regard de ces perspectives majestueuses, les six siècles que couvrait l'équipée des seuls Turcs osmaniques ? Un court chapitre, arbitrairement détaché

1. Alfred Fabre-Luce : *Deuil au Levant*, p. 81.
2. Norbert de Bischoff : *op. cit.*, p. 194.

d'une histoire beaucoup plus vaste, puisque à travers les Perses, les Hittites et les Sumériens, les Turcs pouvaient faire remonter l'origine de leur vie collective, non point au xiii° siècle de notre ère, mais au 5° millénaire avant Jésus-Christ !

En inculquant à l'élite intellectuelle de la Turquie la conscience d'appartenir à l'une des plus grandes races de la terre, cette doctrine historique stimula chez elle des réflexes de fierté que trois siècles de défaites avaient consi·· dérablement affaiblis. Le sujet ottoman des générations précédentes, conscient de son impuissance, s'abandonnait volontiers à un fatalisme résigné devant l'évolution culturelle de l'Europe. Il avait renoncé à se mettre au niveau des grandes nations occidentales et voyait grandir avec mélancolie, l'écart qui l'en séparait.

Cette attitude changea du tout au tout, au lendemain de la révolution kémaliste. Les jeunes gens se dépouillèrent rapidement du complexe d'infériorité qui avait paralysé leurs aînés, pour le remplacer, bien souvent, par une susceptibilité ombrageuse. Le nationalisme turc dérivait du sentiment de supériorité qu'éprouvaient autrefois les mahométans « osmanlis » à l'égard des autres peuples de l'empire. Ce sentiment s'était effondré au cours du xix° siècle et la guerre de 1914-1918 lui avait porté le coup de grâce. Mais le feu de la guerre d'indépendance l'avait ressuscité et transformé en patriotisme, à la mode occidentale. Les victoires remportées par les forces kémalistes sur les armées européennes avaient déjà ranimé chez les Turcs la conscience de leur valeur. « La nouvelle doctrine historique vint à point pour confirmer ce sentiment, en lui ouvrant des perspectives d'une ampleur enivrante [1]. »

1. Norbert de Bischoff : *op. cit.*, p. 194.

CVIII

La science de demain ratifiera-t-elle ces conceptions historiques ou bien les remplacera-t-elle par d'autres ? Il est difficile de faire des prédictions dans ce domaine mouvant où tant de lacunes subsistent encore dans nos connaissances. Quoi qu'il en soit, cette doctrine n'était pas, pour Mustapha Kémal, une hypothèse d'archéologues, mais une vérité d'expérience. Elle reposait sur des constatations tangibles qu'il avait faites lui-même au cours de sa carrière De sorte que lorsque les historiens formulèrent leur théorie, elle ne lui causa aucune surprise : elle ne fit que confirmer *après coup* ce qu'il soupçonnait déjà.

Lorsqu'il s'était dressé pour arracher la Turquie aux griffes de ses ennemis, où avait-on témoigné le plus de sympathie pour ses efforts ? Où avait-on suivi les péripéties de sa lutte avec le plus de compréhension ? Dans les pays situés à l'est de l'Anatolie. C'est là que les batailles de la guerre d'indépendance avaient trouvé l'écho le plus fort. C'est là que la nouvelle de l'armistice de Moudania avait suscité un frémissement d'espérance qui s'était propagé jusqu'au cœur de l'Asie. Comment expliquer une pareille résonance sinon par le fait que le destin de ces pays était lié à celui de la Turquie par quelque chose de plus profond que la simple proximité géographique ? La Turquie avait bien d'autres voisins : les Arméniens, les Kurdes, les Arabes, les Grecs. Tous ceux-là avaient pris parti contre elle, alors que la Perse et l'Afghanistan lui avaient proposé leur alliance, à une époque où la victoire de ses armées n'était nullement certaine. L'auraient-ils fait, s'ils n'avaient pas senti, plus ou moins confusément, que la défaite de la Turquie serait aussi la leur ? Et comment expliquer ce sentiment de solidarité historique, sinon par l'appartenance à une même communauté ethnique ?

Ce n'était donc pas une doctrine abstraite, mais un ensemble de « données immédiates », qui avaient amené Mustapha Kémal à tourner ses regards vers cette partie du monde et à resserrer les liens de la Turquie avec les autres Etats du Moyen-Orient. Lorsque les savants déclarèrent que ces contrées appartenaient toutes au même monde touranien, le Ghazi y trouva une explication de sa politique. Sans doute en fut-il satisfait. Mais il n'aurait rien changé à ses actes, si l'explication avait été autre.

Au cours de ces dernières années, le gouvernement kémaliste avait signé des traités avec tous ses voisins du nord, de l'ouest et du sud, c'est-à-dire avec la Bulgarie, la Grèce, la France, l'Angleterre et l'Italie. Mais c'étaient là des accords purement défensifs, tendant à garantir les frontières fixées par le traité de Lausanne et à assurer à la Turquie la longue période de paix dont elle avait besoin pour sa reconstruction [1].

Les relations avec l'U.R.S.S. étaient d'une nature un peu différente. Le fait d'avoir eu à affronter les mêmes ennemis — Arméniens et Anglais — avait créé entre les deux Républiques nées de la première guerre mondiale, une véritable solidarité révolutionnaire. Moscou avait fourni à Angora une aide précieuse, sous forme de subsides, d'armements et de conseillers techniques. L'amitié russo-turque avait été scellée par le traité de Gümrü et consolidée par le traité de Moscou (16 mars 1921). Mais là encore, les accords passés par la Turquie avaient eu surtout pour objet d'écarter les risques de conflit et de maintenir le *statu-quo*.

Tout autres furent les relations qui se nouèrent à l'est, avec la Perse et l'Afghanistan. Ces deux pays étaient en

---

1. Deux seuls points restaient en litige : le statut des Détroits, dont nous parlerons plus loin, et le sandjak d'Alexandrette, qui fut restitué à la Turquie par la France, le 29 juin 1939, lors de la signature du pacte tripartite anglo-franco-turc. Rappelons que les frontières entre la Turquie et l'Irak avaient été définitivement fixées par un traité anglo-turc, signé à Bagdad, le 13 janvier 1926. Il impliquait la renonciation formelle à l'ancien vilayet de Mossoul, et, par conséquent, au bassin pétrolifère de cette région.

train, eux aussi, de s'éveiller à la conscience nationale, ce à quoi les révolutions russe et turque avaient contribué pour une grande part. Eux aussi s'apprêtaient à rejeter la tutelle des pays européens. La similitude de leur évolution créait une convergence d'intérêts dont la Perse et l'Afghanistan se rendirent compte de bonne heure et qui se concrétisa, entre autres, dans le Pacte de Saadabad (8 juillet 1937). Ainsi naquit entre les trois Etats indépendants de l'Asie antérieure et moyenne, une amitié dont la Turquie assuma la direction spirituelle[1]. Les expériences recueillies à Ankara, au cours de la grande œuvre de réorganisation nationale, profitèrent directement à Téhéran et à Kaboul. L'influence culturelle exercée par la Turquie sur ses deux compagnons de route ne cessa de croître avec les années.

En Afghanistan, des spécialistes, des professeurs, des instructeurs militaires turcs prirent, peu à peu, la place des Européens et la jeunesse afghane alla, de plus en plus nombreuse, chercher dans les écoles et les chantiers turcs — notamment à l'Institut agronomique d'Ankara et à l'Université d'Istanbul — les connaissances qu'elle ne pouvait acquérir jusqu'ici qu'auprès des peuples d'Occident.

Le même resserrement d'amitié caractérisa les relations turco-iraniennes. La frontière fut délimitée d'un commun accord, après que la Turquie eut renoncé à la province d'Azerbaïdjan. Les nombreuses questions que soulevait le problème des Kurdes et des nomades furent réglées à l'amiable. Des relations économiques importantes furent nouées entre les deux pays. Le projet de constructions ferroviaires, élaboré à Téhéran, fut établi de façon à se raccorder au

[1]. Remarquons incidemment que la nécessité de cette politique a été clairement perçue par le Département d'Etat américain qui, voulant créer un « bouclier de protection » au nord des pays arabes, pour les mettre à l'abri d'une éventuelle agression soviétique, s'efforce d'organiser un système défensif basé sur l'alliance de la Turquie, de l'Iran et de l'Afghanistan.

Les témoignages les plus récents de cette évolution sont le traité d'amitié Turco-Pakistanais du 26 juillet 1951, l'accord culturel du 29 juin 1953 et le traité d'assistance mutuel, signé à Karachi, le 2 avril 1954.

nouveau réseau turc et à le prolonger vers l'est. Si grande était la confiance de la Perse en la loyauté turque, qu'elle se soumit sans discussion à un arbitrage d'Ankara, lors d'un conflit avec son voisin afghan.

Tout cela fut réalisé en moins de dix années, grâce à l'amitié personnelle qui liait Mustapha Kémal à l'empereur d'Iran, Rhiza Sha Pahlevi. Le caractère de ces deux hommes se ressemblait d'ailleurs à plus d'un égard [1].

CIX

Pour le Ghazi, cette politique de rapprochement avec Téhéran et Kaboul, conçue sur le modèle classique des « ententes régionales », n'était que l'ébauche de quelque chose de plus vaste. Il songeait à ce que pourrait être une confédération des peuples touraniens, qui grouperait dans son sein plus de 80 millions d'âmes et englobait non seulement la Perse et l'Afghanistan, mais la portion russe de l'Azerbaïdjan, le Turkestan russe et le Turkestan chinois.

— « Un jour, dit-il à ses intimes au cours d'une soirée à Chan-Kaya, le monde verra avec stupeur s'éveiller et se mettre en marche cet empire invisible qui gît, encore ensommeillé, dans les flancs de l'Asie. »

Ce ne serait pas un empire composite et hétérogène, comme l'avait été l'ancien empire ottoman, mais quelque chose de beaucoup plus difficile à définir, un monde organisé, une fédération de peuples homogènes, à laquelle l'Anatolie pourrait s'amalgamer sans reperdre le bénéfice de l'œuvre qu'elle venait d'accomplir. Certes, ce n'était pas pour aujourd'hui, ni même pour demain. Mais le Ghazi

1. Soldat de fortune, Rhiza Pahlevi s'était élevé au trône à la force du poignet. Il devait être déposé par les Anglais, et envoyé en exil à l'île Maurice, en octobre 1941. (Voir : *Ibn Séoud, ou la naissance d'un royaume.*)

était convaincu qu'un jour cette entité vivante prendrait conscience d'elle-même et se détacherait des groupes voisins — russe, hindou et chinois — avec lesquels elle n'avait aucune affinité, comme la Turquie kémaliste s'était arrachée aux pays chrétiens et arabes. A ce moment-là, l'Anatolie devrait être assez évoluée pour prendre la tête du mouvement et y jouer le rôle de fédérateur et de guide. Elle possédait d'ailleurs toutes les qualités requises pour une tâche de cette nature. Les historiens ne déclaraient-ils pas que les Türks s'étaient signalés, dès les temps les plus reculés, comme ayant des capacités innées « pour l'administration et la création des Etats » ? Ne portaient-ils pas en eux une tendance millénaire « à lier, à unir et à amalgamer les populations mouvantes qui étaient leurs voisines » ? *Yeni-Touran !* Lorsque cette grande œuvre d'unification serait accomplie, ce mot d'ordre trouverait enfin sa signification ultime.

Déjà, Enver Pacha avait été envoûté par le rêve d'un grand empire pan-turc d'Orient et s'était en quelque sorte immolé à ce mythe. C'était lui qui l'avait fait partir pour la steppe asiatique et l'avait fait mourir sous les tourbillons de neige de la plaine turkestane. Si puissante était l'attirance de ces régions qu'elle s'emparait à son tour de l'esprit de Mustapha Kémal. On eût dit que par-delà la mort, le vaincu du Caucase léguait cet héritage à son rival détesté...

Mais ce qui n'était, chez Enver, qu'exaltation romantique, était devenu, chez Ataturk, une vue concrète et raisonnée. Enver n'avait tenu compte ni du temps, ni de l'espace. Il s'était rué à la défaite, comme un aspirant de vingt ans se rend à son premier bal. Le Ghazi était bien trop positif, pour agir de même. Il ne négligerait, quant à lui, ni le temps ni l'espace et ne sacrifierait aucune des réalités du présent à des possibilités enfouies dans un avenir aussi lointain. Tout ce qu'il pouvait faire, pour l'aider à prendre corps, c'était d'y penser sans cesse, d'en parler le moins possible, et d'en poser sans hâte les jalons préliminaires...

CX

Depuis quelques mois, le Ghazi ne s'était guère montré en public. Il avait partagé son temps entre sa maison de Chan-Kaya et sa ferme-modèle, échafaudant des plans et étudiant des rapports, au milieu d'une cour d'ingénieurs, d'architectes, de philologues et d'historiens. Il ne s'était plus guère occupé de politique et n'avait fait que de courtes apparitions à l'Assemblée. Son emprise sur le gouvernement avait diminué, car il avait chargé Ismet Ineunü de présider le Conseil des ministres, tout en limitant ses pouvoirs à l'expédition des affaires courantes.

Soudain, vers le début de 1930, il eut l'impression que son activité se déployait dans le vide, que ses actes ne mordaient plus sur rien. Son instinct l'avertit qu'il était en train de perdre contact avec le peuple, ce contact où il puisait sa force et qui lui était aussi nécessaire que l'air que l'on respire.

Que se passait-il donc ? Sortant brusquement de son isolement, il effectua une tournée d'inspection à travers le pays et s'aperçut que les choses ne ressemblaient guère au tableau flatteur que lui en traçaient ses ministres. Une mauvaise récolte avait endetté les fermiers. Les chemins de fer étaient de nouveau en difficulté. Les rentrées d'impôts étaient en baisse. Pis encore : un véritable fossé s'était creusé entre le peuple et le Parti, entre le pays et l'Assemblée. Les populations, exténuées par l'effort surhumain que l'on exigeait d'elles, et convaincues qu'il était impossible de faire entendre leurs doléances au gouvernement, commençaient à recourir à la résistance passive.

Il y avait là tous les symptômes d'une crise comparable à celle qui avait ébranlé le pays en 1926. « Comment se fait-il qu'on ne m'en ait pas prévenu ? » se demanda Mustapha Kémal. « Qui a eu intérêt à me masquer la vérité ? Qui s'est interposé de nouveau entre le peuple et moi ? »

A force de chercher le coupable, il finit par le trouver : c'était lui-même. Son système de gouvernement offrait bien des avantages. Mais il présentait aussi des inconvénients. En donnant au Parti Populaire le monopole de la représentation nationale et en désignant lui-même les candidats à l'Assemblée, le Ghazi avait rendu toute opposition impossible. Mais il avait aussi réduit le pays au silence. Lorsqu'un électeur était mécontent du gouvernement et qu'il ne voulait pas voter pour le candidat du régime, il ne lui restait qu'une solution : ne pas voter et se taire. Aussi le nombre des abstentions augmentait-il à chaque nouvelle consultation électorale. Le public boudait les urnes et s'enfonçait chaque jour davantage dans un mutisme inquiétant.

Ataturk avait surmonté bien d'autres difficultés. Il avait vaincu les Arméniens et les Kurdes, les Grecs et les Alliés. Il avait triomphé du Sultan et du Calife. Il avait dompté le Parlement et pendu l'opposition. Il avait arraché le peuple à son analphabétisme et lui avait appris à écrire et à parler une langue nouvelle. Depuis dix ans, il avait marché de victoire en victoire. Cette série presque ininterrompue de succès ne l'avait pas grisé. Mais elle avait provoqué chez lui une véritable hypertrophie de la volonté. Il avait acquis la conviction que rien — absolument rien — ne pouvait lui résister. « Après être venu à bout de tant de choses, pensait le Ghazi, vaincre le silence de mon peuple ne sera qu'un jeu d'enfant. »

Il résolut de recourir pour cela à une mesure audacieuse : il modifierait la loi électorale et créerait de toutes pièces... une opposition. Une opposition qui critiquerait sans ménagement ses actes, dénoncerait ses erreurs, lui mènerait la vie dure et aurait même le droit de renverser son gouvernement. C'était fatigant, à la longue, de ne pas avoir d'adversaires, d'être entouré de gens qui répondaient « oui » à tout ce que l'on proposait. « Que diable ! se disait Mustapha Kémal, je ne peux pas monologuer toujours dans le vide ! Il me faut rétablir un dialogue, mais un dialogue vif, stimulant, créateur, qui m'oblige à penser juste et à serrer de près les problèmes. Sur quoi puis-je m'appuyer, sinon sur ce qui me résiste ? Une vie sans contradiction n'a plus aucune saveur. »

Mais cette opposition n'était pas facile à créer. Car elle devait, naturellement, être façonnée à sa mesure. Elle devait être à la fois indépendante et docile, intelligente dans ses critiques, mais bienveillante dans ses intentions. Elle devait obéir au Ghazi tout comme le Parti populaire et surtout, ne jamais chercher à outrepasser les limites qu'il lui assignerait.

— « Aucun chef d'Etat, n'a jamais osé prendre une pareille initiative, déclara le Ghazi en éclatant de rire. Ce test me permettra de mesurer le degré de maturité politique de mon peuple. Je lui ai déjà appris tant de choses ! Ne puis-je pas être, aussi, son professeur de liberté ? »

Sous son apparent libéralisme, cette mesure était en réalité la plus despotique de toutes.

CXI

L'angoisse de la solitude et la nécessité du dialogue sont des problèmes aussi vieux que l'humanité elle-même, car l'homme n'a pas été créé pour vivre seul.

— « Le Ghazi a besoin d'une opposition à vaincre ? dit le député Kémaleddin. C'est très simple : qu'il se marie ! » Mais Mustapha Kémal qui avait fait plusieurs tentatives malheureuses dans ce domaine, n'était pas de cet avis. Il prononça la dissolution de l'Assemblée et décréta que des nouvelles élections auraient lieu en août 1930. Celles-ci se feraient suivant un mode de représentation nouveau.

Puis il créa lui-même un parti d'opposition, le Parti

Républicain Libéral. Il donna l'ordre à Fethi le Macédonien — qui avait pris entre temps le nom de Fethi Okyar — d'en assumer la direction et lui adjoignit un Comité formé d'une douzaine d'anciens députés. Les premiers membres inscrits au nouveau mouvement furent sa sœur Makboula et un groupe d'amis, dont un député d'une très grande valeur, M. Adnan Menderès [1]. Peut-être regretta-t-il de ne pas pouvoir en assumer lui-même la présidence ?

Lorsque tout fut prêt et qu'il eut bien fait comprendre aux nouveaux opposants ce qu'il attendait d'eux, comment ils devaient se comporter à son égard et même les critiques qu'ils devaient lui adresser, Mustapha Kémal ouvrit la campagne électorale.

Fethi se présenta dans la circonscription de Smyrne et y tint une première réunion. Depuis bientôt dix ans, le pays n'avait jamais entendu prononcer en public la moindre parole de blâme à l'égard de ses dirigeants. Lorsqu'il vit Fethi s'en prendre au gouvernement, et attaquer avec virulence les actes de son chef, il fut complètement dérouté. La police intervint. Elle dispersa l'auditoire, ferma la salle, arrêta les candidats du Parti Libéral et mit Fethi sous les verrous, en attendant les instructions du ministère de l'Intérieur.

Lorsque Ismet Ineunü arriva le lendemain, pour tenir avec Fethi une réunion contradictoire, il ne trouva plus personne. Il fallut appeler le Ghazi lui-même à la rescousse. Celui-ci accourut à Smyrne, fit libérer Fethi et ses amis, interdit à la police de pénétrer dans la salle, et « ordonna » à chacun d'exprimer « librement » ses opinions.

La police et les fonctionnaires en furent abasourdis. Leur rôle avait consisté de tout temps à matraquer l'opposition, et voici que leur chef suprême encourageait les ennemis du régime à donner libre cours à leur mécontentement ?

Il y eut des bagarres en ville. L'immeuble du journal libéral fut incendié. Un certain nombre de manifestants

1. M. Adnan Mendérès est l'actuel Président du Conseil des ministres turc, (juillet 1954).

furent roués de coups et emprisonnés. L'un d'eux fut abattu d'un coup de revolver par un agent. La police fut sévèrement réprimandée : elle devait protéger indistinctement les orateurs des deux partis et se borner à empêcher leurs militants d'en venir aux mains.

Ce n'était pas tout à fait ainsi que la police comprenait sa tâche. Le gouverneur de la province se demanda si Mustapha Kémal n'était pas devenu fou, et lui envoya sa démission.

L'acte suivant se déroula dans l'hémicycle de l'Assemblée. Dès le début de la séance, Fethi et ses amis montèrent à la tribune et prononcèrent un véritable réquisitoire contre le gouvernement. Ils blâmèrent sa prodigalité, critiquèrent sa gestion financière et dénoncèrent l'incapacité d'Ismet et de ses collaborateurs en matière économique.

Vexé, Ismet répondit d'une façon acerbe. Peu à peu, le ton de la discussion s'envenima et dégénéra en dispute générale. Les esprits s'échauffèrent. Le « professeur de liberté », qui dominait la salle du haut de la tribune présidentielle, regardait se quereller ses élèves, d'un air olympien. Les députés ne tardèrent pas à échanger des horions. Plusieurs d'entre eux dégainèrent leurs revolvers. Membres du Parti Populaire et adhérents du Parti Libéral se ruèrent les uns sur les autres, en s'invectivant violemment. Pour mettre fin à la bagarre, Mustapha Kémal dut suspendre la séance et fit évacuer la salle. Les députés continuèrent à se battre dans les cafés qui avoisinaient le palais de l'Assemblée.

CXII

Cette scène n'était qu'une pâle préfiguration de ce qui allait se passer dans l'ensemble du pays. La date des élections municipales approchait. Le Ghazi donna l'ordre de supprimer la censure de la presse, et laissa aux journaux toute latitude d'exprimer leur opinion.

Aussitôt, un concert de plaintes et de récriminations s'éleva de toutes parts : les impôts étaient trop lourds ; l'outillage agricole défectueux ; les vivres trop chers ; le plan d'industrialisation trop ambitieux. Les journalistes, tenus en lisière depuis dix ans, n'étaient que trop heureux de prendre leur revanche. « La République prétend avoir apporté la liberté au peuple, écrivaient-ils. Quelle liberté ? Tout juste celle de crever de faim... » Les polémistes en rajoutèrent. Et comme toujours, plus les gens se plaignaient, plus ils se sentaient malheureux.

Ceux que la laïcisation de l'Etat avait choqués, ceux qui se sentaient lésés par la création d'une industrie nationale, ceux qui souffraient de la crise agricole, ceux qui déploraient le marasme des affaires, en un mot tous les mécontents commencèrent à se grouper autour de Fethi.

Des prêtres qui regrettaient le régime du Sultan, de vieux militants du mouvement « Union et Progrès », des membres de l'ancienne opposition monarchiste se remirent à faire de l'agitation. On eût dit que Mustapha Kémal avait soulevé le couvercle de la boîte de Pandore. Il en voyait surgir tous les spectres d'un passé qu'il croyait avoir définitivement enterré.

Une grève fomentée par les communistes éclata parmi les emballeurs de fruits de Smyrne. Elle dégénéra en troubles graves. La police fut obligée de charger les manifestants. Dans le sud, à la frontière syrienne, des révolutionnaires arméniens, soutenus par des bandes armées, mirent le feu à plusieurs villages. A l'est, tout le long de la frontière iranienne, les Kurdes se rebellèrent et massacrèrent les populations. Le général Galib mobilisa 15.000 hommes pour rétablir l'ordre, mais ne réussit pas à mater l'insurrection.

Plus grave encore fut la révolte qui éclata en décembre 1930 dans la ville de Ménemen, non loin de Smyrne. Elle était dirigée par un moine fanatique du nom de Sheik

Mehmed, qui affirmait être un nouveau prophète envoyé par Allah pour briser les machines étrangères et purger la Turquie de l'impiété kémaliste. Ce Savonarole musulman exerçait une emprise très forte sur les esprits par ses discours incendiaires et les macérations qu'il s'infligeait « pour le salut de la patrie ».

Un jour qu'il haranguait la foule sur la place du marché de Ménemen, le gouverneur de Smyrne y envoya un détachement de police pour disperser les attroupements. L'auditoire, fanatisé par le prédicateur, se rua sur les policiers et en blessa une douzaine. Le gouverneur y envoya alors le 43ᵉ régiment d'infanterie. Les soldats refusèrent de tirer sur les manifestants.

L'incendie gagnait de proche en proche et prenait des proportions alarmantes. De Menémen, la sédition gagna Konya, Adalia et Brousse. Dans cette dernière localité, les émeutiers chassèrent à coups de pierre les fonctionnaires du gouvernement. Le gouverneur des provinces orientales annonça que le feu menaçait de s'étendre à Sivas et à Erzeroum.

La confiance aveugle que les populations avaient mise jusque-là dans le Ghazi commençait à fléchir. Il avait semé le vent, et récoltait la tempête. L'édifice de la Turquie craquait de toutes parts...

CXIII

Alors, une fois de plus, le Loup gris montra les dents. L'expérience était concluante : le peuple turc n'était pas mûr pour un régime de libre discussion.

Mustapha Kémal proclama l'état de siège, rétablit la censure de la presse et interdit formellement toute liberté d'expression. Il envoya deux régiments chez les Kurdes, avec l'ordre d'exercer des représailles exemplaires. Les meneurs furent pendus et leurs troupes déportées. Il noya dans le sang la révolte du sud et expulsa du pays tous les individus suspects. Il prononça la dissolution des formations communistes, et châtia sévèrement les grévistes de Smyrne ainsi que tous ceux qui avaient fomenté des troubles dans la région d'Istanbul. Il envoya des troupes à Ménemen, où la révolte avait pris un caractère politico-religieux et où le Sheik Mehmed exigeait le rétablissement du Califat. C'était un point qui avait le don de mettre Mustapha Kémal en fureur. Un millier de Turcs furent traduits devant les cours martiales. La plupart furent condamnés à la bastonnade et emprisonnés.

Trois semaines plus tard, les provinces frontalières avaient retrouvé le calme et les révoltes locales étaient matées. Le flot de récriminations cessa comme par enchantement. Les populations rurales, les bourgeois des villes, l'armée, la police, les fonctionnaires sentirent peser de nouveau sur eux la poigne du maître. Tout rentra dans l'ordre. La confiance revint avec la sécurité. Le peuple se réjouit de n'avoir plus qu'à obéir. Que demandait-il à son chef, sinon de résoudre pour lui les problèmes qui le dépassaient, et de le décharger du fardeau du gouvernement ? C'était ainsi qu'il se sentait libre — libre de s'occuper de ses propres affaires.

Mais pour Mustapha Kémal, ce fut une déception amère. Sa tentative de créer « une opposition constructive » se soldait par un échec. Pour la première fois de sa vie, il n'avait pas réussi à faire prévaloir sa volonté. Elle s'était brisée contre une force supérieure. Ce qui le déconcevait par-dessus tout, c'est que cette force, il n'arrivait à en comprendre ni la nature, ni les lois. Cette fois-ci il avait touché les limites de son pouvoir. Il avait voulu les outrepasser pour faire effraction dans un monde qui n'était pas le sien et soudain, tout s'était mis à vaciller autour de lui. Il était passé maître dans l'art de commander : mais là s'arrêtaient les frontières de son empire. Jamais il ne rétablirait le dialogue qu'il espérait.

Il décida de revenir à l'ancien système électoral. Aux

élections de 1932, seul le Parti Populaire eut le droit de présenter des candidats. Mustapha Kémal se contenta de l'épurer, de changer son secrétaire général et d'en rajeunir les cadres. Il y fit entrer, en plus grand nombre, des représentants de la petite agriculture, des travailleurs et des classes moyennes, et leur expliqua que c'était à eux de faire l'éducation politique des masses.

Il désigna également douze députés, dits « Indépendants », auxquels il donna le droit de critiquer les actes du gouvernement. Il les prévint qu'il les punirait sévèrement s'ils ne remplissaient pas leurs fonctions d'une façon satisfaisante. Cette opposition « dirigée » n'était que la caricature de celle qu'il avait espérée, et il ne se faisait guère d'illusions sur sa valeur réelle. Mais il était obligé de s'en contenter, car il savait au fond de lui-même qu'il n'en aurait jamais d'autre.

Ce n'était d'ailleurs pas une position enviable que celle de député « Indépendant » ! La plupart d'entre eux donnèrent rapidement leur démission et se retirèrent du Parlement avant l'expiration de leur mandat. On a vu dans l'Histoire, des hommes aspirer à la dictature et ne pas y parvenir : Mustapha Kémal, lui, aspirait à s'en évader et n'y réussissait pas non plus...

Jadis, lorsqu'il avait fondé le Parti Populaire Turc, il lui avait donné comme emblème six flèches symboliques, qui représentaient les six principes directeurs de l'Etat nouveau. Celui-ci devait être « républicain, nationaliste, démocratique, étatiste, laïque et révolutionnaire ». Mais il allait de soi qu'il se réservait le maniement de l'arc qui imprimait à ces flèches étincelantes une orientation, une trajectoire et un but communs.

Il avait voulu passer l'arc à d'autres. Mais comme les prétendants d'Ithaque, leurs bras n'avaient pas été assez forts pour le tendre, et les flèches s'étaient égaillées dans toutes les directions. Tel Ulysse, il fallait qu'il le reprît en main, puisque nul ne s'avérait capable de le bander à sa place...

413

Kémal Atatürk retourna à Chan-Kaya et reprit en silence son métier d'autocrate. Mais il ne l'exerça plus avec la même joie qu'auparavant. Il devint plus sombre et plus taciturne que jamais et ne retrouvait son exubérance et sa jovialité d'antan qu'au cours des soupers qu'il organisait avec sa garde du corps et qui se prolongeaient parfois jusqu'au petit matin [1]. Le peuple continua à l'aimer, à lui obéir, à l'acclamer follement chaque fois qu'il se montrait en public. Mais en lui, quelque chose d'essentiel avait été brisé : la confiance en son pouvoir illimité de façonner les hommes à son image. Après tout, il n'était pas un Dieu...

— « Que le peuple ne s'occupe pas de politique pour le moment », dit-il au printemps de 1932 avec une nuance d'amertume. « Qu'il se consacre à l'agriculture, au commerce et à l'industrie. Il faut que je gouverne ce pays pendant dix ou quinze ans encore. Après cela, nous verrons s'il est capable de se diriger lui-même... »

Il l'aurait vu s'il avait vécu jusqu'en 1950. Car ce qu'il prenait pour une défaite allait se transformer, avec le temps, en une victoire posthume [2]. Mais bien qu'il n'eût que cinquante-deux ans, il ne lui restait plus que six ans à vivre...

1. On a beaucoup parlé de ces fameux « Soupers de Chankaya », sans comprendre toujours le rôle qu'ils jouaient dans la vie du dictateur. Dépourvus de tout protocole, et souvent fort animés, ils étaient, pour le Loup gris, à la fois des distractions et des moments de détente. Mais ils représentaient aussi un moyen de gouvernement. Il y convoquait les notabilités dont il n'était pas satisfait, et qu'il voulait brocarder en les couvrant de sarcasmes. Ou encore des inconnus dont on lui avait vanté les talents, et dont il voulait sonder le caractère avant de leur confier des postes officiels. Si son impression était bonne, il faisait placer son invité à sa droite, pour l'honorer aux yeux des autres convives, et sa promotion était rendue publique dès le lendemain.

2. L'évolution de la Turquie depuis la deuxième guerre mondiale dépasse le cadre de cet ouvrage. Ceux que cette question intéresse pourront lire les trois articles d'Edouard Sablier : *Boom en Turquie*, parus dans *Le Monde* des 7, 8, 9 et 10 août 1954. Ils y trouveront des renseignements du plus haut intérêt sur la façon dont les successeurs d'Atatürk ont administré son héritage.

CXIV

Le dernier acte important accompli par le Ghazi, fut relatif au régime des Détroits. A Lausanne, les Alliés avaient imposé à la Turquie une réglementation très stricte en ce qui concernait le Bosphore, la mer de Marmara et les Dardanelles. En vain, Tchitcherine avait fait remarquer « que le régime que l'on voulait instituer était une organisation de guerre, non de paix ». En vain, Ismet avait protesté contre « les limitations que le système envisagé apportait au principe de la souveraineté de la Turquie, admis cependant dans tous les autres domaines ». Les Puissances occidentales n'avaient pas voulu tenir compte de ces observations et le délégué turc avait dû s'incliner, pour ne pas compromettre les avantages qu'il avait obtenus par ailleurs.

En conséquence, l'article 23 du traité avait stipulé que les deux rives du Détroit des Dardanelles et du Bosphore (sans préjudice du régime particulier de Constantinople), toutes les îles de la mer de Marmara et, dans la mer Egée, les îles de Samothrace, Lemnos, Imbros, Tenedos et les îles aux Lapins, seraient démilitarisées. Il ne devrait s'y trouver aucune installation militaire, aucune base navale, ni aucune force armée en dehors de quelques formations de gendarmerie.

Le soin de contrôler l'application de ces mesures avait été confié à une Commission internationale — la « Commission des Détroits » — placée sous l'égide de la Société des Nations. Elle était composée de représentants de chacune des puissances signataires (Empire britannique, France, Italie, Japon, Grèce, Roumanie, Yougoslavie, Turquie). Si les dispositions du traité se trouvaient violées, ou si une guerre venait mettre en péril « la liberté des Détroits », c'était à la Société des Nations de les défendre « par tous les moyens qu'elle jugerait appropriés ».

415

Mais depuis 1923, date où avait été élaboré cet étrange règlement, la situation européenne avait beaucoup évolué. L'accroissement de la puissance aéro-navale italienne, la guerre d'Abyssinie, la tension croissante entre les Puissances de l'Axe et l'U.R.S.S., les vicissitudes de la guerre civile espagnole, avaient fait planer sur la Méditerranée des risques de conflit, qui pouvaient placer la Turquie d'un jour à l'autre dans une position très critique.

Mustapha Kémal décida de profiter de la tension internationale pour faire modifier le régime existant. Par une note du 10 avril 1936, le gouvernement turc convoqua à Montreux tous les signataires du Traité de Lausanne, dans le but d'établir un nouveau statut.

Toutes les puissances y répondirent, à l'exception de l'Italie. Après des discussions orageuses, qui durèrent près de trois mois, l'Angleterre et la France consentirent à apporter des modifications importantes à la réglementation des Détroits. Elles agirent ainsi pour être agréables à la Turquie, dont elles tenaient à se concilier l'amitié. La nouvelle convention fut signée à Montreux, le 20 juillet 1936.

Aux termes de cet accord, la Bulgarie, la France, la Grande-Bretagne, la Grèce, le Japon, la Roumanie, la Turquie, l'U.R.S.S., la Yougoslavie et l'Australie (qui agissait en tant que représentant des Dominions britanniques) décidèrent d'abolir le régime instauré à Lausanne. La souveraineté turque sur les Détroits fut rétablie, et les attributions de la Commission internationale transférées au gouvernement d'Ankara. Celui-ci reçut en outre le droit de remilitariser immédiatement cette zone. Enfin une série de prescriptions nouvelles réglementa, pour le temps de paix, le passage des vaisseaux de guerre étrangers (tonnage, préavis donné à la Turquie, durée du transit, conditions d'escorte, etc.) [1].

Ainsi, la dernière limitation imposée à la souveraineté de la Turquie — celle-là même sur laquelle Rauf avait fondé

---

1. Il serait trop long d'entrer dans les détails de cette réglementation. On en trouvera un excellent résumé dans la brochure de Jacques Grosbois : *La Turquie et les Détroits*, Paris, 1945.

son opposition au lendemain de la signature du traité de Lausanne — se trouvait effacée. La seule concession importante qu'Ismet s'était vu contraint de faire, et qui blessait d'autant plus vivement l'amour-propre des Turcs que leur position dans le monde avait considérablement grandi depuis lors, n'existait plus. Désormais la Turquie était maîtresse chez elle. L'œuvre de Mustapha Kémal était enfin achevée.

CXV

« Mustapha Kémal Ataturk, nous dit Armstrong, était un homme né hors de saison, un vivant anachronisme, un retour brusque aux Tartares de la steppe, un être doué d'une vitalité élémentaire. S'il avait vu le jour à l'époque où toute l'Asie centrale était en mouvement, il serait parti à cheval avec Ertogrul, sous la bannière du Loup gris, ayant au cœur la violence et les instincts de cette bête.

« Avec son génie militaire et sa volonté indomptable, que n'affaiblissaient ni les sentiments, ni les préjugés moraux, il aurait pu être un Tamerlan ou un Gengis Khan, galopant à la tête d'une horde de cavaliers sauvages, conquérant des royaumes, dévorant et saccageant les villes, et remplissant les intervalles de paix par des orgies effrénées.

« Mais il était l'héritier d'un empire mort, qui avait été ramené aux dimensions d'un petit pays — d'un petit pays agricole guetté par la misère. Il dut se contenter de moyens de fortune et se consacrer à l'éducation d'un peuple fruste et arriéré. Doté d'un cerveau d'empereur, il vécut dans une modeste maison du village de Chan-Kaya : un maître d'école en complet veston, dont les armes principales étaient un bâton de craie et un tableau noir.

« La nature l'avait créé pour des espaces immenses. Le destin lui assigna des limites étroites. Sa grandeur résida dans la façon dont il en prit conscience, — et dont il les accepta [1]. »

Il y a, en effet, une disproportion dramatique entre les dimensions de cet homme et celles de son pays. Mais c'est là, justement, ce qui donne à sa figure son relief particulier. Parce que son œuvre s'est trouvée concentrée dans un espace restreint, elle a gagné en force et en profondeur ce qu'elle a perdu en étendue. L'exiguïté de son champ d'action l'a empêchée de se disperser dans le vide. Elle l'a sévèrement circonscrite dans l'espace et dans le temps et l'a haussée vers le niveau où les actes humains acquièrent une valeur exemplaire.

Bien des hommes d'Etat — et des plus grands — ont été à un moment donné, dépassés par leur œuvre. Ils ont fini par succomber sous l'ampleur des problèmes qu'ils avaient suscités ou sous le poids des masses qu'ils avaient à régir. Chez Mustapha Kémal, nous ne trouvons rien de tel. Chez lui, la volonté domine de haut les événements et lui permet de les maîtriser avec une aisance souveraine. Aussi audacieux sur le champ de bataille que prudent sur le terrain politique, il traverse la vie d'une démarche si sûre que l'on est parfois tenté de se demander si les obstacles qu'il eut à surmonter étaient vraiment aussi redoutables qu'on veut bien nous le dire. Il faut y regarder de près pour s'apercevoir qu'un moins grand que lui s'y fût brisé cent fois.

Aussi ne rencontre-t-on dans sa vie rien de flottant ni d'indécis. Tout y est marqué au sceau d'une passion fougueuse, mais lucide. Tout s'y enchaîne avec une logique souveraine, qu'aucune force adverse n'est parvenue à fausser. C'est ce qui donne à son œuvre un caractère de continuité qui la rend comparable à la croissance d'un arbre.

Mais il y avait aussi, dans cette aventure sans précédent, un autre protagoniste auquel il serait injuste de ne pas rendre hommage : le peuple turc. C'est de sa confrontation

1. H. C. Armstrong : *Grey Wolf*, pp. 264-265.

avec Mustapha Kémal qu'est née la Turquie moderne. Au milieu de toutes ses difficultés, le Ghazi a eu la chance de savoir provoquer — et conserver — la confiance de ces rudes montagnards anatoliens, dont on a dit qu'ils étaient frustes et lourds, peut-être simplement parce qu'ils étaient solides et dévoués. Jamais ils ne se refusèrent au combat, ni ne mesurèrent leur peine. Jamais ils ne lui marchandèrent leur sang, ni leur sueur. Ils lui obéirent toujours, dans les bataillons de l'armée comme dans les équipes des usines. Sa lutte était leur lutte ; sa guerre était la leur.

Sans doute manifestèrent-ils parfois de l'impatience ou du mécontentement. Mais ces accès de mauvaise humeur ne provenaient pas de la rudesse avec laquelle il les traitait souvent. C'étaient des signes de découragement qui naissaient lorsqu'ils avaient l'impression que ce que leur demandait leur chef était au-dessus de leurs forces. L'avenir vers lequel il les conduisait dépassait la portée de leur regard, et les tâches qu'il leur imposait leur paraissaient souvent irréalisables. Mais dès que le Ghazi intervenait pour leur démontrer que ce qu'il leur demandait n'était nullement impossible, dès qu'il leur donnait l'impression de mesurer mieux qu'eux leurs capacités et leurs ressources, ils reprenaient aussitôt leurs fusils ou leurs pioches et se remettaient courageusement au travail. Leur bonne volonté était inépuisable. Il suffisait que les dénigreurs fussent écartés et que le maître parlât, pour qu'ils revinssent à lui d'un élan unanime.

Un jour, l'ambassadeur de Grande-Bretagne demanda, par le truchement d'un interprète, à un groupe de paysans qui vendaient des légumes sur le marché d'Ankara :

— « Pourquoi obéissez-vous ainsi à Mustapha Kémal ? »

Un jeune cultivateur lui répondit sans hésiter :

— « C'est parce qu'il nous connaît mieux que nous-mêmes, et sait, bien mieux que nous, ce dont nous avons besoin. »

Et le peuple turc eut raison de se fier au Ghazi. Car il subit entre ses mains une transformation prodigieuse et reçut de lui, en don, ce qu'il n'avait jamais possédé auparavant : une patrie. Pour la première fois, il eut ce qui conditionnait depuis longtemps déjà la vie des nations occidentales : un sol où il pût s'enraciner, un territoire qui lui fût propre. C'était là, pour le Turc quelque chose d'essentiellement nouveau, une source d'émotions encore jamais ressenties. Jadis, il avait conquis des terres — pour le Sultan ; puis il les avait administrées, défendues et exploitées — encore pour le Sultan. Mais que ce fût en Macédoine ou en Albanie, en Valachie ou en Bosnie, en Syrie ou en Palestine, jamais il n'avait contracté des liens intimes avec la terre qu'il habitait ; jamais il n'avait exercé sur elle un droit de propriété exclusif.

A présent, il possédait ce qui lui avait été si longtemps dénié : un petit fragment de la planète où il pouvait s'établir et fonder un foyer. A travers l'écroulement de l'Empire ottoman, et le feu de la guerre d'Indépendance, une patrie lui était née.

— « Il faut faire plus qu'une révolution ! » avait dit Mustapha Kémal à Arif et à Refet, sur le bateau qui les menait de Constantinople à Samsoun. « Les révolutions transforment les Etats existants. La Turquie n'existe pas encore. Il faut la mettre au monde... »

A la fin de sa vie, le Ghazi pouvait affirmer qu'il avait tenu parole. En dehors de sa tentative malheureuse pour créer une opposition, il avait atteint tous les buts qu'il s'était assignés. Combien y a-t-il d'hommes, dans l'Histoire, qui puissent en dire autant ?

CXVI

Mustapha Kémal mourut le 10 novembre 1938, au cours d'une visite à Constantinople, en laissant à l'Assemblée Nationale le soin de désigner son successeur. Le labeur écrasant qu'il s'était imposé, une alimentation déplorable (il ne mangeait presque plus que des pois chiches grillés), et une cirrhose du foie trop longtemps négligée, finirent par triompher de sa vitalité. En réalité, on pourrait dire qu'il s'était consumé lui-même. « Je lègue à la jeunesse, l'avenir et l'évolution de la nation », dit-il sur son lit de mort. C'était à elle, en effet, qu'il incombait désormais de poursuivre son œuvre. Car la vie d'une nation ne s'arrête jamais...

Le pays tout entier prit le deuil et lui fit des funérailles grandioses (21 novembre). Les représentants de tous les États du monde vinrent s'incliner devant sa dépouille mortelle. On vit les vainqueurs de la guerre de 1914-1918 rendre un suprême hommage à celui qui, bien que vaincu, les avait chassés de Turquie. Des régiments d'élite de la nouvelle armée, des bataillons d'honneur composés de vétérans de la guerre d'Indépendance, défilèrent pendant des heures devant le cercueil du commandant en chef, dressé au sommet d'un catafalque qu'entouraient des faisceaux de drapeaux voilés de crêpe. Puis, tandis que se répercutaient au loin les salves de coups de canon, le cercueil fut transporté sur une prolonge d'artillerie, jusqu'au sommet de la colline qui domine la capitale moderne et le champ de bataille de Bajazet.

En apprenant que le Ghazi n'était plus, tous les citoyens de la République donnèrent libre cours à leur douleur. Une vague de consternation passa sur le pays. Les anciens Comités de Libération se réunirent dans toutes les villes, et ne surent plus que faire. Les paysans se précipitèrent par centaines de milliers sur le bord des routes et sur les places des villages. Là, ils s'agenouillèrent dans la poussière, se demandèrent mutuellement pardon de leurs fautes et pleurèrent à chaudes larmes.

Le martyre de la guerre, le calvaire de la reconstruction, les bastonnades et les pendaisons, tout cela était effacé. Ils ne voyaient plus qu'une chose : le chemin parcouru au cours des vingt dernières années. La disparition du chef de l'État, dont l'amour brûlant ne leur avait jamais fait défaut, les frappait au plus profond d'eux-mêmes, comme s'il se fût agi d'un membre de leur famille.

Ataturk était mort : ils avaient perdu leur père.

CXVII

Deux ans et demi plus tard, l'auteur de ces lignes, en mission à Ankara, allait déposer une couronne de roses rouges sur le tombeau du vainqueur de la Sakharya, au nom du vainqueur de Verdun. C'était au mois de juillet. La chaleur était accablante. Un soleil vertical écrasait la plaine et les immeubles neufs de la capitale sous une cataracte de feu.

Tandis qu'il gravissait la colline au sommet de laquelle était enterré le Ghazi, il revoyait en pensée les étapes de cette carrière orageuse, si souvent éclaboussée de sang. Des images s'élevaient au fond de sa mémoire : un visage sombre, une main crispée, un long hurlement rauque sous le clair de lune d'Anatolie. Evoquant le souvenir de Gallipoli, de Smyrne, de Chanak, d'Erzeroum, et songeant au guerrier farouche qu'avait été le Loup Gris, il s'attendait à voir apparaître un lourd monument de granit et de bronze, surchargé de trophées, de canons et de l'inévitable arsenal des allégories officielles.

On le conduisit à un bâtiment simple mais élégant, devant lequel deux sentinelles en armes montaient la garde, immobiles. Ayant traversé un péristyle à colonnes, il pénétra dans la salle où se trouvait le tombeau et eut peine à réprimer un mouvement de surprise.

Sous une vaste tente de mousseline, d'une blancheur impondérable, quatre candélabres d'albâtre diffusaient une clarté laiteuse. Au centre de la pièce, totalement dénuée d'ornements, on ne voyait qu'une grande dalle blanche, légèrement surélevée. Le plafond, les murs, le sol recouvert de marbre, tout était d'un blanc pur, immaculé, absolu. Le silence n'était troublé que par le murmure d'une fontaine invisible dont les eaux, retombant dans quelque vasque profonde, ajoutaient à ce décor de rêve une sensation délicieuse de calme et de fraîcheur.

Apaisé, purifié, ayant enfin déposé les armes, le fondateur de la Turquie nouvelle reposait sous un bouclier de
neige, délivré du fardeau torturant de sa vitalité et lavé de
toutes les souillures du pouvoir. Il y avait un contraste
d'une acuité poignante entre cette âme si pesante et cette
sépulture si légère, où la mort apparaissait comme une
absolution de la vie.

Depuis lors [1], les cendres d'Ataturk ont été transportées en grande pompe dans son tombeau définitif. C'est
un mausolée immense, d'une sobre majesté, que la nation
turque a voulu édifier au plus grand de ses fils. Et sans
doute a-t-on eu raison de vouloir qu'il en soit ainsi,
tant pour les contemporains que pour les générations
futures. Car lorsqu'on rapproche en pensée l'image un peu
putride de la Corne d'Or de celle, si pure et si dépouillée.
du Panthéon d'Ankara, tout proclame au grand jour l'es-
sence de l'œuvre kémalienne et l'on mesure d'un seul coup
d'œil la transformation subie par la nation sous l'égide de
son chef. Certes, il ne fallait rien de moins que l'écroulement d'un empire pour que ces propylées de marbre pussent jaillir vers le ciel lumineux du haut plateau d'Anatolie, telles un hymne dédié à la résurrection et à la
jeunesse !

Mais bien que ce monument soit une réussite parfaite,
son ordonnance sereine et en quelque sorte statique ne reflète
guère le caractère fougueux et passionné de celui dont elle
abrite la dépouille mortelle. C'est pourquoi l'on ne peut
s'empêcher, malgré soi, de regretter la tente légère qui lui
servait primitivement de sépulture et qui, évoquant la vie
errante de ses ancêtres, rattachait le Loup gris d'Angora
aux cavaliers nomades d'Ertogrul.

1. Le 10 novembre 1953.

APPENDICE

Le présent ouvrage était déjà paru, lorsque l'amiral Moreau a eu la bonté de me faire parvenir un document du plus haut intérêt, qui n'a pas encore été porté à la connaissance du public. Il s'agit de notes rédigées par lui au moment de la prise de Smyrne par les troupes kémalistes. Il servait alors comme capitaine de corvette et exerçait les fonctions de sous-chef d'Etat-Major de l'amiral Dumesnil, commandant la Division navale du Levant.

On voit passer, dans ces quelques pages, tous les faits essentiels qui dominaient la situation de la Turquie à cette époque : l'entrée des troupes victorieuses à Smyrne, l'incendie de la ville, l'antagonisme turco-hellénique, la question arménienne, l'attitude des forces françaises et britanniques, les risques d'un heurt entre les Turcs et les Alliés à Chanak, les problèmes de la Thrace, de Constantinople et des Détroits, enfin l'armistice de Mondania.

On y voit aussi s'amorcer, grâce à l'action conjointe du général Pellé, de l'amiral Dumesnil et de M. Franklin-Bouillon, une politique bienveillante de la France à l'égard de la Turquie nouvelle. Cette politique devait se développer au cours des années suivantes, et créer entre les deux pays, les liens d'amitié que l'on sait.

Pour une fois que la politique française n'était pas en retard, le fait mérite d'être salué au passage.

B.-M.

LA PRISE DE SMYRNE
PAR L'ARMÉE TURQUE KÉMALISTE EN 1922

Le 9 septembre 1922, l'armée turque, poursuivant l'armée grecque en déroute, entre à Smyrne. Sur rade se trouve une escadre française, venue protéger les intérêts de nos ressortissants. Elle est commandée par le Contre-Amiral Dumesnil et comprend les croiseurs *Ernest-Renan* et *Edgar-Quinet*, le cuirassé *Jean-Bart* et plusieurs torpilleurs.

Le 10, l'Amiral dont je suis le sous-chef d'état-major, m'envoie saluer le Commandant de la 1re Armée turque, Général Noureddin Pacha, qui vient de faire son entrée dans la ville. Je le trouve au Konak de Smyrne, en compagnie d'Izeddin Pacha, nommé Gouverneur de la ville.

Il me reçoit courtoisement, et je cause quelques instants avec lui. Je rapporte l'impression que ces Turcs victorieux se sentent les héritiers des Mongols de Gengiskhan et ne sont pas près de s'incliner devant l'Europe et la civilisation occidentale.

Au moment où je sors du Konak, des soldats, criant et gesticulant, amènent un prisonnier. Sur un simple geste d'un officier, on l'égorge d'un coup de sabre, absolument comme un mouton, au pied du perron du Konak. « Un pillard » me dit-on.

Le lendemain 11, l'Amiral Dumesnil, accompagné du Consul Général de France, M. Graillet, du Vice-Consul, M. Lebigot, et de moi-même, vient à dix heures faire visite à Noureddin Pacha au Konak.

Après l'échange de compliments, la conversation s'établit, très courtoise, entre l'Amiral et Noureddin Pacha sur les nouvelles de la journée. Noureddin parle assez bien le français, mais s'exprime lentement et semble par moment ne pas comprendre immédiatement les idées qu'exprime l'Amiral qui est, deux ou trois fois au cours de la conversation, amené à lui répéter une phrase pour la lui faire saisir complètement. Sa physionomie indique d'ailleurs très clairement s'il saisit et partage les idées exprimées devant lui.

L'Amiral lui remet les radios de presse reçus la veille. Noureddin les parcourt avec intérêt. L'Amiral attire son attention sur les nouvelles de Turquie transmises par la station de T.S.F. de Croix d'Hins : la rédaction du communiqué de presse annonçant l'entrée des Turcs à Smyrne et rendant hommage à leur correction est identique à celle du télégramme envoyé par lui à Paris.

Noureddin s'intéresse beaucoup à Brousse dont il est originaire. Il demande si nous savons si la ville est occupée par les Turcs. L'Amiral répond que la ville ne doit pas être encore occupée, mais que le Général Pellé a envoyé deux compagnies d'infanterie pour assurer l'ordre et prévenir tous pillages. Aux dernières nouvelles, l'occupation serait imminente.

Ici courte digression sur la rapidité de la marche de l'armée turque et l'étendue de sa victoire, sujet sur lequel Noureddin revient fréquemment, avec un certain orgueil, bien légitime. Il raconte avec satisfaction la capture du 18e régiment grec, faite hier aux portes de Smyrne.

L'Amiral aborde les questions entamées au cours de la visite faite la veille par le Consul Général à Noureddin.

L'AMIRAL. — Nous avons dans nos établissements religieux de très nombreux réfugiés, en tout peut-être 7 à 8.000. Ces gens ne sont qu'en très petit nombre des nationaux ou des protégés français. La plupart sont des Grecs ou des Arméniens frappés de panique et auxquels ces établissements n'ont pas pu fermer leurs portes. Il est difficile de les nourrir et de leur faire prendre des mesures d'hygiène.

NOUREDDIN constate que l'état des réfugiés est lamentable et qu'ils sont très nombreux. Dans un certain quartier de la ville on lui en signale 10.000.

L'AMIRAL. — Dans un de ces établissements, à Koula, chez les Sœurs de Saint-Vincent de Paul, il y a environ 2.000 réfugiés. Or, hier après-midi, un officier turc, accompagné de quelques hommes, est venu demander la livraison de ceux qui n'étaient pas ressortissants français. Comme il n'apportait pas d'ordre écrit, l'officier commandant le détachement de marins français gardant l'établissement, a refusé de les livrer. D'ailleurs les forces dont disposait l'officier turc étaient insuffisantes pour conduire cette masse et il n'aurait pu que semer la panique et amener des incidents.

Nous n'avons nullement l'intention de conserver chez nous les gens qui ne sont pas nos ressortissants. Mais pour les faire partir il nous est cependant nécessaire de prendre quelques ménagements, pour ne pas porter tort au bon renom de la France, et d'avoir en particulier l'affirmation que leurs existences ne sont pas en danger.

La première condition pour faire partir ces réfugiés serait que les autorités turques, dans une déclaration écrite, fassent connaître qu'elles sont en mesure d'assurer la police dans la ville, et qu'elles invitent en conséquence les habitants à regagner leurs domiciles.

NOUREDDIN. — Il m'est très difficile d'assurer la police actuellement comme je le voudrais : c'est ainsi que j'aurais besoin de 250 agents de police et que je ne trouve pas la moitié de ce nombre. Je suis donc forcé de maintenir l'ordre avec des soldats, jusqu'au moment où nous aurons les anciens agents, que je fais rechercher dans les régiments.

L'AMIRAL. — Il est évident que vous ne pouvez faire autrement, mais ne pensez-vous pas que le maintien dans une ville d'une armée nombreuse, alors que la gendarmerie est insuffisante, peut avoir des inconvénients graves, car dans toutes les armées il se commet des actes de pillage. Avez-vous beaucoup de soldats dans la ville ?

NOUREDDIN. — Une division de cavalerie et une d'infanterie. L'ordre se rétablit peu à peu. Hier les coups de fusil dans les rues étaient très fréquents. Aujourd'hui ils sont très rares, mais il y a encore des actes de pillage. Je vais donner des ordres très sévères pour le châtiment des pillards, qu'ils soient réguliers ou non. Il y a aussi les Arméniens retranchés dans leurs églises et dans leurs maisons, et qui tirent sur nos troupes.

L'AMIRAL. — Dans ces conditions, avant de faire évacuer nos établissements par les non-ressortissants français, il serait utile que vous adressiez une lettre ou une sorte de proclamation dont on puisse donner lecture aux réfugiés, les invitant à regagner leurs demeures en ville, leur sécurité étant assurée. Des patrouilles françaises et turques pourraient les ramener à domicile. Quant aux réfugiés venus de l'intérieur du pays, il faudrait leur fixer des points de rassemblement, des sortes de camps de concentration. Une fois ces réfugiés partis, nous pourrons retirer la plupart de nos marins des établissements qu'ils occupent.

Ici Noureddin Pacha hésite un moment et semble d'abord chercher à éviter de donner une réponse précise. Puis, après quelques phrases vagues, il se décide :

NOUREDDIN. — Je vais être obligé de donner des ordres que la situation militaire de mon pays rend nécessaires.

L'intérieur du pays a été dévasté par l'armée grecque. D'autre part les populations grecques de la côte nous trahissent et s'entendent avec nos ennemis ; nous l'avons vu pendant la guerre.

J'ai ordonné [1] de faire sortir de Smyrne les Grecs et les Arméniens qui habitent la ville et de les déporter dans l'intérieur, dans les régions dévastées.

Ici l'Amiral et le Consul Général marquent une certaine surprise.

L'AMIRAL. — Ce programme peut en effet répondre à des buts militaires. Mais pensez-vous réellement qu'il soit à appliquer dans les circonstances actuelles, et n'en voyez-vous pas les inconvénients ? Je voudrais vous indiquer ceux qui me viennent à l'esprit en me plaçant uniquement au point de vue des intérêts matériels des Turcs. Vous savez que j'ai toujours témoigné ma sympathie à ceux-ci et que je ne puis être suspecté de favoriser les intérêts grecs.

Il y a un moment où le rôle de l'armée est terminé et où il faut se préoccuper d'administrer les territoires. Cette population grecque est une population urbaine, de commerçants ou d'artisans. Son départ de Smyrne aura pour effet de ruiner la ville complètement car c'est elle qui la fait vivre, qui en assure la subsistance et qui en fait la prospérité. D'autre part elle n'est pas habituée aux travaux des champs et elle sera incapable de relever vos ruines.

Il est certain qu'il y a dans cette population des individus contre lesquels vous devez avoir à prendre des sanctions. Vous n'avez qu'à déférer ces individus aux tribunaux réguliers et à les faire juger.

Mais, une fois punis les gens qui le méritent, si vous laissez sur place la masse de la population, vous pouvez la faire travailler à votre profit, lui faire payer des impôts élevés, lui faire restituer l'argent indûment et exagérément gagné par elle pendant la guerre. Les Grecs de Smyrne sont riches, leur déportation les ruine sans profit pour vous.

NOUREDDIN. — Combien pourrait-on leur demander ?

LE CONSUL. — Il ne manque pas de banquiers qui pourraient l'évaluer. Sans doute des millions de livres turques.

L'AMIRAL. — Votre victoire a fait remonter le cours de la livre turque. La fermeture de Smyrne et la ruine de son com-

1. Il est difficile de déterminer si l'ordre a déjà été donné, ou s'il va être donné.

merce auraient pour conséquence de la faire retomber aussitôt.
NOUREDDIN. — Que nous importe ? Depuis plus de deux ans
que dure cette guerre, nous avons vécu sans argent, nous
n'avons pas fait d'emprunt, personne ne nous a soutenus.
Maintenant que nous sommes vainqueurs, nous en avons
encore moins besoin.

L'AMIRAL. — Au contraire. Vous pouviez vivre de rien quand
vous étiez confinés sur les plateaux d'Anatolie. Maintenant,
vous avez reconquis presque entièrement votre pays d'Asie,
vous allez reprendre pied en Thrace, vous serez sans doute
prochainement à Constantinople. Vous aurez besoin, pour
réorganiser la Turquie, de beaucoup d'argent.

NOUREDDIN. — Nous n'avons eu besoin de rien pour atteindre
nos premiers buts, et nous atteindrons tous ceux qu'a fixés
la Grande Assemblée Nationale avec nos propres ressources.

L'AMIRAL. — Oui, mais maintenant la Grèce qui était en
face de vous ne compte plus, son armée étant détruite. Vous
vous trouvez en présence des puissances de l'Entente, avec
lesquelles vous avez dit que vous vouliez avoir de bonnes relations. Tant que vous restiez dans l'intérieur de l'Anatolie,
vous étiez isolés du monde ; maintenant votre victoire vous
ouvre une porte vers l'Occident, vous allez être obligés d'entrer en relations avec lui. A Smyrne, les Consuls étrangers
seront les témoins de toutes les mesures que vous prendrez,
et vous avez intérêt à ce qu'ils donnent de vous une bonne
opinion à leur pays. Vous avez certes le droit de punir les
crimes, mais il faut le faire régulièrement.

Il ne faudrait pas risquer de compromettre la situation
magnifique qui est la vôtre en ce moment par des actes
comme ceux dont vous parlez, qui auraient pour conséquence
la ruine de Smyrne et sans doute le pillage de la plupart de
ses maisons.

Vous n'avez plus rien à redouter du panhellénisme qui est
détruit pour longtemps. Vos anciens sujets grecs de Smyrne
maintenant reconquis ont pu apprécier la différence entre
l'administration de la Grèce et l'ancienne administration turque : beaucoup regrettaient cette dernière ; c'est le moment
de vous les concilier à nouveau.

Enfin vous allez avoir à traiter avec les puissances alliées,
à refaire le traité de Sèvres. Les Grecs, pendant l'occupation
et pendant leur retraite, ont commis des actes abominables.
Votre modération et votre esprit de justice peuvent vous
concilier la sympathie de tous les peuples civilisés : c'est une
occasion que vous ne devez pas laisser échapper.

NOUREDDIN. — Nous n'avons pas de flotte : nous ne pouvons

rien faire sur mer. Il faut donc que nous éloignions de la mer ces populations qui sont nos ennemies. Elles nous ont trop fait endurer pour que nous puissions les plaindre. Les crimes commis par les Grecs sont trop grands.

C'est ainsi, pour citer un exemple, que, dans l'intérieur, ils ont cerné une ville de 8.000 maisons et y ont ensuite mis le feu, en coupant en même temps les conduites d'eau [1].

Nous devons nous préserver et ne considérer que le côté militaire de la question. En Europe, on a dit de nous tantôt du bien, tantôt du mal : cela ne nous a pas empêchés de poursuivre notre chemin !

L'AMIRAL. — Mais, sans prendre des mesures aussi draconiennes que celles que vous envisagez, vous avez des moyens d'action sur la population grecque et arménienne, pour maintenir l'ordre et pour l'empêcher de commettre des actes qui pourraient vous être nuisibles : le clergé orthodoxe a fanatisé cette population ; il y sème maintenant la panique. Ordonnez à ce clergé de la ramener dans le droit chemin, vous pouvez vous en faire obéir.

Il ne semble pas que cette longue discussion ait réussi à modifier complètement la décision de Noureddin et à l'amener à dévier de la ligne de conduite qu'il semblait s'être tracée. Il a toutefois paru sensible aux arguments de l'Amiral. En particulier la possibilité de tirer un parti financier de la présence de la population grecque semble l'avoir spécialement intéressé.

La conversation dévie et Noureddin donne des renseignements sur l'offensive turque, en militaire plein de son sujet. Il offre à l'Amiral de lui faire un autre jour l'exposé sur la carte de sa manœuvre.

L'Armée grecque du Sud comptait 9 divisions, l'Armée turque 4 corps d'armée (3 d'infanterie, 1 de cavalerie), à 3 divisions par C. A. — 10 bataillons par division.

L'organisation en vue du percement du front grec a commencé il y a un an, après la bataille de la Sakaria. On a choisi le moment où les champs étaient pleins d'orge, pouvant nourrir la cavalerie, et où les rivières étaient à sec. La préparation de l'attaque elle-même a duré 26 jours, elle a été faite de

---

1. Il semble que la ville dont parle Noureddin soit Kassaba, car il se réfère au cours de son récit au témoignage d'habitants de Kassaba.

nuit. Les Grecs ont été complètement trompés : ils croyaient n'avoir devant eux que 3 divisions, et ce sont 11 divisions turques qui ont attaqué 4 divisions grecques le 26 août.

La manœuvre des Turcs a été extrêmement rapide une fois le front enfoncé. La cavalerie et l'infanterie ont avancé à toute vitesse, et fourni un effort considérable. C'est grâce à cet effort que les Turcs sont arrivés avant les Grecs sur la position de repli préparée par ceux-ci à Dumlu-Punar, ce qui leur a permis de capturer le Général Trocoupis et les autres chefs de corps. Au cours de cette manœuvre, à l'aile marchante (gauche), certains régiments ont fait 60 kilomètres dans la journée pour se battre ensuite à la nuit et se remettre en marche le lendemain. Les soldats pendant la poursuite n'ont pas cessé de dire : Nous ne nous reposerons qu'à Smyrne !

L'Amiral informe ensuite Noureddin qu'il enverra un officier supérieur informer Mustapha Kémal, arrivé hier à Cordelio, de sa présence sur rade et le saluer. Il est convenu qu'un officier de liaison turc se rendra au Consulat deux fois par jour.

L'Amiral annonce que nous allons retirer notre garde des ateliers du chemin de fer de Kassala, dès que les Turcs pourront y mettre un poste suffisant. Les modalités de l'opération sont réglées.

Il est entendu que les officiers peuvent descendre à terre sans difficulté, mais l'Amiral ajoute qu'ils ne descendront qu'en service et aussi peu nombreux que possible. Le Général acquiesce en signalant qu'il peut arriver des incidents regrettables dont il ne serait pas responsable, car on tire encore quelques coups de fusil dans les rues.

L'entrevue prend fin vers 11 h. 15,

Le 13 septembre au matin je vais à Cordelio, à la villa où réside Mustapha Kémal, et j'y suis reçu par Ismet Pacha, commandant le Front de l'Ouest. La veille, 12 septembre, l'Amiral a envoyé le Capitaine de Frégate Pervinquière, son Chef d'Etat-Major, saluer Mustapha Kémal qui a répondu en envoyant à bord de l'*Edgar-Quinet* un Colonel pour exprimer son désir de voir l'Amiral.

Rendez-vous est pris pour le 15 septembre.

Dans l'après-midi du 13, un incendie se déclare dans la ville de Smyrne. Poussé par un vent violent, le feu se propage rapidement : bientôt des quartiers entiers sont en flammes. Une panique indescriptible règne dans la ville : les uns accusent les Turcs d'avoir mis le feu, les autres en rendent responsables les Arméniens qui n'ont pas déposé les armes. Il est impossible de circonscrire le désastre. Les flammèches transportées par le vent passent par-dessus les rues, et les maisons prennent feu par les toits. Dans la soirée, presque toute la ville brûle, et l'incendie se rapproche de la mer. Une foule innombrable de fuyards envahit les quais et nos marins ne peuvent qu'à grand peine maintenir un passage libre pour accéder au Consulat de France où l'Amiral s'est transporté. Nos embarcations font le va-et-vient avec les bâtiments sur rade pour y conduire les Français qui y cherchent un refuge, mais il est bien difficile, dans cette cohue affolée, de reconnaître qui est Français... Il y a des femmes qui, du haut des quais, lancent des enfants dans nos canots dans l'espoir de les mettre à l'abri du feu, de plus en plus menaçant. Vers deux heures du matin, il faut évacuer le Consulat qui va flamber à son tour. Les quais deviennent intenables dans toute la partie qui correspond au centre de la ville, et nos marins se replient dans la direction du fond de la rade ; la foule des réfugiés, évidemment impressionnée par le bon ordre et le calme de leur troupe, les accompagne docilement le long de la mer, jusque dans la région qui n'est plus menacée.

Dans la matinée du 14, le vent tombe, le feu se calme peu à peu, mais les dégâts sont immenses : toute la partie européenne de Smyrne est détruite. Des dizaines de milliers de gens sont sans abri ; les bâtiments sur rade sont pleins de réfugiés. Il est impossible d'évaluer le nombre des victimes.

Le 15, à 17 h. 30, l'Amiral Dumesnil se rend à la résidence de Mustapha Kémal, à Gueuz Tépé, faubourg de Smyrne. Il est accompagné par M. Graillet, Consul Général de France, par le Lieutenant Lafont, officier de liaison du Haut Commissaire de France auprès du Consul Général, et par moi-même (Capitaine de Corvette Moreau).

Mustapha Kémal reçoit ses visiteurs en présence d'Ismet Pacha, Commandant le Front Ouest. La conversation a lieu sans interprète, les deux pachas comprenant et parlant le français. Toutefois, Ismet Pacha étant très dur d'oreille, Mustapha Kémal lui répète quelquefois en turc les paroles de l'Amiral.

L'AMIRAL expose tout d'abord la situation qui résulte pour la colonie française de l'incendie de Smyrne. Nous avons dû recevoir à bord de nos bâtiments de nombreux réfugiés, dont des Grecs et des Arméniens, dans le grand afflux de population envahissant les quais au moment de l'incendie. Ces derniers ont été expédiés au Pirée.

Mais nous avons à notre charge de nombreux Français ou protégés Français, dont beaucoup n'ont plus d'abri. D'autres ont encore des maisons, mais n'osent pas y rentrer parce qu'ils considèrent que leur sécurité n'est plus assurée. Cependant la plupart de ceux-ci redoutaient seulement l'armée grecque, certains s'étaient même compromis vis-à-vis des Grecs par l'aide qu'ils avaient apportée à la cause turque. Ils croyaient par conséquent n'avoir plus rien à craindre une fois les Grecs partis.

Il y a eu malheureusement des pillages et même des actes pires. Ceux-ci étaient, il est vrai, difficiles à éviter de la part d'une armée victorieuse, dont tous les éléments ne sont pas réguliers, et qui vient d'avoir le spectacle des dévastations commises par les Grecs. Ces événements ont déchaîné dans toute une population très nerveuse une émotion qui est allée en s'amplifiant et qui a gagné même les membres de la colonie française.

Beaucoup de gens songent par suite à s'en aller. Pour les faire rester, il faudrait leur donner une impression de sécurité qu'il serait facile d'obtenir dès à présent, dans des endroits tels que Cordelio par exemple, où l'incendie n'a pas sévi.

Il serait utile à cet effet d'avoir tout d'abord des postes de gendarmerie ou de police fortement constitués, où les gens qui croiraient avoir quelque chose à redouter pourraient venir demander protection. En second lieu, il y aurait intérêt à réduire autant que possible la densité des troupes.

MUSTAPHA KÉMAL répond que les Turcs vont faire des efforts pour appliquer ce programme. Ils n'ont pas eu jusqu'à présent les gendarmes nécessaires parce que ceux-ci n'ont pas pu suivre l'armée. Mais le rétablissement de l'ordre est proche : la sécurité sera garantie, si ce n'est demain, du moins dans deux jours. Si l'Amiral désire faire préciser des mesures de police particulières, il pourra s'entendre à cet effet avec Ismet Pacha.

D'autre part, Mustapha Kémal avait essayé d'éviter une occupation de vive force de la ville, et il avait dans ce but répondu immédiatement au télégramme envoyé par l'Amiral pour proposer des pourparlers entre les Consuls alliés et le commandement de l'Armée. Mais les délais de transmission de sa réponse, qui a dû passer par Angora et Constantinople, ont été tels, que l'armée était déjà entrée en ville quand cette réponse est parvenue à l'Amiral.

L'AMIRAL répond qu'il enverra un officier de son état-major voir Ismet Pacha pour la question de la police.

Mais une des raisons pour lesquelles la panique s'est répandue parmi les réfugiés est l'arrestation d'une partie de la population masculine, grecque ou arménienne, arrestation qui terrorise les femmes.

L'Amiral avait déjà exposé à Noureddin Pacha les inconvénients de la mesure que ce dernier avait dit vouloir prendre, c'est-à-dire la déportation dans l'intérieur de tous les Grecs et Arméniens.

MUSTAPHA KÉMAL répond que Noureddin a un peu exagéré et a dû parler en militaire, dans l'excitation de la victoire. Les intentions des Turcs ne sont pas aussi draconiennes.

Sur la demande de Mustapha Kémal, ISMET PACHA explique alors les mesures prises :

Les Grecs avaient ordonné le recrutement de la population grecque des territoires occupés par eux. Les Turcs étaient, par suite, fondés à considérer cette population comme ennemie et à prendre des dispositions pour empêcher les hommes pouvant porter les armes de passer en Thrace et de reconstituer une armée grecque. C'est pourquoi ils ont décidé d'interner dans des camps de concentration les hommes de 18 à 45 ans.

L'AMIRAL reconnaît que cette mesure se justifie militairement, mais il serait utile de l'expliquer officiellement et de lui donner toute la publicité possible, pour rassurer la population et éviter qu'on ne rappelle à son sujet, à Smyrne ou même à l'étranger, les souvenirs de déportations particulièrement cruelles dont la presse a beaucoup parlé. Il faudrait aussi annoncer que, dès le rétablissement de la paix, ces mesures seront rapportées.

MUSTAPHA KÉMAL approuve nettement ce programme.

L'AMIRAL expose que d'ailleurs beaucoup de ces anciens sujets ottomans, recrutés par les Grecs, n'étaient pas au front, et qu'après leur expérience malheureuse de l'administration hellénique, ils regrettent fort probablement l'ancien régime turc et sont peu disposés à collaborer avec les gens de la Vieille Grèce.

MUSTAPHA KÉMAL dit qu'il partage cette opinion.

L'AMIRAL parle alors du ravitaillement des réfugiés. Il est très difficile d'assurer leur subsistance et les bâtiments français sont prêts à donner leur concours dans la mesure de leurs moyens. Nous nous efforçons de faire ouvrir les boulangeries ; il y a en ville des fours qui pourraient fonctionner : nous ne demandons qu'à faire le nécessaire.

Mais cela ne peut être qu'une mesure provisoire. Il faut que des organisations civiles spécialement outillées prennent la question en mains. Les Croix-Rouges sont tout indiquées pour cela, et nous avons déjà demandé à Constantinople des secours. Un vapeur doit nous en apporter.

MUSTAPHA KÉMAL. — J'ai déjà reçu un télégramme d'Hamid Bey qui m'indique qu'on s'occupe de Smyrne à Constantinople. Ce télégramme m'est arrivé par votre intermédiaire et je vous en remercie. Nous nous occupons très sérieusement du ravitaillement. Il y a encore des stocks de blé et d'orge suffisants.

L'Amiral aborde alors la question des causes de l'incendie de Smyrne.

L'AMIRAL. — Le bruit court en ville que ce sont les Turcs qui ont mis le feu. Beaucoup de gens racontent avec force détails les avoir vus verser du pétrole. J'ai fait faire aussitôt des enquêtes par des officiers de mon état-major. Elles n'ont pas confirmé ces bruits. Mais ceux-ci courent toujours : l'Amiral anglais, m'a-t-on dit, croit à la culpabilité des Turcs.

MUSTAPHA KÉMAL. — Nous savons qu'il y avait à Smyrne une organisation qui existait déjà avant l'occupation turque et qui avait pour but la préparation de l'incendie.

L'AMIRAL. — Je crois aussi qu'on ne peut pas accuser les Turcs d'avoir brûlé Smyrne volontairement. Ce serait absurde. Mais il serait nécessaire, dans l'intérêt de leur cause, qu'ils dissipent immédiatement la légende qui s'établit autour de cet incendie. Pour cela un excellent moyen serait d'abord de me donner de quoi prouver que ma conviction est justifiée. En second lieu, il serait peut-être bon de proposer que des délégués officiels des divers pays viennent assister à l'enquête qui sera faite.

MUSTAPHA KÉMAL. — Je ne peux pas de moi-même inviter des délégués étrangers à venir ici. Il me faut l'autorisation du Gouvernement d'Angora.

L'AMIRAL. — Mais pouvez-vous me donner ce que vous avez actuellement comme preuves ?

MUSTAPHA KÉMAL. — Nous savons qu'une organisation existait en vue de l'incendie. Nous avons même trouvé chez des femmes arméniennes « le né essaire pour mettre le feu ». Nous avons arrêté plusieurs incendiaires. Avant notre arrivée, des discours ont été prononcés dans les églises pour représenter comme un devoir sacré d'incendier la ville.

L'Amiral. — Est-ce que je puis faire état officiellement de vos déclarations ?

Mustapha Kémal. — Oui, cet incendie est un incident « désagréable ».

L'Amiral relève le mot en ajoutant que « désagréable » lui semble un terme un peu faible. Il ajoute :

Cependant cet incendie n'est qu'un épisode, et il y a des questions auprès desquelles il peut paraître d'une importance secondaire.

Je vais partir bientôt, demain ou dans deux jours, pour Constantinople. Je me ferai un plaisir de transmettre au Général Pellé les communications que vous pourriez avoir à lui faire.

Mustapha Kémal. — Je vous demanderai de porter une lettre de moi, à Hamid Bey. J'ai déjà eu l'occasion de connaître le Général Pellé, et j'ai pour lui beaucoup d'amitié.

L'Amiral. — Je ne veux pas vous poser de questions indiscrètes. Tout cet entretien est strictement personnel, et je n'ai aucune qualité pour vous questionner. Si donc vous croyez ne pas pouvoir répondre à tout ce que je vous demande dans une conversation amicale privée, je vous serais reconnaissant de me le dire franchement.

Il serait certainement très agréable au Général Pellé de recevoir une communication de votre part.

Vous savez qu'il va se trouver dans une situation délicate. Il est possible en effet que dans un avenir prochain il ait à faire acte de solidarité avec nos alliés anglais et italiens dont nous ne pouvons ni ne voulons nous séparer. Vous savez en effet qu'il y a des détachements alliés à Chanak et dans la région voisine d'Ismid. Vous avez atteint Smyrne, mais ce n'est qu'un de vos buts. Vous avez probablement l'intention de compléter votre programme. Mais il serait tout à fait regrettable que cela amène des frictions entre vos troupes et les troupes alliées qui gardent les Détroits.

Mustapha Kémal. — Ce serait en effet très regrettable, et je ne veux pas imaginer que cela puisse arriver.

L'Amiral. — Nous nous retrouvons dans les conditions de l'armistice : l'armée alliée garde une zone neutre.

Mustapha Kémal. — Nous ne connaissons pas de zone neutre. Nous n'avons pas reconnu l'armistice.

L'Amiral. — Quoi qu'il en soit, il y a des troupes alliées dans la région de Constantinople. Ces troupes viennent de vous rendre tout dernièrement un grand service et de faire la preuve éclatante de leur neutralité. Vous n'êtes pas, je crois, en très bons rapports avec les Anglais, mais il faut être juste, même avec ses ennemis. Le Général Harrington, en ordonnant aux troupes alliées d'empêcher l'armée grecque de marcher sur Constantinople, vous a aidés. Son attitude, de l'avis de tous, a été parfaitement nette et correcte en cette circonstance. Il ne faut pas oublier que si les régiments grecs, qui ont été transportés en Thrace et qui n'étaient pas parmi les plus mauvais de l'armée, étaient restés en Asie Mineure, votre victoire aurait peut-être été plus difficile.

MUSTAPHA KÉMAL acquiesce.

L'AMIRAL. — Pour éviter les frictions entre vos troupes et les troupes alliées, le moment serait peut-être venu de commencer des conversations diplomatiques. Il y a toujours un moment où l'action militaire doit cesser, et où les pourparlers doivent lui succéder. Au moment de la conférence de Paris, vous posiez comme condition à l'ouverture de négociations l'évacuation de l'Asie Mineure par les Grecs. Sous la pression de vos forces, cette évacuation s'est opérée depuis, plus rapidement même que vous ne l'attendiez... (Sourire de Mustapha Kémal). Vous pouvez donc maintenant commencer les conversations, à moins que vous n'ayez décidé de poursuivre votre action militaire.

MUSTAPHA KÉMAL. — Je suis tout disposé à entrer en conversations, mais il faudrait que la solution soit rapide, car mon armée ne saurait sans graves inconvénients maintenant rester longtemps inactive.

L'AMIRAL. — Il y a deux méthodes pour entrer en conversations. Etant donnée votre victoire, vous pouvez maintenant annoncer aux Alliés que vous êtes toujours prêt à négocier, — ou bien au contraire vous pouvez attendre qu'ils vous fassent les premières propositions.

MUSTAPHA KÉMAL. — Je préfère la deuxième méthode, car la première pourrait être interprétée comme un indice de faiblesse. On pourrait croire que nous sommes épuisés par l'effort déjà fourni.

L'AMIRAL. — Cependant ce serait un beau geste de votre part au moment où vous venez de remporter une grande victoire.

MUSTAPHA KÉMAL. — Je ne peux cependant accepter d'user de ce procédé : déjà au moment où nous avions la certitude de pouvoir facilement écraser l'armée grecque, nous avons prié Londres d'ouvrir des pourparlers de paix. On ne nous a pas écoutés. Notre expérience nous enseigne donc de ne pas accepter cette solution.

L'AMIRAL. — Il y a peut-être une troisième méthode : ce serait d'engager des conversations officieuses, qui permettraient de préparer le terrain en vue d'une conférence.

Mustapha Kémal. — Je suis tout à fait partisan de cette méthode.

L'Amiral. — Dans ce cas, je pourrais transmettre au Général Pellé les communications que vous désireriez lui faire. Il serait possible de poser les premiers jalons en vue d'un accord. Y a-t-il une indiscrétion à vous demander sur quelles bases vous voulez poursuivre l'établissement de la paix ?

Mustapha Kémal. — Ce sont toujours les mêmes, celles du Pacte National. Nous voulons naturellement toute l'Asie Mineure, et aussi tout le pays habité par les Turcs en Europe.

L'Amiral. — Si je me rappelle bien les termes du Pacte National, ceci comprend la Thrace avec Andrinople.

Mustapha Kémal. — Oui, nous demandons toute la Thrace orientale, jusqu'à la Maritza. La Thrace occidentale a moins d'importance pour nous, et nous sommes tout disposés à envisager des plébiscites.

L'Amiral. — La question qui risque d'amener le plus de difficultés est celle de la liberté des Détroits. C'est celle qui préoccupe le plus l'Angleterre en particulier.

D'après les propositions de la conférence de Paris, la frontière de Thrace devait partir de Rodosto, les Grecs conservant la presqu'île de Gallipoli. Si je me souviens bien, vous n'avez été intransigeants que sur la question de cette occupation, que vous ne voulez admettre en aucune manière, et sur la question d'Andrinople.

Mustapha Kémal. — Dans le Pacte National, nous avons admis la liberté des Détroits, sur laquelle nous sommes prêts à donner des garanties, à condition que la sécurité de Constantinople soit assurée. Nous sommes prêts à accepter toute formule satisfaisante qui nous serait proposée dans ce sens.

L'Amiral. — Quelle pourrait être cette formule ?

Mustapha Kémal. — J'en ai longuement discuté avec M. Franklin-Bouillon, mais nous n'avons pas pu la trouver.

L'Amiral. — On vous demandera évidemment que des fortifications permanentes ne soient pas élevées dans la zone des Détroits. Je crois que vous pouvez l'accepter facilement.

Mustapha Kémal. — Cela ne fait pas de difficulté.

L'Amiral. — Au fond, cela n'a d'ailleurs pas une très grande importance. Les batteries lourdes actuelles sont faciles à déplacer. (Mustapha Kémal sourit.)

Mustapha Kémal. — Nous pouvons laisser les Détroits libres, mais nous ne pouvons pas laisser tous les bâtiments de guerre pénétrer en Marmara. Si une flotte grecque y entrait, Constantinople serait menacée.

L'Amiral. — La Conférence de Paris a proposé une Commission des Détroits qui pourrait fonctionner sous la présidence d'un délégué de la Turquie ; cette Commission pourrait être chargée d'étudier dans quelles conditions les bâtiments de guerre étrangers pourraient entrer dans les Détroits. C'est une chose toute naturelle : un bâtiment de guerre qui veut se rendre en temps de paix dans un pays étranger demande toujours l'autorisation de ce pays.

MUSTAPHA KÉMAL. — Nous ne demandons qu'à trouver une formule.

L'AMIRAL. — L'armée grecque est actuellement en Thrace, les Alliés occupent les Détroits. Toute action militaire est rendue de ce fait difficile, si vous voulez éviter des frictions entre vos troupes et celles des Alliés. Les troupes françaises ne voudraient pas avoir à tirer sur les troupes turques. Il serait donc utile de conclure un armistice.

MUSTAPHA KÉMAL. — J'y suis disposé, mais il faudrait que cela soit fait rapidement. Il faudrait aussi que les Grecs évacuent la Thrace.

L'AMIRAL. — Cette évacuation devrait-elle être accompagnée de celle des forces d'occupation alliées ? Ceci aurait des inconvénients, de même qu'un retrait des troupes alliées d'Asie Mineure au contact de vos forces entraînerait des froissements d'amour-propre et pourrait même causer des incidents sérieux.

MUSTAPHA KÉMAL. — Je ne demande pas que les troupes alliées se retirent de la zone qu'elles occupent en Europe.

L'AMIRAL. — Pour Constantinople des questions vont se poser tout de suite. Il faudrait éviter qu'il se passe dans cette ville des événements analogues à ceux que nous venons de voir à Smyrne. Vous savez qu'il y a eu une petite émeute récemment à Constantinople ?

MUSTAPHA KÉMAL. — C'était une émeute importante.

L'AMIRAL. — Je ne suis pas pleinement renseigné, mais raison de plus pour prendre des précautions. Il y a à Constantinople comme à Smyrne des quartiers, le Phanar par exemple, où des incendies pourraient se préparer et d'où ils se développeraient encore plus facilement qu'ici.

MUSTAPHA KÉMAL. — Je ne veux pas faire entrer l'armée à Constantinople. Il faudra d'abord y réorganiser la police et l'administration.

L'AMIRAL. — Un autre point important serait de savoir si vous voulez pouvoir mettre des forces importantes en Thrace. Si vous y concentriez votre armée, cela causerait une grande émotion, et on pourrait dire que vous cherchez de nouvelles conquêtes.

MUSTAPHA KÉMAL. — Nous n'avons aucune soif de conquêtes,

nous ne sommes pas exigeants et nous voulons la paix. Nous ne mettrons en Thrace que des forces réduites sur lesquelles l'accord sera facile. Notre pays est entièrement dévasté depuis Erzeroum jusqu'à Smyrne, et nous avons autre chose à faire que la guerre si nous voulons le relever. Notre armée sera facile à modérer.

L'AMIRAL. — Il faudra faire une conférence pour la paix. Quel serait l'endroit où elle pourrait se réunir ?

MUSTAPHA KÉMAL. — Il faut aller vite, aussi je voudrais pouvoir assister personnellement aux débats. C'est pour cela que j'avais proposé Ismid.

L'AMIRAL. — De mon côté, à mon passage en France, j'avais proposé à M. Poincaré de tenir cette conférence près de ce port, à bord d'un bâtiment de guerre. Cette idée n'a pas eu de suite, puisqu'on avait choisi Venise. Que penseriez-vous de Constantinople ?

MUSTAPHA KÉMAL. — Je ne peux pas y entrer avant que la question du Gouvernement soit réglée.

L'AMIRAL. — Alors une ville voisine, par exemple Scutari.

MUSTAPHA KÉMAL. — Je veux bien Scutari, mais il faudrait que je puisse y venir avec des forces armées. C'est nécessaire à ma sécurité.

A Ismid, quand j'y suis allé non officiellement, on a arrêté trois Grecs qui devaient m'assassiner. Pourquoi pas Moudania ?

L'AMIRAL. — A Moudania les communications sont difficiles, tandis qu'à Scutari elles sont très aisées, vu la proximité de Constantinople. On comprendrait très bien que vous y ayez une petite force pour y assurer votre sécurité.

MUSTAPHA KÉMAL. — Scutari conviendrait donc très bien.

Au moment où l'Amiral va prendre congé, Mustapha Kémal reprend la parole :

MUSTAPHA KÉMAL. — Je résume les trois points essentiels sur lesquels je serais heureux de communiquer par vous avec le Général Pellé :

1°) Nous avons un désir sincère de faire la paix ;

2°) Nous ne sommes intransigeants sur nos frontières que dans les limites du Pacte National ;

3°) On peut être certain que nous ne nous montrerons pas difficiles dans la discussion des questions de détail.

Enfin ajoutez bien qu'il ne faut pas se méfier de nous, et qu'il faut se hâter pour ne pas laisser mon armée dans l'inaction.

La conversation prend fin à 18 h. 45.

Le lendemain 16, l'Amiral part pour Constantinople à bord du torpilleur *Hova*. Il y arrive le lendemain dans la matinée et en repart à bord du *Somali* en compagnie du Haut Commissaire de France, le Général Pellé. Ils sont à Smyrne le 18, et le Général se rend aussitôt chez Mustapha Kémal. Il repart ensuite pour Constantinople.

Le 25, une note des Alliés est remise à Mustapha Kémal.

M. Franklin-Bouillon arrive le 28 à bord du croiseur *Metz*.

Il est entendu que la conférence aura lieu à Moudania.

Elle s'ouvre effectivement dans ce port le 3 octobre. Elle prend fin le 10 après conclusion de l'armistice entre Mustapha Kémal et les Alliés.

BIBLIOGRAPHIE

BIBLIOGRAPHIE

par ordre alphabétique des noms d'auteurs.

A : VOLUMES

ALPHAND (Hervé) : *Le partage et le règlement de la dette publique ottomane.* Paris, 1928.
ANCEL (Jacques) : *La question d'Orient.* Paris, 1923.
ARMSTRONG (H.-C.) : *Grey Wolf.* Londres, 1936.
BARTHOLD (William) : *Turkestan, down to the Mongol Invasion.* Londres, 1905.
BENOIST-MÉCHIN (Jacques) : *Ibn Séoud, ou la naissance d'un royaume.* Paris, 1955.
BÉRARD (V.) : *La révolution Jeune-Turque.* Paris, 1909.
BISCHOFF (Norbert de) : *La Turquie dans le monde.* Paris, 1936.
BOBTCHEV (S.-S.) : *La Constitution de la République turque.* Sofia, 1927.
BOURON (capitaine N.) : *Les Druzes.* Paris, 1930.
BUSBECQ (Augier Ghiselain de) : *Lettres à l'Empereur Rodolphe II.* 1631.
CAHUN (Léon) : *Introduction à l'Histoire de l'Asie : Turcs et Mongols.* Paris, 1896.
CAVAIGNAC (Eugène) : *Le problème Hittite.* Paris, 1936.
CHAMPDOR (Albert) : *Tamerlan.* Paris, 1942.
CONTENAU (Georges) : *La civilisation des Hittites et des Mitaniens.* Paris, 1939.
DELAGE (Edmond) : *La tragédie des Dardanelles.* Paris, 1931.
DJEMAL PACHA : *Mémoires.* Munich, 1922.
DOWNEY (Fairfax) : *Soliman le Magnifique.* Paris, 1930.
FABRE-LUCE (Alfred) : *Deuil au Levant.* Paris, 1950.
FUAD (Ali) : *La question des Détroits.* Paris, 1928.

449

GENTIZON (Paul) : *Mustapha Kémal ou l'Orient en marche.* Paris, 1932.

GIDE (André) : *Journal.* Paris, 1950.

GÖRLITZ (Walter) : *The german general Staff.* Londres, 1953.

GROSBOIS (Jacques) : *La Turquie et les Détroits.* Paris, 1945.

GROUSSET (René) : *L'Empire des steppes.* Paris, 1939.

HAMILTON (général Sir Jan) : *Les opérations de Gallipoli.* Londres, 1919.

HROZNY (B.) : *Inscriptions Hittites.* Prague, 1933.

LAMOUCHE (colonel Léon) : *Histoire de la Turquie.* Paris, 1934.

LAVISSE et RAMBAUD : *Histoire universelle.* Tome II. Paris, 1893-1901.

LAWRENCE (T.-E.) : *Les sept piliers de la Sagesse.* Paris, 1949.

LIMAN VON SANDERS (général) : *Cinq ans de Turquie.* Paris, 1923.

MURRAY (Gilbert) : *Near East in the making.* Londres, 1938.

PAPEN (Franz von) : *Mémoires.* Londres, 1953.

PERCHERON (Maurice) : *Les conquérants d'Asie.* Paris, 1951.

PINON (René) : *L'Europe et la Jeune Turquie.* Paris, 1911.

RONART (Dr Stephan) : *La Turquie d'aujourd'hui.* Paris, 1937.

ROUX (Charles) : *L'expédition des Dardanelles.* Paris, 1920.

SCHLUMBERGER (Gustave) : *Le siège, la prise et le sac de Constantinople en 1453.* Paris, 1922.

SÉLIM (lieutenant) : *Carnet de campagne d'un officier turc.* Paris, 1913.

SOCIÉTÉ POUR L'ÉTUDE DE L'HISTOIRE TURQUE : *Histoire de la République turque,* Istanbul, 1935.

TÉMOIN (M.) : *Histoire de la guerre italo-turque,* 1911-1912. Paris, 1912.

VILLEHARDOUIN : *Chronique de la quatrième Croisade.*

WOOLLEY (C. Léonard) : *Les Sumériens.* Paris, 1930.

ZAFIR NAMEH.

B : RAPPORTS ET DISCOURS

Annuaire officiel (Salnamé) de l'Empire ottoman.

Annuaire statistique de la Turquie. Ankara, 1928 et suiv.

ATATURK (Mustapha Kamâl) : *Discours*, 2 vol. Leipzig, 1928.
Conférence de Lausanne (la) : Documents officiels. 1923.
Observations présentées par la Délégation ottomane à la conférence de la Paix. 25 juin 1920.
Recensement agricole de la Turquie. Ankara, 1928.

C : FONDS DE DOCUMENTATION

Archives nationales, Ankara.
Ecole des Langues orientales. Paris.
Imperial War Museum. Londres.

D : JOURNAUX ET PERIODIQUES

DUHAMEL (Georges) : « La Turquie nouvelle, Puissance d'Occident. » (*Figaro* 10-11, 13, 14, 16, 19, 20 juillet 1954.)
SABLIER (Edouard) : « Boom en Turquie. » (*Le Monde*, 7, 8, 9, 10 août 1954.)
Turquie à l'aube de 1954 (la). (*Monde*, numéro spécial du 8 janvier 1954.)

Les paroles et les discours de MUSTAPHA KÉMAL publiés dans le cours de cet ouvrage sont reproduits d'après H.-C. ARMSTRONG : *Grey Wolf;* Stephan RONART : *La Turquie d'aujourd'hui*, et les deux volumes de *Discours* de MUSTAPHA KÉMAL ATATURK, publiés à Munich en 1928.
Il a également été fait usage du *Bulletin officiel des délibérations de la Grande Assemblée Nationale d'Ankara*, et du volume des *Lois promulguées en Turquie*, publié par *Les Annuaires étrangers de la Société de Législation comparée de Paris*. (Années 1927-1932.)

A STIER (Hubert), la Kazakh : Discours ; 2 vol. Leipzig, 1928

Conférence de Lausanne (la) : Documents officiels, 1923.
Réclamations présentées par la Délégation ottomane à la
conférence de la Paix, 25 juin 1920.
Recensement général de la Turquie, Ankara, 1924.

C : FONDS DE DOCUMENTATION

Archives nationales, Ankara.
Ecole des Langues orientales, Paris.
Imperial War Museum, Londres.

D : JOURNAUX ET PÉRIODIQUES

DURSUN (Georges) : « La Turquie nouvelle, Puissance
d'Occident » (Figaro, 10, 11, 12, 13, 14, 18, 19,
20 juillet 1953)

SLATER (Edouard) : « Boom en Turquie » (Le Monde,
7, 8, 9, 10 août 1953

Turquie, Paris : de 1910 (no 1) [à no 12, numéro spécial
du 1 janvier 1954]

Les paroles et les discours de Mustafa Kemal publiés
dans le cours de cet ouvrage sont empruntés d'après
H. C. ARMSTRONG : Grey Wolf (Mustafa Kemal). La
Turquie d'aujourd'hui, et les deux volumes de Discours
de Mustapha Kemal Atatürk publiés à Munich en 1928.
Il a également eu recours au Bulletin officiel des
délibérations de la Grande Assemblée Nationale d'Ankara
et au volume des Lois promulguées sur l'ordre établi
par Les Annuaires imprimés de la Société de Législation
comparée de Paris (Années 1927-1934)

TABLE DES MATIÈRES

TABLE DES MATIÈRES

LE LOUP ET LE LÉOPARD

I

MUSTAPHA KÉMAL OU LA MORT D'UN EMPIRE

PREMIÈRE PARTIE

ESSOR ET DÉCADENCE DE L'EMPIRE OTTOMAN
(6000 av. J.-C.-1880)

455

TROISIÈME PARTIE

LA MORT DE L'EMPIRE OTTOMAN
(1918-1922)

QUATRIÈME PARTIE

MUSTAPHA KÉMAL ARRACHE LA TURQUIE A L'ISLAM
(1922-1924)

CINQUIÈME PARTIE

LA TURQUIE KÉMALIENNE
(1924-1938)

CARTES

L'ŒUVRE
DE JACQUES BENOIST-MÉCHIN

La Musique et l'immortalité dans l'œuvre de Marcel Proust, Skira.
Bibliographie des œuvres de Paul Claudel, en collaboration avec Georges Blaizot, chez Auguste Blaizot.
Retour à Marcel Proust, chez Pierre Amiot.
Arabie, carrefour des siècles.

Traductions :
Verdun, de Fritz von Unruh (Éditions du Sagittaire).
Nouvel Empire, de F. von Unruh (Éditions du Sagittaire).
Essai sur la France, de Ernst-Robert Curtius (Grasset).
Défense de Lady Chatterley de David Herbert Lawrence (Gallimard).
Frédéric Nietzsche, de Lou-Andréas Salomé (Grasset).
Lettres à Mme de Stolberg, de Goethe (Stock).
L'Empereur Charles et la mission historique de l'Autriche, de Arthur Polzer-Hoditz (Grasset).
Destin allemand, de Kasimir Edschmid (Plon).
Alexandre le Grand, de Gustave Droysen (Grasset, et réédité aux Éditions Complexe, Bruxelles).
Le Héros égaré, de Robert Speaight (Plon).

A paraître
Les Travaux et les jours.
Histoire des Alaouites (1268-1971).
Le Soleil de Minuit (document philosophique).
Un autre soleil de Minuit.
Mémoires.
La Vie et l'œuvre de Jacques Benoist-Méchin (Press Book).

*La composition
et l'impression de ce livre ont été effectuées
par l'imprimerie Aubin à Ligugé
pour les Éditions Albin Michel*

AM

*Achevé d'imprimer en octobre 1984
N⁰ d'édition 8569. N⁰ d'impression L 17153
Dépôt légal, octobre 1984*

Imprimé en France